Vincenzo Paglia

Das Wort Gottes jeden Tag 2020/2021

VINCENZO PAGLIA

Das Wort Gottes jeden Tag

Liturgisches Jahr 2020/2021

Vincenzo Paglia
Gemeinschaft Sant'Egidio

echter

Titel der italienischen Originalausgabe:
La Parola di Dio ogni giorno 2021

Übersetzung: Gabriele Stein und Susanne Bühl

Erschienen bei:

Piazza Soncino 5 – 20092 Cinisello Balsamo (Milano) – ITALIA
www.edizionisanpaolo.it

Bibliografische Information der Deutschen Nationalbibliothek

Die Deutsche Nationalbibliothek verzeichnet diese Publikation
in der Deutschen Nationalbibliografie; detaillierte bibliografische Daten
sind im Internet über ‚http://dnb.d-nb.de' abrufbar.

1. Auflage 2020

www.echter.de

Gestaltung: Crossmediabureau
Druck und Bindung: CPI books, Clausen & Bosse, Leck
ISBN 978-3-429-05545-5

INHALT

EINFÜHRUNG

Das große Fürbittgebet auf dem Petersplatz

Das Wort Gottes jeden Tag 2020/2021 wird veröffentlicht, während die Welt von der Pandemie gezeichnet ist. Wir haben noch das Bild vor Augen, als Papst Franziskus am Abend des 27. März 2020 gebetet hat. Auch weiterhin steht er in gewisser Weise den Fürbittgebeten dieser Zeit vor. Mitten in einer erschrockenen Welt erhob Papst Franziskus auf dem leeren Petersplatz unter dem niederpeitschenden Regen allein die Stimme zu Gott und trat als großer Fürsprecher für die Befreiung der Welt von den bitteren Früchten einer Geschichte des Egoismus, der Ichbezogenheit und der Habgier auf: „Tiefe Finsternis hat sich auf unsere Plätze, Straßen und Städte gelegt; sie hat sich unseres Lebens bemächtigt und alles mit einer ohrenbetäubenden Stille und einer trostlosen Leere erfüllt, die alles im Vorbeigehen lähmt: Es liegt in der Luft, man bemerkt es an den Gesten, die Blicke sagen es. Wir sind verängstigt und fühlen uns verloren. Wie die Jünger des Evangeliums wurden wir von einem unerwarteten heftigen Sturm überrascht. Uns wurde klar, dass wir alle im selben Boot sitzen, alle schwach und orientierungslos sind, aber zugleich wichtig und notwendig, denn alle sind wir dazu aufgerufen, gemeinsam zu rudern, alle müssen wir uns gegenseitig beistehen. Auf diesem Boot … befinden wir uns alle.“
Er gestand vor Gott die Schuld der Menschheit ein: „Wir haben vor deinen Mahnrufen nicht angehalten, wir haben uns von Kriegen und weltweiter Ungerechtigkeit nicht aufrütteln lassen, wir haben nicht auf den Schrei der Armen und unseres schwer kranken Planeten gehört. Wir haben unerschrocken weitergemacht in der Meinung, dass wir in einer kranken Welt immer gesund bleiben würden. Jetzt, auf dem stürmischen Meer, bitten wir dich: ‚Wach auf, Herr!‘“ Wir haben vor Gott unsere Schuld eingestanden. „Wach auf, Herr!“ – das war auch unsere Bitte um Vergebung. Auch wir machen uns die weiteren Worte des Papstes zu eigen: „Wir sind nicht unabhängig, allein gehen wir unter. Wir brauchen den Herrn so wie die alten Seefahrer die Sterne. Laden wir Jesus in die Boote unseres Lebens ein. Übergeben wir ihm unsere

Ängste, damit er sie überwinde. Wie die Jünger werden wir erleben, dass wir mit ihm an Bord keinen Schiffbruch erleiden. Denn das ist Gottes Stärke: alles, was uns widerfährt, zum Guten zu wenden, auch die schlechten Dinge. Er bringt Ruhe in unsere Stürme, denn mit Gott geht das Leben nie zugrunde."

In dieser Zeit haben viele deutlicher gespürt, wie viel Kraft die Begleitung des Wortes Gottes schenkt. Wie am Tag der Emmausjünger ist der in der Ikone auf dem Umschlag dargestellte auferstandene Herr auch in diesen Monaten an unserer Seite mit uns gegangen und hat den Sinn der Schrift erklärt. Er hat das Herz seiner Zuhörer zum Brennen gebracht. Das Gebet von Sant'Egidio – das die vorliegenden Seiten inspiriert – hat viele zusammengeführt, die sich aus allen Teilen der Welt über das Internet verbunden haben. Überall auf der Erde war es und wird es weiterhin ein Fürbittgebet sein. In Zeiten unfreiwilliger Isolation und Zerstreuung hat das Wort Gottes die Jünger Jesu vereint und getröstet, während sie sich seiner Verheißung bewusst waren: „Alles, um was ihr in meinem Namen bitten werdet, werde ich tun" (Joh 14,13). Das einträchtige Gebet macht das Herz Gottes geneigt, während es die Betenden untereinander vereint. *Das Wort Gottes jeden Tag 2020/2021* möchte eine Hilfe sein, weiter auf den Herrn zu hören und die Hände zum Gebet zu erheben, damit der Herr die Welt weiter vor dem Bösen bewahre. Das Gebet ist immer notwendig. In dieser Zeit ist es, so können wir sagen, für alle unentbehrlich. Das Fürbittgebet der Gläubigen ist der priesterliche Dienst für die Welt, für die ganze Völkerfamilie.

1300 Jahre nach dem Tod des heiligen Ägidius

Das Wort Gottes jeden Tag 2020/2021 ist vor diesem Hintergrund der Fürbitte zu verstehen. 2020 haben wir an den 1300. Todestag des heiligen Ägidius erinnert. Nach der Überlieferung starb er im Jahr 720 im von ihm gegründeten Kloster in Südfrankreich. Dort wurde er bestattet, und sein Grab wurde im Mittelalter zum Ziel von Pilgerreisen aus ganz Europa. In der Überlieferung wird der heilige Ägidius als Schutzherr der Pilger angesehen, sodass auf den alten Pilgerwegen häufig ihm geweihte Kirchen errichtet wurden: in Frankreich, Deutschland,

Polen und auch Italien. Die Kirche Sant'Egidio in Trastevere in Rom befindet sich an der Kreuzung der antiken Via Aurelia, die die Stadt mit Frankreich verband, mit der Via della Lungara, die vom Hafen der Antike zum Petrusgrab auf dem Vatikanhügel führte.
Nicht viele Quellen berichten über das Leben des Mönches Ägidius. Als reicher Jüngling machte er sich auf die Suche nach Gott und kam aus seiner fernen Heimat Griechenland in den Westen. Die wenigen Zeugnisse beschreiben ihn als schüchternen Mann, der Ruhm und Auszeichnungen ablehnte, jedoch durch sein Gebet zu einem machtvollen Fürsprecher wurde. Seine Wegbegleiter sind die Armen: Bettler, Kranke aller Art, Schiffbrüchige, von Dämonen Besessene, Bauern und die Hirschkuh als Symbol einer durch die menschliche Habgier bedrohten Schöpfung, die durch seine Hand beschützt wird. Die Hirschkuh steht für die schutzlose Kreatur, die durch die Jagd des Menschen bedroht wird (in diesem Fall des Königs). Die Erzählungen über den heiligen Ägidius sind in einem Buch zusammengestellt. Dieses *Liber Miraculorum* bezeugt seine Wundertaten und ist ein Beleg dafür, dass sein Name in ganz Europa bekannt war und in Situationen größter Verzweiflung angerufen wurde, nachdem alle Hoffnung auf jedwede menschliche Hilfe geschwunden war. Ein Heiliger für die verzweifelten Angelegenheiten! Im Mittelalter waren es vor allem Todeskandidaten, die sich an ihn wandten, damit ihr Leben verschont werde. Im Verlauf der Jahrhunderte verschwand sein Ruf. Erhalten bleibt sein Zeugnis in den zahlreichen ihm geweihten Kirchen in vielen Teilen Europas. Das Kloster im südlichen Frankreich, wo er lebte und wo sein Leichnam aufbewahrt wird, wurde in den Religionskriegen zwischen Katholiken und Protestanten weitgehend zerstört. Die Erinnerung an ihn verblasste Schritt für Schritt.
In dieser von der globalen Pandemie geprägten Zeit, in der die Zahl der Armen und Kranken zunimmt und die Zukunft unsicher erscheint, empfinden wir den 1300. Todestag des Heiligen, dessen Namen unsere Gemeinschaft trägt, als ein willkommenes und bedeutungsvolles Gedenken. Die Heiligen – und der heilige Ägidius gehört zu ihnen – geben Zeugnis dafür, dass sich durch den Glauben und den Einsatz mit nackten Händen gegen das Böse, das Elend und die Gewalt alles ändern kann. In der Überlieferung wird Ägidius mit

der von einem Pfeil durchbohrten Hand dargestellt, während diese eine Hirschkuh beschützt. In diesen schwierigen Zeiten gibt es ein dringendes Bedürfnis nach Gebet. Im Mirakelbuch sind viele Gebete aufbewahrt, die Arme an den Heiligen gerichtet haben. In einem der Gebete heißt es: „Ägidius, Diener Gottes, immer befreist Du die Gefangenen, schenkst Kraft den Schwachen, bist ein Hafen für die Seefahrer und sichere Zuflucht für alle, die in Nöten sind, komm uns zu Hilfe.“

Das Kirchenjahr, bereichert durch das Fest des Wortes und das Fest der Armen

Das Wort Gottes jeden Tag 2020/2021 richtet sich wie üblich nach dem liturgischen Kalender der lateinischen Kirche für die Feier der täglichen Messe. An den Sonn- und Feiertagen werden daher – im Rahmen des Dreijahresrhythmus der Kirchenjahre – die Bibelstellen aus dem Lesejahr B mit dem Markusevangelium kommentiert, das im Ablauf des Jahres gelesen wird. An den Werktagen wird das Evangelium vom entsprechenden Tag kommentiert. Das Konzil schreibt in der Konstitution *Sacosanctum Concilium*, mit der die Liturgiereform eingeleitet wurde, dass die das Kirchenjahr begleitenden Feierlichkeiten allen Gläubigen „die Reichtümer der Machterweise und der Verdienste ihres Herrn“ erschließen, damit „die Gläubigen mit ihnen in Berührung kommen und mit der Gnade des Heiles erfüllt werden“.
Das Kirchenjahr beginnt mit der Adventszeit in der Erwartung des Erlösers und führt zum Höhepunkt von Weihnachten. Es folgen die Offenbarung Jesu vor der Welt (die Epiphanie vor den Sterndeutern) und dann jene von Christus vor Israel (die Taufe im Jordan). Dann schließen sich die als „Zeit im Jahreskreis“ bezeichneten Wochen an. Papst Franziskus wollte das Kirchenjahr mit der Feier zweier Feste bereichern, die er in die sonntäglichen Feierlichkeiten eingefügt hat.
Das erste ist das *Fest des Wortes Gottes*, das am dritten Sonntag im Jahreskreis begangen wird, während der Beginn der Predigt Jesu in Galiläa betrachtet wird. Der Gemeinschaft Sant'Egidio liegt dieses Fest besonders am Herzen. Daher begeht sie es mit besonderer Fei-

erlichkeit und übergibt den Gläubigen auch die Bibel. Die folgenden Wochen führen zum Aschermittwoch, an dem die Fastenzeit mit der vierzigtägigen Vorbereitung der Kirche auf Ostern beginnt. Die Kirche lädt ein, zum Herrn zurückzukehren. Bevor das Geheimnis des Leidens, des Sterbens und der Auferstehung des Herrn gefeiert wird, müssen unsere Gedanken für das Hören auf Gottes Wort gereinigt und unser Herz mit vermehrter Großzügigkeit im Dienst an den Armen auf Gott hin ausgerichtet werden. Ein demütiges und reuiges Herz kann die Früchte der großen und heiligen Karwoche mit dem Höhepunkt des heiligen Triduums empfangen. Die fünfzig Tage nach Ostern führen zum Pfingstfest, der Erfüllung von Ostern.

Nach Pfingsten beginnt die Geschichte der Kirche. Es ist die Kirche, die aus dem Abendmahlsaal auf die Plätze Jerusalems hinausgeht. Jede christliche Generation ist aufgerufen, ihre Säle zu verlassen und auf die Wege der Welt hinauszugehen, um allen das Evangelium des Herrn weiterzugeben. In dieser langen Zeit nach Pfingsten werden keine besonderen Gedenktage des Herrn gefeiert. Erfüllt vom Heiligen Geist sind die Jünger damals und heute ausgesandt, allen Völkern der Erde zu begegnen und sie zu Schwestern und Brüdern zu machen, die in Frieden im gemeinsamen Haus wohnen, das der gesamte Planet ist. Dadurch wird der letzte Tag vorbereitet, an dem Jesus als König zurückkehren wird und uns in Fülle in seinem Reich der Liebe und des Friedens leben lässt.

Am Ende des Kirchenjahres ist am 33. Sonntag im Jahreskreis auf Wunsch von Papst Franziskus das *Fest der Armen* eingeführt worden. Es ist der Sonntag vor dem das Kirchenjahr abschließenden Christkönigssonntag. Der Papst möchte alle Gläubigen daran erinnern, dass wir nach der Liebe zu den Armen gerichtet werden, wie es im Matthäusevangelium heißt. Die Gemeinschaft Sant'Egidio gestaltet dieses Fest mit besonderer Aufmerksamkeit, denn darin kommt ein wesentlicher Aspekt ihres Charismas zum Ausdruck, das an diesem Tag mit besonderer Klarheit aufleuchtet.

Ostern ist das Herz des Kirchenjahres. Anfangs war Ostern das einzige Fest der Christen, an dem der endgültige Sieg Jesu über die Sünde und den Tod gefeiert wurde. Sowohl in der östlichen als auch in der westlichen Tradition wird die Schönheit von Ostern besungen und davon das gesamte Kirchenjahr und sogar das gesamte Leben der Kirche abgeleitet. Ostern zu leben, das ist die eigentliche Bestimmung im Leben der Kirche und aller Gläubigen. Im Ablauf des Kirchenjahres stoßen wir auf Gedenktage, die Maria, den Aposteln und den Heiligen gewidmet sind. Die Kirche weist nicht nur auf die Wunder der Verwandlung hin, die in denen vor sich gehen, die sich vom Geist des Herrn verändern lassen, sie schenkt auch die Entdeckung einer großen Familie, die im Himmel lebt: Es sind Schwestern und Brüder, die auf das Wort Gottes gehört und danach gehandelt haben, die dadurch Christus ähnlich geworden sind und nun bei ihm in der Herrlichkeit leben. Dazu werden Gedenktage aufgeführt, die mit dem Leben der Gemeinschaft Sant'Egidio verbunden sind, aber auch Gedenktage aus der christlichen Welt und der Welt der anderen Religionen und der Universalgeschichte. Denn das Kirchenjahr verläuft nicht getrennt von der Zeit der Menschen, vielmehr bildet es dafür einen Sauerteig der Liebe. Was die Kirche für die Welt ist, das ist die liturgische Zeit für die Geschichte. Wenn das Geheimnis Jesu im Verlauf des Jahres gefeiert wird, ist dies eine geheimnisvolle und reale Hilfe für die gesamte Welt und alle Völker, damit sie sich für die Liebe Gottes öffnen und die Geschichte geheiligt wird.

Der wöchentliche Gebetsrhythmus in Sant'Egidio

Die *Woche* ist auf ihren Höhepunkt am *Sonntag* hin ausgerichtet, dem wöchentlichen Ostern, und prägt das gesamte Jahr vom Advent bis zum Christkönigsfest. Von Anfang an hat die Gemeinschaft Sant'Egidio das Evangelium in Verbindung mit dem Leben der Stadt verstanden und gefragt: Wie kann man in der Stadt beten, ohne sich in der Verwirrung und im Durcheinander ihres Lebens zu verlieren? Wo kann die Gebetszeit ihren Platz finden? Aus dieser Inspiration ist das Buch *Das Wort Gottes jeden Tag* hervorgegangen, das die Gebetszeit in einen wöchentlichen Rhythmus einteilt: die Werktage sind mit festgelegten Anliegen eingeteilt und führen hin zum Tag des Herrn. Der Sonntag wird dadurch zum Höhepunkt der vergangenen Woche und auch zur Quelle für die kommende Woche.

Nach der Betrachtung des Antlitzes des auferstandenen Herrn am Sonntag sind wir aufgerufen, ihn am *Montag* im Antlitz der Armen, Schwachen und Kranken zu betrachten. Das Abendgebet begeht daher das Gedenken an die Armen, denen wir am Tag begegnen oder die in der Ferne leben, wie ganz im Leid versunkene Länder. Alle werden zum Herrn gebracht, damit er sie tröste und vom Bösen befreie.
Am *Dienstag* begleitet Maria, die Mutter des Herrn, das Gebet. Jeder wird aufgefordert, von ihr als Erste der Gläubigen zu lernen, das Gehörte im Herzen zu bewahren (vgl. Lk 2,51) und dem Herrn zu danken, der auf die Niedrigen geschaut hat.
Am *Mittwoch* beten die Gemeinschaften von Sant'Egidio weltweit füreinander und für die gesamte Kirche. Alle beten in der Weite, Tiefe und Freude der Kommunion, die der Herr seinen Söhnen und Töchtern schenkt. Die Litanei mit den Heiligen des Himmels, die im Gebet mit Namen angerufen werden, vereint die Gemeinschaften, während sie auf den Wegen der Welt unterwegs sind.
Am *Donnerstag* wird aller christlichen Kirchen im Osten und im Westen gedacht, damit die Gemeinschaft unter den Christgläubigen wächst und das Evangelium bis an die Enden der Erde weitergegeben wird. Als der eine Hirte seiner Kirche schenkt der Herr allen seine leidenschaftliche Liebe.
Am *Freitag* wird das Gedenken an das Kreuz des Herrn begangen, von dem das Heil seinen Ausgang nimmt. Die Verflechtung der Seligpreisungen des Evangeliums mit der Leidensgeschichte lädt ein, den Reichtum des Kreuzes zu betrachten, das zugleich den Tod des Egoismus und den Sieg der Nächstenliebe verkündet.
Der *Samstag* ist der Tag der Vigil und der Erwartung auf die Auferstehung des Herrn. Es wird vor dem Grab des toten Lazarus gesungen, damit er von seinen Binden befreit werde. In ihm vereint sich der Hilferuf, der aus allen Teilen der Welt aufsteigt. Gott wird angerufen, dass er eingreift und wir alle von den Fesseln der Sünde befreit und durch die Barmherzigkeit Gottes gerettet werden.
Der *Sonntag* nimmt die vergangenen Tage auf und richtet sie auf den ewigen Sonntag aus, den Tag, an dem die Sonne nicht untergeht. Mit den Engeln empfangen die Jünger schon jetzt die Gnade, das *Trishagion* zu singen, den feierlichen Hymnus, der das *Gebet des Lichtes* abschließt.

Bei Festen und Gedenktagen, die den Vorzug vor der Zeit im Jahreskreis haben, ändert sich der Wochenablauf. Bei den Apostelfesten wird daher das *Gebet mit den Aposteln* gewählt. Dieses Gebet nimmt Bezug auf das Zeugnis der Zwölf und fordert uns auf, das Evangelium bis an die Grenzen der Erde weiterzugeben. Das *Gebet des Heiligen Geistes* begleitet die Pfingsttage. Das *Gebet mit den Märtyrern* erinnert an das Zeugnis all derer, die in der Vergangenheit und noch heute ihren Glauben an den Herrn bis zum Blutvergießen bezeugt haben. Die Weihnachtszeit und die Osterwoche haben besondere Gebetsabläufe.
Seit einigen Jahren werden in den Gemeinschaften von Sant'Egidio weltweit besonders das *Gebet für die Kranken* und das *Gebet für den Frieden* gepflegt und monatlich gehalten. In der Basilika Santa Maria in Trastevere finden das Gebet für die Kranken am ersten Montag im Monat und das Gebet für den Frieden am dritten Montag im Monat statt. Die Entscheidung für diese beiden besonderen Gebete geht aus dem Glauben an die Barmherzigkeit Gottes hervor, der sich niederbeugt und denen hilft, die durch Krankheit und Krieg leiden und im Elend leben. Die Freundschaft zu den Armen und Schwachen, die Erfahrung mit dem großen Leid im Leben vieler darf uns nicht gleichgültig lassen. Das Hören auf Gottes Wort schenkt ein Licht, wie zahlreiche Abschnitte im Evangelium zeigen. Es ist nicht unbedeutend, dass die meisten von Jesus vollbrachten Wunder eben Krankenheilungen sind. Wie viele Kranke warten auch heute, dass sie zum Herrn geführt werden! Als krank können auch die unter der Gewalt des Krieges leidenden Völker angesehen werden.
In diesen beiden monatlichen Gebeten für die Kranken und für den Frieden werden beim ersten die Namen der Kranken auf Zetteln geschrieben und vor dem Altar niedergelegt, während beim zweiten die einzelnen Länder namentlich genannt werden, die im Krieg leben, während für jedes eine Kerze vor dem Altar angezündet wird. Die Gebete für die Kranken und für den Frieden sind die Frucht einer grenzenlosen Nächstenliebe und des Glaubens in der Überzeugung, dass „für Gott nichts unmöglich ist". Der heilige Johannes Chrysostomus sagte mit tiefer Weisheit: „Das Gebet für sich selbst wird durch das Bedürfnis erzwungen, das Gebet für die anderen durch die Nächstenliebe angeregt. Doch für Gott ist das durch die Nächstenliebe ange-

regte Gebet wohlgefälliger.“ Diese beiden Gebete monatlich zu halten und sich dafür einzusetzen, dass sie an vielen Orten weiterverbreitet werden, bedeutet, dem Gebot Jesu zu folgen, nach dem wir einträchtig und ohne Unterlass beten sollen.
Es ist ein schöner Gedanke, dass die Universalität der Gemeinschaft und aller, die sich an diesen beiden Tagen – und auch an den anderen Tagen des Monats – ihr anschließen, ein Gebet ohne Unterlass verwirklicht, das im Osten und Westen fortlaufend zum Himmel aufsteigt. Die Möglichkeit, sich über Radio oder Video zu verbinden, ist ein Geschenk, das die Fürbitte für die Welt noch kraftvoller und umfassender macht, damit das Reich Gottes bald kommen möge.
Die Seiten dieses Buches bieten sich daher als treuer Führer in den Tagen des Jahres an und möchten lehren, wie man sich dem Wort Gottes zuwenden kann. Dieses Wort wird zu einem spirituellen Kompass auf dem komplizierten und schwierigen Meer unserer Zeit, vor allem in dieser Zeit der Pandemie und der Fürbitte.

Vincenzo Paglia

ADVENTSZEIT

Sonntag, 29. November: 1. Adventssonntag

Jes 63,16b–17.19b; 64,3–7; Ps 80; 1 Kor 1,3–9; Mk 13,33–37

Mit diesem ersten Adventssonntag beginnt das neue Kirchenjahr. In diese Zeit nimmt uns die Liturgie gleichsam an der Hand und führt uns in das Geheimnis Jesu ein: angefangen von seiner Geburt über seine Predigt in Galiäa und Judäa, bis hin zur Passion, seinem Tod, der Auferstehung und schließlich seiner Himmelfahrt zu Gott. Das Kirchenjahr macht uns zu Zeitgenossen Jesu, so dass wir mit dem Apostel sagen können: „nicht mehr ich lebe, sondern Christus lebt in mir." Der Advent ruft uns auf, den Blick in die Höhe zu richten und unser Herz dem Herrn zu öffnen, der kommen wird. Das Evangelium warnt uns: „Gebt Acht und bleibt wach! Denn ihr wisst nicht, wann die Zeit da ist" (Mk 13,33). Jesus vergleicht den Gläubigen mit einem Türhüter, der in der Nacht aufmerksam die Rückkehr seines Herrn erwarten soll, um dem zurückkehrenden Herrn zu öffnen. Auch mitten in der Nacht muss der Türhüter neben dem Eingang wachen, damit er den Herrn, der anklopft, sofort hereinlassen kann. Es kann zu jeder Tages- und Nachtzeit geschehen: am Abend, mitten in der Nacht, beim ersten Hahnenschrei oder am Vormittag. Es ist ein einzigartiges, aber klares Gleichnis: Die Wachsamkeit in der Erwartung des Herrn darf nicht nachlassen. Darin liegt gleichsam der Sinn der Liturgien in dieser Zeit: die Bedeutung des täglichen Hörens auf das Wort Gottes in diesen Wochen. Das Wachen bedeutet, sich nicht in den eigenen Dingen zu verlieren, den eigenen kleinen Beschäftigungen hinterherzulaufen und noch weniger dem Schlaf der Selbstliebe zu verfallen. Der Wächter steht an der Tür bereit und öffnet die Türe, sobald er wahrnimmt, dass der Herr sich nähert. Es handelt sich um die Tür des eigenen Herzens, jedoch auch um die Tür der Gemeinschaft, um die aufzunehmen, die an die Tür klopfen und um Trost, Hilfe oder Unterstützung bitten. Auch diese sind zusammen mit Jesus unsere „Herren". Das ist auch der Sinn der Worte aus der Offenbarung: „Siehe, ich stehe vor der Tür und klopfe

an. Wenn einer meine Stimme hört und die Tür öffnet, bei dem werde ich eintreten, und Mahl mit ihm halten und er mit mir“ (Offb 3,20). Der Advent lädt dazu ein, wachsam zu sein und sich nicht von der süßen Versuchung dessen ergreifen zu lassen, der meint, dass bei ihm alles in Ordnung sei, weil er ja schon viel getan hat. Der Advent hilft uns auch, sich nicht einnehmen zu lassen vom etwas traurigen Schlaf des Pessimismus, von jener Trägheit, die es für unnütz hält etwas zu machen, vom aufgeregten und ständig unzufriedenen Schlaf der Tätigkeiten und der Selbstbestätigung. Das Wort Gottes ruft dazu auf, aus dem Schlaf der Zerstreuung dessen, der nicht mehr zuhört, dessen, der alles sofort will und nicht warten kann, aufzuwachen.
Wachen bedeutet, auf das Wort Gottes zu hören, bereit zu sein, die Schwestern und Brüder, sowie die Armen aufzunehmen und zum Herrn zu sagen: „Komm, Herr Jesus. Komm schnell, tröste uns und schenke der Welt den Frieden. Reiß die Himmel auf und öffne dem eine Zukunft, der vom Bösen erdrückt wird. Befreie uns von der Selbstliebe, die unser Herz einschlafen lässt und uns gleichgültig werden lässt. Lehre uns, auf dein Wort zu hören und dich zu erkennen, damit wir dir die Türe unseres Herzens öffnen. Denn Du bist ein süßer Gast, unser Freund und unsere Hoffnung seit immer.“

Gebet am Tag des Herrn

Montag, 30. November

Fest des Apostels Andreas

Mt 4,18–22. **Die Berufung der ersten vier Jünger**

Die Kirche gedenkt heute des Apostels Andreas, des Erstberufenen. Andreas war der Sohn des Jona und Bruder des Simon Petrus, stammte aus Betsaida und war von Beruf Fischer. Während die beiden Brüder die Netze flickten, ging Jesus am Ufer des Sees von Galiläa entlang und sprach zu ihnen: „Kommt her, mir nach! Ich werde euch zu Menschenfischern machen.“ Der Evangelist merkt an: „Sofort ließen sie ihre Netze liegen und folgten ihm nach." Jener Meister erklärte die Zukunft Gottes auf die einzige Weise, die jene Fischer verstehen konnten, vielleicht auf die einzige Weise, die sie begeistern konnte: Ihr werdet weiterhin Fischer sein, aber Menschenfischer. Für diesen Fischfang muss man das altbekannte Schiff verlassen und sich nicht mehr auf dem Wasser, sondern auf dem Land der Menschen fortbewegen, das vielleicht noch schwankender und ungewisser ist als das Wasser jenes Sees. Es ist nicht mehr das Meer aus Wasser, es ist ein Meer von Männern und Frauen, es ist die Masse der Menschen, die sie wie ein Meer aufsaugen und mit sich fortreißen wird. Andreas nimmt zusammen mit Simon die Einladung Jesu an. Nicht du bist es, der entscheidet: Ein anderer sieht dich an, liebt dich und ruft dich. In Wirklichkeit ist Jesus der erste „Menschenfischer", und er ruft am Ufer des Sees diese armen Fischer, die ihm nachfolgen. Es ist nicht unsere Aufgabe, darüber zu befinden, ob wir oder andere würdig oder unwürdig sind. Solche Urteile sind an eine weltliche Logik gebunden. In der Sichtweise des Evangeliums haben wir nur eine Aufgabe: die Einladung zu hören, anzunehmen und ihr zu entsprechen, wie es Andreas, Simon und die zwei anderen Brüder getan haben. Das ist das ganze Geheimnis des Glaubens und der Kirche selbst.

Gebet mit den Aposteln

Dienstag, 1. Dezember

Gedenktag des seligen Karl von Jesus (Charles de Foucauld), des „Bruders aller", der 1916 in der algerischen Wüste getötet wurde, wo er in Gebet und Geschwisterlichkeit mit dem Volk der Tuareg lebte.

Lk 10,21–24. **Die Rückkehr der 72 Jünger**

Die 72 von Jesus zur Mission ausgesandten Jünger hatten die Kraft des Evangeliums zur Veränderung des eigenen Lebens und der Gesellschaft erfahren. Als sie zu Jesus zurückkehrten, berichteten sie ihm von der außergewöhnlichen Erfahrung ihrer Mission. Sie waren voll

Freude über die von ihnen vollbrachten Wundertaten. Auch Jesus jubelte „vom Heiligen Geist erfüllt, voll Freude“. Es ist die Freude über die ersten Früchte des Evangeliums, die er durch das Wirken seiner Jünger sieht. Sie hatte er gerufen, damit sie Anteil haben an seinem Werk, an seinem Traum der Erlösung der Männer und Frauen aus der Macht des Bösen. Kurz vorher sagte er ihnen: „Ich sah den Satan vom Himmel fallen wie einen Blitz“ (Mk 10,18). Jesus ist bewegt über dieses Geschehen und erhebt die Augen zum Himmel, um dem Vater zu danken, weil er seinen Liebesplan diesen Jüngern anvertrauen wollte, die ihm nachfolgen. Der Glaube bedeutet, mit Jesus und seinem Traum zu leben und die Kraft zu haben ihn zu verwirklichen. Das ist auch der Traum des Vaters. Denn Jesus erklärte den Jüngern: „Niemand weiß, wer der Sohn ist, als nur der Vater, noch, wer der Vater ist, als nur der Sohn und wem es der Sohn offenbaren will.“ In dieser Vertrautheit mit Jesus und dem Vater liegt die ganze Freude der Jünger. Jesus bezeichnet sie als „selig“, denn sie können Anteil nehmen an seiner Sendung. Selig sind sie, denn sie treten mitten in die neue Geschichte ein, die Gott mit den Menschen beginnt.

Gebet mit Maria, der Mutter des Herrn

Mittwoch, 2. Dezember

Mt 15,29–37. **Heilungen und Brotvermehrung**

Als Jesus nach Galiläa zurückkehrte, stieg er wieder auf den Berg. Dieser hohe Ort, an dem sich der Sohn und der Vater im Gebet begegnen, verwandelte sich in einen heiligen Ort, zu dem Kranke, Arme und Lahme gebracht werden, damit sie von Jesus gesegnet und geheilt werden. Genau das erfüllt Jesus: Er heilt die Kranken und richtet an alle sein Wort. Der Text erweckt den Eindruck, dass alles an drei aufeinander folgenden Tagen – also ohne Unterbrechung – geschieht. Die Entscheidung dieser Menschen, trotz vieler Beschwerden bei Jesus zu bleiben, steht im Gegensatz zu unserer Faulheit und Zerstreuung angesichts des Wortes Gottes. Drei ganze Tage lang hat diese Menge Jesus zugehört. Jesus bemerkt es und ist innerlich bewegt. Er beschließt, ihnen auch das materielle Brot zu schenken, nachdem er ihre Herzen mit dem Brot des Wortes genährt hatte. Im Gegensatz zu Jesus verstehen die Jünger nicht und sind nicht von der Ausdauer jener Menschenmenge berührt, die während sie Jesus zuhörten, sogar zu essen vergessen hatten. Als Jesus sie darauf hinweist, zeigen sie nur ihre Resignation: Man kann nichts tun. Doch Jesus resigniert niemals. Er fordert die Jünger auf, nach Brot unter den Leuten zu suchen. Die Jünger gehorchen Jesus und finden sieben Brote. Sieben steht für die Fülle. Es handelt sich nicht nur um ein Almosen, sondern um eine wahrhaftige Nahrung. Jesus vertraut seiner Kirche, seinen Jüngern, eben diese Aufgabe an. Nicht zufällig werden sieben Diakone ausgewählt, um den Dienst an den Tischen zu tun. Jesus nimmt diese sieben Brote und vermehrt sie für alle viertausend anwesenden Personen. Das Wunder geschieht aus einer leidenschaftlichen Liebe zu dieser müden und hungernden Menge heraus. Dieses Evangelium fordert uns dazu auf, das gleiche Mitleid für die Schwachen und Armen zu haben. So können wir selbst am Wunder der Vermehrung der Liebe mitwirken.

Gebet mit den Heiligen

Donnerstag, 3. Dezember

Gedenktag des heiligen Franz Xaver. Er lebte als Jesuit und Missionar im 16. Jahrhundert in Indien und Japan.

Mt 7,21.24–27. **Den Willen Gottes erfüllen**

Jesus beendet gerade die sogenannte „Bergpredigt“ und stellt diejenigen, die sein Wort hören und danach handeln, denjenigen gegenüber, die es nur hören. Jesus macht deutlich, dass diese Worte keine Moralpredigt sind, sondern ein Fundament, nämlich das des neuen Lebens der Jünger. Das Evangelium ist die Wahrheit, die Substanz und die eigentliche Lebenswirklichkeit. In einer immer flüchtigeren Welt, in den Fängen von ichbezogenen Gefühlen sind diese Worte der wahre

Fels, um einen Weg für die Gemeinschaft und für die Gesellschaft aufzubauen. Jesus zeigt zwei gegensätzliche Bilder auf: „Jeder, der diese meine Worte hört und danach handelt, ist wie ein kluger Mann, der sein Haus auf Fels baute", wer aber „diese meine Worte hört und nicht danach handelt, ist ein Tor, der sein Haus auf Sand baute." Das Beispiel geht weiter: Es kam ein Wolkenbruch, die Flüsse traten über die Ufer und die Winde tobten und rüttelten an diesen beiden Häusern. Jesus spricht über die Stürme des Lebens, über die Versuchungen, in die wir geraten, über die Schwierigkeiten, die auf uns einstürzen, über Probleme, die uns plagen und anderes mehr. Im Sturm dieser Pandemie und der Unsicherheit über die Zukunft hat das auf Fels gebaute Haus, also ein Leben, das in der Treue zum Evangelium und zur Liebe geführt wird, Bestand. Das andere Haus aber, das auf Sand gebaut ist, stürzt unvermeidlich ein. Sind diese Sandkörner nicht die unzähligen Körnchen von Lastern, Schwächen, Instinkten, die – wenn auch winzig klein – unser Herz und unseren Geist erfüllen und unser Leben oft leer und banal machen? Das Wort Gottes bildet somit das Fundament. Es erleuchtet das Haus und macht es stabil, damit es im Dienst des Evangeliums für alle, besonders für die Armen stehen kann.

Gebet für die Kirche

Freitag, 4. Dezember

Gedenktag des heiligen Kirchenvaters und Mönchs Johannes von Damaskus, der im achten Jahrhundert in Damaskus lebte, seine Güter an die Armen verteilte und in das Kloster San Saba bei Jerusalem eintrat. Gebet für die Christen in Syrien.

Mt 9,27–31. **Jesus heilt zwei Blinde**

Zwei Blinde folgen Jesus, als er das Haus des Synagogenvorstehers verlässt. Sie richten eine einfache Bitte an ihn: „Hab Erbarmen mit uns, Sohn Davids!" Es ist eine Bitte, die wir oft in den Evangelien lesen. Die Kirche lässt sie uns zu Beginn jeder Messe wiederholen: „Herr, erbarme dich!" Angesichts der Größe des Herrn ist dies das erste und wichtigste Gebet, das wir an ihn richten können, denn wir sind arme Bettler um Liebe. Als Jesus das Haus betritt, nimmt er sich der beiden Blinden an und spricht mit ihnen. Die Heilung ist keine magische Handlung und auch nicht das Ergebnis esoterischer Riten. Heilung geschieht immer innerhalb einer persönlichen Beziehung zu Jesus: Man muss den Augen und dem Herzen Jesu begegnen, man muss sich vertrauensvoll an ihn binden. Deswegen fragt Jesus die beiden Blinden: „Glaubt ihr, dass ich dies tun kann?" Dies ist die Frage nach dem Vertrauen in ihn. Ohne diese direkte persönliche vertrauensvolle Beziehung ist keine Heilung möglich. Als die beiden Blinden seine Frage bejahen, berührt Jesus ihre Augen und sagt: „Wie ihr geglaubt habt, so soll euch geschehen." Da öffneten sich ihre Augen. Es gibt eine direkte Verknüpfung zwischen dem Glauben und der Heilung. Karl Barth, ein bekannter protestantischer Theologe des vergangenen Jahrhunderts, hatte Recht: „Gott verhält sich nicht gleich, ob wir zu ihm beten oder es nicht tun." Das ist eine wertvolle Lehre. Das Gebet ist das erste Werk des Glaubenden. So gibt man sich dem Herrn hin, der hört und erhört.

Gebet des heiligen Kreuzes

Samstag, 5. Dezember

Die byzantinische Kirche verehrt heute den heiligen Sabas († 532), den „Archimandrit aller Eremiten Palästinas".

Mt 9,35–10,1.6–8. **Das Mitleid Jesu. Die Sendung der Zwölf**

Jesus zog weiter durch die Städte und Dörfer und „verkündete das Evangelium vom Reich und heilte alle Krankheiten und Leiden". Mit diesen kurzen Worten fasst der Evangelist die Sendung Jesu zusammen und stellt darin den christlichen Gemeinden auch ihre Mission deutlich vor Augen. Jedes Wort dieser Zusammenfassung hat dabei seine tiefe Bedeutung. Matthäus weist dabei auf den Beweggrund der Mission Jesu hin: das Mitleid. Jesus folgt weder einer Regel, noch einem Befehl. Gott möchte keine Vollstrecker, sondern Menschen, die fähig sind Mitleid zu haben. Das ist sein Beweggrund. Das Mitleid des Evangeliums ist mehr als eine menschliche Ergriffenheit. Das griechische Wort im Original (splanghizomai) meint eine tiefe Erschütterung, die durch Mark und Bein geht. Es ist das Mitleid mit dieser Menschenmenge, die auf sich allein gestellt und ohne Hirten war, das Jesus dazu bewegt, deren Hirte zu werden. Aus dem Mitleid mit dieser Menge gehen auch die Berufung der Jünger und ihre Aussendung hervor. Diese Worte des Evangeliums stellen Fragen an die christlichen Gemeinden, ob sie Mitleid mit den vielen Menschen dieser Welt empfinden, mit den großen verlassenen Peripherien und mit den Armen, die wegen der Pandemie in allen Teilen der Welt immer mehr werden. Wenn Papst Franziskus eine missionarische Bekehrung der Kirche fordert, möchte er, dass die Kraft des Mitleids wieder stärker wird, die dazu drängt herauszugehen und nicht in der eigenen, kleinen Umgebung zu bleiben. Umso mehr als heute die Ernte wirklich unermesslich groß ist. Die Ungleichheit zwischen der großen Mission und der kleinen Zahl der Arbeiter ist immer offensichtlicher und besorgniserregender. Jesus fordert seine Jünger damals wie auch heute auf, den Vater zu bitten, Arbeiter für diese Ernte auszusenden. Er selbst wählt von den Jüngern zwölf aus, entsprechend der Anzahl der Stämme Israels, damit niemandem das Evangelium vorenthalten wird. Sie erhalten die Vollmacht, die Herzen zu verändern, das Böse zu besiegen, die Armen zu versammeln und zu lieben und das Kommen des Reiches Gottes voranzubringen. Diese Vollmacht ist nicht auf Geld, auf Vorratstaschen, Kleidung oder weltliche Dinge gegründet, sondern auf die grenzenlose Liebe, die Gott in die Herzen der Jünger ausgegossen hat – das göttliche Mitleid. Jesus sagt: „Umsonst habt ihr empfangen, umsonst sollt ihr geben." Dieses so außergewöhnliche Gebot steht im krassen Widerspruch zum materiellen Denken unserer Zeit. Die Christen sind aufgerufen, die Unentgeltlichkeit des Gebens wieder zu entdecken und zu bezeugen, die zum Wesen der Liebe des Evangeliums gehört. Diese erste Aussendung, die Matthäus hier beschreibt, ist ein Vorbild für jede christliche Generation. Es gibt keinen anderen Weg für die Jünger Jesu.

Gebet der Vigil

Sonntag, 6. Dezember: 2. Adventssonntag

Gedenktag des heiligen Nikolaus († 343), dessen Reliquien in Bari aufbewahrt werden. Er war Bischof in Myra in Kleinasien (in der heutigen Türkei) und wird im ganzen Orient verehrt. Gedenken an alle Christen, die im Orient leben.

Jes 40,1–5.9–11; Ps 85; 2 Petr 3,8–14; Mk 1,1–8

„Anfang des Evangeliums von Jesus Christus, Gottes Sohn". So beginnt das Markusevangelium, das uns in diesem Kirchenjahr begleitet. Das Evangelium ist die „gute Nachricht" von Jesus Christus. Es ist immer ein Neuanfang für den, der es hört. Daher hören wir das Evangelium nicht nur ein einziges Mal. Wir alle haben es nötig, es immer wieder neu zu hören, ja vielmehr niemals damit aufzuhören. In keinem Lebensabschnitt und in keiner Generation kann darauf verzichtet werden. Während wir auf das Evangelium hören, erneuert es unser Leben und befreit uns von den Ketten der Gegenwart und der Knechtschaft des Bösen.
Eine Zukunft wird kommen, und dieses Evangelium fordert uns dazu auf, sie vorzubereiten. Angesichts der Pandemie, die wir erlebt haben und die die Zerbrechlichkeit der Welt aufgezeigt hat, verkündet uns das Evangelium, dass „jemand" zu den Menschen kommt, um ihnen eine neue Zukunft und ewiges Heil zu bringen. Es gibt keine Zeit mehr für die Angst, die Nostalgie, die Resignation oder für das Hören auf andere Stimmen. Es besteht sonst die Gefahr, diese uns geschenkte Gelegenheit zu verpassen. Dieser Anfang des Evangeliums öffnet in ähnlicher Weise wie Johannes der Täufer den Weg für den Herrn, der kommt. Wenn wir das Evangelium lesen, darüber nachdenken und danach handeln, dann machen wir uns auf diesen Weg. Der „Weg des Herrn" hat nun auch uns erreicht, das Heil ist in unser Leben herabgestiegen.
Diese Überzeugung ist die Stärke des Täufers. Johannes hat es eilig damit, dass das Reich Gottes kommt und ruft mit lauter Stimme. Er resigniert nicht angesichts einer Welt ohne Hoffnung. Er schweigt nicht, sondern protestiert und spricht einschneidende Worte. Wie es für jede Predigt erforderlich ist, spricht Johannes zum Herzen der Menschen. Er

möchte, dass sein Wort die Leere der Herzen füllt, die Berge von Egoismus einebnet, trennende Mauern niederreißt, bittere Ursachen für vergiftete Beziehungen beseitigt und Wege wieder gerade macht, die durch Hass, üble Nachrede, Gleichgültigkeit und Stolz krumm geworden sind. Der Evangelist Markus merkt an: „Ganz Judäa und alle Einwohner Jerusalems zogen zu ihm hinaus", um sich taufen zu lassen und ihre Sünden zu bekennen. Der Sonntagsgottesdienst und jede Kirche an sich, sei sie nun klein oder groß, werden zum Ort, an dem man sich beim Täufer und seiner Predigt versammelt. Wenn das Wort Gottes verkündet und gepredigt wird, dann öffnet sich der Weg zum Herrn. Selig sind wir, wenn wir die Verkündigung aufnehmen und auf diesem Weg gehen, denn er wird uns sicher zur Begegnung mit dem Herrn führen, der zu uns kommt.

Gebet am Tag des Herrn

Montag, 7. Dezember

Gedenktag des heiligen Ambrosius († 397). Als Bischof von Mailand und Hirte seines Volkes beschützte er die Armen und Schwachen vor aller Unterdrückung und verteidigte die Kirche gegen die Arroganz des Kaisers.

Lk 5,17–26. **Heute haben wir große Dinge gesehen**

Lukas überliefert dieses Wunder Jesu, während er von Pharisäern und Gesetzeslehrern umgeben ist. Dabei unterstreicht er die Entschiedenheit und Kreativität der Freunde des Gelähmten, um ihn vor Jesus zu bringen. Das Wunder wird durch den Glauben dieser Freunde vollbracht, der mit Liebe, Zielstrebigkeit und Beharrlichkeit verbunden ist. Als sie nämlich sehen, dass die Menge vor der Tür ihnen den Weg versperrt, decken sie sogar das Dach ab und legen ihren Freund Jesus zu Füßen. Wie viel können wir von dieser Haltung lernen! Oft ist die Freundschaft unter uns leer und oberflächlich, sentimental oder resigniert. Es genügt meist wenig, dass wir einander vergessen. Die Freunde dieses Gelähmten handelten nicht so. Ihr Beispiel fordert uns zur unerlässlichen Aufmerksamkeit den anderen gegenüber auf. Wir sollen uns umeinander sorgen, vor allem aber um die Kranken, die Armen und Schutzlosen. Es geht darum, ein liebevolles Bündnis zwischen den Jüngern und den Armen, zwischen den Jüngern und den Kranken aufzubauen. Aus diesem einzigartigen Bündnis gehen Wunder hervor. Die Zentralität des Kranken für seine Freunde ist offensichtlich. Sie stellen ihn nicht nur physisch ins Zentrum, sondern auch ins Zentrum ihrer und Jesu Aufmerksamkeit. Die Aufmerksamkeit Jesu für den Kranken geht weit über die Erwartungen dieser Freunde und der Anwesenden hinaus. Zu dem Kranken sagt er nämlich: „Deine Sünden sind dir vergeben." Jesus sieht auch das Herz des Gelähmten und sein Bedürfnis nach Vergebung. Er schenkt ihm die vollkommene Gesundheit, sowohl des Leibes als auch des Herzens. Es ist schön sagen zu können, dass die Christen Freunde der Armen, der Kranken und der Schwachen sind. Hier beginnt die Veränderung der Welt, für die Jesus gekommen ist, um sie auf Erden zu errichten.

Gebet für die Kranken

Dienstag, 8. Dezember

Hochfest der ohne Erbsünde empfangenen Jungfrau und Gottesmutter Maria

Gen 3,9–15.20; Ps 98; Eph 1,3–6.11–12; Lk 1,26–38

Wir feiern das Fest der Mutter Gottes, der Unbefleckten, die ohne Erbsünde empfangen wurde, und ohne jene Neigung, die den Menschen dazu drängt, das Böse zu tun. Dieses Fest begleitet uns in diesem Advent. Der Abschnitt aus dem Buch Genesis spricht über die Erbsünde in der Geschichte von Adam und Eva, die lieber der Stimme der Schlange folgten als auf Gott zu hören. Diese dramatische Erzählung offenbart das Geheimnis einer Sünde, die deshalb Ursünde genannt wird, weil sie am Ursprung des Bösen steht, auch des Bösen unserer Zeit. Es ist

die Sünde des prometheischen Stolzes: „Ihr werdet wie Gott“. Seither drängt das Böse Männer und Frauen dazu, sich selbst zu verherrlichen, dem Hochmut Raum zu geben und zuerst an sich selbst und nicht an die anderen zu denken.
Aber schauen wir auf Maria und ihr Geheimnis, das wir heute schon in ihrer Empfängnis betrachten können. Mit Maria wird die tragische Kette unterbrochen, die Männer und Frauen zur Gewalt drängt und in den Tod treibt. Da sie ohne diese Schuld empfangen wurde, schlägt Maria eine neue Seite in der Menschheitsgeschichte auf. Es beginnt eine Freundschaft mit Gott, die noch schöner ist als die ihrer Vorfahren. Sie wurden vom Tod erlöst. Uns aber wird Anteil an einer größeren Hoffnung gegeben. Aus Gnade wurde Maria ohne Erbsünde empfangen, nicht durch eigene Verdienste. Sie sollte nicht von Urschuld befleckt werden – wie die Kirchenväter oft wiederholen – denn sie sollte in ihrem Schoß den Sohn Gottes empfangen. Die Liebe des Sohnes hat die Mutter behütet. Dieses Geheimnis der Bewahrung Marias vor dem Bösen, das wir heute betrachten, ist nicht fern vom Geheimnis der Kirche, der Gemeinschaft der Glaubenden. Daher hat der Glaubensinstinkt des Volkes Gottes dieses Fest überall auf der Welt sehr beliebt gemacht. Der Blick Gottes, der seit dem Moment ihrer Empfängnis auf Maria ruht, ist derselbe, den er auch auf seine Kirche richtet. Auch wenn ihre Glieder Sünder sind, ist die Kirche als Mutter berufen, auf die Stimme des Engels zu hören und ihr Ja zu sagen. Auch wir können die Worte des Engels hören, der uns zusagt: „Fürchte dich nicht, Maria … für Gott ist nichts unmöglich.“

Gebet mit Maria, der Mutter des Herrn

Mittwoch, 9. Dezember

Mt 11,28–30. **Das sanfte Joch**

Jesus hat die große Schar der Armen vor Augen, der „Kleinen“, die kein Ansehen besitzen und auch noch ausgegrenzt werden, weil sie als Last für die Gesellschaft angesehen werden. Papst Franziskus hat mehrere Male von der Wegwerfkultur gesprochen, die unsere Gesellschaft kennzeichnet. Viele Male beschäftigen sich die Evangelien mit diesen Weggeworfenen und heben den Primat des Mitleids für diese Geringgeachteten hervor. Deshalb geht Jesus immer wieder auf sie zu. Dies ist eine der ganz zentralen Lehren des Evangeliums, mit deren Hilfe die Christen der Ausgrenzung der Schwachen begegnen müssen. Auch heute ist Jesus angesichts der Schwachen innerlich gerührt. An sie sind die Worte des Evangeliums gerichtet: „Kommt alle zu mir, die ihr mühselig und beladen seid!“ Er sieht, wie sie unter der Härte der Lebensumstände und unter den Lasten stöhnen, die ihnen von den Mächtigen und Gleichgültigen auferlegt werden. Jesus ruft sie zu sich und verspricht ihnen Trost. Er schlägt ihnen stattdessen sein leichtes und sanftes Joch vor, das man leicht tragen kann. Es ist durchaus anspruchsvoll, denn Jesus schlägt ein hohes Ideal vor, predigt ein Evangelium, das radikale Entscheidungen und völlige Hingabe erfordert. Trotzdem ist dieses Joch leicht, denn es ist dem Menschen wirklich nahe, wie er selbst den Kleinen und Schwachen nahe ist. Das Evangelium der Liebe ist fordernd, aber es ist eine sanfte und heilbringende Last. Jesus weist auf sich als Vorbild hin: „... lernt von mir; denn ich bin gütig und von Herzen demütig“. Das Joch Jesu ist er selbst und sein Evangelium. Es handelt sich deswegen nicht um eine äußere Last, die auf unsere Schultern gelegt wird. Das Joch ist das Evangelium der Liebe, das Jesus als erster lebt. Johannes, der Jünger der Liebe, kann in seinem ersten Brief schreiben: „Seine Gebote sind nicht schwer“ (1 Joh 5,3). Es ist die Liebe Jesu, die uns rettet und stützt.

Gebet mit den Heiligen

Donnerstag, 10. Dezember

Mt 11,7b.11–15. **Unter allen Menschen hat es keinen Größeren gegeben als Johannes den Täufer**

In dieser Adventszeit stellt uns die Kirche Johannes den Täufer als denjenigen vor Augen, der dem Herrn den Weg bereitet. Über keine andere Person hat Jesus so ausführlich gesprochen wie über ihn. In den vorausgehenden Versen beschreibt Jesus ihn als den Propheten, der auf den Herrn warten kann und ihn zum Vorbild für die Gläubigen macht. „Dieser ist es, von dem geschrieben steht: Siehe, ich sende meinen Boten vor dir her, der deinen Weg vor dir bahnen wird“ (Mk 11,10). Durch sein enthaltsames Leben hat er sein Ich bekämpft, um in seinem Herzen die Religiosität wachsen zu lassen, die ihn dazu befähigt auf den vom Herrn gesandten Messias zu warten. So wurde er ein spiritueller Mensch und ein Glaubender, der sich vom Geist Gottes und nicht von sich selbst oder von eigenen Traditionen leiten lässt. Dies erforderte von ihm eine „Gewalt“ gegen sich selbst, die er mit spiritueller Disziplin führt. So konnte er Jesus mit den Augen des Herzens erkennen, als dieser zu ihm an den Jordan kam. Durch seine Predigt versuchte er, einen Weg zu den Herzen der Menschen seiner Generation aufzutun, damit auch sie den Messias, der bereits nahte, in ihrer Mitte erkennen und aufnehmen konnten. Aus diesem Grunde sagt Jesus über ihn: „Unter den von einer Frau Geborenen ist kein Größerer aufgetreten als Johannes der Täufer“. Als einzigartiger Bruder wurde er von Gott gesandt, damit auch wir unser Herz bereiten, um Jesus als den Retter aufzunehmen. Wenn der Kleinste im Himmelreich, also der Sohn oder die Tochter der Predigt Jesu, größer als Johannes ist, dann weil sich Jesus an alle seine Jünger wendet, damit sie die Größe ihrer Berufung erkennen. Der Herr setzt ein unglaublich großes Vertrauen in seine Jünger, sodass er zu ihnen sagt: „Wer an mich glaubt, wird die Werke, die ich vollbringe, auch vollbringen, und er wird noch größere als diese vollbringen“ (Joh 14,12).

Gebet für die Kirche

Freitag, 11. Dezember

Mt 11,16–19. **Weder Johannes noch Jesus schenkten sie Gehör**

Lassen wir uns weiter vom Matthäusevangelium führen, in dem Jesus von seiner Generation spricht, und nehmen wir das zum Anlass das Augenmerk auf unsere eigene Generation zu richten. Wir leben in einem besonderen Moment unserer Geschichte. Wir haben die Corona-Pandemie erlebt, die noch nicht überwunden ist und den ganzen Planeten erschüttert hat. Es ist eine nie dagewesene Situation, die ein neues Entwicklungsmodell erfordert und neue Kreativität für eine neue Zukunft. Die Pandemie hat uns jäh die Zerbrechlichkeit der alten Welt erkennen lassen. Es ist wirklich nötig, sich über die Zukunft des Planeten Gedanken zu machen. Auch uns Christen stellt sich eine große Herausforderung, nämlich das Evangelium dieser Generation mutiger und großzügiger zu verkünden. Jetzt ist eine günstige Zeit. Auf diesen geschichtlichen Moment können wir die kurze Parabel beziehen, die Jesus in diesem Abschnitt der Bibel erzählt. In seiner Kürze enthält sie den Vorwurf des versäumten Spieles auf dem Marktplatz: „Wir haben für euch auf der Flöte gespielt und ihr habt nicht getanzt; wir haben die Totenklage angestimmt und ihr habt euch nicht an die Brust geschlagen." Was möchte Jesus damit sagen? Wir können darin die Verurteilung der internen Debatten erkennen, zwischen denen, die sagen, dass alles schlecht wird und denen, die sagen, dass alles gut wird, und so alles blockieren. Der Platz leert sich. Auch in den christlichen Gemeinden gibt es wirklich viele unnütze Debatten. Jesus möchte wegen der Dringlichkeit seiner Sendung aufrütteln. Wir müssen jede Zurückhaltung und Zögerlichkeit hinter uns lassen, denn das Evangelium muss wirklich dringend auf den Plätzen dieser Generation verkündet werden. Es gibt den Vorwurf an Jesus, er sei ein Fresser und Säufer, doch seine Vorliebe für die Freude und das Glück der Leute ist die wahre Weisheit: „Und doch hat die Weisheit durch ihre Taten Recht bekommen." Ein weiteres Mal kommt der Primat der Liebe zu den Armen zum Vorschein, der die Liebe Gottes selbst charakterisiert.

Gebet des heiligen Kreuzes

Samstag, 12. Dezember

Gedenktag Unserer Lieben Frau von Guadalupe in Mexiko. Gedenken an Filomena, eine alte Frau aus Rom, die 1976 im Heim starb. Mit ihr gedenken wir aller alten Menschen, vor allem der Einsamen und derer, die in Heimen leben.

Mt 17,9a.10–13. **Elija ist schon gekommen, doch sie haben ihn nicht erkannt**

Das Evangelium überliefert uns den kurzen Dialog zwischen Jesus und den Jüngern nach der Verklärung, während sie vom Berg Tabor herabstiegen. In dem Gespräch ging es um eine der beiden Hauptpersonen der Vision, den Propheten Elija. Die Jünger waren immer mehr davon überzeugt, dass Jesus der Messias ist. Die Schriftgelehrten dagegen blieben bei ihrer Meinung, dass vor dem Messias Elija kommen müsse. Jesus bestätigt gegenüber seinen Jüngern diese Aussage, erklärt jedoch, dass Elija bereits gekommen sei und er das gleiche Schicksal des Propheten hat. Die Menschen haben ihn jedoch nicht erkannt, ja sie lehnten ihn ab und haben „mit ihm gemacht, was sie wollten". Die Jünger glaubten, dass Jesus vom Täufer spreche, stattdessen sprach er aber von dem Schicksal, das den Menschensohn erwartete. Jeder Jünger braucht jemanden, der wie der Täufer oder Elija den Weg zum Herrn bereitet. Eine laute Stimme, die in die Wüste dieser Welt hinausruft, dass einer kommt, der uns liebt. Elija ist damit das gepredigte Wort Gottes, die Prophezeiung, die auch heute noch an uns gerichtet wird. „Sein Wort brannte wie eine Fackel", sagt Jesus Sirach über ihn. Wir alle werden dazu aufgefordert, unsere Augen nicht zu verschließen, sondern die Zeichen Gottes zu sehen. Wir werden dazu aufgefordert, unsere Ohren nicht zuzumachen, sondern auf das Evangelium zu hören und unser Herz nicht zu verschließen, sondern den Herrn aufzunehmen, der kommt. Außerdem gibt es noch eine weitere Reflexion. Als Jesus von der Gewalt gegen Elija sprach, wollte er damit nicht auf den Täufer hinweisen, sondern auf sich selbst und das Ende, das ihn erwartete. Nach der Verklärung beginnt Jesus mit den Jüngern über seinen Tod zu sprechen als dem einzigen Weg, um auf den Berg zu steigen, wo ihnen der Auferstandene wieder begegnen wird. Dieser Weg führt über das Kreuz, das er aus Gehorsam gegenüber dem himmlischen Vater angenommen hat. Der Täufer ist kein gescheiterter Prophet, der auf tragische Weise sein Ende gefunden hat. Mit seinem Tod hat er vielmehr den Weg des Messias vorbereitet. Ebenso wird der Messias mit seinem Tod den Weg des Heils für alle eröffnen.

Gebet der Vigil

Sonntag, 13. Dezember: 3. Adventssonntag

Jes 61,1–2a.10–11; Lk 1,46–48.49–50.53–54; 1 Thess 5,16–24; Joh 1,6–8.19–28

„Freut euch im Herrn zu jeder Zeit! Noch einmal sage ich euch: Freut euch." Mit diesem eindrücklichen Aufruf des Apostels beginnt die Liturgie dieses Sonntags, der den Namen „Gaudete" trägt: Sonntag der Freude. Diese Freude wird möglich, wenn wir uns wie die Kinder demjenigen anvertrauen, der bald kommen wird. Die Einladung dieses Sonntags zur Freude ist nicht für unbedarfte und leichtsinnige Männer und Frauen, sondern sie ist an uns gerichtet als Gläubige, denen bewusst ist, dass die Ankunft Jesu unter die Menschen bevorsteht. Der Herr kommt. Er rettet uns von der Sünde und vertreibt aus dem Herzen die Wurzeln der Bitterkeit. „Von Herzen freue ich mich am HERRN. Meine Seele jubelt über meinen Gott. Denn er kleidet mich in Gewänder des Heils, er hüllt mich in den Mantel der Gerechtigkeit", so singt der Prophet Jesaja. Wir freuen uns nicht über uns selbst, wir verspüren vielmehr, wie gering wir sind und wie eitel die Welt ist. Und dennoch sollen wir uns freuen, denn wir wurden trotz unserer Armseligkeit vom Herrn erwählt. Der Demütige versteht es, sich zu freuen. Nicht so der Reiche, der meint, er sei der Herr des Glückes und der stattdessen nur seiner eigenen Traurigkeit hinterherläuft. Auch der Stolze ist nicht froh. Er ist niemals satt, denn er lässt sich nicht lieben und lässt die Gedanken der anderen nicht gelten. Freuen wir uns, denn die Vergebung kommt, die aus der Verstrickung der Sünde befreit. Aus Gnade können wir anders werden, als wir jetzt sind. In einer Zeit, in der Propheten selten sind, hören wir mit Aufmerksam-

keit auf den Täufer. Er ist „die Stimme, die in der Wüste ruft: Ebnet den Weg für den Herrn!" Nur eine Stimme ist er, wahrhaftig etwas Kleines, kaum Spürbares. Dennoch ist er stark, er spürt die Verantwortung zu sprechen. Er tut es im Namen Gottes. Der Apostel Paulus ermahnte sich selbst: „Weh mir, wenn ich das Evangelium nicht verkünde" (1 Kor 9,16). Der Gläubige ist, noch bevor er etwas in die Tat umsetzt, in erster Linie eine Stimme, die Zeugnis gibt. Hierin besteht die einzig wahre und zugleich schwache Kraft des Täufers. Trotzdem ist diese Stimme stark, so dass sich viele Menschen zusammenrotten, um sie zum Schweigen zu bringen. Der Täufer und jeder, der das Evangelium verkündet, spricht nicht um die Aufmerksamkeit auf sich zu lenken. Jene Stimme weist über ihn hinaus, auf einen, der viel größer und mächtiger ist.
Johannes weist auf Jesus hin. Das ist seine Mission, seine Aufgabe. Seine Stärke liegt darin, das wahre Licht für alle sichtbar zu machen. Er sucht keine Aufmerksamkeit für sich, wie dies sonst aufgrund eines überheblichen und verbreiteten Protagonismus so oft geschieht. Seine Stimme weist auf einen anderen hin. Sie zeigt einen, der schon „mitten unter uns" ist. Unsere Stimme kann Leben in der Wüste erblühen lassen. Wir sind als gewöhnliche Menschen dazu berufen, den vielen, denen wir begegnen, den bekannt zu machen, der schon mitten unter den Menschen ist. Wenn wir schwach sind, sind wir stark. Wenn wir traurig sind, sind wir froh. Denn der Herr kommt. Er lässt die Erde sprießen und macht sie wieder zu einem Garten. Komme bald, Herr Jesus!

Gebet am Tag des Herrn

Montag, 14. Dezember

Mt 21,23–27. **Woher stammte die Taufe des Johannes?**

Das Evangelium stellt uns Jesus vor Augen, der auf das Ende seiner irdischen Tage zugeht. Er sieht sich mit einer heftigen Polemik vonseiten der religiösen Führer und der Ältesten des Volkes konfrontiert. Kaum war Jesus nach Jerusalem zurückgekehrt, begab er sich wie gewohnt in den Tempel. Seine Stunde war gekommen und er musste sich als der von

Gott Gesandte, der Messias zeigen. Die Hohenpriester und die Ältesten des Volkes hatten verstanden, dass Jesus nicht nur eine neue Lehre oder ein neues religiöses Denken verbreitete. Was er predigte und was er tat, war viel mehr als eine einfache Lehre. Umso mehr als alles schon erste Früchte zeigte, was in Galiläa geschah, wo er mit Vollmacht das Kommen des Himmelreiches predigte und die Kranken heilte. Die Hohenpriester und die Ältesten des Volkes näherten sich ihm und fragten ihn, mit wessen Vollmacht er das alles tue. Auch heute sehen wir bisweilen, dass neue Charismen in der Kirche Skepsis und Widerstand hervorrufen. Viele tun sich hervor und fragen nach den Gründen hierfür mit dem Ziel, offiziell anerkannt zu werden. Jesus ist sich der Neuheit seines Handelns sehr bewusst und weiß, dass es sich dabei nicht um seine eigene persönliche Initiative handelt. Er gehorcht dem Plan des Vaters, der ihn gesandt hat. Deswegen zieht er sich vor ihren Fragen nicht zurück. Vielmehr spricht er mit ihnen auf starke, souveräne Weise, ohne jede Unterwürfigkeit. Er spricht respektvoll, aber auch mit einer Schlauheit, die ihre Kleinlichkeit aufdeckt. Er ist sich dessen sehr bewusst, dass er den Willen des Vaters tun muss, und das bedeutet, dass er auch keinen verlieren darf, der ihm vom Vater anvertraut worden ist. Indem er ihre Einwände am Beispiel des Täufers aufgreift, unterstreicht er, dass der Weg zum Heil im Hören auf das Wort Gottes und in der Bekehrung des Herzens liegt. Die Gegner wissen nicht, was sie darauf antworten sollen und sehen sich gar zu einer Lüge gezwungen. Hinter diesem „wir wissen es nicht“ verbirgt sich ihr Widerstand gegen das Evangelium, und sie ziehen sich zurück. Während wir uns Weihnachten nähern, wollen wir dagegen bereitwillig die süße Vollmacht des Wortes Gottes aufnehmen. Lassen wir zu, dass sich unser Herz verändert und bringen wir Früchte der Liebe des Friedens, des Erbarmens, der Vergebung und der Sanftmut.

Gebet für die Armen

Dienstag, 15. Dezember

Gedenken an Gigi, einen Jungen aus Neapel, der 1983 eines gewaltsamen Todes gestorben ist. Mit ihm gedenken wir aller Kinder, die durch die Gewalt der Menschen leiden oder gestorben sind. Gebet für die Kinder.

Mt 21,28–32. **Die Zöllner und Dirnen sind euch voraus**

Nachdem er auf die Frage der Hohenpriester nach seiner Vollmacht geantwortet hat, erzählt der Herr das Gleichnis vom Vater, der seine beiden Söhne zur Arbeit in den Weinberg schickt. Der Erste antwortet mit Nein, geht dann aber doch. Der Zweite tut genau das Gegenteil: Er sagt zwar zuerst Ja, geht aber nicht. Jesus kommt zum Schluss, dass ganz offensichtlich der Erste und nicht der Zweite den Willen Gottes erfüllt. Immer wieder wird in der Bibel betont, dass die Reue eine große Zahl von Sünden tilgt. Es ist nicht schlimm, wenn man keine Lust hat zu gehen. Schlimm ist es, wenn man bei seinem Nein bleibt. Dieses Gleichnis enthüllt den Widerspruch zwischen dem Reden und dem Tun, der oft unser Handeln prägt. Die Worte des Evangeliums drängen uns dazu, auf unser Herz und unser Leben zu schauen: Wie oft bleiben wir bei den bloßen Worten stehen? Wie oft nehmen wir den Mund voll und halten große Reden, aber unsere Tage sind leer, ohne Liebe? Der Herr erinnert uns daran, dass es auf unser Verhalten ankommt: die Liebe, die Barmherzigkeit, die Freundschaft, die Solidarität. Der Herr sagt uns auch, dass wir uns ändern können und unser Verhalten korrigieren können. Was wir vermeiden müssen, ist uns arrogant auf Konsequenz zu berufen. Wir werden durch die Liebe gerettet, nicht durch die Konsequenz. Deswegen sagt Jesus: „Die Zöllner und die Dirnen gelangen eher in das Reich Gottes als ihr." Sie nehmen die Liebe an, die Jesus ihnen gegenüber zeigt. Worauf es ankommt, ist sich in das Geheimnis der Liebe Gottes miteinbeziehen zu lassen, und darauf bereiten wir uns vor, um dieses Geheimnis der Liebe an Weihnachten aufzunehmen.

Gebet mit Maria, der Mutter des Herrn

Mittwoch, 16. Dezember

Lk 7,18b–23. **Geht und berichtet Johannes, was ihr gesehen und gehört habt**

Das Wort des Evangeliums erklärt die Bedeutung von Weihnachten, indem es die Gestalt von Johannes dem Täufer darstellt, während er im Gefängnis ist. Er ist somit seiner Freiheit beraubt und lebt sicherlich in einer schwierigeren Lage als wir, trotzdem – oder vielleicht gerade deshalb – wartet er weiter auf den Messias. Er resigniert nicht angesichts der Ketten. Er gibt die Erwartung und Hoffnung nicht auf. Er lässt sich nicht vom lässigen und oberflächlichen Klima der Welt einschläfern. Die Seinen schickt er zu Jesus, um zu fragen: „Bist du der, der kommen soll, oder sollen wir auf einen anderen warten?" Johannes glaubt an die Verheißungen Gottes und will sie in gewisser Weise schneller herbeiführen. Er weiß, dass die Zukunft Gottes kommen wird, nicht als menschliches Werk, vielmehr als tatkräftige Erwartung, um sie aufzunehmen. Die Antwort Jesu nimmt Bezug auf einen Abschnitt des Propheten Jesaja, in dem das Geschehen während der Ankunft des Messias bei den Menschen beschrieben wird: „Blinde sehen wieder, Lahme gehen und Aussätzige werden rein; Taube hören, Tote stehen auf und Armen wird das Evangelium verkündet". Diese Worte erinnern uns an die „Zeichen" der Gegenwart Gottes im Leben der Menschen: Dienst für Kranke und Schwache, Blinden das Augenlicht zurückgeben und Kraft dem, der nicht gehen kann und den Armen das Evangelium verkünden. Wie sollen wir auf Weihnachten warten? Wie sollen wir es in unseren Städten verkünden? Wie können wir uns selbst und anderen den Hinweis geben, dass der Herr kommt und uns besucht? Der einzige Weg bleibt der von Jesus den Jüngern des Johannes gewiesene: das konkrete Zeugnis für das Evangelium der Liebe zu den Ärmsten.

Gebet mit den Heiligen

Donnerstag, 17. Dezember

Gedenken an Lazarus aus Betanien. Gebet für die Schwerkranken und Sterbenden. Gedenken an die Aidskranken.

Mt 1,1–17. **Der Stammbaum Jesu**

Von heute an möchte uns die Liturgie noch näher an das Geheimnis von Weihnachten heranführen. In diesen Tagen liest sie die ausschließlich von Matthäus und Lukas überlieferten Evangelientexte. Matthäus beginnt sein Evangelium mit dem Stammbaum Jesu, mit seiner Genealogie. Auch Lukas überliefert die Genealogie Jesu, doch erst am Ende des dritten Kapitels. Beide Listen unterscheiden sich voneinander. Von David bis Josef stimmen nur zwei Namen überein. Der Grund ist, dass Matthäus die dynastische Abfolge bevorzugt, während Lukas die natürliche Abstammung überliefert. Matthäus wendet sich an Christen sowohl jüdischer als auch heidnischer Herkunft. Durch seine Namensliste möchte er seinen Lesern erläutern, dass Jesus zugleich „Sohn Davids“ und „Sohn Abrahams“ ist. Beide Titel beschreiben ihn als die Erfüllung der Verheißung Gottes. Der Heilsplan Gottes für die Menschen erreicht seinen Höhepunkt in der Geburt Jesu. Sie ist kein zufälliges Ereignis, denn der Herr hat es schon lange vorbereitet, eben seit Abraham und David. Im Laufe der Generationen hat der Herr die Geschichte Israels bis hin zur Erfüllung geführt, zu „Josef, den Mann Marias; von ihr wurde Jesus geboren, der der Christus genannt wird“. Dieser auf den ersten Blick als trockene Aufzählung von Namen erscheinende Abschnitt erinnert uns daran, dass Jesus nicht außerhalb der Menschheitsgeschichte lebt. Im Gegenteil, er steht mitten in ihr und ist ihre Erfüllung. In Jesus können alle Generationen Stärkung und Heil finden. Jesus ist nicht Teil einer einzigen Kultur oder Zivilisation. Wer sich ihm anschließt, wird Teil der großen Geschichte Gottes, die in Jesus zusammengefasst ist. Daher schreibt der Apostel Paulus: „das All in Christus als dem Haupt zusammenzufassen, was im Himmel und auf Erden ist, in ihm“ (Eph 1,10). Es ist also kein Zufall, dass in der Liste auch einige heidnische Frauen wie Rahab und Rut genannt werden. Jesus ist der „König“ Israels und aller Völker. Er ist der Retter und Erlöser der Gerechten und Sünder, der Männer und Frauen. Keiner wird von seiner Barmherzigkeit ausgeschlossen, wenn er sie nur annimmt.

Gebet für die Kirche

Freitag, 18. Dezember

Mt 1,18–24. **Der Sohn Marias ist vom Heiligen Geist**

Wenige Tage vor Weihnachten begegnet uns nach dem Täufer als Vorläufer Jesu die Gestalt des Josef. Nur wenige Male wird er vom Evangelisten erwähnt. Wenn gesagt wird, „mit der Geburt Jesu Christi war es so“, soll scheinbar die innere Verunsicherung hervorgehoben werden. Denn es wird über Josef und sein Drama berichtet, während der Ereignisse. Er war schon mit Maria verlobt und nach der jüdischen Tradition faktisch schon mit ihr verheiratet. Deshalb fühlt er sich als betrogener Ehemann, als er von der Schwangerschaft Marias erfährt. Er sieht sich folglich im Recht, sich offiziell von ihr zu trennen. Maria würde damit als Ehebrecherin gelten und aus diesem Grunde von ihren Verwandten und allen Dorfbewohnern geächtet und gemieden werden. Die Lage war wirklich dramatisch. Wir können uns in die Verunsicherung dieses jungen Mannes hineinversetzen: Er fühlte sich von seiner Braut betrogen, die er aber doch, und das zu Recht, für eine außergewöhnliche Frau hielt. Vielleicht wollte er sich gerade deshalb in aller Stille von ihr trennen, weil er sie so sehr schätzte. Er legte das Gesetz sehr zurückhaltend, auf barmherzige Weise aus. Dennoch hätte dieser gerechte Mann bei Ausführung seines legitimen und sogar großzügigen Vorhabens gegen die weitaus größere „Gerechtigkeit“ Gottes verstoßen. Bei Gott gibt es unter diesen Umständen etwas „Größeres“, das ihm vom Engel im Traum offenbart wird. Josef hört auf den Engel. Er erkennt das Geheimnis an, von dem Maria umgeben ist, und ist bereit, sich mit seinem Leben daran zu beteiligen. Er lässt sich von seinen persönlichen Plänen abbringen und nimmt Anteil am Traum Gottes für Maria und die Welt. Der Engel spricht weiter zu ihm und zeigt ihm seine Aufgabe in der Heilsgeschichte: „ihm sollst du den Namen Jesus geben“. Josef soll diesen Sohn anerkennen und ihm einen Namen geben. Wenige Tage vor Weihnachten wird Josef zum Vorbild des Gläubigen. In seiner Demut gibt er uns den Hinweis, wie wir das bevorstehende Geheimnis feiern sollen: indem wir auf das Wort Gottes hören und uns vorbereiten, Jesus zu uns zu nehmen.

Gebet des heiligen Kreuzes

Samstag, 19. Dezember

Lk 1,5–25. **Die Verheißung der Geburt des Täufers an Zacharias**

Nach den ersten vier Versen des Prologs beginnt Lukas sein Evangelium mit der Erzählung des Engels, der Zacharias im Tempel die Geburt eines Sohnes verkündet, dem er den Namen Johannes geben soll. Diese erste Verkündigung bereitet uns auf die Geburt Jesu vor. In jenen Tagen greift Gott direkt, einmalig und endgültig in die Menschheitsgeschichte ein. Er nimmt nicht mehr Propheten in den Dienst, sondern sendet seinen eigenen Sohn. Aufgrund der Einmaligkeit dieser Stunde erweckt Gott den größten unter allen Propheten, Johannes den Täufer. Auch seine Geburt erfolgt durch ein direktes Eingreifen Gottes. Lukas erzählt von zwei alten Menschen, Zacharias und Elisabet. Zacharias ist Priester, und beide sind nunmehr unfruchtbar. Sie warten nur noch auf das Ende ihres Lebens, ein sicheres, von Resignation gezeichnetes Ende. Zacharias und Elisabet erinnern an das Leben vieler alter Menschen, die in unserer Gesellschaft ausgegrenzt, vernachlässigt oder – noch schlimmer – gleichsam entsorgt werden, wenn sie in Heime abgeschoben werden. Das Evangelium zeigt, wie weit diese Wegwerfkultur vom Traum Gottes entfernt ist. Er greift ein und macht möglich, was unmöglich erscheint. Denen, die fortlaufend behaupten, dass nichts zu ändern ist, sagt dieses Evangelium, dass sich alles ändern kann. Gott sendet den Engel zu Zacharias, während er im Tempel ist, und verkündet ihm, dass er mit Elisabet einen Sohn bekommen wird. Dem völlig ungläubigen Zacharias, der alle Hoffnung aufgegeben hat, verschlägt es das Wort: er bleibt stumm. Doch mit Elisabet empfangen sie einen Sohn trotz der Unfruchtbarkeit des Alters. In ihrem Alter empfangen sie eine neue Sendung, eine neue Aufgabe. Niemand ist so alt, dass er nicht Neues erleben und wirken kann. Niemand ist so unfruchtbar, dass er nicht neues Leben hervorbringen kann.

Gebet der Vigil

Sonntag, 20. Dezember: 4. Adventssonntag

2 Sam 7,1–5.8b–12.14a.16; Ps 89; Röm 16,25–27; Lk 1,26–38

Kurz vor Weihnachten begleitet uns die Liturgie zur Begegnung mit dem Kind, das geboren werden soll. Sie beginnt mit der Bitte Davids an den Propheten. Es ist ein guter Gedanke. David sagt zu Natan: „Ich wohne in einem Haus aus Zedernholz, die Lade Gottes aber wohnt in einem Zelt." Der Prophet Natan sagt zu David, dass Gott den Bau eines Hauses nicht benötigt. Er erinnert ihn an die Worte des Herrn: „Seit dem Tag, als ich die Israeliten aus Ägypten heraufgeführt habe, habe ich bis heute nie in einem Haus gewohnt, sondern bin in einer Zeltwohnung umhergezogen." Mit seinem Volk ist Gott zum Pilger geworden, seit er den Schmerzensschrei in Ägypten gehört und dann die Wohnung im Himmel verlassen hat, um herabzusteigen und sein Volk zu befreien. Wir könnten hinzufügen: wie viele Arme, Kinder, alte Menschen, Kranke, Fremde leben in der Unsicherheit eines Zeltes! Viele haben nicht einmal das. Sie haben keinen Platz, wo sie wohnen können. Wie zur Zeit Davids, wie in jener Nacht in Betlehem, wie in den vielen Betlehems unserer Zeit hat der Herr, hat das Kind, haben die Armen kein Haus aus Zedernholz und bleiben draußen.
Der Herr baut kein Haus für sich, sondern für sein Volk. Oder besser, er macht aus seinem Volk ein Haus für alle. Es ist groß und fest gegründet und besteht aus lebendigen Steinen. Weihnachten wird das Wort Fleisch und zum Eckstein des neuen Gebäudes. Dieser Stein, den die Bauleute verworfen haben, dieses Kind, das in keinem Haus in Betlehem Aufnahme fand, hat Gott zum Fundament seines heiligen Hauses gemacht. An Weihnachten wird dieses Kind erneut zum Eckstein, da-

mit das Haus vergrößert werden kann und seine Türen weit geöffnet werden, um alle aufzunehmen, die Erbarmen suchen. Der Herr hat es mit seinem Sohn für alle seine Kinder bereitet; später wird Jesus sagen: „Im Haus meines Vaters gibt es viele Wohnungen." Zu denen, die den Tempel durch ihre kleinen Geschäfte entweihten, sagte Jesus: „Mein Haus soll ein Haus des Gebetes genannt werden." Das Haus des Herrn ist für alle Völker, für alle Nationen.
Das Evangelium zeigt uns Maria, die Mutter des Kindes, als erste von allen Gläubigen. Sie hört auf die Stimme des Engels und öffnet ihr Herz. Der Herr hat aus ihr sein erstes Haus gemacht. An diesem Sonntag ruft uns Maria auf, Weihnachten aufzunehmen, nicht länger so zu bleiben, wie wir sind, und auf unsere gewöhnlichen Sorgen zu verzichten. Wir sollen großzügig im Haus leben, das der Herr uns geschenkt hat. Maria steht als Bild für die Kirche vor uns, denn mit ihr können auch wir wiederholen: „Siehe, ich bin die Magd des Herrn; mir geschehe, wie du es gesagt hast." So werden wir zum Haus des Herrn, zum Ort der Barmherzigkeit und des Friedens für uns und für alle, die überall auf der Erde das Heil erwarten.

Gebet am Tag des Herrn

Montag, 21. Dezember

Lk 1,39–45. **Maria besucht ihre Verwandte Elisabet**

Das Evangelium von der „Heimsuchung" weckt in uns die Eile, Jesus zu begegnen. Der Evangelist schreibt, dass Maria zu Elisabet „eilte", als der Engel ihr von deren Schwangerschaft berichtet. Das Evangelium drängt zur Eile und fordert dazu auf, über sich hinauszugehen und alte Gewohnheiten aufzugeben, um zu erfüllen, was verkündet wird. Es ist eine Mahnung, nicht in alten Sorgen und Gedanken zu verharren. Wir können uns die vielen Sorgen vorstellen, die Maria sich in diesem Augenblick machte, nachdem das Wort Gottes ihr Leben vollkommen verwandelt hatte! Dennoch verließ sie Nazaret und ging zu ihrer älteren Verwandten Elisabet, die schon im sechsten Monat schwanger war und sicherlich Hilfe brauchte. Es ist auch anzunehmen, dass die junge Maria ihrer alten Cousine gerne anvertrauen wollte, was ihr widerfahren war. Sich im Vertrauen mit lieben Menschen auszutauschen, ist eine weise Entscheidung. In jedem Fall aber war es nicht leicht für die jugendliche Maria, eine so weite Reise anzutreten und das Bergland von Judäa zu durchqueren. Das Evangelium treibt dazu an, den Leidenden und Bedürftigen zu Hilfe zu kommen, so wie es auch dazu aufruft, um Trost, Rat und Hilfe zu bitten. Die Liebe ist immer etwas Großes, auch bei einer ganz einfachen Begegnung mit den Armen. Die Liebe bedeutet immer die Entscheidung, über sich selbst hinauszugehen. Maria ließ ihr Herz von der Not ihrer Verwandten betreffen und ging ohne Zögern zu ihr. Kaum sah Elisabet sie kommen, wurde sie ganz und gar von Freude erfüllt. So ist die Freude der Schwachen und Armen, wenn sie von den Dienerinnen und Dienern des Herrn besucht werden, „die geglaubt haben, dass sich erfüllt, was der Herr ihnen sagen ließ". Aus dem Mund der Armen ist der Segen für alle zu hören, die sich liebevoll um sie kümmern. In diesem Augenblick ereignet sich eine wahrhaftige Epiphanie des Heiligen Geistes. Das Lächeln der Armen ist nämlich das Lächeln Gottes. Ihre Freude ist die Freude Gottes. Die Gläubigen können erfahren, dass die Schönheit und Stärke dieser Freude aus der Tiefe des Herzens der Armen zu ihnen zurückkehrt. Diese Umarmung der jungen Maria und der alten Elisabet ist eine Ikone der Liebe zwischen den Christen und den Armen. Diese Begegnung sollen die Christen der Welt schenken, damit sie sich vom Weg der Ungerechtigkeit und Gewalt abwendet und den Weg der Begegnung und des Friedens einschlägt.

Gebet für den Frieden

Dienstag, 22. Dezember

Lk 1,46–56. **Das Magnifikat**

Bei der Begegnung mit der Verwandten Elisabet wurde Maria mit der ersten Seligpreisung im Evangelium begrüßt: „Und selig, die geglaubt hat, dass sich erfüllt, was der Herr ihr sagen ließ." Dass die erste Seligpreisung dem Hören auf das Wort Gottes gewidmet ist, sollte uns nachdenklich stimmen. Sofort wird deutlich, dass das Hören auf das Evangelium auch Probleme und Unruhe beinhaltet. Es handelt sich aber um eine willkommene, zum Heil führende Beunruhigung, weil sie eine Entscheidung und Veränderung anregt. Sie verwandelt sich dann sofort in die Freude darüber, die Zuwendung Gottes zu spüren und in seinen Händen gehalten zu sein. Maria, die erste Selige des Evangeliums, stimmt den Freudengesang darüber an, dass sie von Gott geliebt und auserwählt wurde. Aus tiefster Seele erklingt das Loblied, weil der Herr über Himmel und Erde auf ihr armes und schwaches Leben geschaut hat, wie es in ihren Augen geschehen war. Der Gesang des Magnifikats beschreibt zusammenfassend das Glück der „*anawim*", derer, die ihr ganzes Leben in die Hände des Herrn legen und die Fülle des Lebens von ihm erwarten. Maria verbirgt ihre Niedrigkeit und Armut nicht. Sie weiß um ihren wahren Reichtum, nämlich dass Gott die Armen und Kleinen erwählt, um seine Liebe zu offenbaren. Sie erkennt das unfassbare Geheimnis ihres neuen Lebens als ein außerordentliches Geschenk des Herrn. Dieser Gott, der Israel aus der Sklaverei Ägyptens befreit, der die Armen beschützt, die Mächtigen vom Thron gestürzt und die Hungernden mit seinen Gaben beschenkt hat, er wendet sich nun ihr zu und erweist ihr eine derartige Liebe, dass er sie zur Mutter seines Sohnes macht. Mit Furcht und großer Freude hat sie ihn in ihrem Herzen aufgenommen. Er wurde zum zentralen Inhalt ihres ganzen Lebens. Seit diesem Tag hat Gott durch sie seine Wohnung unter den Menschen genommen. Das Wort ist in ihr Fleisch geworden. Durch sie hat uns der Herr den Weg gewiesen, auf dem alle Gläubigen gehen sollen.

Gebet mit Maria, der Mutter des Herrn

Mittwoch, 23. Dezember

Lk 1,57–66. **Die Geburt Johannes' des Täufers**

Johannes der Täufer vereint als der letzte der Propheten in sich die gesamte prophetische Tradition des Ersten Testaments, die ganz auf das Geheimnis Jesu ausgerichtet ist. Der Täufer ist der letzte „Gunsterweis Gottes“, der letzte der Propheten, bevor der Herr durch sein Wort direkt zu den Menschen gesprochen hat. Der Evangelist Lukas hebt das Eingreifen Gottes in seiner Geburt hervor. Er hat das Leben von Zacharias und Elisabet mit Fruchtbarkeit erfüllt, und sie erkennen das Ungewöhnliche der Geburt ihres Kindes. Daher ist ihre Freude groß. Nach seinem anfänglichen Unglauben bekennt Zacharias sein Vertrauen auf das machtvolle und wirksame Wort Gottes. Er hat zum Glauben gefunden und bleibt nicht mehr stumm. Nun kann er seine Zunge wieder gebrauchen und sprechen. Sein Herz ist voller Freude über diesen Sohn, der ihm durch das Hören auf Gottes Wort geschenkt wurde. Nicht nur im Haus des Zacharias, sondern auch bei den Nachbarn ruft die Geburt des Johannes Staunen hervor wie immer, wenn das Evangelium aufgenommen und in die Tat umgesetzt wird. Das Evangelium ruft immer Liebe hervor und schafft ein neues, festliches Klima unter den Menschen, ein Staunen über die Ereignisse, die es bewirkt. Das Hören auf das Evangelium ist der Weg zur Veränderung der Welt. Das ist kein banaler und oberflächlicher Weg, er ist tief und innerlich und verbindet die Erde mit dem Himmel. Wir stehen an der Schwelle von Weihnachten, das Wort wird Fleisch, um die Welt vor Sünde und Tod zu erretten. Es verwirklicht sich der erste Schritt dieser Heilsgeschichte ausgehend von den Herzen derer, die das Wort aufnehmen. Von uns wird an Weihnachten verlangt, dass wir mit Jesus neu geboren werden.

Gebet mit den Heiligen

Donnerstag, 24. Dezember

Lk 1,67–79. **Das Benedictus, der Lobgesang des Zacharias**

An diesem Tag vor Weihnachten legt uns das Evangelium den Lobgesang des alten Zacharias in den Mund, der das Wunder der Geburt des Sohnes erkannt hat. Wie Maria kann auch er die Freude über das von Gott geschaffene Neue nicht zurückhalten und stimmt einen

Freudengesang auf den kleinen Johannes an. Es ist das bekannte Lied des „Benedictus“. Dieser Lobpreis ist mit Zitaten der Heiligen Schrift durchsetzt, als wollte er uns ein Geheimnis enthüllen, wie wir zu Gott beten sollen: nämlich mit den Worten der Bibel beten. Dazu fordert die gesamte Tradition der Kirche auf. Man denke nur an die Psalmen, über die der Märtyrer der nationalsozialistischen Verfolgung, Dietrich Bonhoeffer, voll Weisheit sagte, dass Gott selbst in ihnen für uns das Gebet vorbereitet hat, das wir an ihn richten sollen. Wenn Gott diese Worte hört, dann wird er sie sofort erkennen, weil es seine Worte sind, und er wird sie erhören. Zacharias dankt dem Herrn für die „barmherzige Liebe“ zu seinem Volk, das er vor allen Feinden errettet hat. In diesem Sohn sieht Zacharias den „Propheten des Höchsten“, denn er „wird dem Herrn vorangehen und ihm den Weg bereiten“. Das Benedictus erinnert uns an die Entscheidung des Herrn, dass ihm einer vorausgehen und den Weg bereiten soll. Das ist auch heute eine Art spirituelles und immer gültiges Gesetz: jeder braucht einen Bruder oder eine Schwester – einen Johannes den Täufer und Vorläufer – und somit eine Hilfe, um unser oft zerstreutes und mit sich beschäftigtes Herz vorzubereiten, damit es den Herrn aufnimmt. Man glaubt nicht allein, wir alle benötigen einen Engel. Wenn wir uns von den Engeln der Liebe helfen lassen, die der Herr uns unaufhörlich sendet – und achten wir gut darauf, sie nie von uns zu weisen –, dann werden auch wir neue Dinge sehen und mit der Freude des alten Zacharias den Lobgesang auf Gott singen, der erneut sein Volk besucht hat.

Gebet für die Kirche

WEIHNACHTSZEIT

Freitag, 25. Dezember: Geburt des Herrn

Jes 62,11–12; Ps 97; Tit 3,4–7; Lk 2,15–20

„Das Volk, das in der Finsternis ging, sieht ein helles Licht" (Jes 9,1). Diese Worte des Propheten Jesaja verkünden, was in dieser Nacht geschehen ist. Ein Volk lebt im Dunkeln, und auch unser Leben ist vom Dunkel umgeben, wenn es keine Zukunft für sich erkennt, wie es in diesen noch immer von der Pandemie geprägten Zeiten der Fall ist. Im Verborgenen des Herzens hat jeder ein Problem, eine Sorge, eine Frage, ein Gebet. Doch dann tritt der Engel hinzu und sagt: „Fürchtet euch nicht, denn siehe, ich verkünde euch eine große Freude, die dem ganzen Volk zuteilwerden soll: Heute ist euch in der Stadt Davids der Retter geboren, er ist der Christus, der Herr." Das Evangelium beschreibt den Weg Marias und Josefs als einen Aufstieg. Denn auch wir müssen „hinaufziehen" zu dieser Grotte nach Betlehem. Wie zu den Hirten sagt der Engel auch zu uns: „Ihr werdet ein Kind finden, das, in Windeln gewickelt, in einer Krippe liegt."

In dieser Krippe beginnt eine neue Geschichte. Sie beginnt mit einer kleinen Hirtengruppe, mit niedrigen und verachteten Leuten. Scheinbar ist es eine unbedeutende und zweitrangige Geschichte, doch diese Geschichte verändert die Welt auf radikale Weise. Weihnachten fordert uns auf, dieses Kind aufzunehmen: es ist der „Fürst des Friedens", „die große Herrschaft und der Frieden sind ohne Ende", schreibt der Prophet Jesaja. Dieses Kind trägt die Züge vieler Kinder dieser Welt, die im Krieg und in der Gewalt weinen. Es ruft uns auf, das unermessliche Weinen all derer aufzunehmen, die keine Zukunftshoffnung haben. In diesem Kind ist der Traum von einer neuen und erlösten Welt verborgen. Der Apostel Paulus schreibt an Titus: „Als aber die Güte und Menschenfreundlichkeit Gottes, unseres Retters, erschien, hat er uns gerettet." Denn in dieser Nacht – in der Nacht einer unmenschlichen Welt – kehrt das Weihnachtsgeheimnis zurück, damit es zu einer lauten Verkündigung des

Evangeliums für die Armen werde, damit es zur großen Friedensprophetie werde.
Nehmen wir das Weihnachtsgeheimnis auf! Wir brauchen uns nicht davor zu fürchten, mit diesem Kind neugeboren zu werden! Es schenkt uns alles, mit uns möchte es seine Geschichte in der Welt verbreiten und wachsen lassen. Es bittet uns nur darum, mit ihm neugeboren zu werden, um seine Liebe zu leben. Weihnachten ist ein Aufruf, alle Angst und Furcht abzulegen und dieses Kind zu uns zu nehmen, um allen bis zu den Grenzen der Erde seinen Traum weiterzugeben. Auch für uns werden die Worte des Lukas wahr werden: „Und alle, die es hörten, staunten über das, was ihnen von den Hirten erzählt wurde."
Es gibt ein großes Bedürfnis nach Liebe und Frieden. Viele warten auf das Evangelium, um ein frohes Leben zu finden. Viele warten auf die Gemeinschaft, um vom Frieden zu träumen. Sie klopfen an ihre Türen und bitten um Hilfe. Sie strecken die Hände aus, um Begleitung zu finden. Dieses Kind ist die Antwort auf das Bedürfnis nach Liebe, das sich in unserer Welt zeigt.

Gebet in der Weihnachtszeit

Samstag, 26. Dezember

Fest des heiligen Stephanus, Diakon und erster Märtyrer.

Mt 10,17–22. **Die Verfolgung der Jünger**

Wir haben gerade das heilige Geheimnis der Geburt Jesu gefeiert. Sofort danach lädt uns die Kirche zur Betrachtung des ersten christlichen Märtyrers Stephanus ein. Sterben für das Evangelium ist Neugeburt im Himmel. Daher ist für die Kirche bei der Seligsprechung von Märtyrern kein Wunder erforderlich. Der „Protomärtyrer" Stephanus wird im liturgischen Kalender als die erste reife Frucht von Weihnachten aufgeführt. Denn in seinem Tod bezeugt Stephanus das Wesen des Weihnachtsgeheimnisses, nämlich die leidenschaftliche Liebe für das Heil der Menschen, die den Vater im Himmel dazu geführt hat, seinen Sohn auf Erden zu senden. In der Liturgie betrachten wir einen Abschnitt der Aussendungsrede Jesu an die Zwölf, in der dargestellt wird, was seinen Jüngern und noch davor ihm selbst zustoßen wird. Die Jünger machen sich Sorgen, als sie diese Worte hören. Doch Jesus beruhigt sie, denn er wird ihnen beistehen, und sein Geist wird sie vor den Gerichten der Menschen unterstützen. Stephanus wurde als Erster nach Jesus vor die Gerichte der Menschen gebracht und wegen des Glaubens umgebracht. Mit ihm beginnt die lange Geschichte des christlichen Martyriums, die sich durch die Jahrhunderte zieht. Diese heilige Geschichte dauert noch heute fort und ist das kostbarste Geschenk, das unsere Schwestern und Brüder der Kirche und der Welt machen. Als Mitschüler des Paulus in der Schule des Gamaliel hat sich Stephanus der Predigt der Apostel angeschlossen und wurde zu den sieben Diakonen im Dienst an der Nächstenliebe erwählt. Er war „voll Gnade und Kraft, tat Wunder und große Zeichen unter dem Volk", berichtet die Apostelgeschichte. Er konnte das Evangelium, das er empfangen hatte und das sein Leben verwandelt hatte, nicht verschweigen. Nach dem Vorbild seines Meisters betete er während der Steinigung zu Gott, dass er seinen Geist aufnimmt und seinen Verfolgern vergibt. Stephanus führt die Schar all derer an, die überall und zu jeder Zeit bis heute in großer Zahl bis hin zum Blutvergießen Zeugnis für das Evangelium abgelegt haben und weiter ablegen. Sie alle haben „den Himmel offen und den Menschensohn zur Rechten Gottes" gesehen und betrachten Gott jetzt „von Angesicht zu Angesicht". Uns hinterlassen sie ein kostbares Vorbild, wie auf das Evangelium zu hören und Jesus nachzufolgen ist.

Gebet in der Weihnachtszeit

Sonntag, 27. Dezember: Fest der Heiligen Familie

Fest des heiligen Apostels und Evangelisten Johannes, des „Jüngers, den Jesus liebte", der unter dem Kreuz Maria als seine Mutter zu sich nahm.

Gen 15,1–6; 21,1–3; Ps 105; Hebr 11,8.11–12.17–19; Lk 2,22–40

Die Evangelien berichten nur wenig über das Familienleben Jesu. Sie überliefern einige Episoden aus seiner Kindheit, die jedoch ein Licht auf die ganzen dreißig Jahre werfen, die er in Nazaret lebte. Der letzte Satz der Kindheitserzählungen fasst diese Zeit zusammen. Lukas schreibt, dass Jesus „ihnen gehorsam“ war. „Seine Mutter bewahrte all die Worte in ihrem Herzen. Jesus aber wuchs heran und seine Weisheit nahm zu und er fand Gefallen bei Gott und den Menschen“ (Lk 2,51–52). Diese wenigen Worte haben Gültigkeit für die dreißig Jahre des „verborgenen Lebens“ in Nazaret. Die heutige Liturgie vom Fest der Heiligen Familie weist darauf hin, dass auch diese Jahre heilig waren.
In diesen Zusammenhang fügt sich die Episode von Simeon und Hanna ein. Es ist eine dichte und bedeutungsvolle Episode. In einer Art Zusammenfassung der Evangelienberichte über die Kindheit betrachten sie die Familie Jesu und sind gleichsam ihre älteren Mitglieder. In ihrem Alter nehmen Simeon und Hanna dieses Kind auf und werden dadurch gleichsam verwandelt. Simeon ist ganz und gar getröstet und betrachtet sein Leben als erfüllt. Hanna beginnt, zu allen über das Kind zu sprechen, denen sie begegnet, und erlebt dabei eine zweite Jugend. Simeon spürt, wie der Herr in seinem Herzen wächst, und Hanna lässt Jesus im Herzen derer wachsen, die ihr zuhören.
Wenn man das Evangelium aufnimmt und es wachsen lässt, wird man jünger, bekommt neue Kraft geschenkt und bringt Frucht. So geschah es auch bei der anderen Familie, über die die Liturgie spricht: bei der Familie Abrahams. Abraham „glaubte dem HERRN“, so schreibt das Buch Genesis, und so nimmt es auch der Hebräerbrief wieder auf. Er nahm ihn in seinem Leben auf und wurde zum Vater vieler Gläubiger. Sein Glaube war kraftvoll, stärker als Saras skeptisches Lachen und konnte sogar ihre Unfruchtbarkeit überwinden. Durch Abrahams Glauben empfing die alte und resignierte Sara den verheißenen Sohn.
Das Dorf Nazaret in der Peripherie Galiläas war der Lebensort im Alltag der Heiligen Familie und steht für das ganze Leben des Jüngers, der nämlich den Herrn aufnehmen und ihn im Herzen bewahren und wachsen lassen soll. Daher ist es kein Zufall, dass der Name Nazaret „die Bewahrende“ bedeutet: Nazaret ist Maria, die „all die Worte in ihrem Herzen“ bewahrte, es steht für die Heimat und die Berufung

eines jeden Jüngers. Auch wenn die Welt weiterhin einwenden wird: „Kann aus Nazaret etwas Gutes kommen?“

Gebet in der Weihnachtszeit

Montag, 28. Dezember

Fest der unschuldigen Kinder. Gebet für alle, die vom Mutterschoß bis ins hohe Alter als Opfer der Gewalt sterben.

Mt 2,13–18. **Der Mord an den unschuldigen Kindern**

Die Kirche des Ostens wie des Westens ehrt die unschuldigen Kinder, die Herodes ermorden ließ, um Jesus zu beseitigen. „Sie sprechen noch nicht, aber sie bezeugen schon Christus! Sie sind noch nicht fähig, sich dem Kampf zu stellen … und doch tragen sie schon triumphierend den Palmzweig des Märtyrers“, so schreibt ein Kirchenvater der Antike in einem Lied. Sogar angesichts eines Kindes hat Herodes Angst, seine Macht zu verlieren, was zu einer unerhörten Grausamkeit führt. Er will seine Macht um jeden Preis erhalten und schreckt auch nicht vor einem unerhörten und ungerechtfertigten Massaker zurück. Ähnlich sinnlos sind auch die vielen Massaker unserer Zeit, wie der Tod so vieler Migranten. Die Grausamkeit des Bösen steht im Gegensatz zu Josef, der vollkommen machtlos allein auf den Glauben setzt. Er hört erneut auf den Engel und gehorcht: „Steh auf, nimm das Kind und seine Mutter und flieh nach Ägypten.“ Dieses Evangelium bezieht sich nicht nur auf die Vergangenheit, es ist vielmehr von unglaublicher Aktualität. Millionen Kinder werden heute durch Hunger und Krankheit hinweggerafft, werden Opfer von Gewalt, Entführung und Ausbeutung. Wie viele Kinder finden in diesen Zeiten den Tod, während sie vor Krieg und Konflikten fliehen und von der grausamen Gleichgültigkeit derer umgeben sind, die nicht einmal Mitleid mit diesen Kleinen haben, die wir als „neue unschuldige Märtyrer“ ansehen können. Es ist notwendig, dass die Empörung über solche Grausamkeiten zunimmt. Es werden Christen und Menschen guten Willens gebraucht, die wie Josef auch heute auf den Engel des Herrn hören und diese Kleinen zu sich nehmen, um sie aus der mörderischen Knechtschaft des Fürsten des Bösen und seiner törichten Knechte zu retten.

Gebet in der Weihnachtszeit

Dienstag, 29. Dezember

Gedenken an den heiligen Propheten David, dem einige Psalmen zugeschrieben werden. Seit Jahrhunderten schöpft das Gebet von Juden und Christen aus den Psalmen.
Gedenktag des heiligen Thomas Becket († 1170), der die Gerechtigkeit und Würde der Kirche verteidigte.

Lk 2,22–35. **Ein Licht, das die Heiden erleuchtet**

Das Evangelium beschreibt die bewegende Begegnung zwischen dem alten Simeon und dem neugeborenen Jesus. Der Evangelist berichtet, dass Maria und Josef nach Jerusalem hinaufzogen, um ihren Erstgeborenen nach dem mosaischen Gesetz dem Herrn zu weihen. An jenem Morgen zog auch der alte Simeon zum Tempel hinauf. Es kommt gleichsam zu einem doppelten Pilgerzug, jenem der kleinen Familie aus Nazaret und jenem des alten Simeon. Der Evangelist weist darauf hin, dass Simeon „gerecht und fromm" war, und gibt damit zu verstehen, dass er sich gewöhnlich vom Geist führen ließ. Dieser Mann folgte weder seinem Instinkt noch seinen Gewohnheiten. Er vertraute auch nicht einfach nur auf die Erfüllung rein äußerlicher Religionsrituale. Er wurde vom Geist geführt, schreibt Lukas. Simeon ist ein spiritueller und gläubiger Mann, der sich von Gott und seinem Willen leiten lässt und mit den Augen des Herzens Ausschau hält nach Zeichen Gottes in seinem Alltag. Simeon genügt sich nicht selbst. Jeden Tag wartet er auf den Herrn und beobachtet mit religiöser Achtsamkeit, was um ihn herum geschieht. Bei dieser Suche nach Gott hat er verstanden, dass er nicht sterben wird, ehe er den Messias gesehen hat. Als er an diesem Tag die kleine Familie aus Nazaret sieht, die ihm ihr Kind zeigt, strahlen die Augen seines Herzens. Wer nämlich in der Suche nach Gott geübt ist, erlebt auch den Augenblick des Sehens. Simeon nimmt das Kind in seine Arme und singt eine der schönsten Hymnen, die in der Schrift überliefert sind: „Nun lässt du, Herr, deinen Knecht, wie du gesagt hast, in Frieden scheiden. Denn meine Augen haben das Heil gesehen". Simeon gehört zu den Ersten, die diesem Kind begegnen und seine außergewöhnliche Mission begreifen: Es ist ein Licht für die Heiden. Durch seine Gewohnheit, mit den Augen des Glaubens zu schauen, sieht Simeon in die Tiefe. An Maria gewandt kündigt er ihr an, dass ein Schwert durch ihre Seele dringen werde. Vielleicht dachte Maria an diese Worte, als die Lanze des Soldaten nicht nur das Herz ihres Sohnes, sondern auch ihr Herz durchbohrte. Wir müssen dieses Evangelium im Herzen bewahren und darüber nachdenken, damit die Gefühle dieser Tempelpilger auch in uns lebendig sind.

Gebet in der Weihnachtszeit

Mittwoch, 30. Dezember

Gedenken an Laurindo († 1989) und Madora († 1991), zwei junge Mosambikaner der Gemeinschaft Sant'Egidio, die im Krieg umgekommen sind. Mit ihnen gedenken wir aller Jugendlichen, die durch Konflikte und Gewalttaten sterben.

Lk 2,36–40. **Das Zeugnis der Prophetin Hanna über Jesus**

Nach der Schilderung der Begegnung zwischen Simeon und dem Kind beschreibt das Lukasevangelium eine weitere Begegnung: jene mit der betagten Prophetin Hanna, einer 84-jährigen Frau. Die ganze Zeit ihres Lebens verbringt sie im Tempel. Mancher könnte sagen, dass ihr nichts anderes übrig blieb, als ihre Tage bis zum Tod immer gleich zu verbringen. Doch die Begegnung mit dem Kind verändert ihr Leben von Grund auf. Während Simeon das „*Nunc dimittis*" singt, wird Hanna gleichsam mit neuer Kraft erfüllt und erhält eine neue Berufung. Ihr hohes

Alter ist keine Last mehr. Als alte Frau wird sie zur Verkünderin des Evangeliums. Für Gott ist wirklich nichts unmöglich. Hanna wird allen zum Vorbild dafür, dass sich das Leben verändert, wenn wir wahrhaft Jesus begegnen. Es kommt nicht auf das Alter oder auf die bisher vollbrachten Taten an; allein dass man sich im Herzen vom Herrn berühren lässt, ist von Bedeutung. Unsere christlichen Gemeinden sollten über dieses Evangelium nachdenken, damit sie den alten Frauen und Männern helfen, die ihnen vom Herrn anvertraute Aufgabe zu entdecken. Auch wenn dies nur Gebet und Gespräch mit anderen umfasst. Diese Frau „pries Gott“, betete und „sprach über das Kind“; heute würde man sagen, sie evangelisierte. Lukas beendet die Erzählung mit einem Satz über die Rückkehr von Maria, Josef und Jesus nach Nazaret. In nur drei Zeilen fasst er die ganzen dreißig Jahre des „verborgenen Lebens“ Jesu zusammen. In unserer krankhaften Selbstbezogenheit fragen wir uns vielleicht, warum Jesus sein pastorales Wirken nicht sofort mit Zeichen und Wundern begann. Jesus wurde „den Menschen gleich“, schreibt Paulus im Hymnus an die Philipper. Damit soll deutlich werden, dass das Heil nicht außerhalb des alltäglichen Lebens steht. In Nazaret gibt es keine Wunder, es versammeln sich auch keine Menschenmassen. Wie Jesus müssen auch wir im Alltag wachsen und mit Kraft und Weisheit erfüllt werden: Auch auf uns soll die Gnade Gottes ruhen. Wir wachsen in dem Maße, in dem wir jeden Tag die Seiten des Evangeliums lesen und versuchen, es in die Tat umzusetzen.

Gebet in der Weihnachtszeit

Donnerstag, 31. Dezember

Danksagung an den Herrn für das vergangene Jahr.

Joh 1,1–18. **Das Wort ist Fleisch geworden**

Am Ende des Kalenderjahres liest die Liturgie den Prolog aus dem Johannesevangelium. Der „Logos“, also das „Wort“, ist Fleisch geworden. Der Evangelist sagt, dass dieses Wort den Himmel verlassen hat und gekommen ist, um auf Erden zu wohnen. Denn wir sollen es hören und durch seine Kraft auch selbst zum Himmel aufsteigen, wo es auf ewig wohnt. Dieses Geheimnis ist in den heiligen Seiten der Schrift verborgen. Die Bibel ist bekanntermaßen nicht das Wort Gottes, vielmehr enthält sie es in einmaliger Weise, damit ihm jeder begegnen und es im eigenen Herzen aufnehmen kann. Die Bibel wird somit zum „Sakrament“ des Wortes. Wenn sie gelesen und in der heiligen Liturgie verkündet wird, spricht Gott selbst und wendet sich in direkter und verständlicher Weise an uns alle. Die gesamte Bibel wurde geschrieben, damit wir das Liebesgeheimnis Gottes mit eigenen Händen berühren können. Diese göttliche Liebe trifft leider auf die fehlende menschliche Bereitschaft zur Aufnahme: das Wort war das Licht, doch die Menschen liebten die Finsternis mehr als das Licht; das Wort kam in sein Eigentum, aber die Seinen nahmen es nicht auf. Dieses Geheimnis des Bösen umgibt auch unser Leben und fordert uns alle zu Wachsamkeit und Achtsamkeit auf, damit es nicht überhandnimmt. Das Buch Genesis überliefert auf den ersten Seiten einige Worte Gottes, die an Kain gerichtet sind: „Wenn du nicht gut handelst, lauert an der Tür die Sünde“ (Gen 4,7). Wehe, wenn wir sie eintreten lassen. Dann würde sie für jeden anderen die Tür verschließen. Wenn wir jedoch das Herz weit für Gottes Wort öffnen, dann werden wir zu Kindern. Das Evangelium muss auch in unserem Leben Fleisch werden. Die Beschäftigung mit dem Evangelium ist die beste Art, dem Herrn für seine unaufhörliche Liebe zu uns zu danken.

Gebet in der Weihnachtszeit

Freitag, 1. Januar: Hochfest der Gottesmutter Maria

Gebet für den Frieden auf der Welt und für das Ende aller Kriege.

Num 6,22–27; Ps 67; Gal 4,4–7; Lk 2,16–21

Die Liturgie lädt uns ein, auf Maria zu schauen und sie als Mutter Gottes zu verehren. Sieben Tage nach Weihnachten spürt die Kirche heute mit diesem Fest das Bedürfnis, auf die Mutter dieses Kindes zu schauen. Doch Maria ist nicht allein, wenn wir sie betrachten, denn sie trägt Jesus in ihren Armen. Die Hirten, so lesen wir im Evangelium, eilten nach Betlehem „und fanden Maria und Josef und das Kind“. Es ist eine schöne Vorstellung, dass Jesus nicht mehr in der Krippe liegt, sondern in den Armen seiner Mutter. Dies ist eine der vertrautesten und zärtlichsten Darstellungen des Geheimnisses der Menschwerdung Gottes. Als die Hirten beim Stall angekommen waren, sahen sie ein Kind. „Als sie es sahen“ – nämlich bei der betenden Betrachtung des Kindes –, „erzählten sie von dem Wort, das ihnen über dieses Kind gesagt worden war.“ In diesem einfachen Bild ist das ganze Leben eines Christen umschrieben. In der Nacht zuvor hatten die Engel zu ihnen von dem Kind gesprochen, dann im Stall – so können wir es uns gut vorstellen – sprach Maria über den Sohn, während sie zuhörten. Sicherlich zeigte sie ihn den Hirten. Ohne Maria hätten die Hirten wohl kaum dieses Geheimnis verstehen können. Maria, die alles, was geschehen war, in ihrem Herzen bewahrte und darüber nachdachte, wusste sehr wohl, welch ein Geheimnis in diesem Kind gegenwärtig war. Wie die Hirten müssen auch wir zu unserem Alltag zurückkehren und Gott loben und preisen.

Inzwischen ist es zu einer Tradition geworden, dass die Kirche sich am ersten Tag des neuen Jahres zum Gebet und zur Fürbitte für den Frieden versammelt. Es ist, als solle der Segen, den wir in der Lesung aus dem Buch Numeri gehört haben, auf die ganze Welt, auf die Familie der Völker, ausgeweitet werden: „Der HERR wende sein Angesicht dir zu und schenke dir Frieden.“ Wir brauchen den Blick des Herrn auf alle Völker. Es ist wichtig, dass wir mehr für den Frieden beten. Wir wissen, dass der Friede den zähen und unermüdlichen Einsatz der Menschen erfordert, vor allem aber ist er ein Geschenk, das uns von oben gegeben wird. Zu Beginn dieses Jahres nehmen wir den Gesang der Engel in der Heiligen Nacht auf: „Friede auf Erden den Menschen seines Wohlgefallens“ (Lk 2,14). Das ist unser Gebet am Anfang dieses neuen Jahres. Der Geist des Herrn möge in die Herzen der Menschen hinabsteigen und möge ihre Härte weich machen. Er möge die Herzen unserer Städte verwandeln und Hass, Unterdrückung und Gleichgültigkeit verbannen. Er möge die Herzen der in Kriegen verstrickten Völker erneuern, damit die Ungeister der Gewalt entwaffnet und die Arbeiter für den Frieden gestärkt werden. Er möge das Herz der reichen Völker mit Erbarmen erfüllen, damit sie nicht blind und taub sind für die Not der armen Völker. Er möge das Herz eines jeden Menschen verwandeln, damit das Antlitz des einzigen Gottes und Vaters aller Menschen wieder zum Vorschein kommt.

Gebet in der Weihnachtszeit

Samstag, 2. Januar

Gedenktag des heiligen Basilius des Großen (330–379 n. Chr.), Bischof von Caesarea und Begründer des Mönchtums im Osten, und des heiligen Gregor von Nazianz (330–389 n. Chr.), Kirchenlehrer und Patriarch von Konstantinopel.

Joh 1,19–28. **Mitten unter euch steht der, den ihr nicht kennt**

Dieses Evangelium stellt uns aufs Neue Johannes den Täufer vor, zu dem viele Menschen kommen, um die Taufe der Umkehr zu empfangen und sich somit für ein rechtschaffeneres und wahrhaftiges Leben erneuern zu lassen. Von allen wird er sehr geschätzt, sodass er sogar für den Messias, für Elija oder jedenfalls für einen großen Propheten gehalten wird. In jener Zeit herrschte ein großes Bedürfnis nach Hoffnung. Wäre diese Hoffnung nicht auch heute nötig, während wir noch von der dramatischen Pandemie gezeichnet sind, die zahlreiche Leben gefordert hat? Immer sind wir auf Hilfe angewiesen, doch erst recht in dieser Zeit, die noch schwieriger und komplexer geworden ist. Wir dürfen jedoch nicht vergessen, dass von keinem anderen als von Jesus die Rettung kommt. Die Versuchung, billige Retter zu suchen, ist gefährlich, und wir dürfen uns auch nicht selbst für die Retter halten. Das hatte der Täufer gut verstanden. Über sich selbst sagte er: „Ich bin die Stimme eines Rufers in der Wüste: Ebnet den Weg für den Herrn!" Doch welche Kraft hat eine Stimme? Sie ist kaum mehr als ein Nichts. Dennoch waren die Worte, die der Täufer sprach, nicht leer, sondern trafen die Zuhörer mitten ins Herz. Er redete nicht über sich, sondern rief alle dazu auf, bei sich selbst anzufangen. Johannes ist ein Bild für die Zeugen des Evangeliums und ein Bild für die ganze Kirche: eine Stimme, die die Menschen ihrer Zeit mit spiritueller Vollmacht auf Jesus hinweist. Wir sind nicht dazu berufen, im Mittelpunkt des Geschehens zu stehen. Die Kirche und die Gläubigen gehören nicht sich selbst und leben nicht für sich selbst, vielmehr sollen sie die Männer und Frauen jeder Generation zu Jesus führen.

Gebet in der Weihnachtszeit

Sonntag, 3. Januar: 2. Sonntag nach Weihnachten

Sir 24,1–2.8–12; Ps 147; Eph 1,3–6.15–18; Joh 1,1–18

In der Liturgie des heutigen Tages umhüllt uns von Neuem das Geheimnis von Weihnachten, das Geheimnis eines neugeborenen Kindes, „das, in Windeln gewickelt, in einer Krippe liegt". In diesen Tagen können wir uns die Worte aus dem Johannesprolog zu eigen machen: „Wir haben seine Herrlichkeit geschaut, die Herrlichkeit des einzigen Sohnes vom Vater, voll Gnade und Wahrheit". Auch wir haben die Herrlichkeit dieses Kindes gesehen. Daher sollen auch wir uns auf den Weg machen. Es gibt allerdings einen Weg vor unserem Weg, der allem vorausgeht: der Weg Gottes zu uns Menschen. Denn schon lange vor uns ist der Herr aufgebrochen und hat einen Weg bis in den letzten Winkel dieser Erde auf sich genommen, um bei uns Menschen zu sein. Das heutige Evangelium verdeutlicht diesen Weg des Herrn und sein Hinabsteigen zu uns. Er geht ihn aus leidenschaftlicher Liebe. Es ist ein Hinabsteigen in die letzten Tiefen des Menschen, bis in die Peripherie, an die äußersten Ränder. Für sich hat er nichts zurückgehalten, sein einziges Bestreben besteht darin, uns nahe zu sein und uns sein Heil zu schenken. Das Buch Jesus Sirach spricht über die Weisheit, die „aus dem Mund des Höchsten" hervorgeht und alles erhält. Ebenso sagt der Evangelist Johannes im Prolog: „Im Anfang war das Wort, und das Wort war bei Gott … Er kam in sein Eigentum … und

hat unter uns gewohnt". Jesus Sirach erinnert an den Auftrag Gottes an die Weisheit: „In Jakob schlag dein Zelt auf, und in Israel sei dein Erbteil." Die Weisheit antwortet: Dann „wurde ich auf dem Zion fest eingesetzt. In der Stadt, die er ebenso geliebt hat, ließ er mich Ruhe finden". Die kleine Stadt Zion und das unscheinbare Volk Jakob sind zur Wohnung Gottes auf Erden geworden.
Auch wir kleinen und unscheinbaren, schwachen und sündigen Menschen sind ebenso von Gott erwählt worden, damit sein Wort unter uns wohnt und wir zu seinem Volk werden, zum Heiligtum seines Wortes. Denn wir sind der Ort, nach dem Gott sich sehnt. Wir sind Ziel seines Weges, wie Jesus Sirach weiter sagt: „In der Stadt, die er ebenso geliebt hat, ließ er mich Ruhe finden, in Jerusalem ist mein Machtbereich, ich schlug Wurzeln in einem ruhmreichen Volk, im Anteil des Herrn, seines Erbteils." Wahrhaftig, wir sind zum Volk Gottes geworden, erwählt aus Gnade, eine „Stadt, die Gott liebt", sein „ruhmreiches Volk", um allen Menschen bis in die letzte Peripherie sein Wort weiterzugeben.
Mit dem Apostel Paulus preisen wir den Vater im Himmel, denn er hat uns in Christus „erwählt vor der Grundlegung der Welt, damit wir heilig und untadelig leben vor ihm". Diese Erwählung hat uns der Herr geschenkt, verdienen können wir sie uns nicht. Wir sollen „heilig und untadelig" sein, eben „Kinder" wie Jesus. An Weihnachten erleben wir diese Neugeburt. Dieses Kind muss in unser aller Herzen neu geboren werden. Dass wir durch sein Wort neu geboren werden, fasst der Evangelist Johannes in die Worte: „Allen aber, die ihn aufnahmen, gab er Macht, Kinder Gottes zu werden, allen, … die nicht aus dem Blut, nicht aus dem Willen des Fleisches, nicht aus dem Willen des Mannes, sondern aus Gott geboren sind. Und das Wort ist Fleisch geworden und hat unter uns gewohnt". Dass wir Kinder Gottes und Brüder und Schwestern sind, verdanken wir dem Wort Gottes, denn es erschafft uns zu einem neuen Leben und wird uns zur Kraft, durch die wir die Grenzen des Bösen überwinden und zu Zeugen der Liebe und des Friedens Gottes werden. Was heißt es: Er gab uns die „Macht, Kinder Gottes zu werden"? Es bedeutet, dass uns das Wort Gottes erneuert und zu Kindern Gottes und zu Gliedern dieses heiligen Volkes macht, das für die Welt ein heiliger Ort wird, an dem sie dem Evan-

gelium begegnet. Doch es gibt noch eine weitere Macht: Wer aus dem Evangelium geboren ist und durch das Wort Gottes immer wieder neu erschaffen wird, kann seinerseits anderen zu einem neuen Leben verhelfen. Papst Gregor der Große sagte, dass das Wort in uns wächst, während wir es lesen. Es ist ein Wachstum nicht nur für uns selbst. Es wird auch zur Fähigkeit, in anderen den Glauben zu wecken. Wo das Wort Gottes gehört und befolgt wird, da wächst die Familie Gottes. Ihr ist es gegeben, die Welt zu verwandeln, den Lauf der Geschichte zu verändern und sie von Sünde, Traurigkeit und Gewalt zu befreien.

Gebet in der Weihnachtszeit

Montag, 4. Januar

Joh 1,35–42. **Die ersten Jünger Jesu**

Andreas und Johannes waren zwei Jünger des Täufers. Sie sind tief betroffen von dessen Ausruf, mit dem er auf Jesus hinweist: „Seht, das Lamm Gottes“. Auf diese Aussage hin fangen Andreas und Johannes an, Jesus nachzufolgen. Ihre Geschichte ist beispielhaft. Am Anfang der christlichen Erfahrung steht immer ein Wort, das im Herz betroffen macht und uns dazu führt, unsere eigenen – auch religiösen – Gewohnheiten und Sicherheiten hinter uns zu lassen. Dann beginnt ein innerer Weg, der zur Erkenntnis des von Gott offenbarten Liebesgeheimnisses führt. Die beiden Jünger folgen Jesus, bis er sich nach einiger Zeit umdreht und sie fragt: „Was sucht ihr?“ So lauten die ersten Worte Jesu im vierten Evangelium. Genauso lautet die erste Frage, die jedem gestellt wird, der sich dem Evangelium nähert: „Was suchst du?“, „Was erwartest du?“. Die beiden Jünger sind von der Frage überrascht und stellen eine Gegenfrage: „Rabbi … wo wohnst du?“ Darauf sagt Jesus: „Kommt und seht!“ Dieser fast schroff und knapp wirkende Dialog wird von zwei Verben geprägt, die eine Einladung und eine Verheißung beinhalten. Jesus hält sich nicht mit Erklärungen auf, denn sein Programm erfordert keine langen und komplexen Darstellungen einer Lehre. Er lädt die Jünger zu einer Erfahrung ein und ruft sie zu einer Entscheidung auf: „Kommt und seht!“ Die beiden „kamen ... mit und sahen, wo er wohnte, und blieben jenen Tag bei ihm; es war um die zehnte Stunde“. Im Hause Jesu zu bleiben bedeutet, ihn besser kennenzulernen, sich persönlich an seiner Begleitung zu erfreuen, in die vertraute Gemeinschaft mit ihm einzutreten und seinen Plan der Liebe für die Welt anzunehmen.

Gebet für die Kranken

Dienstag, 5. Januar

Joh 1,43–51. **Du bist der Sohn Gottes, du bist der König von Israel**

Die Begegnung mit Jesus und die Nähe zu ihm schränken das Leben nicht ein, sie belasten es nicht und machen es vor allem nicht ärmer. Vielmehr öffnen sie unsere Augen und unser Herz. Jesus lässt uns heraustreten aus einem verschlossenen Leben und einem provinziellen Denken und zeigt uns einen Horizont, der unendlich viel größer ist als wir. Diese Sichtweise steht ganz im Gegensatz zu der Meinung, Jesus fordere Entbehrungen, begrenze die Freiheit oder sei ein Hindernis für die Freude. Zwar sind auch Einsatz und Verzicht erforderlich, jedoch führen sie dazu, den Horizont zu weiten und ein Leben zu führen, das die Traurigkeit in Freude und die Sklaverei in Freiheit verwandelt. Hinter den Einwänden, die gegen die hohen Anforderungen des Evangeliums vorgebracht werden, verbirgt sich häufig der Wunsch, in einem kleinen Leben gefangen zu bleiben. Doch der Herr hegt uns gegenüber einen großen Ehrgeiz, denn er will uns seinen Heilsplan anvertrauen. Das zeigen uns schon diese ersten Seiten des Johannesevangeliums. Mit den armen Fischern aus einer entlegenen Provinz des Römischen Reiches beginnt die Geschichte einer einzigartigen Geschwisterlichkeit, die mit Jesus entstand und auch heute noch überall in der Welt weitergeht. Nach der Begegnung mit Andreas, Johannes und Petrus begegnet Jesus nun Philippus, der aus Betsaida („Haus des Fischfangs“) stammt, ebenso wie Andreas und Simon. Auch zu ihm sagt er: „Folge mir nach!“ Und so geschieht es. Philippus erzählt Natanaël („Gott hat gegeben“) von der Schönheit dieser Begegnung: „Wir haben den gefunden, über den Mose im Gesetz und auch die Propheten geschrieben haben“. Natanaël, der auf die Schrift hört, antwortet mit Redlichkeit und Weisheit. Diese Redlichkeit wird auch von Jesus gelobt, doch sie reicht nicht aus, um ihm Anteil zu schenken am großen Plan Gottes. Erst die Begegnung mit diesem jungen Propheten aus Nazaret erleuchtet sein Herz – obwohl er zunächst skeptisch ist und zu Philippus sagt: „Kann aus Nazaret etwas Gutes kommen?“ Natanaël geht Jesus entgegen; dieser versteht die Tiefe seines Herzens. Und Natanaël lässt sich darauf ein. Jesus verheißt ihm, dass er noch Größeres sehen wird. Darin zeigt sich der Ehrgeiz Jesu für jede Frau und jeden Mann, die das Evangelium aufnehmen und ihm nachfolgen.

Gebet in der Weihnachtszeit

Mittwoch, 6. Januar: Hochfest Erscheinung des Herrn

Die orthodoxen Kirchen, die dem gregorianischen Kalender folgen, feiern die Taufe des Herrn im Jordan und seine Erscheinung (Epiphanie) vor der Welt.

Jes 60,1–6; Ps 72; Eph 3,2–3a.5–6; Mt 2,1–12

„Erhebe deine Augen ringsum und sieh: Sie alle versammeln sich, kommen zu dir. Deine Söhne kommen von fern, deine Töchter werden auf der Hüfte sicher getragen.“ Diese Worte des Propheten leiten das Fest der Erscheinung des Herrn ein. Die heutige Liturgie will den Weg des Menschen zu Gott zeigen. Dieser Tag ist gleichsam von einer Sehnsucht nach Universalität und einem Gefühl der Dringlichkeit durchzogen. Es ist das tiefe Verlangen der Kirche, dass die Völker der Erde Jesus bald begegnen mögen. Auch tief im Herzen eines jeden Menschen gibt es eine Sehnsucht nach Gott. Diese Sehnsucht drängt die Weisen, dem Herodes zu sagen: „Wir haben seinen Stern aufgehen sehen und sind gekommen, um ihm zu huldigen.“ Sie waren von weit her gekommen. Sie waren reich und gebildet und hatten sich vom Ori-

ent aus nach Israel auf den Weg gemacht, um dem neugeborenen „König“ zu huldigen. Jeder Gläubige ist aufgerufen, sein Leben hinter sich zu lassen und einen Weg einzuschlagen, der darüber hinausführt. Die Kirche möchte in die Tiefe des menschlichen Herzens hinabsteigen und hat in den Sterndeutern schon immer die gesamte Menschheit erkannt. Mit der Feier der Erscheinung des Herrn will sie allen Menschen helfen, diesem Kind zu begegnen, das uns Rettung bringt.
Wie die Hirten waren die Weisen fähig, den Himmel zu erforschen. Sie erwarteten eine andere, gerechtere Welt und erhoben ihren Blick. Da sahen sie einen „Stern“. Der Stern ist das Evangelium, das Wort Gottes, wie der Psalm sagt: „Dein Wort ist meinem Fuß eine Leuchte, ein Licht für meine Pfade“ (Ps 119,105). Dieses Licht führt uns zum Kind. Wenn man nicht auf das Evangelium hört, es nicht liest, betrachtet und in die Tat umsetzt, kann man Jesus nicht begegnen. Die Sterndeuter folgten dem Stern und kamen dadurch zu dem Ort, an dem Jesus war. Dort sahen sie „das Kind und Maria, seine Mutter; da fielen sie nieder und huldigten ihm“. Diese Geste war das Wahrhaftigste, was sie tun konnten. Mit Maria, Josef und den Hirten verstanden sie, dass das Heil darin liegt, dieses schwache und wehrlose Kind im Herzen aufzunehmen und mit ihm auch alle Schwachen und Schutzlosen unserer Zeit – und das gilt auch für uns heute.
Ganz anders waren die Reaktionen des Herodes und der Bewohner Jerusalems. Als sie von dem Kind hörten, verspürten sie keine Freude wie die Sterndeuter oder die Hirten. Im Gegenteil, sie waren verstört, Herodes sogar so sehr, dass er beschloss, das Kind zu töten. Doch die Sterndeuter retteten das Kind und bewahrten es vor der tödlichen Wut des Herodes. Der Evangelist merkt an, dass diese Weisen auf einem anderen Weg in ihr Land heimkehrten. Wer nämlich dem Herrn begegnet und ihn im Herzen aufnimmt, bleibt nicht wie vorher und wird nicht weiter auf gewohnten Wegen gehen. Die Begegnung mit dem Herrn verändert unser Leben und all unser Tun und Handeln. Die Sterndeuter stehen heute an unserer Seite, vielmehr gehen sie uns voraus und helfen uns, den Blick von uns selbst zu erheben und auf den Stern zu richten. Sie gehen uns voraus und führen uns zu den zahlreichen Orten dieser Welt, wo die Kleinen und die Schwachen liegen. Selig sind wir, wenn wir wie die Hirten und Sterndeuter zu Pilgern werden, die

zu diesem Kind unterwegs sind und sich seiner mit ganzer Zuneigung annehmen. Dann werden wir entdecken, dass es das Kind ist, das sich unser annimmt.

Gebet in der Weihnachtszeit

Donnerstag, 7. Januar

Weihnachtsfest der orthodoxen Kirchen, die dem julianischen Kalender folgen.

Mt 4,12–17.23–25. **Kehrt um, das Himmelreich ist nahe**

Die Verhaftung von Johannes dem Täufer stellte auch für Jesus eine große Niederlage dar. Man hatte den einzigen großen Propheten, der Jesus nahestand, gefangen genommen. Die lobenden Worte Jesu über den Täufer nach seinem Tod verdeutlichen, wie sehr er diesen Prediger liebte. Aber jetzt war der Prophet, der Meister der Gerechtigkeit und Rechtschaffenheit, ins Gefängnis des Herodes geworfen worden. Diese Gefangennahme diente jedem, der den gleichen Weg gehen wollte, als unheilvolle Warnung. Jesus war sich dessen sehr wohl bewusst. Da der Täufer nun im Gefängnis saß, war die Einsamkeit Jesu noch größer und umfassender. Er zog sich „nach Galiläa zurück“, in das Randgebiet im Norden, wo viele arme Leute lebten, die meist schlecht behandelt wurden. Jesus wählte Kafarnaum, die Hauptstadt der Region, aus, um dort mit der Verkündigung zu beginnen, indem er das Zeugnis des Johannes fast wörtlich aufgriff: „Kehrt um! Denn das Himmelreich ist nahe.“ Dieses Evangelium weist auf die Notwendigkeit hin, dass die Jünger Jesu auch heute in dieser für viele so schweren Zeit, in der die Pandemie das Wort Gottes gleichsam einsperren will, in die vielen Galiläas dieser Welt hinausgehen, um das Evangelium wieder neu zu verkünden. Das ist die zentrale Botschaft von Papst Franziskus: eine neue missionarische Begeisterung wird benötigt, die das Herz der Menschen erreichen kann. Jesus bleibt nicht bei Kafarnaum stehen. Er hat keine besonderen Strukturen oder strategisch ausgearbeiteten Pläne.

Sein erstes Werk ist die Verkündigung des Evangeliums, die Verkündigung von der Ankunft des Himmelreichs. Jede Generation muss auf die verändernde Kraft des Evangeliums hören. Mit Jeremia sollten die Christen sagen: „... dein Wort wurde mir zum Glück und zur Freude meines Herzens“ (Jer 15,16). Jesus sät mit kreativer Großzügigkeit das Wort in die Herzen vieler Menschen, die Trost und Stütze suchen. Begleitet wird seine Verkündigung von der Freundschaft zu den Armen und der Heilung der Kranken. Auf diese Weise geht das Himmelreich seine ersten Schritte: durch die Kraft der Verkündigung, die die Herzen bekehrt, die Krankheiten heilt und überall, wo Jesus vorübergeht, eine festliche Freude entstehen lässt. Dies soll in den vielen Galiläas dieser Welt geschehen. Dazu ist die Kirche aufgerufen.

Gebet in der Weihnachtszeit

Freitag, 8. Januar

Mk 6,34–44. **Die erste Brotvermehrung**

Das Evangelium weist zu Beginn auf die große Aufmerksamkeit Jesu für die Menschenmenge hin, die ihn sucht: „Als er ausstieg, sah er die vielen Menschen“. Er fühlte sich durch ihre Anwesenheit nicht gestört. Er hatte „Mitleid mit ihnen; denn sie waren wie Schafe, die keinen Hirten haben“. Sofort begann Jesus, sie den ganzen Tag lang zu lehren. Alle hatten Hunger nach wahren Worten für ihr Leben. Jesus war wirklich ein neuer Hirte, der die Schafe nicht ohne Nahrung und Brot ließ. Gegen Abend gaben die Jünger Jesus in ihrer Einbildung, vernünftiger als er zu sein, den Ratschlag, die Leute wegzuschicken, damit sie in die nahe gelegenen Dörfer gingen und sich etwas zu essen besorgten. Wahrscheinlich waren sie der Meinung, Jesus habe übertrieben und zu lange gesprochen. Jetzt war es an der Zeit, dass die Leute nach Hause gehen konnten. Doch das Herz Jesu ist viel größer als die Engherzigkeit der Jünger. Er weiß genau, dass wir sowohl für unser Herz als auch für unseren Leib Nahrung brauchen; dazu ist er zu uns gekommen. Er schickt niemanden weg. Vielmehr fordert er alle auf, sich zu setzen. Das griechische Wort *anaklìnai* weist auf die Einladung hin, sich wie die Gäste bei einem Festmahl zu Tisch zu begeben. Es geht nicht nur darum, einfach den bestehenden Hunger zu stillen, vielmehr möchte Jesus ein Festmahl geben (im griechischen Text wird das Wort „*symposion*" verwendet). Es handelt sich also um eine festliche Zusammenkunft. Jesus lässt sich die fünf vorhandenen Brote bringen und vermehrt sie, wie er vorher schon die Worte vermehrt hat. „Der Mensch lebt nicht vom Brot allein, sondern von jedem Wort, das aus Gottes Mund kommt" (Mt 4,4). Dann bittet er die Jünger, das von ihm selbst vermehrte Brot zu verteilen. Am Ende des Berichtes wird auf die so große Menge Essen hingewiesen, dass aus dem Übriggebliebenen sogar noch zwölf Körbe gefüllt werden konnten. Es handelt sich um das Bild vom eschatologischen Festmahl: Gott sättigt sein Volk durch Worte und Brot; die Weitergabe des Evangeliums und die Liebe zu den Armen sollen vermehrt werden. Das ist der Weg, den der Herr heute der Kirche weist, damit sie anziehend ist für Menschen, die nach Liebe und Hoffnung hungern und dürsten.

Gebet in der Weihnachtszeit

Samstag, 9. Januar

Mk 6,45–52. **Jesus geht über das Wasser**

Die Kirchenväter merkten zu diesem Abschnitt an, dass die christliche Gemeinde – und auch jeder Jünger – jenem Boot gleicht, das das Meer des Lebens überquert. In der Tat machen alle gläubigen Christen die Erfahrung, dass der Wind dieser Welt in die entgegengesetzte Richtung zum Evangelium weht. Jedenfalls ist im Gegensatz zu allen trügerischen Versprechungen dieser Welt die Fahrt des Lebens nie einfach und nicht ohne Hindernisse vorstellbar. Deshalb geschieht es angesichts der unvermeidlichen Schwierigkeiten nur zu leicht, dass wir uns von der Angst überwältigen lassen und in eine Spirale der Traurigkeit und Verwirrung geraten. Im Rahmen einer materialistischen Mentalität kann das Evangelium leicht als ein leeres Wort angesehen werden, als eine Art Gespenst. Wenn selbst die Jünger Jesus für ein Gespenst hielten, warum sollte es uns dann anders ergehen mit den Hirngespinsten, denen wir oft nachlaufen? Doch Jesus hört nicht auf, sich zu zeigen und uns zuzurufen: „… fürchtet euch nicht!“ Diese Ermahnung gilt auch uns, den Jüngern der heutigen Zeit, die wir durch die aktuellen Schwierigkeiten verängstigt sind. Es ist ein Wort, das gerade jetzt nach der Tragödie einer Pandemie, die den ganzen Planeten erschüttert hat, besonders eindringlich ausgesprochen wird. Jesus kennt unseren Unglauben und unsere Grenzen genau. Daher kommt er auf uns zu, um uns zu ermahnen, und steigt vor allem selbst mit ins Boot. Sofort besänftigt seine liebevolle Anwesenheit den Sturm. Die Sicherheit der Jünger, ihr Friede und ihre Hoffnung bestehen genau darin, dass sie Jesus zu sich nehmen und ihr Vertrauen immer und besonders in schwierigen Lebensphasen ganz auf ihn setzen. Der Herr ist kein Gespenst, sondern unser wahrer und bester Freund. Jesus erinnert daran, dass die wirklich unbesiegbare Kraft die Liebe ist. Diese Liebe des Evangeliums ist schwach wie ein Kind, denn sie ist nicht von Arroganz geprägt. Doch sie besitzt auch die Stärke dessen, der auf den vom Wind aufgepeitschten Wassern einhergeht und sie beruhigt. Die Liebe Gottes ist in ihrer Sanftheit und Barmherzigkeit stärker als alles Böse, auch stärker als die Wellen des Todes, die den Menschen immer wieder neu unter sich begraben und denen scheinbar nichts widerstehen kann. Dieses Kind widersteht jedoch allen Wellen und hat auch die letzte Welle, nämlich die des Todes, besiegt.

Gebet in der Weihnachtszeit

Sonntag, 10. Januar: Fest der Taufe des Herrn

Jes 55,1–11; Jes 12,2.3 u.4bcd.5–6; 1 Joh 5,1–9; Mk 1,7–11

Das Fest der Taufe Jesu ist wie ein weiteres Weihnachtsfest, eine weitere Erscheinung des Herrn. Am Jordan hat sich der Himmel geöffnet, und der Heilige Geist ließ sich auf Jesus nieder wie eine Taube, die endlich ihr Nest gefunden hat. Die Vollmacht Gottes hat nun ihre

Wohnung gefunden. Nicht dass der Geist des Herrn zuvor nicht da gewesen wäre. Er war da seit der Erschaffung der Welt, als „Gottes Geist … über dem Wasser“ schwebte (Gen 1,2). Durch die Zeiten war er immer anwesend in heiligen und geisterfüllten Menschen, in Propheten, Gerechten oder Zeugen der Nächstenliebe sowohl in Israel als auch in den anderen Religionen. Seit Jesus geboren ist und sich den Sterndeutern gezeigt hat, findet der Geist seine volle und endgültige Wohnstätte in ihm. Von jenem Augenblick an nimmt nämlich etwas vollkommen Neues und Einzigartiges seinen Anfang.

Nach der Taufe beginnt Jesus zu sprechen. Er verlässt den Jordan mit einer neuen Berufung. Er wurde am Tag der Taufe zu einem neuen Leben, zu einer neuen Mission geboren. Sobald er getauft und aus dem Wasser gestiegen war, öffnete sich der Himmel und eine Stimme aus dem Himmel sprach: „Du bist mein geliebter Sohn, an dir habe ich Wohlgefallen gefunden.“

Durch die Predigt Jesu nach der Taufe kommt Gott uns näher, ist eine Zukunft in Frieden nicht mehr unerreichbar, geht die Hoffnung nicht zugrunde, wird der Mensch nicht zu Boden niedergebeugt, ist er nicht Gefangener seines Schicksals. Wir alle werden zu geliebten und behüteten Söhnen und Töchtern. Die Jünger des Herrn werden nicht sich selbst überlassen, sodass sie gezwungen wären, nur auf ihre eigenen Kräfte zu vertrauen und in einer traurigen Selbstgenügsamkeit oder misstrauisch und verängstigt den anderen gegenüber zu leben. Vielmehr sind sie zuallererst Kinder, die Kinder eines guten Vaters. Auch haben sie viele Geschwister, ihre Schwestern und Brüder im Glauben. Alle sind sie geliebt, ja sie sind Gottes Lieblingskinder.

Die Liebe Gottes ist persönlich und einzigartig und hat kein anderes Ziel als die Liebe zu ihm. Das ist die Zukunft, die Gott schon jetzt verwirklicht und allen anbietet, besonders denen, deren Leben scheinbar jeden Wert verloren hat und bedeutungslos geworden ist. Der Christ ist niemals ein Einzelkind, denn Gott ist der Vater aller. Jeder Getaufte erhält die Brüder und Schwestern zum Geschenk und ist dazu berufen, für den anderen Schwester oder Bruder zu sein. Er soll die Geschwisterlichkeit wachsen lassen, Freundschaften knüpfen und Solidarität üben. Manchmal scheint es einfacher, allein zu bleiben. Der Christ aber ist berufen, durch die Liebe, die Gott ist, sein Alltagsleben zu öffnen. So wird das Leben heilig, wenn wir auf den Herrn hören, wenn uns die Freundschaft zum anderen führt, wenn ein einsamer alter Mensch unterstützt wird, wenn Weinende Trost finden, wenn ein armer Mensch beim Namen gerufen wird und Hilfe erfährt, wenn ein Kranker besucht wird, wenn gute Werke einen einsamen Menschen erreichen und er erfährt, dass er geliebt ist. Uns alle, die wir am Taufbecken wieder Kinder geworden sind und die der Herr zu seinen Söhnen und Töchtern gemacht hat, bittet er heute nicht um große Reden oder Versprechungen, sondern nur um ein Herz, das fähig ist, sich lieben zu lassen. Denn dann wird es von Gott, dem guten Vater, lernen, alle gern zu haben.

Gebet in der Weihnachtszeit

ZEIT IM JAHRESKREIS

Montag, 11. Januar

Mk 1,14–20. **Kehrt um und glaubt an das Evangelium**

Das Markusevangelium ist das erste verfasste Evangelium und beginnt im Unterschied zu den anderen synoptischen Evangelien direkt mit der Erzählung vom öffentlichen Auftreten Jesu. Gestern haben wir im Gottesdienst der Taufe Jesu gedacht. Heute stellt uns das Evangelium den Beginn seiner Predigt vor Augen. Markus merkt an, dass sich Jesus nach der Festnahme von Johannes dem Täufer auf den Weg nach Galiläa macht. Von diesem Moment an entscheidet sich Jesus, seinen Weg auf den Straßen der Welt zu gehen und allen die Frohe Botschaft zu verkünden. Zum ersten Mal erscheint hier der Begriff Evangelium, der „Frohe Botschaft" bedeutet. Das Evangelium ist kein abstraktes Wort, das sich nach der Verkündigung im Nebel der menschlichen Vergesslichkeit auflöst. Das Evangelium ist Jesus selbst. Er ist die gute Nachricht, an die wir glauben und die wir unseren Mitmenschen weitergeben sollen, damit sie ihm ihr Leben anvertrauen. Jesus zeigt in seinen Worten und Werken, dass das Reich der Liebe mitten unter die Menschen gekommen ist. Mit ihm beginnt für die Menschheit eine neue Geschichte der Liebe und Freundschaft. Dies ist die gute Nachricht, auf die das Volk Israel wartete. Die Geschichte der christlichen Predigt geht hier am Ufer des Sees von Galiläa ihre ersten Schritte, als Jesus die beiden Brüder Simon und Andreas trifft, die als Fischer arbeiteten. Er sagt zu ihnen: „Kommt her, mir nach! Ich werde euch zu Menschenfischern machen." Zwar sind die beiden damit beschäftigt, ihre Netze herzurichten, doch sie nehmen die Einladung ohne Zögern an und folgen ihm. Diese Geschichte ist für die Jünger aller Zeiten von Bedeutung. Der Herr kommt zu jeder Generation und auch in unsere Zeit und beruft Männer und Frauen, damit sie ihm nachfolgen und selbst zu Menschenfischern werden. Wir sind nicht dazu berufen, unter uns zu bleiben und unsere individuellen Ziele zu verfolgen. Die Jünger sind von Jesus dazu aufgerufen, die Liebe Gottes bis zu den Enden der Erde zu verkünden.

Gebet für die Armen

Dienstag, 12. Januar

Mk 1,21–28. **Er lehrte sie wie einer, der Vollmacht hat**

Jesus kommt mit seiner kleinen Gemeinschaft von Jüngern nach Kafarnaum, in die größte Stadt des damaligen Galiläa. Er wählt sie zum Wohnsitz für sich und seine kleine Jüngerschar aus. Jesus zieht sich nicht aus dem Alltagsleben der Menschen zurück, um ein ruhiges Leben in einer kleinen Gruppe von Freunden zu führen. Er ist auch nicht gekommen, um sich seinen eigenen Raum zu schaffen, den es zu bewahren gilt und an dem er sich ergötzt. Der Vater hat ihn gesandt, um die Menschen von der Einsamkeit, der Sünde und dem Tod zu befreien. Deshalb lässt er sich in Kafarnaum nieder, in der damals bedeutendsten Stadt im Norden des Landes, gleichsam um im realen Umfeld der Menschheitsfamilie zu leben. Kafarnaum steht für alle Städte von damals und von heute; alle sollen durch ihn in Orte des Friedens und der Geschwisterlichkeit verwandelt werden. Die christliche Gemeinschaft ist, so klein sie auch sein mag, von Jesus gesandt, das Leben der Stadt mit der Kraft des Evangeliums zu erfüllen und zu verkünden, dass Jesus allein der Herr ist und nicht Reichtum oder Macht und noch viel weniger Ungerechtigkeit oder Korruption. Der Evangelist Markus merkt an, dass Jesus sich gleich am folgenden Tag in die Synagoge begibt, um zu lehren. Ebendiese Verkündigung des Evangeliums ist der erste Dienst der Kirche in der Stadt. Die Kirche hat nichts anderes zu verkünden als das Evangelium und die Kraft der Liebe, die das Leben aller verändern kann. Es geht nicht um die Umsetzung eines bestimmten Programms. Das einzige Programm ist ebendas Evangelium selbst, das Herz und Geist der Menschen grundlegend verwandelt, wenn es aufgenommen wird. Darin liegt der Sinn der Anmerkung des Markus, wenn er schreibt, dass Jesus „wie einer, der Vollmacht hat, nicht wie die Schriftgelehrten“ sprach. Die Art seiner Vollmacht erweist er sogleich in der Befreiung eines Mannes, der von einem unreinen Geist besessen war. Er hat ein machtvolles, wirkungsvolles Wort, das auch über die unreinen Geister herrscht, die ihm – wenn auch widerwillig – gehorchen. Das Evangelium ist ein machtvolles Wort: es unterdrückt nicht, sondern befreit die Menschen; es verurteilt nicht, sondern rettet.

Gebet mit Maria, der Mutter des Herrn

Mittwoch, 13. Januar

Mk 1,29–39. **Heilungen in Kafarnaum**

Das Evangelium beschreibt die intensive Tätigkeit Jesu in Kafarnaum an zwei aufeinanderfolgenden Tagen. Jesus ist nicht mehr allein wie zu Beginn. Im Haus des Simon hält er sich mit der kleinen Gruppe der um sich versammelten Jünger auf. Sie bilden eine kleine Familie. Als Jesus einmal ins Haus zurückkehrt, stellen sie ihm die Schwiegermutter des Petrus vor, die mit Fieber im Bett lag. Jesus nähert sich ihr, fasst sie an der Hand, hilft ihr sich aufzurichten und heilt sie dadurch von der Krankheit. Die Heilung dieser alten Frau ist für uns ein Hinweis. Denn wir müssen in dieser Zeit angesichts der gestiegenen Zahl alter Menschen eine neue Zuwendung zu ihnen lernen, da sie oft ausgeschlossen und sich selbst überlassen werden. Es ist deshalb wichtig, ihnen die Hand zu reichen und sie zu unterstützen, um sich aufzurichten und weiter am Dienst der Gemeinschaft teilzunehmen. Der Evangelist beschreibt anschließend eine außergewöhnliche Entwicklung: Man brachte „alle Kranken und Besessenen zu Jesus“. „Die ganze Stadt war vor der Haustür versammelt“. Dieses Bild ist eine Anfrage an unsere christlichen Gemeinschaften und Gemeinden, an unsere Kirchen wie auch an unsere Herzen. So viele Arme und Kranke werden allein gelassen. Jesus weist auf die Aufgabe der Christen hin: Er ging vor die Tür des Hauses hinaus „und er heilte viele“. Markus schreibt nicht, dass er alle geheilt hat, sondern dass er viele heilte. Er möchte ausdrücken, dass die zahlreichen Kranken, denen wir nicht helfen können, eine offene Wunde darstellen. Am nächsten

Tag steht Jesus in aller Frühe noch vor Tagesanbruch auf und begibt sich an einen abgelegenen Ort, um zu beten. Er beginnt seinen Tag mit dem Gebet an einem einsamen Ort. Er bleibt nur für sich, fern vom Durcheinander. In der Stille begegnet er seinem Vater im Himmel. Für Jesus ist das Gebet nicht nur ein zeitlicher Tagesbeginn, sondern eine Lebensgrundlage. So muss es auch für die Jünger sein. Wenn die Jünger ihren Geist und ihr Herz im Gebet zu Gott hinwenden, beginnt die neue Zeit des Himmelreichs. Deshalb antwortet Jesus den Jüngern, die ihn nicht fortgehen lassen wollen, dass es nötig ist, ein bis zu den Enden der Erde weites Herz zu haben. Er bleibt nicht an gewohnten Orten, sondern geht überallhin, wo es ein Bedürfnis nach Heilung gibt.

Gebet mit den Heiligen

Donnerstag, 14. Januar

Mk 1,40–45. **Die Heilung eines Aussätzigen**

Jesus fuhr fort, die Ankunft des Reiches Gottes zu verkünden und viele Krankheiten zu heilen. An einem dieser Tage geht er auf einen Aussätzigen zu. Aussätzige waren zu einem Leben am Rande verurteilt und mussten sich von den anderen fernhalten. Dabei konnten sie nur auf ein Almosen hoffen. Als aber dieser Aussätzige hörte, was Jesus tat, schöpfte er neue Hoffnung. Er setzte sich über die Vorschrift hinweg, keine bewohnten Orte betreten zu dürfen, und ging auf Jesus zu. Sein Gedanke war, dass dieser junge Prophet ihm helfen konnte. Während sich alle aus Angst vor Ansteckung von ihm fernhielten, nahm Jesus ihn auf, als er ihn kommen sah. Dieser Aussätzige steht für die unermessliche Schar derer, die noch heute keine Hoffnung auf Heilung haben und von den Menschen aus Angst vor Ansteckung auf Abstand gehalten werden. Manchmal werden nicht nur einzelne Personen, sondern ganze Völker von der Entwicklung ausgeschlossen, auf die alle ein Recht haben. Als dieser Aussätzige zu Jesus kam, fiel er nieder und bat um Heilung: „Wenn du willst, kannst du mich rein machen." Jesus hatte „Mitleid mit ihm". Er erhörte die Bitte und berührte mit seiner Hand den

Aussätzigen, der von Gesetzes wegen als Unberührbarer galt. Bei allen drei Synoptikern heißt es, dass Jesus den Aussätzigen mit der Hand berührte. Während wir in der Pandemie für lange Zeit die strengen Distanzregeln eingehalten haben, um Ansteckungen zu verhindern, ruft uns dieses Evangelium mit dem Bericht über das Berühren mit der Hand den Auftrag in Erinnerung, auf jede mögliche Weise – freilich ohne Leichtsinn – die Bedeutung der Beziehungen, der Nähe, der Zuneigung zu erkennen. Denn diese Werte müssen wieder mit Leben erfüllt werden, damit die Isolation nicht zur Einsamkeit wird. Jesus gab mit dieser Geste und der anschließenden Heilung dem leidgeprüften Aussätzigen seine Würde und das Recht zurück, ohne Diskriminierung mit allen zusammenzuleben. Die Liebe Jesu zu ihm war wahrlich groß. Jesus wies den Mann streng an, nichts zu sagen. Vielleicht wollte er verhindern, verfolgt zu werden, denn er hatte sich über die Vorschriften hinweggesetzt. Dagegen sollte er sich den Priestern zeigen und ein Opfer darbringen, wie es den Vorschriften entsprach. Der Geheilte war jedoch so glücklich, dass er die Nachricht von seiner Heilung nicht für sich behalten konnte. Jedem, den er traf, erzählte er in seiner überströmenden Freude, was ihm widerfahren war. Das Wunder, das uns Markus überliefert, ist für uns alle und jede christliche Gemeinschaft unserer Zeit ein Aufruf, so wie Jesus auf den Schrei der Armen zu hören. Denn auch wir sollen mit seiner Hilfe das Wunder wirken, das die Würde zurückgibt und die Freude der Kranken und Armen in dieser Welt vermehrt.

Gebet für die Kirche

Freitag, 15. Januar

Fest des Schwarzen Christus von Esquipulas in Guatemala, der in ganz Mittelamerika verehrt wird.

Mk 2,1–12. **Deine Sünden sind dir vergeben**

Die Lesung des Markusevangeliums wird fortgesetzt. Seit geraumer Zeit war Jesus in verschiedenen Dörfern der Gegend unterwegs, um das Evangelium zu verkünden. Nun kehrte er wieder nach Kafarnaum zurück und ging in das Haus des Petrus. Die Bewohner der Stadt und der Gegend rund um Kafarnaum ahnten, dass mit Jesus eine neue Zeit angebrochen ist, die Zeit des Heils und des Friedens. Auch ein Gelähmter spürte, dass seine Heilung nicht länger ein unmöglicher Traum bleiben musste. Einige Freunde hofften ebenso auf seine Heilung und brachten ihn zu Jesus. Als sie vor der Tür ankamen, konnten sie wegen der großen Menschenmenge nicht eintreten. Doch sie gaben nicht auf, stiegen mit dem Kranken auf das Dach des Hauses, deckten es ab und ließen den Kranken hinab in den Raum, in dem Jesus war. Die mit Hingabe und Kreativität verbundene Liebe dieser Freunde zu diesem Kranken ist erstaunlich. Sie gaben angesichts der auftretenden Schwierigkeiten nicht auf, wie es oft bei uns geschieht, die wir schon bei ersten sich zeigenden Schwierigkeiten resignieren. Sie dagegen dachten sich sogar Unmögliches aus, um ihrem Freund zu helfen. Die beharrliche Liebe dieser vier Freunde zum Gelähmten und ihr Vertrauen in die Heilkräfte des jungen Propheten sind die beiden Säulen des Wunders, das sich dann ereignet. Es erwartete sie jedoch noch etwas viel Größeres als das Wunder. Jesus schenkte diesem Gelähmten die vollkommene Freude des Reiches, nämlich die Heilung sowohl des Körpers als auch des Herzens. Der Evangelist erwähnt den beginnenden Widerstand der Schriftgelehrten angesichts der Barmherzigkeit Jesu, der sich schon dieses Widerstands bewusst ist. Als er den Gelähmten sah, zeigte er in einem einzigen Akt die Vollmacht des neuen Reiches: Er ließ ihn nicht nur von der Tragbahre aufstehen, sondern vergab ihm auch seine Sünden. Dieser Gelähmte wurde ganzheitlich geheilt. Wie alle brauchte dieser Gelähmte nicht nur die Heilung am Leib, sondern auch an der Seele. Dazu müssen wir alle auf Jesus blicken. Dieser Gelähmte wurde zum Bürger des neuen Reiches. Ebenso sind wir alle – ob Sünder, Kranke oder Arme – aufgerufen, zum Evangelium umzukehren.

Gebet des heiligen Kreuzes

Samstag, 16. Januar

Mk 2,13–17. **Jesus isst mit den Sündern**

Die Lesung des Markusevangeliums geht weiter. Es vereint uns Tag für Tag mit Jesus und seiner kleinen Gemeinschaft, die ihre ersten Schritte zur Verkündigung des Evangeliums tut. Jesus geht weiter am Ufer des Sees von Galiläa entlang – er „ging wieder hinaus“, schreibt der Evangelist, als wollte er unsere Aufmerksamkeit darauf lenken, dass Jesus niemals vergeblich aufbricht – und trifft dort Levi, einen Zöllner, der an seiner Zollstation sitzt. Bekanntlich begegnete man den Zöllnern, also den Steuereintreibern, mit Misstrauen und strafte sie mit Verachtung. Jesus aber bleibt gerade vor diesem Sünder stehen. Er blickt ihn an und fordert ihn auf, ihm zu folgen. Levi lässt alles stehen und liegen und beginnt, Jesus zu folgen. Die kleine Gemeinschaft Jesu fängt an, auch zahlenmäßig zu wachsen. Wenn der Meister jemanden zur Nachfolge ruft, scheint es für ihn keine Rolle zu spielen, woher er kommt oder in welcher Situation er lebt. Er will uns klarmachen, dass es keine Vorbedingungen gibt, um zur Gemeinschaft der Jünger zu gehören. Es ist also nicht wichtig, wie wir sind, welche Geschichte oder welchen Charakter wir haben. Für Levi, später auch als Matthäus bekannt, wie für die vier ersten Jünger genügt es, auf ein einziges Wort zu hören: „Folge mir nach!“ Sodann erzählt der Evangelist von dem Mahl, das Levi zu Ehren Jesu und der Jünger ausrichtet, zu dem er aber auch seine Freunde eingeladen hat, Zöllner und Sünder wie er. Die Pharisäer beschuldigen Jesus öffentlich des als sündig angesehenen Verhaltens: Mit Zöllnern und Sündern zu essen, bedeutete, selbst unrein zu werden. Offensichtlich wusste Jesus, dass er mit diesem Verhalten einen Skandal verursachen würde. Aber für Jesus bedeutete das Mahl mit den Sündern, die Neuigkeit des Reiches Gottes zu zeigen: Alle sind am Tisch des Vaters zugelassen, angefangen bei den Sündern. Was für die Pharisäer eine Sünde war, war für Jesus Evangelium. In diesem Mahl zeigte sich die ganze Kraft der Barmherzigkeit Gottes. Und so antwortete Jesus: „Ich bin nicht gekommen, um Gerechte zu rufen, sondern Sünder."

Gebet der Vigil

Sonntag, 17. Januar: 2. Sonntag im Jahreskreis

Gedenktag des heiligen Abts Antonius († 356). Er folgte dem Herrn in die Wüste Ägyptens und wurde zum Vater vieler Mönche.
Tag der Reflexion über die Beziehung zwischen Judentum und Christentum.

1 Sam 3,3b–10.19; Ps 40; 1 Kor 6,13c–15a.17–20; Joh 1,35–42

Das Evangelium führt uns mit dem Täufer an das Ufer des Jordans, wo das Volk Israel das Gelobte Land betreten hatte. Die jüdische Tradition besagte, dass genau dort der Messias bei seiner Ankunft erscheinen würde. Die Erwartung stand kurz vor ihrer Erfüllung. Der Täufer sah Jesus in der Menge vorüberziehen und „richtete … seinen Blick auf ihn", schreibt das Evangelium. Er war darin geschult, die heiligen Schriften zu prüfen, und so waren seine Augen bereit, Jesu Gesicht zu erkennen. Und sofort zeigt er auf ihn: „Seht, das Lamm Gottes!" Er benutzt einen Begriff, der besonders Jesaja lieb war, der vom leidenden Gottesknecht als Lamm spricht, das die Sünde der Welt trägt (Jes 53,7), der das Volk aus der Sklaverei befreien würde, indem er die Sünde aller auf sich nahm. Er ist das wahre Osterlamm. Die Worte des Täufers fallen nicht ins Leere. Zwei seiner Jünger, Andreas und Johannes, hören sie und erahnen ihren tiefen Sinn, sodass sie dem Mann folgen, auf den der Täufer gezeigt hat. Nach einem Stück Weges drehte Jesus sich um und „als er sah, dass sie ihm folgten, sagte er zu ihnen: Was sucht ihr? Sie sagten zu ihm: … Meister, wo wohnst du?" Einzigartig ist das Beharren des Evangelisten auf dem „Sehen". Schon der Täufer „richtete seinen Blick" auf Jesus (ein aufmerksames Betrachten); dann Jesus, der die beiden sieht, die ihm folgen (ein forschender Blick) und sie einlädt, zu kommen und zu „sehen"; die beiden „kamen mit und sahen", und schließlich „blickt" Jesus Simon an und ändert seinen Namen. Es ist ein intensiver Blick, eine Betrachtung, die in die Tiefe reicht, die aufmerksam auf die Fragen des Gegen-

übers achtet, die direkte, tiefe und anhaltende Beziehungen knüpfen will: „kommt und seht". „Da kamen sie mit und sahen, wo er wohnte, und blieben jenen Tag bei ihm". Die Kraft der symbolischen Sprache des Johannes will uns die Bedeutung des „Sehens" nahebringen in einer Welt, in der die Konzentration auf sich selbst das Sehen, das Bemerken, das Interesse für die anderen behindert. In dieser Szene des Evangeliums sehen wir, wie die christliche Gemeinschaft entsteht: Es ist eine Geschichte, die mit der Begegnung von Blicken beginnt, die zur Einladung und Nachfolge führen, dazu, bei Jesus zu bleiben.
Für Andreas und Johannes kennzeichnete diese Begegnung ihr Leben. Sie vergaßen sie nie, der Evangelist vermerkt sogar die Uhrzeit: sie „blieben jenen Tag bei ihm; es war um die zehnte Stunde." Wir kennen den Inhalt dieser Begegnung nicht. Aber von da an wurden sie Jünger Jesu. Für sie begann eine neue Geschichte. Und andere folgten. Die zwei gingen zu Simon, nachdem sie Jesus verlassen hatten: „Wir haben den Messias gefunden", sagten sie ihm und brachten ihn zu Jesus. Und Jesus, der Simon anblickte – wieder der Blick –, verwandelte sein Herz und sein Leben: „Du sollst Kephas heißen", also Fels. Diese Geschichte der Begegnungen und Blicke ist eine heilige Geschichte. Auch für uns, die wir ein Teil davon sind. Diese Seite des Evangeliums lässt sie uns erneut erleben. Denn sie ist nicht geschlossen. Umso weniger können wir zulassen, dass sie im Nichts endet. Der Herr bittet uns, sie zu vervielfachen, hier und wo immer wir hingehen, für die vielen, die auf Trost und Heil warten.

Gebet am Tag des Herrn

Montag, 18. Januar

Beginn der Gebetswoche für die Einheit der Christen. Besonderes Gedenken an die katholische Kirche.

Mk 2,18–22. **Neuen Wein in neue Schläuche**

Der Evangelist spricht in diesem Abschnitt über die Jünger des Täufers und die Pharisäer. Diese fühlten sich – wie es immer geschieht, wenn jemand sich für gerecht hält – befugt, sich an Jesus zu wenden, um ihn nach dem Grund zu fragen, warum seine Jünger nicht fasteten. Das Fasten war zwar nicht verpflichtend, kam aber dem Geist zugute. Ihre Kritik galt eigentlich mehr dem Meister als den Jüngern. Mit einem Gleichnis antwortet Jesus, dass es nicht die äußerlichen Praktiken sind, die das Herz lauter und das Leben der Menschen rein machen. Rein ist, wer den Messias, den Gesandten Gottes, aufnimmt, wie man einen Bräutigam aufnimmt, also in einem festlichen Klima. Damit will er sagen, dass er der Bräutigam ist. Wenn die Freunde des Bräutigams diesen erwarten, um mit ihm zu feiern, dann können sie nicht währenddessen mit dem Fasten beginnen. Es wäre dem Bräutigam gegenüber nicht angebracht, der ja erwartet, dass die Freunde mit ihm feiern und am Hochzeitsmahl teilnehmen, und sicher nicht, dass sie fasten und Buße üben. Sicher werden auch für die Freunde des Bräutigams schwierige Zeiten kommen, vor allem dann, wenn der Bräutigam ihnen genommen wird. Dann wird die Zeit des Fastens kommen. Schon jetzt kündigt Jesus sein Leiden und seinen Tod an, wenn auch in verdeckter Weise. Dann werden die Momente des Leidens kommen. Genauso hat es sich dann auch ereignet: Vom Beginn des Christentums an und bis zum heutigen Tag wurden unzählige Gläubige, Männer und Frauen, wegen ihres Glaubens verfolgt und haben bis zum Blutvergießen Widerstand geleistet. Mit zwei Bildern macht Jesus klar, dass der Jünger sein ganzes Leben erneuern muss. Das Evangelium ist der neue Wein, der die Herzen derjenigen neu macht – das heißt über alle Maßen festlich stimmt –, die ihn trinken. Ein Herz, das voll ist von sich, ist wie ein alter Schlauch, der unfähig ist, die Neuheit des Evangeliums aufzunehmen. Der neue Stoff aber, von dem Jesus spricht, ist der neue Mantel, der aus Fäden der Liebe gewebt ist und nichts mit dem alten und verschlissenen Kleid der Egozentrik zu tun hat. Die Jünger haben verstanden, dass das Heil nicht darin liegt, sich der eigenen Werke zu rühmen, seien es auch gute Werke wie etwa das Fasten, sondern darin, dass man Jesus über alles liebt, wie die Braut ihren Bräutigam liebt.

Gebet für den Frieden

Dienstag, 19. Januar

Gebet für die Einheit der Christen. Besonderes Gedenken an die orthodoxen Kirchen.

Mk 2,23–28. **Der Sabbat ist für den Menschen da**

Nach dem Streitgespräch über das Fasten berichtet uns der Evangelist Markus von der Kontroverse über die Einhaltung des Sabbats. Dies ist ein zentraler Punkt in der Lehre des Volkes Israel. Die Pharisäer sehen, dass die Jünger Jesu an einem Sabbat in einem Getreidefeld unterwegs Ähren abreißen, um sie zu essen, und so das Gebot der Sabbatruhe übertreten. Doch Jesus verteidigt die Jünger. Als Beispiel führt er David an, der auf der Flucht vor Saul, der ihn töten wollte, in den Tempel ging und mit seinen Gefährten die heiligen Brote aß, die den Priestern vorbehalten waren (1 Sam 21,2–7). Jesus fügt hinzu: „Der Sabbat wurde für den Menschen gemacht, nicht der Mensch für den Sabbat." Mit dieser Aussage will Jesus zeigen, was nach dem Gesetz wirklich zählt: nicht die formelle Beachtung des Gesetzes, sondern das Heil des Menschen. Der Mensch und sein Heil stehen im Herzen der Schrift. Denn der Herr hat die Welt erschaffen und aus Liebe zu den Menschen seinen eigenen Sohn gesandt, um sie vor Sünde und Tod zu retten. Deshalb ist der Gläubige nicht so sehr gerufen, Regeln zu befolgen, als vielmehr die Liebe Gottes zu erwidern und in Liebe zu den Mitmenschen zu leben. Deshalb ist der Menschensohn auch Herr über den Sabbat. Er ist gekommen, um zu retten, nicht um zu verurteilen, um zu lieben, nicht um Regeln aufzuerlegen. Jeden von uns bittet er, ihm auf diesem Weg zu folgen, dem Weg der Liebe, die rettet.

Gebet mit Maria, der Mutter des Herrn

Mittwoch, 20. Januar

Gebet für die Einheit der Christen. Besonderes Gedenken an die altorientalischen Kirchen (die syrisch-orthodoxe, koptische, arme-

nische, äthiopische und syromalabarische Kirche) und an die assyrische Kirche.

Mk 3,1–6. **Die Heilung des Mannes mit der verdorrten Hand**

Es ist Sabbat und Jesus geht wie gewohnt in die Synagoge zum Gebet. Dort begegnet er einem Mann, der an seinem Arm eine schwere Behinderung hat. Das Hebräerevangelium, ein apokryphes Evangelium, lässt diesen Mann das folgende Gebet sprechen: „Ich war ein Maurer, ich verdiente meinen Lebensunterhalt mit der Arbeit meiner Hände. Oh Jesus, ich bitte dich, mich zu heilen, damit ich mein Brot nicht voller Scham erbetteln muss." Kaum hat Jesus diesen Mann mit der verletzten Hand gesehen, hat er Mitleid. Dies geschieht jedes Mal, wenn er den Kranken und Schwachen begegnet. Die Pharisäer, die sich in keiner Weise für die Beeinträchtigung dieses Mannes interessieren, ahnen allerdings, dass etwas geschehen wird. Denn Jesus bleibt nie untätig vor dem Leid der Menschen. Er weiß genau, dass er den Willen des Vaters erfüllen muss. Er wendet sich diesem Mann zu und befiehlt: „Streck deine Hand aus!" Der Mann hört auf das Wort Jesu und streckt seine Hand aus. Er wird geheilt. Gehorsames Hören auf das Evangelium führt immer zur Heilung. Durch gehorsames Hören können wir das wiedererlangen, was wir durch unsere Sünde oder unsere Zerbrechlichkeit verloren haben. Jesus ist gekommen, damit niemand mehr Sklave des Bösen ist, sondern am neuen Horizont Gottes teilhat, der die Fülle des Lebens ist. Dieser Mann wird gesund und kann wieder ein normales Leben führen. Die Heilung erfolgt nicht, damit ein Geheilter dann Gefangener seiner selbst bleibt – die verdorrte Hand steht auch dafür, sie nur für sich selbst zu nutzen –, sondern damit dieser sich in den Dienst der anderen Menschen stellt und dem gemeinsamen Wohl aller dient. Die Hand wird geheilt, damit der Geheilte sie dem reichen kann, der sie braucht. Jesus bricht also den Sabbat nicht, wie es ihm die Pharisäer vorwerfen. Mit dieser Heilung tritt der wahre Sabbat, der Tag des Herrn, in das Leben der Menschen ein. Die Schöpfung erreicht in diesem Menschen die volle Erfüllung. Immer wenn die Barmherzigkeit und das Heil Gottes das Leben der Menschen berühren, wird der Sabbat Gottes, das Fest der Liebe und der Fülle des Lebens, Wirklichkeit.

Gebet mit den Heiligen

Donnerstag, 21. Januar

Gebet für die Einheit der Christen. Besonderes Gedenken an die anglikanischen Kirchen.

Mk 3,7–12. **Die Menge sucht Jesus**

Die Menschen wussten genau, dass sie in Jesus einen guten und mitfühlenden Menschen fanden, der sie niemals zurückweisen würde. Die Hilfsbereitschaft Jesu bedeutete nicht, dass er darauf verzichtete, seine Mission zu erfüllen. Ganz im Gegenteil. Jesus will den Menschen helfen, glücklich und heiter zu sein, und daher lud er sie ein, ihr Herz zu verändern. Er war kein Schmeichler und noch weniger ein Komplize ihrer Instinkte, nur um ihren Beifall zu bekommen. So beschließt er, ein Boot zu besteigen, um sich ein wenig vom Ufer zu entfernen, alle sehen und zu allen vom Evangelium sprechen zu können. Dann beginnt er, zur Menge zu sprechen. Dies ist eine starke Szene, die Betroffenheit hervorruft. Dieses Boot wird zu einer neuen Kanzel für Jesus. Wie kann man darin nicht die Kirche erkennen? Wir sollten uns also ernsthaft fragen: Wo können die Menschenmengen von heute, die noch zahlreicher sind als damals, Jesus „berühren“? Wohin können alle Bedürftigen die Last ihres Leids und ihrer Hoffnungen bringen, um geheilt und getröstet zu werden? Sollten nicht unsere heutigen christlichen Gemeinschaften wie jenes Boot sein, wo die Menge sich nähern und das Evangelium der Liebe empfangen kann? Die Menge von heute braucht eine solche Kirche, die den Menschen nahe ist, liebevoll, gut und mitfühlend. In einer Welt, in der die Barrieren zu wachsen scheinen, die die Armen und Kranken von denen, denen es gut geht, trennen, seien es einzelne Personen oder ganze Nationen, ist die Kirche noch mehr gerufen, Barmherzigkeit und Gastfreundschaft gegenüber den Armen und Schwachen zu zeigen. Die Barrieren, die manchmal aus Steinen und oft aus Vorurteilen bestehen, sind von den „unreinen Geistern" inspiriert, von denen der Evangelist spricht. Sie wollen verhindern, dass Jesu Wort das Herz derer erreicht, die ihm zuhören. Das Evangelium zeigt uns, wie viel stärker die Kraft Jesu ist als diese Geister. Der Herr schenkt seinen Jüngern seine Kraft, damit sie überall seine Mission des Heils fortsetzen können.

Gebet für die Kirche

Freitag, 22. Januar

Gebet für die Einheit der Christen. Besonderes Gedenken an die protestantischen Kirchen und kirchlichen Gemeinschaften (Lutheraner, Reformierte, Methodisten, Baptisten, Pfingstkirchen und Evangelikale).

Mk 3,13–19. **Die Einsetzung der Zwölf**

Nachdem Jesus die Menschenmenge am Ufer des Sees aufgenommen hat, begibt er sich auf einen Berg. Ziemlich sicher ist es der Berg der Seligpreisungen, denn in der Erzählung der anderen Evangelisten folgt die Bergpredigt sofort auf die Wahl der Zwölf. Der Berg ist mehr der Ort des Gebetes und der Begegnung mit Gott als der Ort der Mission unter den Menschen. Markus schreibt, Jesus „rief die zu sich, die er selbst wollte, und sie kamen zu ihm". Er ist es, der auswählt und beruft. Danach nimmt Jesus sie mit sich auf den Berg. Es sind zwölf, so viele wie die zwölf Stämme Israels. Das ist eine strategische Entscheidung: Er ist der Hirte ganz Israels. Endlich findet das ganze Volk Gottes seine Einheit um den einzigen Hirten. Diese Zwölf sind, versammelt um Jesus, der sie berufen hat, an seiner Mission beteiligt. Es ist der Herr, der sie als Brüder und Schwestern vereint, und nichts anderes. Der Grund für die christliche Geschwisterlichkeit, für die Kommunion unter Gläubigen, ist allein Jesus, sicherlich nicht die Nationalität, gemeinsame Interessen, kulturelle Bindungen oder Blutsbande, gemeinsame Lebenssituationen oder Gruppenzugehörigkeiten. Die Christen sind nur dadurch vereint, dass sie Jünger dieses einzigen Meisters sind. Doch bei Jesus zu sein bedeutet nicht, sich in einer elitären Gruppe zu verschließen und um das eigene Leben besorgt zu sein. Die christliche Gemeinschaft ist kein anonymes Volk und besteht nicht aus Personen, die keine Beziehungen zueinander haben. Der Herr hat die Zwölf einen nach dem anderen beim Namen gerufen. So entstand diese erste Gemeinschaft der Zwölf. Auf die gleiche Weise entstehen auch heute alle christlichen Gemeinschaften. Jeder hat seinen Namen und seine Geschichte. Jedem wird die Sendung anvertraut, das Evangelium weiterzugeben und Krankheiten zu heilen. Die Voraussetzung für die Mission ist, dass der Apostel bei Jesus bleibt. Man könnte sagen, dass der Apostel vor allem Jünger ist, also jemand, der bei Jesus bleibt, ihm zuhört und ihm folgt. Die enge Verbindung mit dem Leben und den Worten Jesu ist das Fundament der Mission. Es ist kein Zufall, dass Jesus ihnen sagen wird, wie es bei Johannes heißt: „getrennt von mir könnt ihr nichts vollbringen“ (Joh 15,5).

Gebet des heiligen Kreuzes

Samstag, 23. Januar

Gebet für die Einheit der Christen. Besonderes Gedenken an die christlichen Gemeinden in Afrika.

Mk 3,20–21. **Sie sagten: Er ist von Sinnen**

Jesus kehrt in Simons Haus in Kafarnaum zurück. Sofort versammelt sich, wie es immer geschieht, eine große Menge bei ihm, die beharrlich zu ihm drängt und ihn sogar am Essen hindert. Jesus hat immer Mitleid mit dieser Menge. Er hört nicht auf. Er scheint sich keine Ruhe zu gönnen, um zu helfen und zu trösten. Diese Szene im Evangelium stellt unsere Faulheit infrage, die oft unser Leben prägt. Wie oft lassen wir uns von unseren persönlichen Rhythmen ergreifen, die unseren Bedürfnissen entsprechen, und versäumen es dabei völlig, uns zu fragen, ob die anderen Hilfe brauchen! Der Maßstab unserer Tage und unserer Sorgen dürfen nicht immer nur wir selbst sein. Die Egozentrik und die Konzentration auf uns selbst verraten die Mission, die Jesus selbst uns anvertraut hat. Die Menge heute, die Armen, die Kranken, die Einsamen, sind die Männer und Frauen, die Jesus uns anvertraut hat. Für sie sind wir persönlich verantwortlich. „Er ist von Sinnen", sagen seine Verwandten über ihn. Jesus hat diese Vorwürfe direkt kennengelernt. Von Kindheit an, auch bei Maria und Josef, als er mit gerade einmal zwölf Jahren im Tempel blieb, um mit den Gelehrten zu diskutieren. Als die Eltern, die ihn besorgt gesucht hatten, ihn für diese aus ihrer Sicht unangebrachte Entscheidung tadelten, antwortete er: „Wusstet ihr nicht, dass ich in dem sein muss, was meinem Vater gehört?" (Lk 2,49). Die Verwandten gehen so weit zu sagen, dass er „von Sinnen" ist, dass er verrückt ist, und sie versuchen, ihn zu ergreifen, um ihn in ein normales Leben zurückzuholen. Das Evangelium ist dagegen wie ein brennendes und bewegendes Feuer. Die Kraft der Liebe ist es, die immer dazu drängt, aus sich herauszutreten und den eigenen kleinen Horizont zu überschreiten, um den Horizont Gottes zu empfangen.

Gebet der Vigil

Sonntag, 24. Januar: 3. Sonntag im Jahreskreis – Sonntag des Wortes Gottes

Gebet für die Einheit der Christen. Besonderes Gedenken an die christlichen Gemeinden in Europa und Amerika.

Jona 3,1–5.10; Ps 25; 1 Kor 7,29–31; Mk 1,14–20

Wir feiern heute das Fest des Wortes Gottes. Es ist ein sehr bedeutsames Fest, dessen Ursprung im II. Vatikanischen Konzil liegt. Die Konzilsväter drückten den Wunsch aus, dass die Bibel in die Hände der Gläubigen zurückkehrt, jedes einzelnen Gläubigen. In der Kirche Sant'Egidio stehen die beiden Seitenaltäre – der des Wortes Gottes

mit den Bibeln in verschiedenen Sprachen und der der Armen mit den Kreuzen – einander gegenüber. Sie erinnern uns an die Treue zu diesen beiden untrennbaren Arten der Anbetung, zu zwei unabdingbaren Formen der Liebe. Papst Franziskus wollte, dass zusätzlich zum Fest des Wortes Gottes jedes Jahr das Fest der Armen gefeiert wird. Das Fest des Wortes Gottes wird am dritten Sonntag im Jahreskreis begangen, an dem die Liturgie den Beginn der Predigttätigkeit Jesu als Lesung vorschlägt. Das Fest der Armen hingegen beendet das liturgische Jahr am vorletzten Sonntag des Jahreskreises. Die beiden Feste erinnern uns an das Kirchenjahr als Nachfolge Jesu, vom Beginn seines Dienstes bis zur Fülle des Reiches.
Das Evangelium, das uns heute verkündet wurde, bringt uns – so könnte man sagen – zu den Ursprüngen dieses Festes zurück. Das Wort des Propheten war von Herodes eingesperrt worden. Diese Stimme, die in der Wüste gerufen hatte, erklang nicht mehr. Aber Jesus geht von Neuem von den Worten des Täufers aus: „Die Zeit ist erfüllt, das Reich Gottes ist nahe. Kehrt um und glaubt an das Evangelium!" Die Bekehrung beginnt, wenn das Evangelium das Herz erreicht. Von dort ausgehend beginnt ein neues Leben. Tatsächlich hört seit jenem Tag an den Ufern des Sees von Galiläa bis heute, wie es die Kirche beständig bezeugt, das Wort Gottes nie auf, die Herzen zu verwandeln und sie gut und stark für das Gute zu machen. Simon und Andreas, Jakobus und Johannes nahmen die Einladung Jesu an. Sie folgten ihm und wurden seine Jünger. Sie hörten ihn jeweils zu zweit, und gemeinsam, auch wenn sie nur zu viert waren, folgten sie dem Meister. So geschieht es jedes Mal. Jesus hielt ihnen keine komplizierten Reden. Er sprach eine Sprache, die sie, die Fischer, sofort verstehen konnten: „Kommt her, mir nach! Ich werde euch zu Menschenfischern machen." Sie verstanden, dass er sie für einen neuen Fischfang gerufen hatte, und „sogleich ließen sie ihre Netze liegen und folgten ihm nach". Das Evangelium, das sie miteinander, jeweils zu zweit, gehört hatten, schuf jene kleine Gemeinschaft, die bis zu uns gelangt ist.
Diese alte Szene, die mit Nüchternheit beschrieben ist, um gleichsam ihre Beispielhaftigkeit zu betonen, wird uns an diesem Fest des Wortes von Neuem vorgeschlagen. Der Herr ruft uns erneut, um weiterhin Menschenfischer im See der zahlreichen und bevölkerten Galiläas die-

ser Welt zu werden. Er ruft uns mit einer neuen Dringlichkeit zu einer mutigeren und kreativeren Großzügigkeit. Viele warten auf ein Wort, das ihr Herz berührt. Der Herr bittet uns, noch häufiger das Wort Gottes zur Hand zu nehmen, es gemeinsam zu hören. So werden wir alle in der Weisheit und in der Liebe zum Herrn und zu den Armen wachsen.

Gebet am Tag des Herrn

Montag, 25. Januar

Gedenken an die Bekehrung des Paulus auf dem Weg nach Damaskus.
Gedenken an Hananias, der Paulus taufte, das Evangelium predigte und als Märtyrer starb.
Heute endet die Gebetswoche für die Einheit der Christen. Besonderes Gedenken an die christlichen Gemeinden in Asien und Ozeanien.

Apg 9,1–22. **Die Bekehrung des Saulus**

Heute gedenkt die Kirche der Bekehrung des Saulus aus Tarsus. Dieses Ereignis hat die Geschichte des Christentums auf einzigartige Weise geprägt. Mit Briefen des Hohepriesters in Händen wollte Paulus mit äußerster Härte gegen die Christen in Damaskus vorgehen. Während er sich der Stadt nähert, umgibt ihn plötzlich ein strahlendes Licht. Geblendet stürzt er zu Boden und hört eine Stimme, die ihn zweimal beim Namen ruft: „Saul, Saul". Er sieht nichts und hört nur eine Stimme, die ihn ruft. Beim Namen gerufen zu werden, ist in manchen Momenten eine entscheidende und unvergessliche Erfahrung. Ganz benommen fragt Saulus: „Wer bist du, Herr?" Die Antwort lautet: „Ich bin Jesus, den du verfolgst." Jesus identifiziert sich mit jener verfolgten Gemeinde, so wie er auch heute im Leben vieler Christen weltweit verfolgt wird. Was war mit Paulus geschehen? Sein Sturz ist eines jener sinnbildlichen Ereignisse, die Fragen an das Leben eines jeden Menschen stellen. Es besagt, dass wir, wenn wir nicht niederstürzen und „den Boden berühren", nur schwerlich verstehen, was es bedeutet, zu leben. Leider ist jeder von uns daran gewöhnt, fest von sich selbst überzeugt zu sein und auf seinem Ich zu bestehen.

Nicht nur, dass wir nicht zu Boden stürzen, wir schauen nicht einmal auf den Boden, das heißt auf das Leid der anderen. Nur wenn wir unsere eigene Armut erkennen, können wir den Weg der Weisheit wiederfinden. Der Stolz führt nämlich in den Niedergang, zu Konfrontation und Gewalt. Demut dagegen erneuert, macht verständnisvoller, solidarischer und menschlicher. Der Sturz des Paulus ist ein Zeichen für alle, Gläubige wie Nichtgläubige, denn er macht menschlicher und damit bereiter, das Heil anzunehmen. Als Paulus von seinem Ich herabstürzt, nimmt er das Evangelium an und wird zu einem universalen Menschen.

Gebet mit den Aposteln

Dienstag, 26. Januar

Gedenktag von Timotheus und Titus. Sie waren Mitarbeiter des Paulus und Bischöfe von Ephesus und Kreta.

2 Tim 1,1–8. **Die Gnade des empfangenen Dienstes**

Am Tag nach der Bekehrung des heiligen Paulus erinnert die Kirche an Timotheus und Titus, zwei seiner engsten Mitarbeiter. Paulus selbst hatte Timotheus getauft und ihm die Hände aufgelegt, woran der Apostel selbst in dem Brief erinnert, dessen Anfang wir gehört haben. Paulus erinnert Timotheus und die ganze Gemeinde, an die er den Brief richtet, daran, dass er von Jesus selbst den Auftrag erhalten hat, das Leben, das uns von Gott verheißen ist, allen Menschen zu verkündigen. Kurz vor seinem Tod (2 Tim 4,6–8) schreibt Paulus an „sein geliebtes Kind“ diesen leidenschaftlichen Brief. Über ihn schreibt er im Philipperbrief: „Ich habe keinen Gleichgesinnten, der so aufrichtig um eure Sache besorgt ist … Ihr wisst ja, wie er sich bewährt hat: Wie ein Kind dem Vater – so hat er mit mir zusammen dem Evangelium gedient“ (Phil 2,20.22). Auch im Gefängnis dient Paulus Gott unaufhörlich mit reinem Gewissen und bringt in seinem Gebet seine Gemeinden und seine Mitarbeiter vor Gott. Die Ketten können seine Verbundenheit mit den Brüdern und Schwestern nicht einschränken.

Er schreibt, dass er Timotheus gern wiedersehen möchte und dass die Begegnung mit ihm sein Herz mit Freude und Trost erfüllen wird: „Beeil dich, bald zu mir zu kommen!“ (2 Tim 4,9). Doch schon jetzt weiß sich der Apostel getröstet durch die Treue des Timotheus zum Evangelium, deren Ursprung auch in einer ausgesprochen religiösen Familie, beginnend mit der Großmutter Loïs und der Mutter Eunike, zu finden ist. Der dem Timotheus anvertraute Dienst ist nicht einfach, auch weil er noch jung ist. Doch Paulus erinnert ihn an die „Gnade Gottes“, die ihm durch die Handauflegung verliehen wurde (vgl. 1 Tim 4,14). Er bittet ihn, diese Gnade durch Gebet, Treue und Hingabe neu zu entfachen, damit sie immer heller leuchte und für ihn immer mehr zur Quelle der Kraft werde.
Titus ist der andere Jünger, dessen Gedenktag die Kirche heute begeht. Er war ein Grieche aus Antiochia, sein Glaube also eine kostbare Frucht der Verkündigung des Paulus an die Heiden. Deshalb nahmen Paulus und Barnabas ihn mit, um ihn der Gemeinde von Jerusalem vorzustellen (vgl. Apg 15). Voll Stolz bezeichnet Paulus ihn als „sein rechtmäßiges Kind, aufgrund des gemeinsamen Glaubens“ und vertraut ihm zuerst die Leitung der Gemeinde von Korinth und dann die Leitung der Gemeinde von Kreta an, wo sein Gedenken bis heute in hohen Ehren gehalten wird.

Gebet mit Maria, der Mutter des Herrn

Mittwoch, 27. Januar

Tag des Gedenkens an die Opfer des Nationalsozialismus und an die Befreiung des Konzentrationslagers Auschwitz.

Mk 4,1–20. **Das Gleichnis vom Sämann**

Jesus hält sich erneut am Ufer des Sees von Galiläa auf. Es versammeln sich wieder „sehr viele Menschen“ um ihn, wie Markus schreibt. Der Evangelist hat in diesem vierten Kapitel verschiedene Gleichnisse zusammengetragen. Das Gleichnis vom Sämann ist das erste, das Jesus erzählt. Es ist eines der bekanntesten und wichtigsten im Evangelium. Und der Grund wird aus dem ersten Wort Jesu deutlich: „Hört!“ In der Tat ist das Zuhören entscheidend, wenn man bei Jesus ist. Jesus sieht dieses Gleichnis, das als Gleichnis vom Sämann bekannt ist, als so wichtig an, dass er seinen Jüngern sagt, wenn sie dieses nicht verstehen, können sie auch die anderen nicht verstehen. Dieses Mal erklärt Jesus direkt die Bedeutung des Gleichnisses. Er beginnt mit dieser wirkungsvollen Aussage: „Siehe, ein Sämann ging hinaus, um zu säen.“ Dann beschreibt er die Tätigkeit der Aussaat. Was in dieser Erzählung besonders betroffen macht, ist die Großzügigkeit des Sämanns, der den Samen überall und in großer Menge auswirft, auch wenn er harten und wenig empfänglichen Boden vor sich hat. Der Kontrast zwischen der Großzügigkeit des Sämanns und der Ungastlichkeit der verschiedenen Böden ist offensichtlich: er reicht vom Weg über den felsigen Boden bis hin zum guten Erdreich. Doch wir müssen achtgeben. Die unterschiedlichen Böden sind keine unterschiedlichen Kategorien von Personen. Jeder von uns ist in den verschiedenen Böden dargestellt. Manchmal ist unser Herz wie ein Weg, der hart und undurchdringlich ist. Das sind die Momente des extremen und undurchdringbaren Individualismus. Das Wort Gottes wird unaufhörlich verkündet, aber wir lassen nicht zu, dass es unser Herz anrührt. Für uns geht alles weiter wie immer. Glücklicherweise sät der Sämann immer weiter und kann manchmal ein empfänglicheres Herz finden. Ein anderes Mal ist unser Herz dermaßen übervoll von den Sorgen um uns selbst, dass das Evangelium von den Dornen überwuchert wird und die Saat nicht aufgehen kann. Wieder ein anderes Mal sind wir aufmerksamer. Wir sind bereit, das Wort Gottes aufzunehmen. Dann entstehen Früchte der Liebe, des Guten, der Barmherzigkeit und der Solidarität, vielleicht nicht alle in derselben Intensität. Auch hier liegt die Gnade beim Sämann, der weiter das Wort Gottes sät. Die Bereitschaft, mit offenem und bereitwilligem Herzen auf das Evangelium zu hören, entspricht einem frisch gepflügten Boden, der bereit ist, die Saat aufzunehmen. Der Same ist immer etwas Kleines, wie auch das Evangelium, das aufgenommen, meditiert und in die Tat umgesetzt werden muss. Jesus sät diesen Samen auch heute weiter aus. Er tut es in großzügiger

Weise. Selig sind wir, wenn wir den Samen aufnehmen und wachsen lassen. Die Früchte werden für uns und die Welt kostbar sein.

Gebet mit den Heiligen

Donnerstag, 28. Januar

Mk 4,21–25. **Das Gleichnis vom Licht und vom Maßnehmen**

Diese Seite des Evangeliums enthält vier verschiedene Absätze, die der Evangelist hier vereint und in den Horizont des Zuhörens und der Wirksamkeit des Wortes Gottes eingeordnet hat. „Achtet auf das, was ihr hört!", sagt Jesus. Vielleicht bezieht er sich damit auf das Gleichnis vom Sämann und damit auf die missionarische Dimension, die aus dem Zuhören erwächst. Der Glaube muss eine kommunikative Kraft haben. Eine Gemeinschaft, die sich in sich selbst verschließt und sich damit zufriedengibt, innerhalb der eigenen Mauern zu bleiben, ist wie jemand, der das Licht unter einen Scheffel stellt. Das Beispiel dafür gibt Jesus selbst als Erster. Das Licht, das in die Welt gekommen ist, ist nicht mehr „unter dem Scheffel", sondern auf dem Leuchter. Und die Menschen haben dies bemerkt, sodass sie von allen Seiten herbeilaufen, damit ihr Weg erhellt wird. Das Bild des Lichtes, das dazu da ist, den anderen zu leuchten, beschreibt gut das Leben Jesu. Er, das wahre Licht, das jeden Menschen erleuchtet, wie Johannes im Prolog des vierten Evangeliums schreibt, ist nicht für sich selbst gekommen, nicht Fleisch geworden, um sich selbst zu verwirklichen, und auch nicht, um einen persönlichen Plan durchzusetzen. Jesus ist auf die Erde gekommen, um die Schritte der Menschen auf dem Weg zum Heil zu erleuchten. Er ist gekommen, damit alle auf den Wegen des Lebens gehen können, bis sie zur Geschwisterlichkeit unter allen Völkern der Erde gelangen, die das gemeinsame Ziel sowohl der Menschen als auch der Schöpfung ist. Und hier offenbart ein anderer Satz Jesu die große Verantwortung der Mission, denn „wer hat, dem wird gegeben; wer aber nicht hat, dem wird auch noch weggenommen, was er hat". Das Evangelium der Liebe duldet keine

Einschränkungen: Es ist seiner Natur nach total und universal. So wie das Leben Jesu es gezeigt hat.

Gebet für die Kirche

Freitag, 29. Januar

Mk 4,26–34. **Die Gleichnisse vom Samen, der von selbst wächst, und vom Senfkorn**

Dieses Gleichnis, das das Himmelreich mit einem Samen vergleicht, der von selbst wächst, wird nur von Markus überliefert. Der Evangelist will damit in Erinnerung rufen, dass das Reich Gottes näherkommt. Er betrachtet dabei die Zeit, die zwischen der Aussaat und der Ernte vergeht. Es ist ein Bild für das Wort Gottes, das, sobald es ausgesät wurde, eine eigene Kraft hat, die nicht von uns abhängt. Denn immer, wenn das Evangelium weitergegeben wird und das Herz erreicht, bringt es früher oder später Frucht. So hatte es schon der Prophet Jesaja gesagt: „Denn wie der Regen und der Schnee vom Himmel fällt und nicht dorthin zurückkehrt, ohne die Erde zu tränken und sie zum Keimen und Sprossen zu bringen, dass sie dem Sämann Samen gibt und Brot zum Essen, so ist es auch mit dem Wort, das meinen Mund verlässt: Es kehrt nicht leer zu mir zurück, ohne zu bewirken, was ich will“ (Jes 55,10–11). Die Kraft des Evangeliums folgt nicht unseren menschlichen Maßstäben. Das Wort Gottes ist wie ein Same, ja wie das kleinste aller Samenkörner. Mit dem zweiten Gleichnis betont Jesus die „Schwäche“ des Evangeliums, wenn man es mit weltlichen Kräften vergleichen will. Und wirklich, was gibt es Schwächeres als das kleine Buch des Evangeliums? Es ist nur ein Wort, das man überhören, vergessen, weglegen und sogar verspotten kann. Und doch ist es ein äußerst wertvoller Schatz. Es ist der einzige wahre Schatz, den die Jünger haben. Es ist die einzige wahre Kraft, die die Herzen der Menschen radikal verändert. Wenn das Evangelium im Herzen Aufnahme findet und sorgfältig gehegt wird, setzt es eine unglaubliche Kraft der Veränderung frei. Es verändert nicht nur das Herz dessen, der es hört, sondern es breitet seinen Einfluss weit darüber hinaus aus: Es „treibt große Zweige, sodass in seinem Schatten die Vögel des Himmels nisten können".

Gebet des heiligen Kreuzes

Samstag, 30. Januar

Gedenken an den Tod Gandhis, der 1948 in Neu-Delhi getötet wurde. Mit ihm gedenken wir aller, die im Namen der Gewaltlosigkeit Arbeiter für den Frieden sind.

Mk 4,35–41. **Der Sturm auf dem See**

Das Markusevangelium beschreibt weiterhin den Weg Jesu auf den Straßen der Menschen. Er spürt die Dringlichkeit, allen Menschen das Evangelium weiterzugeben. Deshalb verharrt er nicht an Orten, die sicher und verlässlich zu sein scheinen. Er sagt zu seinen Jüngern: „Wir wollen ans andere Ufer hinüberfahren." Das andere Ufer steht im Markusevangelium für die Welt der Heiden, für jene Menschen, die dem Glauben an den Gott Israels fernstehen. Von sich aus wären die Jünger nicht dorthin gegangen, so wie auch wir uns schwertun, auf Menschen zuzugehen, die wir für fernstehend oder ungeeignet für das Evangelium Jesu halten. Wir alle kennen die Versuchung, in unseren gewohnten, sicheren Horizonten zu bleiben. Von Anfang an weitet Jesus uns das Herz und den Verstand. Jesus sorgt sich um die Universalität und gibt diese Sorge an seine Jünger weiter. Sie zeigt sich im Laufe der Jahrhunderte unterschiedlich stark. In der globalisierten Welt von heute, die außerdem auf dramatische Weise ihre eigene Zerbrechlichkeit entdeckt hat, ist diese Dringlichkeit noch offensichtlicher. Die Globalisierung, die uns eine oft unvernünftige Entwicklung hat akzeptieren lassen, die viele grausame Ungerechtigkeiten verursacht, muss heute durch eine wirksame Solidarität und eine Entwicklung geprägt werden, die niemanden zurücklässt. Mehr denn je muss die ganze Welt „ans andere Ufer hinüberfahren", ans Ufer der Geschwisterlichkeit und Solidarität unter den Völkern. Die Christen haben eine wesentliche Aufgabe dabei. Wir müssen die Einladung Jesu annehmen, wie es die ersten Jünger taten. Markus schreibt: „Sie schickten die Leute fort und fuhren mit ihm in dem Boot, in dem er saß, weg." Während der Überfahrt kommt, wie oft auf diesem See, ein schwerer Sturm auf. Unschwer lassen sich in diesem Unwetter die vielen Stürme erkennen, die über die Völker unserer Zeit hereinbrechen; Stürme, die die Existenz vieler erschüttern. Wir kümmern uns oft nur um unsere kleinen psychologischen Aufgeregtheiten. Im Aufschrei der Apostel hören wir den Widerhall des Schreis vieler Männer und Frauen, deren Leben von den heftigen Wellen des Bösen fortgerissen wird. Dieser Schrei drückt auch immer wieder die Ohnmacht und Resignation von Menschen aus, die durch die Stürme des Lebens hin und her geworfen werden und glauben, der Herr sei weit weg, er schlafe und würde nicht über sie wachen. Papst Franziskus hat während der Corona-Pandemie diesen Schrei aufgegriffen und auf dem leeren Petersplatz vor den Herrn gebracht. Mit ihm nehmen auch wir den Schrei der Leidenden auf und wandeln ihn um in ein Gebet an den Herrn, damit Jesus, wie damals auf dem See, aufsteht, dem Wind droht und zum See sagt: „Schweig, sei still!" So erreichen die Männer und Frauen, die vom Bösen hart getroffen sind, das andere Ufer, das des Friedens.

Gebet der Vigil

Sonntag, 31. Januar: 4. Sonntag im Jahreskreis

Gedenken an Modesta, eine Obdachlose, die man am Bahnhof Termini 1983 in Rom sterben ließ. Ihr wurde nicht geholfen, weil sie schmutzig war. Mit ihr gedenken wir aller, die obdachlos und ohne Hilfe auf der Straße sterben.

Dtn 18,15–20; Ps 95; 1 Kor 7,32–35; Mk 1,21–28

Jesus wählte, nachdem er die Wüste von Judäa verlassen hatte und nach Galiläa zurückgekehrt war, Kafarnaum als seinen gewöhnlichen

Aufenthaltsort. Der Evangelist Markus betont die Vollmacht, mit der Jesus sprach, und die Folgen, die sich daraus ergaben: Alle in der Synagoge „waren voll Staunen über seine Lehre; denn er lehrte sie wie einer, der Vollmacht hat, nicht wie die Schriftgelehrten". Man konnte also seiner Lehre gegenüber nicht gleichgültig bleiben. Die Zuhörer waren gleichsam zu einer Entscheidung gezwungen: Jesus und seinem Traum zu folgen oder sich in ihrer eigenen kleinen Welt zu verschließen. Die Predigt der Schriftgelehrten, deren Worte voller Regeln und Vorschriften waren, erreichte die Herzen der Menschen nicht und überließ sie sich selbst. Heute leben wir in einer ähnlichen Situation. Unsere Städte befinden sich in einer tiefen Krise der Werte und Verhaltensweisen. Was überall zu überwiegen scheint, ist ein verschärfter Individualismus, der dazu führt, sich zu verschließen und sich nur um sich selbst zu kümmern. Jeder scheint seinen Gott, seinen Tempel, seinen Schriftgelehrten, seinen Prediger zu haben, sodass man von polytheistischen Städten sprechen kann. Am Ende bleibt den Menschen nur ein „Gott", nämlich das eigene Ich. Manche sprechen von einem neuen Kult, der Selbstvergötterung, dem Kult des eigenen Ichs, auf dessen Altar man alles opfert, sogar das Liebste. Wenn man aber nur auf sich selbst konzentriert ist, wird man zur Beute zahlreicher „unreiner Geister", die sich in unseren Städten unaufhörlich vermehren.
Diese unreinen Geister, die das Leben in unseren Städten bitter machen, ertragen es nicht, in ihrem Herrschaftsbereich gestört zu werden. Sie schreien gegen die Predigt des Evangeliums: „Was haben wir mit dir zu tun, Jesus von Nazaret?" Es gibt wirklich einen Widerstand gegen die Verkündigung des Evangeliums, damit die Konzentration auf sich selbst, die spaltet und das Leben unserer Städte vergiftet, nicht gestört wird. Das Evangelium ist aber entscheidend, um die Männer und Frauen aus der Sklaverei eines Lebens voller Ängste und Gewalt zu befreien. „Schweig und verlass ihn!" Die christlichen Gemeinschaften und die Jünger müssen aus sich selbst und ihren Gewohnheiten, auch den pastoralen Gewohnheiten, herausgehen, um eine neue Mission zu unternehmen und die vielen Geister auszutreiben, die viele Menschen in unseren Städten unterjochen. Es möge sich dagegen eine neue Kultur entwickeln: die Kultur der Barmherzigkeit, der Gastfreundschaft, der Begegnung und der gegenseitigen Hilfe. Papst

Franziskus wird nicht müde, alle Gläubigen daran zu erinnern. In der Tat ist es dringlich, dass die ganze Kirche – jeder einzelne Gläubige und die gesamte kirchliche Gemeinschaft – wieder den Mut findet, das Evangelium „sine glossa", ohne Zusätze, weiterzugeben, wie Franz von Assisi sagte. Nur diese Vollmacht kann bewirken, dass sogar „die unreinen Geister … seinem Befehl" gehorchen.

Gebet am Tag des Herrn

Montag, 1. Februar

Mk 5,1–20. **Die Heilung des Besessenen von Gerasa**

Das Boot der Jünger gelangt nach einer schwierigen Überfahrt an das andere Ufer. Jetzt befinden sich Jesus und seine Jünger auf heidnischem Gebiet. Dies geschieht zum ersten Mal. Während wir heutzutage erleben, dass Populismus und Nationalismus wieder neu zum Vorschein kommen, spricht das Evangelium von Neuem von der Universalität. Für Jesus existieren keine Grenzen, auch wenn die Welt, die er durchquert hat, klein war. Noch bevor die Grenzen auf Karten oder konkret vor Ort gezogen werden, ziehen wir sie bereits in unserem Denken. Wir müssen daher anfangen, die Grenzen zuerst in unserem Inneren abzuschaffen. Jesus zeigt dies den Jüngern unverzüglich. Der Besessene, der Jesus entgegenkommt, ist ein Symbol für die vielen Distanzen, die unter den Menschen geschaffen werden und den einen vom anderen trennen. Als Sklave einer Legion von Dämonen ist dieser Mann gezwungen, getrennt von seinen Mitmenschen zwischen den Gräbern zu leben. In diese Einsamkeit stürzen wir jedes Mal, wenn wir trennende Mauern errichten. Es gibt etwas Diabolisches in diesem Streben nach Trennungen. Nicht zufällig bedeutet das griechische Wort diabolos wörtlich „Spaltung". Das Böse spaltet, trennt, erzeugt Distanz, zerstört Brücken, errichtet Mauern und will, dass jeder für sich selbst lebt. Daher ist die individualistische Kultur unserer Welt genau das Gegenteil jenes zerstreuten Volkes, das Jesus mit seinem Kommen sammeln und zur Einheit zurückführen will. Jesus landet an diesem Ufer und befreit jenen Mann aus der Knechtschaft einer Legion von Dämonen – in gewisser Weise von einer individualistischen Kultur –, die ihn in die Einsamkeit zwangen und quälten. Die bemerkenswert hohe Zahl der „unreinen Geister", von denen dieser Mann besessen ist, steht für die vielfältigen Formen der Knechtschaft, welche die Menschen in unseren heutigen Städten unterjochen, und auch für die Macht des Bösen, von der man sich nur schwer allein befreien kann. Entscheidend in der Erzählung ist die Anmerkung, dass die Dämonen Angst hatten, als dieser arme Mann, der von ihnen besessen war, sich Jesus näherte. Die Macht oder vielmehr die Vollmacht Jesu ist offensichtlich. Der vom Bösen Besessene, den alle außer Jesus von sich fernhalten, wird befreit. Dieser befreite Mann erhält die Aufgabe, seiner Familie das Evangelium zu verkünden, indem er ihnen die befreiende Kraft der Barmherzigkeit Gottes bezeugt.

Gebet für die Kranken

Dienstag, 2. Februar: Fest der Darstellung des Herrn

Fest der Darstellung des Herrn im Tempel. Wir denken an die beiden alten Menschen Simeon und Hanna, die gläubig den Herrn erwarteten. Gebet für die alten Menschen.
Gedenken an den Hauptmann Kornelius, den ersten Heiden, der sich bekehrte und von Petrus taufen ließ.

Lk 2,22–40 **Simeon und Hanna nehmen Jesus auf**

Vierzig Tage sind seit Weihnachten vergangen. Die Kirche feiert heute das Fest der Darstellung Jesu im Tempel. Maria und Josef brachten Jesus gemäß dem mosaischen Gesetz in den Tempel von Jerusalem. In der Tradition der christlichen Ostkirchen wird dieses Fest als das Fest der Begegnung gefeiert, der Begegnung Gottes mit seinem Volk. Jesus wird dargestellt als „Licht der Völker". Der Herr kommt, um unser Leben und das Leben der Welt zu erleuchten. Während die Herzen noch von viel Dunkelheit erfüllt sind, zeigt die Liturgie uns den Herrn, der noch ein Kind ist und seinem Volk begegnet. Wer erkennt ihn?

Das Evangelium spricht von einem alten Mann namens Simeon. Dieser „wartete auf den Trost Israels"; er hatte also nicht vor der in der Welt herrschenden Dunkelheit resigniert. Er war alt, aber er ließ sich vom Geist Gottes führen, sagt das Evangelium, indem es uns zeigt, dass man auch als alter Mensch eine Aufgabe hat. Er war davon überzeugt, dass er nicht sterben würde, bevor er den Messias, den Christus, gesehen hätte. Ja, er lässt sich von einer Verheißung leiten. Er hat ein aufmerksames, wachsames Herz, das nicht durch seine Klagen alt geworden ist, so wie wir zuweilen Gefahr laufen zu klagen, obwohl wir noch viel jünger sind. Als Simeon Jesus erblickt, nimmt er ihn in seine Arme und singt mit all seinem Staunen: „Nun lässt du, Herr, deinen Knecht, wie du gesagt hast, in Frieden scheiden. Denn meine Augen haben das Heil gesehen, das du vor allen Völkern bereitet hast". Die Augen Simeons, erleuchtet vom Wort Gottes, bleiben nicht bei der Gegenwart und seinem Leben stehen, sie sehen darüber hinaus, auch das, was noch nicht sichtbar ist, und er vertraut es Maria an. „... er wird ein Zeichen sein, dem widersprochen wird"; ein Zeichen, das man annehmen oder ablehnen kann, eine tiefe Freude, aber auch Leid. Dann folgt das Zeugnis der Hanna. Auch sie erkennt in dem Kind den Messias und von dem Moment an beginnt sie, die gute Nachricht allen zu verkünden, die sich im Tempel aufhalten. Die Begegnung des Sohnes Gottes mit seinem Volk vollzieht sich auch durch zwei alte Menschen. Der demütige Simeon und die Witwe Hanna erkennen ihn, nehmen ihn auf und zeigen sein Licht. Der eine dankt und sein Leben endet heiter, die andere beginnt, ihn allen zu verkünden. In dieser Begegnung kann sich alles ändern, so wie sie das Leben der beiden alten Menschen verändert hat. Sie gehen uns voraus als Lehrer des Glaubens.

Gebet mit Maria, der Mutter des Herrn

Mittwoch, 3. Februar

Mk 6,1b–6. **Der Besuch in Nazaret**

Jesus kehrt in seine Heimat zurück. Sein Ruf hatte sich weit über Galiläa hinaus verbreitet. Als er in die Synagoge eintritt, in der er viele

Jahre die Schrift gehört und zu Gott gebetet hatte, strömen seine Mitbürger in großer Zahl zu ihm, um ihn zu hören. Alle sind erstaunt über die Worte ihres Mitbürgers, den sie gut zu kennen meinen. Sie stellen sich auch die richtige Frage, die sie für den Glauben öffnen sollte: „Woher hat er das alles?“ Leider nehmen die Einwohner von Nazaret Jesus auf ihre gewohnte Weise wahr. „Ist das nicht der Zimmermann?“, so sagen sie zueinander. Es war kein Beruf, der besonderes Ansehen brachte. Die Familie Jesu ist wirklich eine normale Familie, nicht reich und nicht bedürftig. Sie scheint von den Bürgern in Nazaret nicht besonders geschätzt zu werden. Für die Nazarener hat Jesus absolut nichts, wodurch er sich über sie stellen könnte. Sie erkennen eine beachtliche Weisheit und eine bedeutende Fähigkeit zu heilen, aber sie können nicht akzeptieren, dass Jesus mit Vollmacht über ihr Leben und ihr Verhalten spricht. Jesus sprach nicht, um die Menschen zum Staunen zu bringen, sondern um die Herzen zu bekehren, damit sie ihr Leben änderten und es in den Dienst der Gerechtigkeit und der Barmherzigkeit stellten. Aber diese Rede trifft auf den Stolz der Mitbürger und die Verwunderung, die sein Wort hervorgerufen hatte, verwandelt sich und sie nehmen Anstoß an ihm. Welche Vollmacht hatte er denn, um von ihnen eine Veränderung ihres Lebens und ihres Herzens zu verlangen? Er war einer von ihnen. Sie konnten seine Lehre nicht akzeptieren, die eine Bekehrung forderte. Aber genau dies ist die Logik des Glaubens: die Vollmacht des Evangeliums über das eigene Leben zu akzeptieren. Unglaube bedeutet, mit den eben beschriebenen Gefühlen das Evangelium nicht aufzunehmen. Ohne diesen Glauben kann der Herr keine Wunder wirken. Markus schreibt, dass Jesus dort kein Wunder tun konnte. Nicht, dass er dies nicht wollte, er konnte es nicht. Das Wunder ist kein wundersames Ereignis. Das Wunder ist die Antwort Gottes an den, der seine Hand ausstreckt und um Hilfe bittet. Keiner von ihnen streckte seine Hand aus, alle brachten Forderungen vor. Es war kein Platz für Gott. Der Weg, dem Herrn zu begegnen, bedeutet, zuzulassen, dass er uns begegnet und wir uns von ihm lieben lassen. Die wenigen Kranken, die ihn baten, wurden geheilt.

Gebet mit den Heiligen

Donnerstag, 4. Februar

Mk 6,7–13. **Aussendung der zwölf Apostel**

Nach der erfolglosen Mission Jesu in Nazaret berichtet das Markusevangelium von der ersten Aussendung der Zwölf. Jesus hört nicht auf, die umliegenden Dörfer zu besuchen und das Evangelium zu verkünden, aber er entscheidet, die Verantwortung für die Verkündigung auch den Zwölf zu übergeben, die er gerade eingesetzt hatte. Er sendet sie jeweils zu zweit in die Mission. Er ermahnt sie, nicht für sich selbst zu leben und nicht in ihrem begrenzten Horizont verschlossen zu bleiben. Er sandte sie aus, um den Männern und Frauen in den verschiedenen Dörfern von Galiläa zu begegnen. Sie sollten das Gleiche tun wie Jesus: das Evangelium vom Reich verkünden und die Kranken heilen, denen sie begegneten. Es ist bedeutsam, dass der Evangelist Markus, und mit ihm auch Matthäus und Lukas, von der Aussendung in die Mission berichtet, als Jesus seine ersten Schritte in der Öffentlichkeit macht. Oft denkt man, man müsse bereit und gut vorbereitet sein, bevor man den anderen das Evangelium verkünden und ihnen die Freude eines christlichen Lebens vermitteln kann. Das christliche Leben ist Mission, immer. Jesus hat seinen Jüngern „Vollmacht über die unreinen Geister“ gegeben, das heißt über die Mächte des Bösen, die das Leben der Völker vergiften. Das einzige Gepäckstück, das die Jünger bei sich haben sollen, ist das Evangelium. Das einzige Gewand, in das sie sich kleiden sollen, ist die Barmherzigkeit. Der einzige Stab, auf den sie sich stützen sollen, ist die Geschwisterlichkeit. Dabei sendet er sie zu zweit aus, nie allein. Gregor der Große sagt dazu: „damit ihre Geschwisterlichkeit die erste Predigt sei“. Jesus ermahnt sie, bei denen zu bleiben, die sie aufnehmen, und ihnen zu helfen, das Evangelium besser kennenzulernen. Hier zeigt sich die Absicht, Gemeinschaften aufzubauen, auch wenn sie klein sind, damit sie geschwisterlich leben.

Gebet für die Kirche

Freitag, 5. Februar

Gedenken an den römischen Priester Andrea Santoro, der im Jahr 2006 in Trabzon in der Türkei getötet wurde.

Mk 6,14–29. **Herodes und das Martyrium Johannes' des Täufers**

An diesem Tag, an dem wir an den Tod von Don Andrea Santoro denken, einen römischen Priester, der in der Türkei getötet wurde, während er in seiner kleinen Kirche in Trabzon betete, schlägt uns die Liturgie die Seite des Markusevangeliums vor, die vom Martyrium Johannes' des Täufers berichtet. Mit seiner kleinen Gemeinschaft sammelte Jesus weiter viele Menschen um sich, und sie hörten ihm gerne zu. Auch Herodes, der Sohn von Herodes dem Großen, der in Galiläa und Peräa regierte und schon von Jesus hatte sprechen hören, wird sich bewusst, dass sich sein Ruf sehr verbreitet und überallhin ausgedehnt hatte. Manche hielten ihn für Elija, andere für einen der alten Propheten und wieder andere für den wiederauferstandenen Johannes den Täufer. Herodes hatte Johannes dem Täufer gerne zugehört, auch wenn er dabei eine gewisse Furcht verspürt hatte und sich nicht von der Predigt überzeugen ließ, die sein ehebrecherisches Verhalten offen verurteilte. Wer aber besonders über die Predigt verärgert war, war Herodias: „Herodias verzieh ihm das nicht und wollte ihn töten lassen", schreibt Markus. Die Gelegenheit ergibt sich am Geburtstag ihrer Tochter. Angestiftet von ihrer Mutter fordert die Tochter den Kopf des Propheten. Herodias war sich sicher, dass sie auf diese Weise die Worte des Täufers auslöschen konnte. Doch dann fängt Jesus selbst an zu predigen, und wegen der Kraft seiner Worte dachte Herodes: „Johannes, den ich enthaupten ließ, ist auferstanden". Jedenfalls nahm die Verkündigung ihren Weg auf den Straßen der Welt wieder auf. Wenn sie mit Bereitschaft gehört wird, verwandelt sie die Herzen und die Geschichte. Diese wichtige Lektion sollten wir nicht vergessen. Indem wir an das Opfer von Don Andrea denken, verstehen wir heute, dass das Evangelium viel stärker ist als die Kraft der vielen Herodes dieser Welt. Selig sind wir, wenn wir es im Herzen aufnehmen und die

Veränderung in uns wirken lassen, zu der es von Gott ausgesandt wurde.

Gebet des heiligen Kreuzes

Samstag, 6. Februar

Mk 6,30–34. **Rückkehr der Jünger von der Mission**

Die Apostel kehren zu Jesus zurück und erzählen ihm von dem, was sie gepredigt und getan haben. Es ist ein schönes Bild, das die Vertrautheit der Apostel mit Jesus zum Ausdruck bringt sowie die Freude, dem Meister von ihrem Wirken erzählen zu können und von dem, was geschehen ist. Die Kraft des Wortes Jesu, das verändert, heilt und vor dem Bösen bewahrt, muss gefestigt, begleitet und gepflegt werden, damit es nicht nur eine vorübergehende Begeisterung ist. Wie oft begeistern wir uns für eine gelungene Initiative, die dann aber ins Leere geht, weil wir unsere Trägheit und Nachlässigkeit die Oberhand gewinnen lassen. Dies geschieht, wenn wir uns vom Augenblick, von den Gefühlen, dem Erfolg oder Misserfolg beherrschen lassen. Wir sind schnell begeistert und ebenso schnell deprimiert. Am Ende der frohen Erzählung der Jünger freut sich Jesus, aber seine pastorale und mütterliche Sensibilität drängt ihn dazu, sie um sich zu versammeln, damit sie sich ausruhen: „Kommt mit an einen einsamen Ort, wo wir allein sind, und ruht ein wenig aus!“ Dies ist nicht das Ausruhen des Kriegers; es ist das Ausruhen im Hören auf Jesus und im Gebet. „Kommt mit an einen einsamen Ort“ ist die tägliche Einladung Jesu, bei ihm zu bleiben. Mit Jesus zusammen zu sein, ist die erste Aufgabe eines jeden, der dazu berufen ist, sein Jünger zu sein. Jede auch noch so schöne Initiative wird keinen Bestand haben, wenn sie nicht das Hören und das Gebet als Fundament hat. Deshalb ist es gut, wenn wir uns fragen, wie viel Zeit wir am Tag mit dem Herrn verbringen, im Gebet, im Meditieren des Wortes Gottes, bei der Eucharistie. Die Kirche bietet uns viele Wege an, um bei Jesus zu sein. Wer sagt, er habe keine

Zeit, muss vielleicht ehrlicherweise sagen, dass er sie nicht finden möchte. Denn für uns selbst finden wir immer Zeit. Wer bei Jesus bleibt, hat das nötige Brot, um die Menge der Bedürftigen unserer Welt sättigen zu können, ansonsten werden sie keine Antworten erhalten.

Gebet der Vigil

Sonntag, 7. Februar: 5. Sonntag im Jahreskreis

7. Februar 1968: Gedenken an die Gründung der Gemeinschaft Sant'Egidio. Eine Gruppe von Schülern eines Gymnasiums in Rom begann, sich um das Evangelium und die Liebe zu den Armen zu versammeln. Danken wir dem Herrn für das Geschenk der Gemeinschaft.

Ijob 7,1–4.6–7; Ps 147; 1 Kor 9,16–19.22–23; Mk 1,29–39

Das Markusevangelium erzählt uns den ersten Tag des öffentlichen Lebens Jesu in Kafarnaum: „Sie … gingen zusammen mit Jakobus und Johannes in das Haus des Simon und Andreas". Es ist eine Seite des Evangeliums, die wir schon oft gehört haben und die diesen Jahrestag der Gemeinschaft Sant'Egidio erleuchtet. Diese Gemeinschaft begann mit Andrea Riccardi in Rom ihre ersten Schritte zu gehen. Heute zeigt uns das Evangelium den Tag von Kafarnaum, der beispielhaft ist und auf gewisse Weise alle Tage der Jünger und jeder christlichen Gemeinschaft erleuchtet. Markus beschreibt diesen Tag Stunde um Stunde. Es wird sofort deutlich, dass Jesus nicht für sich selbst gekommen ist, sondern um die Menschen zu retten. Nach und nach vergingen die Stunden und die Zahl der Kranken und Armen, die sich bis zum Ende des Tages vor diesem Haus versammelten, wuchs. Markus schreibt: „Am Abend, als die Sonne untergegangen war, brachte man alle Kranken und Besessenen zu Jesus. Die ganze Stadt war vor der Haustür versammelt". Über Kafarnaum war die Sonne untergegangen und die Dunkelheit umgab die Häuser. Jesus

blieb das einzige Licht, das nicht verlosch, die einzige Hoffnung, an die man sich klammern konnte. Die Armen und Kranken hatten das verstanden und sie drängten sich vor der Tür dieses Hauses. Inmitten der Häuser von Kafarnaum ist dieses Haus von der Anwesenheit Jesu in einen Ort der Barmherzigkeit und des Mitleids verwandelt worden, in ein Heiligtum des Evangeliums. Jede Gemeinschaft ist gerufen, ein Heiligtum des Evangeliums zu sein, ein Haus der Barmherzigkeit, wo alle kostenlos aufgenommen und geliebt werden. Durch die Gemeinschaft der Jünger versammelt, heilt und befreit Jesus die Menschen auch weiterhin. Sein Licht leuchtet weiter, um Hoffnung zu spenden in einer Welt, die Mühe hat, sich eine Zukunft in Frieden vorzustellen.
Jesu Tag war jedoch noch nicht zu Ende: „In aller Frühe, als es noch dunkel war", schreibt Markus, zog Jesus sich allein an einen abgelegenen Ort zurück, um zu beten. Es war sein Nachtgebet. Aus diesem Gebet zog Jesus seine Kraft. Aus dem gemeinsamen Gebet und dem Hören auf das Wort Gottes beziehen die Jünger ihre Kraft und ihre Vision. So tat es Jesus. Es genügen nicht die Werke; es genügt nicht, sich auf sich selbst und das eigene Engagement zu konzentrieren. Dies ist die Lehre dieses letzten Abschnitts des heutigen Evangeliums. Angesichts der Ankunft von vielen vor diesem Haus gehen die Jünger zu Jesus und sagen zu ihm: „Alle suchen dich". Aber Jesus antwortet ihnen: „Lasst uns anderswohin gehen". Nachdem er die Augen zum Vater erhoben hatte, lädt er auch die Jünger ein, ihre Augen auf die vielen zu richten, die in den anderen Dörfern darauf warteten, dass ihnen das Evangelium verkündet wird: „Lasst uns anderswohin gehen, in die benachbarten Dörfer, damit ich auch dort verkünde; denn dazu bin ich gekommen." Diese Worte rufen dazu auf, nicht an den bereits errichteten Zäunen stehen zu bleiben, nicht innerhalb der bereits gefestigten Kreise zu verweilen und den weiten Blick des Evangeliums nicht auf den eigenen kleinen Horizont zu begrenzen. Jesus lädt uns ein, die Dringlichkeit der Mission zu bemerken, im Großen zu denken und das Evangelium allen zu verkünden bis an die Enden der Erde.

Gebet am Tag des Herrn

Montag, 8. Februar

Mk 6,53–56. **Heilungen im Gebiet von Gennesaret**

Jesus ist ans andere Ufer gelangt und erreicht die Jünger nach einer schwierigen Überfahrt auf dem See Gennesaret. Wie bei anderen Gelegenheiten beruhigt seine Anwesenheit das Meer und den Wind, so wie er das Herz von jedem von uns beruhigt, wenn es angsterfüllt und von sich selbst eingenommen ist. Kaum ist Jesus aus dem Boot gestiegen, da „erkannte man ihn sogleich", so das Evangelium; die Menschen drängten sich um ihn und brachten ihm ihre Kranken, damit er sie heilte. Alle vertrauten auf ihn und auf seine Kraft der Heilung: Vielen genügte es sogar, nur den Saum seines Gewandes zu berühren, um geheilt zu sein. Jesus entzog sich den Bitten und Anfragen nicht und schickte niemanden weg. Das ist eine Lebensweise, die jedem von uns und unseren Gemeinschaften eine Frage stellt. Sollten wir nicht wie der Saum des Gewandes des Herrn sein, den die Armen und Kranken erreichen und mit ihren Händen berühren können? Es ist nötig, dass die Schwachen und Kranken den „Leib Christi", den die Gemeinschaft der Jünger darstellt, ganz einfach berühren können und gepflegt und geheilt werden. Denn eine Kirche ohne Arme, die Zuflucht suchen, damit ihnen geholfen wird, und ohne Kranke, die Trost finden, entspricht wenig dem Evangelium. Es stellt sich hier die Frage, wie wir mit der Kraft der Heilung und Rettung umgehen, die der Herr in unsere Hände gelegt hat. Laufen wir nicht Gefahr, geizige Bewahrer dessen zu sein, was uns geschenkt wurde und was wir mit Großzügigkeit an viele austeilen sollten, die auf Heilung und Rettung warten? Es ist wahr, dass in dieser Zeit viele an die Türen der Kirche und der christlichen Gemeinden klopfen. Es ist Eile geboten zu antworten. Es ist aber auch nötig hinauszugehen und den vielen entgegenzugehen, die warten. Papst Franziskus lädt uns ein, die Wunden Jesu zu berühren, indem wir die Wunden der Armen berühren. Manchmal sind wir zu ängstlich, beherrscht von einem falschen Respekt, der uns härter, kühler und eiliger macht; und die Gesten der Zuneigung und der Freundschaft sind selten. In Wirklichkeit gibt es ein großes Bedürfnis nach Zärtlichkeit, nach Nähe, nach jemandem, der den Menschen zuhört und sie begleitet. Lassen wir es zu, dass andere Menschen in unseren Lebensbereich eintreten, unsere Grenzen überschreiten und auch unsere Zeit in Anspruch nehmen, damit sie durch uns der Macht der rettenden und heilenden Liebe Jesu begegnen können.

Gebet für die Armen

Dienstag, 9. Februar

Mk 7,1–13. **Die Überlieferungen der Alten**

Dieser Abschnitt des Evangeliums gibt einen langen Streit wieder, in dem Jesus mit den Pharisäern und Schriftgelehrten über die rituellen Reinheitsgesetze in Konflikt gerät. Die Pharisäer waren Mitglieder einer religiösen Gruppe, die viel Wert auf die „Überlieferung der Alten" legte, welche sie auf die gleiche Stufe stellten wie das mosaische Gesetz. Für Jesus spielten diese traditionellen Vorschriften keine zentrale Rolle für den Bund mit Gott. Für die Pharisäer waren diese Vorschriften genauso wichtig wie das Gesetz. Deswegen bezeichneten sie diejenigen, die diese Gesetze nicht beachteten, als „dieses Volk jedoch, das vom Gesetz nichts versteht" (Joh 7,49); und sie verachteten sie als Gesetzesbrecher gegenüber dem Bund mit Gott. Um diese lieblose religiöse Einstellung, die sich nur am Gesetz orientiert, zu beseitigen, antwortet Jesus, indem er den Propheten Jesaja zitiert, der einen äußerlichen Glauben ohne Mitleid verurteilt: „Dieses Volk ehrt mich mit den Lippen, sein Herz aber ist weit weg von mir". Dann sagt er ihnen mit großer Klarheit: „Sehr geschickt setzt ihr Gottes Gebot außer Kraft, um eure eigene Überlieferung aufzurichten". Jesus spricht von nur einem Gebot und bezieht sich dabei wahrscheinlich auf das große und einzige Gebot, Gott und den Nächsten zu lieben. Mit einem besonders drastischen Beispiel zeigt er seinen Zuhörern, wie menschliche Regeln zur Übertretung des göttlichen Gebotes führen können. Er nimmt das Beispiel des Korbán, das heißt einer Gabe, die Gott dargebracht wird und niemals aus dem Tempel entfernt werden durfte. Aber, sagt Jesus, wenn diese Gabe notwendig ist, um Vater und Mutter zu helfen, die bedürftig sind, dann darf man diese Gabe nehmen, um dem Gebot, Vater und Mutter zu ehren, zu entsprechen. Auf diese Weise beachtet man das Gesetz Gottes. Es ist keine Einhaltung von herzlosen Regeln. Es genügt nicht, das Gesetz gewissenhaft zu beachten, wenn man nicht das Herz durch das Gebet und das Hören auf das Wort Gottes pflegt, mit der Teilnahme am Leben der Kirche und durch die Begegnung mit den Armen.

Gebet mit Maria, der Mutter des Herrn

Mittwoch, 10. Februar

Gedenktag der heiligen Scholastika († um 547), der Schwester des heiligen Benedikt. Mit ihr gedenken wir der Eremitinnen, der Ordensschwestern und aller Frauen, die dem Herrn nachfolgen.

Mk 7,14–23. **Was aus dem Inneren, aus dem Herzen kommt**

Dieser Abschnitt des Evangeliums setzt das Streitgespräch mit den Pharisäern und Schriftgelehrten über Reinheit und Unreinheit fort. Aber diesmal versammelt Jesus die Menge um sich, um die wahre religiöse Dimension des Lebens zu zeigen: „Hört mir alle zu und begreift, was ich sage!" Jesus ist im Begriff, etwas Wichtiges zu erklären. Das Thema Rein und Unrein ist ein entscheidender Aspekt dabei, zu verstehen, dass das Herz entscheidend ist, wenn es um das Gebot Gottes geht. In der Bibel ist das Herz nicht nur der Ort der Gefühle, sondern auch der Entscheidungen. Im Herzen entstehen also die bösen Gedanken, die unreinen Absichten und die schlechten Haltungen. Daher muss das Herz gepflegt werden, aus dem das bittere Unkraut des Hasses, der Rache, der Begierde und der Unterdrückung ausgerissen werden muss. Wir wissen alle gut, was die schlechten Gefühle sind: der sinnlose Egoismus, die Sucht nach Besitz und Macht, welche Gewalt und Konflikte auslösen. Der wichtigste Kampf in unserem Leben wird im Herzen gekämpft, damit es von den schlechten Instinkten befreit wird und der Same der Liebe darin gesät wird. Auf das Herz darf man sich nicht blind verlassen, denn wie der Prophet Jeremia sagt: „Arglistig ohnegleichen ist das Herz und unverbesserlich. Wer kann es ergründen? Ich, der HERR, erforsche das Herz und prüfe die Nieren“ (Jer 17,9–10). Deshalb müssen wir unsere Herzen pflegen, indem wir das Wort Gottes beharrlich aussäen und Frucht bringen lassen. Maria lehrt uns dies von Anfang an als Erste der Gläubigen. Im Evangelium heißt es, dass sie „alles, was geschehen war, in ihrem Herzen“ bewahrte: alles, was sie gesehen hatte, was mit Jesus geschah. Deshalb waren ihre Gedanken und Werke gut, weil sie aus einem Herzen kamen, das durch das ständige Hören auf das Wort Gottes und durch die fortlaufende Betrachtung der Worte und Taten Jesu gereinigt war. Diesem Weg müssen auch wir folgen, wenn wir mit reinem Herzen leben möchten.

Gebet mit den Heiligen

Donnerstag, 11. Februar

Mk 7,24–30. **Eine Syrophönizierin bittet um Hilfe für ihre Tochter**

Nach dem Streitgespräch Jesu mit den Pharisäern über Waschungen und gesetzliche Reinheit erzählt Markus die Episode über die syrophönizische Frau. Jesus kehrt wieder in heidnisches Gebiet zurück und bleibt dort einige Zeit, um seine wahre Mission der Verkündigung zu erfüllen. Das Beispiel der syrophönizischen Frau scheint Jesus nach dem Bericht des Evangelisten zu zwingen, die Grenzen seiner Sendung auszuweiten. In diesem Fall wird das Herz Jesu, das zunächst verschlossen erscheint, durch das Gebet dieser Frau bewegt. Beharrlich bittet sie um die Heilung ihrer kranken Tochter. Was für ein Vorbild ist sie damit auch für uns! So betet man, scheint Markus uns zu raten. Jesus hat oft auf das beharrliche Gebet bestanden: „Bittet und es wird euch gegeben; sucht und ihr werdet finden; klopft an und es wird euch geöffnet. Denn wer bittet, der empfängt; wer sucht, der findet; und wer anklopft, dem wird geöffnet“ (Lk 11,9–10). Das Drängen jener armen Frau hilft uns zu verstehen, wie groß und weit Gottes Barmherzigkeit ist. Dem beharrlichen Gebet seiner Kinder kann der Herr nicht widerstehen, auch nicht, wenn es von denen kommt, die man als Fernstehende gegenüber dem Glauben seines Volkes ansieht. Der Schrei der Armen ist immer ein Gebet, weil Gott es immer erhört: So geschah es für diese Frau, die beharrlich gebetet hat. Jesus hat sie erhört und er konnte nicht anders, als zu antworten. Was außergewöhnlich ist, ist die Tatsache, dass Jesus noch weit über ihre Bitten hinausgeht. Er hat ihr nicht nur die Brotkrumen gegeben, sondern die Fülle des Lebens für ihre Tochter. Das Herz des Herrn ist wirklich groß und reich an Barmherzigkeit. Von uns wird nur verlangt, uns vertrauensvoll an ihn zu wenden. Wir dürfen nicht vergessen, was Jesus am Ende des Gleichnisses über die Wirksamkeit des Gebetes sagt: „Wenn nun ihr, die ihr böse seid, euren Kindern gute Gaben zu geben wisst, wie viel mehr wird der Vater im Himmel den Heiligen Geist denen geben, die ihn bitten" (Lk 11,13).

Gebet für die Kirche

Freitag, 12. Februar

Mk 7,31–37. **Die Heilung eines Taubstummen**

Jesus setzt die Verkündigung des Evangeliums auf heidnischem Gebiet fort. Einige Heiden haben von den Heilungen des jungen Propheten gehört und bringen einen Taubstummen zu ihm. Jesus nimmt ihn beiseite und führt ihn von der Menge weg. Wieder betont das Evangelium, dass Heilungen an Leib und Seele immer durch eine direkte und persönliche Begegnung mit Jesus geschehen. Eine direkte Beziehung zu Jesus ist notwendig: ihm in die Augen zu blicken und sein Wort zu hören, und sei es nur ein einziges Wort. Nachdem Jesus den Taubstummen mit seinen Händen berührt und sein Gebet zum Himmel gerichtet hat, richtet Jesus auch in diesem Fall nur ein einziges Wort an den Taubstummen: „Öffne dich!" Der Kranke wird von seiner Taubheit und seiner Stummheit geheilt. Er beginnt zu hören und damit auch zu sprechen. Auch zu uns sagt Jesus: „Öffne dich!" Auch wir sind oft taub und stumm: taub gegenüber dem Wort des Herrn und dem Schrei der Armen und deswegen auch stumm im Gebet und in den Antworten, die es denen zu geben gilt, die um Hilfe und Unterstützung bitten. Kurz darauf wird Jesus auch zu den Jüngern sagen: „Begreift und versteht ihr immer noch nicht? Ist denn euer Herz verstockt? Habt ihr denn keine Augen, um zu sehen, und keine Ohren, um zu hören?“ (Mk 8,17–18). Das Staunen der Menge angesichts der Liebe des heilenden Jesus ist hingegen unmittelbar und ansteckend. Wenn wir unsere Ohren für das Evangelium öffnen und unsere Augen für die Wundertaten, die es bewirkt, werden auch wir wie jene Menge ausrufen: „Er hat alles gut gemacht; er macht, dass die Tauben hören und die Stummen sprechen.“

Gebet des heiligen Kreuzes

Samstag, 13. Februar

Mk 8,1–10. **Die zweite Brotvermehrung**

Der Evangelist Markus betont verwundert, dass sich erneut eine große Menge um Jesus versammelt hat. Tatsächlich unterstreicht das zweite Evangelium mehrmals die Begeisterung, die die Anwesenheit Jesu in den Dörfern hervorrief, in die er sich begab: die Menschen und vor allem die Armen nahmen ihn in einem festlichen und begeisterten Klima auf. Das Evangelium erzählt uns von einer zweiten Brotvermehrung. Der Text zeigt uns viele charakteristische Gemeinsamkeiten zur ersten Brotvermehrung, aber es gibt wichtige Unterschiede; vor allem die Tatsache, dass diese zweite Brotvermehrung auf heidnischem Gebiet stattfand, außerhalb der Grenzen Israels. Die Menge, die Jesus seit drei Tagen folgte, um ihm zuzuhören, gehörte nicht der jüdischen Religion an. Dennoch fühlten sie sich so sehr von seiner Predigt angezogen, dass sie sogar vergaßen zu essen. Der Wunsch, ihn zu sehen oder zu hören, war größer als das Bedürfnis zu essen. Jesus war beeindruckt davon, wie sie zuhörten. Er hatte Mitleid und ergriff die Initiative. Er glaubte nicht, dass es angemessen war, wenn sie hungrig nach Hause zurückkehrten, zumal es schon spät am Abend war. Er teilte den Jüngern seine Sorge mit, aber er stieß erneut auf die Engherzigkeit der Jünger. Sie verstanden die Situation nicht. Es ist beeindruckend, dass sie noch nicht einmal die Lektion aus der anderen Brotvermehrung gelernt haben. Darin liegt ein Hinweis für alle, auch für uns, auf das verhärtete Herz und den langsamen Verstand, wenn man auf sich selbst konzentriert ist und das Wort Gottes vergisst: das Hören auf das Wort Gottes macht das Herz sehend. Die Jünger hören auf ihre vermeintliche Vernunft und nicht auf die Barmherzigkeit Gottes. Sicherlich waren ihre Überlegungen realistisch: Wie kann man so vielen Menschen in einer Wüste zu essen geben? Doch Jesus hatte zu ihnen gesagt: „Alles kann, wer glaubt". Jesus ergriff die Initiative, nahm die sieben Brote in seine Hände und das Wunder geschah. Alle – der Evangelist schätzt viertausend Menschen – wurden reichlich gesättigt. Es blieben sieben volle Körbe übrig. Die Zahl Sieben weist im jüdischen Kontext auf die universelle Dimension hin, so wie die Zahl Zwölf auf die Stämme Israels. Der Herr ist gekommen, um allen seine Barmherzigkeit zu verkünden.

Gebet der Vigil

Sonntag, 14. Februar: 6. Sonntag im Jahreskreis

Fest der Heiligen Kyrill († 869) und Method († 885), der Väter der slawischen Kirche und Patrone Europas.

Lev 13,1–2.43ac.44ab.45–46; Ps 32; 1 Kor 10,31–11,1; Mk 1,40–45

Der Abschnitt des Evangeliums beginnt mit einem kurzen Satz: „Ein Aussätziger kam zu Jesus". Es war wirklich ungewöhnlich, dass ein Aussätziger es wagte, sich jemandem zu nähern, denn Aussätzige hatten die Pflicht, sich von anderen Menschen fernzuhalten. Der Ausschluss aus der Gemeinschaft mit den anderen machte diese Krankheit noch schrecklicher, als sie ohnehin war. Über Monate hinweg haben wir während der Corona-Pandemie die Schwierigkeiten erlebt, die dadurch entstehen, dass man verpflichtet ist, isoliert zu leben, um eine Ansteckung zu verhindern. Dazu gab es viele Reflexionen. Alle

stimmten darüber ein, dass der Moment kommen würde, in dem die direkten Begegnungen wieder aufgenommen werden müssten, denn wir sind dazu geschaffen, zusammen zu sein und in Beziehungen mit anderen zu leben. Wenn wir an die Ausgrenzung des Aussätzigen denken, muss uns auch eine andere Ausgrenzung in den Sinn kommen: jene, mit der wir unzählige Männer und Frauen, Kleine und Große, Arme, alte Menschen, Roma und Sinti, Migranten, Gefangene und Einsame an den Rand drängen. Wir greifen sogar zu rechtlichen Argumenten, um zu rechtfertigen, dass wir sie von uns fernhalten.
Jenem Aussätzigen im Evangelium gelang es, die Ausgrenzung zu überwinden, die ihn von Jesus trennte. Er spürte, dass der Herr ihn nicht zurückweisen würde. Jesu Barmherzigkeit und Zuneigung waren bekannt, so wie seine Vorliebe für die Armen und Kranken. Wohin er sich auch begab, schuf er ein neues Klima, eine Atmosphäre voller Mitleid und Barmherzigkeit, die die Kranken, Sünder, Armen und auch die Aussätzigen anzog. Sie kamen von überall her zu ihm. Dieser Aussätzige warf sich Jesus zu Füßen. Er machte nicht viele Worte. Er erklärte seine Krankheit nicht, sondern sagte in Einfachheit, aber voller Glauben: „Wenn du willst, kannst du mich rein machen." Der Aussätzige hatte keine Zweifel, dass Jesus ihn heilen konnte, aber wollte Jesus es auch? Das Misstrauen der anderen hatte auch er sich zu eigen gemacht. Doch Jesus weckt Hoffnung. Als er vor Jesus stand, verwandelte sich die Verzweiflung des Aussätzigen in Glauben und Gebet. Jesus, der voller Mitleid ist, konnte nicht anders, als ihn zu erhören. Er streckte seine Hand aus, berührte ihn und übertrug ihm Lebensenergie. Jener Aussätzige war neu belebt, wie eine verwelkte Pflanze, die sofort wieder aufblüht.
Dieses Evangelium drängt uns alle dazu, den Millionen „Aussätzigen" von heute zu begegnen, ihnen zuzuhören, sie zu berühren und ihr großes Bedürfnis nach Rettung zu spüren. In seiner Antwort zeigt uns Jesus, worin der Wille Gottes in Bezug auf alles Böse besteht: „Ich will – werde rein!" Ja, der Wille Gottes ist sehr klar. Er will den Kampf gegen alle Arten des Bösen, der Ausgrenzung und der Distanz. Vielleicht war es für den Mann unmöglich zu schweigen, weil er von dieser absolut einzigartigen und unvorstellbaren Liebe berührt worden war. Der Aussätzige gehorchte nicht und verbreitete seine Geschichte so sehr, dass

Jesus in keine Stadt mehr gehen konnte, weil so viele Menschen ihn aufsuchten. Jesus wollte nicht den Menschen gefallen, sondern seinem Vater und zog sich an verschiedene Orte zurück. Dennoch verloren die Menschen ihn nicht aus den Augen und kamen weiterhin zu ihm. Noch mehr als früher brauchen wir heute einen Menschen, der so auf den Wegen der Welt geht wie Jesus. Dies ist die Berufung der Kirche und jedes Jüngers auch heute.

Gebet am Tag des Herrn

Montag, 15. Februar

Mk 8,11–13. **Die Pharisäer fordern ein Zeichen**

Der Evangelist Markus lässt uns Jesus weiter folgen, der in das Gebiet des Volkes Israel zurückkehrt. Paradoxerweise kommen dieses Mal die Pharisäer auf ihn zu. Sie sehen die Wunder, die Jesus vollbringt, sie vernehmen seine Worte der Barmherzigkeit, sie sind Zeugen der Begeisterung, die er bei den Menschen hervorruft, aber ihre Augen vermögen nicht das Wirken Jesu in der Tiefe zu erkennen, und ihr Herz hat kein Mitleid für die Zerbrechlichkeit der Armen und Sünder. Obwohl sie Augen haben, sehen sie nicht. Obwohl sie Ohren haben, hören sie nicht. Die „Zeichen", die Jesus vollbrachte, führten direkt zum Erkennen des einzigen wahren „Zeichens": Jesus selbst. Aber gerade das war es, was die Pharisäer nicht sahen oder nicht sehen wollten. Der Evangelist merkt an, dass Jesus tief aufseufzte, als er ihre Frage hörte, gleichsam betrübt über eine solche Hartherzigkeit. Genau diese Härte des Herzens hinderte sie daran, das, was vor ihren Augen geschah, in der Tiefe wahrzunehmen. Sie akzeptierten nicht, dass ein so guter Mann wie Jesus der Messias sein kann, der rettet. Jene Predigt und jene Wunder, durch die die Schwachen und Armen sich Jesus annähern, entfernten die Pharisäer von ihm, die die Neuheit des Evangeliums nicht sehen wollten. Sie gaben sich mit ihren Praktiken und Regeln zufrieden, sodass sie den Sinn der Wunder, die Jesus unter den Menschen Wirklichkeit werden ließ, nicht zu erkennen vermochten. Wenn man sich in sich selbst verschließt, wenn man das Wort Gottes nicht als eine Neuigkeit für sein eigenes Leben aufnimmt, wenn man kein Mitleid gegenüber den Armen und Schwachen zeigt, ist es leicht, wie diese Pharisäer zu sein, die auch vor dem Licht blind blieben. Dieser Abschnitt im Evangelium stellt eine engherzige und geizige Religiosität infrage. Markus beschreibt, wie Jesus verärgert und voller Bedauern über die Haltung dieser Pharisäer war: „Und er verließ sie, stieg in das Boot und fuhr ans andere Ufer." Das ist es, wozu er uns auffordert: uns nicht mit fruchtlosen Diskussionen aufzuhalten, sondern uns ans andere Ufer aufzumachen, zu den Armen und an die Peripherien. Diese warten voller Ungeduld darauf, das Evangelium der Liebe zu erhalten.

Gebet für den Frieden

Dienstag, 16. Februar

Gedenken an Onesimus. Für Philemon war er ein Sklave, für Paulus ein Bruder im Glauben.

Mk 8,14–21. **Der Sauerteig der Pharisäer**

Der Evangelist berichtet von einer der vielen Überfahrten Jesu mit seinen Jüngern über den See. Doch dieses Mal bemerkt Markus, dass die Jünger vergessen haben, genügend Brot für alle mitzunehmen, gleichsam um die Aufmerksamkeit auf Jesus zu lenken, das wahre Brot des Lebens. Dieses Brot, so möchte Markus wohl sagen, ist Jesus. Aber wenn man von sich selbst eingenommen ist, von den eigenen Diskussionen und Klagen, vergisst man Jesus schließlich und grenzt ihn aus seinem Leben aus. Der Evangelist deutet auch an, dass unter den Jüngern ein Streit darüber aufkam, wer für dieses Vergessen verantwortlich ist. Jesus mischt sich ein und nutzt den Augenblick, um ihnen eine weitere Lehre zu erteilen. Er tadelt sie: „Was macht ihr euch darüber Gedanken, dass ihr keine Brote habt? Begreift und versteht ihr immer noch nicht? Ist denn euer Herz verstockt? Habt ihr denn keine Augen, um zu sehen, und keine Ohren, um zu hören?" Jesus stellt eine direkte Verbindung zwischen Augen, Ohren und Herz her. Das Herz ist nämlich die Quelle sowohl für das Sehen als auch für das Hören. Wenn das Herz verhärtet ist, können wir weder sehen noch hören. Es braucht ein Herz, das offen ist, nicht voll von uns selbst oder durch Stolz und Selbstzufriedenheit vergiftet. Nur mit einem freien Herzen können wir das begreifen, was im Zusammenhang mit dem Evangelium geschieht. Auch ist es nötig, sich an die Werke und Wunder Gottes zu erinnern, um die Anwesenheit Jesu verstehen zu können, der das Brot des ewigen Lebens ist. Denn die Jünger hatten das wahre Brot bei sich, doch das hatten sie immer noch nicht verstanden. Dies trifft nicht nur in symbolischer Hinsicht zu. Das „Brot" war wirklich unter ihnen gegenwärtig. Deshalb erinnert sie Jesus an das Wunder der Brotvermehrung, das er gerade vollbracht hatte, damit sie verstehen können, dass wirklich Jesus das „lebendige Brot ist, das vom Himmel herabgekommen ist".

Gebet mit Maria, der Mutter des Herrn

FASTENZEIT

Mittwoch, 17. Februar: Aschermittwoch

Joël 2,12–18; Ps 51; 2 Kor 5,20–6,2; Mt 6,1–6.16–18

Heute, zu Beginn der Fastenzeit, überliefert die Liturgie den eindringlichen Aufruf Gottes: „Kehrt um zu mir von ganzem Herzen mit Fasten, Weinen und Klagen!" Die Fastenzeit ist die günstige Zeit, zum Herrn zurückzukehren und den Sinn unseres ganzen Lebens wieder neu zu verstehen. Die Liturgie kommt uns mit dem alten und strengen Zeichen der Aschenauflegung entgegen. Während uns ein kleines Häuflein Asche auf das Haupt gelegt wird, sagt uns der Priester: „Bedenke, dass du Staub bist und zum Staub zurückkehrst."

Das ist die Wahrheit über unser Leben: Wir sind wirklich Staub, schwach und zerbrechlich. Dies haben wir an der allgemeinen Zerbrechlichkeit bemerkt, die in der Coronavirus-Pandemie zum Vorschein gekommen ist und niemand verschont hat. Wir alle sind zerbrechlich, und die Asche auf unserem Haupt erinnert uns an unsere Schwachheit, aber nicht, um Angst und Traurigkeit zu vergrößern, im Gegenteil, sie soll uns sagen, dass diese Schwachheit, die uns ausmacht, von Gott geliebt ist, dass Gott sie erwählt hat, um seinen Plan der Liebe und des Friedens für die ganze Welt zu verwirklichen.

Wir Christen sind dazu berufen, Wächter des Friedens zu sein an den Orten, an denen wir leben und arbeiten. Wir werden gebeten zu wachen, damit das Gewissen der Menschen nicht den Versuchungen von Egoismus, Lüge, Gewalt und Streit erliegt. Fasten und Gebet machen uns zu aufmerksamen Wächtern, die umsichtig darum besorgt sind, dass der Schlaf der Resignation, der Konflikte als unvermeidbar erscheinen lässt, nicht die Oberhand gewinnt. Auch werden wir dann darauf achten, dass der Schlaf der Nachgiebigkeit gegenüber dem Bösen, das noch immer die Welt bedrängt, und der Schlaf eines Realismus der Faulheit an der Wurzel überwunden werden, durch den man sich auf sich selbst und die eigenen Interessen zurückzieht. Im Evangelium, das wir gehört haben, fordert Jesus die Jünger zum Fasten und zum Gebet auf, um jede Art von Hochmut und Arroganz abzulegen und sich dafür bereit zu machen, die Gaben Gottes zu empfangen. Unsere Kräfte allein reichen nicht aus, um das Böse abzuwenden. Wir müssen den Herrn um Hilfe anrufen, der – wie Bonhoeffer es gerne sagte – uns nicht nur gut, sondern auch stark macht, damit die Liebe über den Hass siegt und der Frieden, den die Welt nicht geben kann, über den Krieg.

Liturgie des Aschermittwochs

Donnerstag, 18. Februar

Lk 9,22–25. **Wer sein Leben um meinetwillen verliert, der wird es retten**

Der Abschnitt aus dem Lukasevangelium führt uns auf den Weg der Fastenzeit. Wir tun gut daran, in dieser Fastenzeit über die Verantwortung nachzudenken, die jeder von uns zu tragen hat: die Entscheidung, den Weg des Guten einzuschlagen oder den des Bösen. Auch Jesus kommt im heutigen Abschnitt des Evangeliums auf dieses Thema zurück. Er sagt: „Wer sein Leben retten will, wird es verlieren; wer aber sein Leben um meinetwillen verliert, der wird es retten." Wir alle versuchen natürlich, an uns selbst zu denken, jede Schwierigkeit, jedes Problem und jede Bedrängnis zu meiden und vor allem an unsere Selbstbestätigung zu denken. Das ist der boshafte Instinkt der Selbstliebe, der im Herzen eines jeden Menschen verwurzelt ist. Dieser Instinkt, nur an uns selbst zu denken, drängt uns auch dazu, den anderen gegenüber gleichgültig zu sein und ihnen oft sogar feindselig und gewaltsam zu begegnen, besonders wenn wir sie als mögliche Konkurrenten oder gar Feinde ansehen. Wenn wir uns von dieser Logik leiten lassen, so warnt Jesus, dann werden wir alle zu Verlierern. Die Liebe nur zu sich selbst führt unausweichlich dazu, dass man den Frieden und auch das Leben verliert. Wer hingegen sein Leben, seine Zeit, seine Energien und seinen Reichtum dafür einsetzt, eine bessere Welt aufzubauen, der gewinnt vor den Augen Gottes, und dieser Gewinn kommt einem selbst wie auch den anderen zugute. Jesus warnt: „Was nützt es einem Menschen, wenn er die ganze Welt gewinnt, dabei aber sich selbst verliert und Schaden nimmt?" Der Durst nach Gewinn ist wie ein ständiges Fieber geworden, das in den Untergang führt. Jesus lehrt einen anderen Weg, und er tut dies mit seinem Beispiel. Er geht nach Jerusalem, um uns zu retten und zu lieben, auch wenn diese Entscheidung Leiden und sogar den Tod mit sich bringt. Doch „am dritten Tag" wird Jesus auferstehen. Er wendet sich an alle, die ihm folgen, und erklärt ihnen, was für die Nachfolge des Evangeliums erforderlich ist: sich selbst zu verleugnen und sein Kreuz auf sich zu nehmen. Das ist der Weg des wahren Gewinns. Wer sein Leben bewahren will, also seine Gewohnheiten und seine egozentrischen Traditionen, der wird es verlieren. Wer hingegen ein leidenschaftliches Herz für das Evangelium und die Armen hat, wird sein Leben wiederfinden, ein Leben, das bereichert und gerettet ist.

Gebet für die Kirche

Freitag, 19. Februar

Mt 9,14–15. **Wenn ihnen der Bräutigam genommen sein wird, werden sie fasten**

Das Matthäusevangelium spricht über das Fasten und erklärt dessen tiefen Sinn. Die Jünger des Johannes, die ein strengeres Leben als die Anhänger Jesu führten, fragen nach dem Grund für deren Fröhlichkeit. Allen stand dieses Klima des Festes und der Freude vor Augen, das sich dort verbreitete, wohin Jesus gelangte. Auch die Jünger waren froh darüber, bei ihm zu sein und die Tage, die vergingen, mit den Menschen zu teilen, um ihnen zu helfen. Die Nachfolge Jesu ist kein trauriger Weg, der auf Verzicht und Buße beruhen würde. Vielmehr ist in gewisser Weise genau das Gegenteil der Fall. Die Jünger des Johannes bemerkten dies und nahmen Anstoß daran. Doch Jesus erklärt, dass bei ihm zu sein bedeutet, wie bei einem Hochzeitsfest zu sein, bei dem der Bräutigam da ist. Das hatten die Armen verstanden: In ihre Mitte war der gekommen, der sie aus Verlassenheit und Verzweiflung befreite. Jesus wies aber auch darauf hin, dass das Reich Gottes – das Reich der Liebe und des Friedens – unabdingbar einen Kampf gegen das Böse erfordert und dass es daher wie in jeder Schlacht nicht an schwierigen Momenten fehlen wird. Es werden Gegner auftreten und mit allen Mitteln – auch mit unredlichen und mit Gewalt – versuchen, den Jüngern zu schaden, damit sie aufhören, das Evangelium der Liebe und des Friedens zu verkünden. Trotzdem soll man das Festgewand anlegen und den Wein der Barmherzigkeit trinken, denn diese werden die Jünger standfest machen, auch wenn sie schwierigen Zeiten und dem Leid gegenübertreten müssen.

Gebet des heiligen Kreuzes

Samstag, 20. Februar

Lk 5,27–32. **Die Berufung des Zöllners Levi**

Jesus ist unterwegs, als er den Zöllner mit Namen Levi trifft. Wie andere Zöllner wird er als Sünder angesehen, also als jemand, mit dem ein frommer Mensch keinen Umgang haben darf. Für Jesus ist jedoch niemand für das Evangelium ungeeignet. Das sieht man auch daran, wie diese Szene vom Evangelisten erzählt wird – sie beruht auf zwei Verben: „Jesus sah einen Zöllner … und sagte zu ihm: Folge mir nach!" Dieser „verließ … alles, stand auf und folgte ihm nach". Der Kern des Ereignisses – Levi wird einer der Zwölf – ist der Ruf und die Antwort. Es zählt nicht die gesellschaftliche Position, der Gemütszustand, das Ansehen, die Herkunft oder die Zugehörigkeit des Gerufenen. Dass dieser Zöllner dem Ruf Jesu umgehend entspricht, macht diese Evangelienstelle zu einem Sinnbild. Wie sehr Lukas die Vorliebe Jesu für die Zöllner und Sünder bei der Weitergabe des Evangeliums betonen will, zeigt die darauffolgende Episode ganz deutlich. Levi, der zum Jünger geworden ist, ist nicht mehr der gleiche, der er vorher war; jetzt stellt er sich in den Dienst der Verkündigung des Evangeliums. Darum will er, dass auch seine

Freunde, die Zöllner und Sünder sind, Jesus begegnen, wie auch er ihm begegnet ist. So organisiert er ein Festmahl, an dem Jesus bereitwillig teilnimmt, und dieses Festmahl wird zu einem Ereignis, das die Mission Jesu und die Art, wie er den Menschen das Evangelium verkündet, gut zum Ausdruck bringt. Gott ist auf die Erde gekommen, um die Armen und die Sünder zu suchen, damit er ein Fest mit ihnen feiern kann. Alle bemerken das – den Zöllnern ist es Grund zur Freude, die Schriftgelehrten und die Pharisäer nehmen daran Anstoß und klagen Jesus deshalb an. Er antwortet ihnen mit einer sprichwörtlichen Aussage: „Nicht die Gesunden bedürfen des Arztes, sondern die Kranken". Und er verdeutlicht, worin seine ganze Mission besteht: „Ich bin nicht gekommen, um Gerechte, sondern Sünder zur Umkehr zu rufen". Diese Aussage und die Szene des Mahls mit den Zöllnern und Sündern zeigen noch heute den Weg der Mission des Evangeliums.

Gebet der Vigil

Sonntag, 21. Februar: 1. Fastensonntag

Gedenktag des heiligen Petrus Damiani († 1072). In der Treue zu seiner monastischen Berufung liebte er die ganze Kirche und setzte sein Leben ein, um sie zu reformieren. Gedenken an die Ordensleute überall auf der Welt.

Gen 9,8–15; Ps 25; 1 Petr 3,18–22; Mk 1,12–15

Am Mittwoch haben wir den Weg der Fastenzeit begonnen: Nachdem wir die Asche auf unserem Haupt empfangen haben, während uns gesagt wurde: „Gedenke, dass du Staub bist und zum Staub zurückkehrst", haben wir zusammen den Pilgerweg hin zum Osterfest begonnen. Diese Zeit betrifft jeden persönlich, aber im Bewusstsein, Teil eines Volkes zu sein, das sich gemeinsam auf den Weg macht. Die Bibelstelle, die unmittelbar auf die Erzählung vom Ende der Flut folgt, welches von der Taube mit dem Ölzweig im Schnabel

verkündet wurde, erzählt vom Erscheinen eines Regenbogens, der eine Brücke zwischen Erde und Himmel bildet. Gott selbst deutet dieses Ereignis: „Dies ist das Zeichen des Bundes, den ich zwischen mir und allen Wesen aus Fleisch auf der Erde aufgerichtet habe". Es ist das Zeichen eines ewigen Bundes. Gott setzt dieses Zeichen für sich selbst – „erscheint der Bogen in den Wolken, dann gedenke ich des Bundes" – und auch für die Völker der Erde, damit sie sich bei seinem Anblick an den Bund erinnern, den sie mit Gott geschlossen haben. Auch diese vierzig Tage der Fastenzeit erinnern uns an den Bund, den Gott mit seinem Volk und mit allen Völkern der Erde geschlossen hat. 22 Mal wird im Neuen Testament an die vierzig Tage erinnert, die ein Symbol für das gesamte Leben des Gläubigen darstellen. Die sehr kurze Erzählung aus dem Markusevangelium erhellt den Sinn dieser vierzig Tage. Der Evangelist beginnt sie mit dem Hinweis, dass „der Geist Jesus in die Wüste … trieb", nicht so sehr in dem Sinne, dass Jesus dazu getrieben wurde, sich in eine wüste Gegend zurückzuziehen, um alleine zu sein und Buße zu tun, sondern vielmehr, um sich vom Geist leiten zu lassen und in die Welt einzutreten, aus der der Satan eine Wüste an Leben und Liebe gemacht hatte.
Im Gegensatz zu den anderen beiden Synoptikern überliefert der Evangelist Markus keine Erzählung von den Versuchungen, sondern unterstreicht vielmehr, dass Jesus in der Wüste das Böse schon besiegt und den Fürsten des Bösen schon bezwungen hat. Deshalb beschreibt er die vierzig Tage als eine Zeit, in der Jesus in Ruhe inmitten der wilden Tiere lebt, während ihm die Engel die ganze Zeit lang dienen. Deshalb verkündet er sofort in seiner Predigt, dass die Zeit erfüllt ist und das Reich Gottes nahe ist. Deshalb ermahnt er: „Glaubt an das Evangelium". An das Evangelium zu glauben, bedeutet, sich der Liebe des Vaters anzuvertrauen, der den Sohn umarmt und ihn mit seiner Vergebung bekleidet, ohne dass dieser es verdient hätte, ohne dass er Buße leistet, nur weil er zu ihm zurückgekehrt ist. An das Evangelium zu glauben bedeutet, dass dieses Wort der Weg des Friedens ist und dass die Welt sich verändern kann. An das Evangelium zu glauben bedeutet, an die Kraft des Gebetes zu glauben. In dieser Fastenzeit wollen wir häufig das Evangelium öffnen und

unsere eigenen Gedanken zum Schweigen bringen, um auf das Wort Gottes zu hören. Flehen wir den Herrn zusammen mit den Kranken, den Leidenden und den vom Bösen Getroffenen an. So werden wir von Neuem einen Bund der Liebe entdecken, den Gott mit uns geschlossen hat. Gott hat die Erde den Menschen geschenkt, aber sie dabei ermahnt, das Leben des Menschen zu achten, sein Blut, damit niemand gleichgültig gegenüber dem Leben des anderen lebt. Gottes Gebot stellt sich der Gewalt entgegen. Der Mensch, der sich bekehrt und friedfertig wird, baut diesen Bund wieder auf. In der Tiefe des menschlichen Herzens liegt ein Verlangen nach Frieden. Die Fastenzeit ist die günstige Gelegenheit, in unserem Herzen und in dem des Nächsten den Regenbogen des Friedens wiederzufinden, damit die Flut der Gewalt ein Ende nimmt. Mögen auch die vielen, die am Himmel Ausschau halten auf der flehentlichen Suche nach Hilfe und Schutz und die um Frieden und Hoffnung bitten, bald diesen Regenbogen sehen können, der von unseren Herzen ausgeht, um sich auf denen niederzulassen, die den Frieden aufnehmen.

Gebet am Tag des Herrn

Montag, 22. Februar

Fest der Kathedra Petri.

Mt 16,13–19. **Das Messiasbekenntnis des Petrus**

Die Liturgie ruft uns zum Gedenken und zur Feier des „Petrusgeheimnisses" auf. Es wird einerseits das apostolische Fundament der Kirche von Rom hervorgehoben und andererseits der Dienst des Vorsitzes in der Liebe als ein einzigartiges Charisma, das in den Nachfolgern des Petrus wiederauflebt. Das heutige Evangelium erinnert mit drei Symbolen – Fels, Schlüssel, Binden und Lösen – daran, dass das Charisma des Petrus ein Dienst zum ganzheitlichen Aufbau der Auserwählten Gottes ist. Wir wissen darum, wie heilsam für die Kirche dieser Dienst an der Einheit ist, den auszuüben der

Bischof von Rom gerufen ist. Heute gilt dies noch mehr. In einer globalen Welt mit ihren Bestrebungen zur Fragmentierung stellt der Papst einen einmaligen Schatz dar, der bewahrt, behütet und gezeigt werden muss. Das soll nicht durch die Machtmittel dieser Welt geschehen, sondern als Dienst der Liebe zu allen und vor allem zu den Schwachen. Denn der Primat des Petrus entsteht nicht aus „Fleisch und Blut", ist also keine Frage von persönlichen und menschlichen Eigenschaften, sondern eine Gabe des Geistes Gottes an seine Kirche. Das Zeugnis von Papst Franziskus spricht in besonderer Weise in diese Zeit der großen Orientierungslosigkeit und Unsicherheit hinein. Jesus selbst hat auf diesen Felsen hingewiesen, als er die Jünger an einem abgelegenen Ort versammelte. Nicht aus Neugierde fragte er sie, für wen die Leute ihn hielten. Vielmehr braucht er die Eintracht mit den Jüngern, ein gemeinsames Empfinden mit ihnen. Petrus ergreift daraufhin im Namen aller das Wort und antwortet, indem er im Namen der Zwölf seinen Glauben an Jesus bekennt. Sofort wird er seliggepriesen. Dieses Haus wird den „Pforten der Unterwelt" widerstehen – was in der semitischen Terminologie eine Umschreibung für Kräfte des Bösen ist –, die versuchen werden, es niederzureißen. Für diesen Bau besitzt Petrus die Schlüssel. Das Haus Gottes ist nicht verschlossen, sondern es hat Türen, deren Schlüssel Petrus in der Hand hält. Dieses Bild wurde zu einem verbreiteten Gedanken über das Himmelreich. Das Evangelium spricht jedoch vom Haus, das schon jetzt auf Erden seinen Anfang nimmt, und für das Petrus bereits die Schlüssel erhalten hat. Zudem wurde ihm die Macht erteilt, zu „binden" und zu „lösen". Dies bedeutet im rabbinischen Verständnis die Verantwortung, im Haus Bindungen der Geschwisterlichkeit zwischen allen Menschen zu schaffen. Papst Franziskus ist der Mann der Einheit, nicht nur für die Christen, sondern mit allen Religionen. Er verkörpert den Traum der Kirche des Konzils, nach dem alle eine einzige Familie sind. Wir verbinden uns im Gebet für ihn, gemeinsam mit vielen Gläubigen und mit den Armen, die ihn als ihren wahren Freund ansehen.

Gebet für die Armen

Dienstag, 23. Februar

Gedenktag des heiligen Bischofs und Märtyrers Polykarp, eines Jüngers und Apostels des Johannes († 155).

Mt 6,7–15. **So sollt ihr beten: „Vater unser“**

Heute schenkt uns Jesus sein Gebet: das Vaterunser. Er weist vor allem darauf hin, dass das Gebet nicht in vielen Worten besteht, als komme es auf die große Zahl an und nicht darauf, mit welchem Herzen sie gesprochen werden. Er möchte uns vielmehr den Weg des direkten Gebetes weisen, welches direkt und unvermittelt zum Herzen Gottes gelangt. Jesus nimmt uns in seine persönliche Vertrautheit mit dem Vater hinein. Dabei ist es nicht so, dass er Gott zu uns herab erniedrigen würde; vielmehr erhöht er uns bis zum Herzen des Vaters „im Himmel“, den er sogar „Papa“ nennt. Während der Vater „in der Höhe des Himmels“ bleibt, ist er gleichzeitig derjenige, der uns von jeher liebt und der will, dass wir Rettung finden und die ganze Welt gerettet wird. Deshalb ist es entscheidend, dass Jesus uns darum bitten lässt, dass der Wille des Vaters sich erfülle. Gottes Wille ist es, dass niemand verloren geht, kein Einziger. Deshalb lässt er uns beten: „Dein Reich komme“. Und dass es bald kommen möge, damit die Heiligkeit Gottes endlich anerkannt wird und alle Menschen in Gerechtigkeit und Frieden leben, überall, im Himmel und auf Erden. Im zweiten Teil des Gebetes lässt uns Jesus den Vater bitten, dass er auf unser alltägliches Leben blicke: Wir bitten ihn um das Brot – das Brot des Leibes und des Herzens. Dann lässt er uns eine Bitte wagen, die eigentlich sehr fordernd ist: „Und erlass uns unsere Schulden, wie auch wir sie unseren Schuldnern erlassen haben!“ Dies sind gewagte und auf den ersten Blick unrealistische Worte: Wie soll es möglich sein, dass die menschliche Vergebung zum Modell („wie auch wir“) für die göttliche wird? In Wahrheit hilft uns Jesus, im Gebet eine außerordentliche Weisheit auszusprechen. Das verstehen wir in den folgenden Versen: „Denn wenn ihr den Menschen ihre Verfehlungen vergebt, dann wird euer himmlischer Vater auch euch vergeben. Wenn ihr aber den Menschen nicht vergebt, dann wird euch euer Vater eure Verfehlungen auch nicht vergeben“. Diese Sprache ist unbegreiflich für eine Gesellschaft, in der – wie häufig bei uns – Vergebung selten vorkommt oder gar völlig verpönt ist und in der auch der Groll wie ein Unkraut wuchert, das wir nicht ausmerzen können. Vielleicht haben wir es gerade deshalb umso nötiger, mit dem „Vater unser“ beten zu lernen. Das Gebet rettet, denn es lässt uns die universale Geschwisterlichkeit entdecken, wenn wir uns an Gott wenden und ihn als Vater aller anrufen.

Gebet mit Maria, der Mutter des Herrn

Mittwoch, 24. Februar

Fest des Apostels Matthias.

Apg 1,15–17.20ac–26. **Die Wahl des Matthias**

Heute gedenkt die Kirche in Deutschland des Apostels Matthias. Er wurde von der ersten christlichen Gemeinde ausgewählt, um die Zwölferzahl der Apostel zu vervollständigen, die für das ganze erwählte Volk stehen sollte. In dieser Zahl – die den zwölf Stämmen Israels entsprach – lag die Sehnsucht nach einem vollkommenen und universalen Heil, die nicht abgeschwächt und schon gar nicht beseitigt werden durfte. Auch der Hinweggang des Judas durfte die Ausrichtung auf das universale Heil nicht zunichtemachen, die dem Evangelium innewohnt. Für Jesus haben die Menschen aller Völker und Länder ein Anrecht auf die Verkündigung des Heils, und davon darf niemand ausgeschlossen bleiben. Die Kirche steht daher in der Pflicht, es bis zu den Enden der Erde weiterzugeben. Der universale Geist Jesu ist integraler Bestandteil des christlichen Glaubens. Freilich konnte nicht einfach irgendjemand ausgewählt werden. Daher wurde sogleich folgendes Kriterium aufgestellt: Der Gewählte musste das Leben Jesu geteilt, ihn gehört, gesehen und berührt haben und ihm nachgefolgt sein. Es musste sich also um einen echten Augenzeugen handeln. Die Tradition erblickt in Matthias einen der 72 Jünger Jesu. In der Präfation der Ambrosiusliturgie heißt es über ihn: „Um die Zahl der Apostel zu erfüllen, hast du in besonderer Weise in Liebe auf Matthias schon in der Nachfolge und bei den Geheimnissen deines Gesalbten geschaut. Seine Stimme schloss sich den anderen elf Zeugen des Herrn an und brachte der Welt die Verkündigung, dass Jesus von Nazaret wahrhaftig auferstanden ist und sich den Menschen das Himmelreich aufgetan hat." In Matthias können wir den Namen eines jeden Jüngers zu allen Zeiten erkennen. Alle, denen die Sorge für die Gemeinde anvertraut ist, sind gebeten, selbst zuallererst das Evangelium zu leben und selbst die universale Dimension des Heils zu spüren.

Gebet mit den Aposteln

Donnerstag, 25. Februar

Mt 7,7–12. **Wer bittet, der empfängt**

Nachdem uns Jesus das Vaterunser geschenkt hat, betont er noch einmal die Wirksamkeit des Gebetes. Seine Worte sind sehr deutlich: „Bittet und es wird euch gegeben". Jesus weiß genau, wie leicht es geschieht, dass man sich durch Zweifel und Verunsicherung vom Weg abbringen lässt. Daher ermahnt er uns, nicht am Herrn und an seiner Liebe zu zweifeln. Wir sind seine Kinder, und wie ein guter Vater hört er aufmerksam auf unser Gebet. Gottes Zuhören ist die Grundlage unseres Betens. Jesus sagt uns eindringlich, dass der Vater zuhört. Er verdeutlicht diese Lehre mit einem eingängigen Bild: Kann ein Vater für die Bitten seiner Kinder taub sein? Vielleicht weil er sieht, wie seine Jünger noch immer ungläubig dreinblicken, betont Jesus eindringlich, um selbst die kleinste Unsicherheit aus ihren Gedanken zu verbannen: „Denn wer bittet, der empfängt; wer sucht, der findet". Diese Überzeugung – und es ist wichtig, das zu betonen – beruht nicht auf der (selbstverständlich notwendigen) Qualität unseres Gebetes, sondern auf der grenzenlosen Barmherzigkeit Gottes. Wiederum beschreibt Jesus Gott als liebevollen Vater, der offensichtlich gar nicht anders kann, als seinen Kindern Gutes zu geben. Wenn die irdischen Väter schon keine Steine statt Brot geben, fügt er hinzu, um wie viel mehr wird der himmlische Vater, der wahrhaft gut ist, für seine Kinder sorgen und sie beschützen. Deshalb ist das Gebet immer wirksam. Doch es steht uns nicht zu, seine Wirkung zu bemessen. Das Evangelium endet mit einer Norm, der sogenannten Goldenen Regel, die auch in anderen religiösen Traditionen zu finden ist: „Alles, was ihr wollt, dass euch die Menschen tun, das tut auch ihnen! Darin besteht das Gesetz und die Propheten". Diese Worte, die Jesus selbst gelebt hat, bekommen einen neuen Wert durch eine Liebe, die sich keinerlei Grenzen setzt. Denn er hat uns seine Liebe geschenkt, ohne von uns irgendeine Gegenleistung zu erwarten. Das ist die Goldene Regel für unser tägliches Leben.

Gebet für die Kirche

Freitag, 26. Februar

Mt 5,20–26. **Geh und versöhne dich zuerst mit deinem Bruder**

Diese Stelle im Matthäusevangelium gehört zur großen Bergrede. Jesus hat gerade gesagt, dass er gekommen ist, um das Gesetz zu erfüllen, nicht um es aufzuheben. Er weicht also nicht von dem Geist ab, den das Gesetz atmet, sondern will vielmehr darin die tiefen Gedanken Gottes erfassen, die das Herz des Gesetzes darstellen. Die Gerechtigkeit, von der Jesus spricht, besteht darin, die grenzenlose Liebe Gottes zu verwirklichen. Jesus schlägt eine neue Weise vor, die Beziehungen zwischen den Menschen zu begreifen. Er deckt auf, worin der Hass auf den anderen begründet liegt. Dieser ist eine zerstörerische Kraft, die uns im anderen einen Feind sehen lässt, also einen Gegner, den es zu beseitigen gilt. Der Hass beginnt bei den kleinen Dingen, wie der Wut, die oft unsere heutige Gesellschaft vergiftet. Auch scheinbar harmlose Worte wie Dummkopf und Narr zerstören allmählich das gesellschaftliche Gefüge. Jesus betont, dass nur die Liebe die Erfüllung des Gesetzes darstellt und dass nur in der Liebe die Feindschaft überwunden werden kann. Deswegen ist es nötig, von einer negativ gefassten Lehre – der gemäß man nicht zürnen, den anderen keinen Narren nennen und nicht töten soll – zum Positiven der Freundschaft überzugehen. Die Liebe ist die neue Kraft, die Jesus den Menschen zu schenken gekommen ist, damit sie die Beziehungen zwischen ihnen mit Leben erfüllt. Die Kraft der menschlichen Beziehungen ist das, was hilft, die Zukunft der Menschheit aufzubauen. Das ist für Jesus von größter Bedeutung, denn die Liebe unter uns hat einen so hohen Wert, dass man, wenn es an ihr fehlt, sogar die Verehrung Gottes im Kult unterbrechen soll. Die „Barmherzigkeit" ist mehr wert als das „Opfer". Der Gottesdienst kann – als Beziehung zu Gott – nicht ohne eine Beziehung der Liebe zu den Menschen auskommen. Die Liebe muss für unser Tun bestimmend sein. Deswegen rät Jesus dazu, wenn es zu Konflikten kommt, sich zu einigen, anstatt vor Gericht zu ziehen. Dabei geht es nicht nur um den praktischen Nutzen, dass man nicht im Gefängnis endet, sondern darum, eine geschwisterliche Lebensweise zu praktizieren.

Gebet des heiligen Kreuzes

Samstag, 27. Februar

Mt 5,43–48. **Liebt eure Feinde**

Jesus setzt seine Rede über die Gerechtigkeit Gottes fort, die so anders ist als die der Menschen. Jesus greift das alte Gesetz der Vergeltung auf, dem es darum ging, die Rache zu regeln, damit sie sich nicht ins Uferlose ausweitete. Diese Vorschrift des Moses hatte auch tatsächlich in der Gesellschaft die Funktion, ein Gleichgewicht herzustellen, und schützte vor jeder Form der willkürlichen Übertreibung. Denn sonst wäre man so weit gekommen, aus irgendeinem beliebigen Grund zu töten. Jesus ist sich der Sinnhaftigkeit des Gesetzes der Vergeltung durchaus bewusst, und doch stellt er alles auf den Kopf. Er bekräftigt, dass nicht nur die Rache – auch in ihrer geregelten Form – geächtet werden soll, sondern dass es gilt, die Liebe als oberstes Gesetz aufzurichten, und dabei so weit zu gehen, dass man die Feinde liebt und für sie betet. Dieses Wort Jesu erscheint dem allgemeinen Empfinden unserer Gesellschaft völlig fremd, in der es ja schon schwerfällt, die anderen zu lieben, die Nächsten, diejenigen, denen wir auf den Straßen und Plätzen begegnen. Und doch ist das die Perspektive, die Jesus seinen Jüngern aufzeigt. Die Christen wird man nicht nur daran erkennen, wie sehr sie einander lieben – weshalb sie nicht etwa ein egoistisches Leben führen, in dem es darum geht, sich selbst zu verteidigen, und in dem man oft ohne die anderen oder gar gegen sie lebt –, sondern auch daran, wie sie ihre Feinde lieben. Leider lässt sich unter den Christen sehr leicht ein Verhalten erkennen, wie es auch diejenigen zeigen, die nicht dem Evangelium folgen: Wir lieben diejenigen, die unsere Liebe erwidern, wir grüßen diejenigen, die uns grüßen, wir sorgen uns nur um diejenigen, die auch uns Gutes tun. Aber so wird das christliche Leben gleichsam entleert. Wir sind dann nicht länger Salz der Erde und Licht der Welt. Jesu Gebot steht im vollkommenen Gegensatz zu dem Leben, das wir für gewöhnlich führen. Deswegen leitet er es mit den Worten ein: „Ich aber sage euch“. Jesus verlangt, dass wir unser Leben auf den Kopf stellen. Der Grund dafür liegt darin, dass Gott selbst eine entscheidende Wende der Welt gegenüber vollzogen hat.

Gebet der Vigil

Sonntag, 28. Februar: 2. Fastensonntag

Gen 22,1–2.9a.10–13.15–18; Ps 116; Röm 8,31b–34; Mk 9,2–10

Die Liturgie am zweiten Fastensonntag ist gleichsam von zwei vor unserem Alltag hoch aufragenden, faszinierenden und furchterregenden Bergen geprägt, dem Berg Morija und dem Berg Tabor, dem Berg der Probe für Abraham und dem Berg der Verklärung Jesu. Das Buch Genesis berichtet vom dreitägigen Weg des Patriarchen hinauf zum Gipfel der Probe. Er ist beispielhaft für jeden Glaubensweg und auch für den Weg der Fastenzeit. Abraham muss auf sein Vatersein verzichten und allein im Wort Gottes Halt finden. Nicht Isaak, der Sohn, ist für ihn die Gewähr einer Nachkommenschaft, sondern allein das Wort des Herrn. Gott stellt ihn auf die Probe, indem er bei ihm den Gedanken an die Vernichtung seiner Nachkommenschaft aufkommen lässt.

Nach der Probe erhält Abraham Isaak nicht mehr als leiblichen Sohn, sondern als Sohn der göttlichen Verheißung zurück. Er, der auf Isaak schon verzichtet hatte, erlangt ihn nun wieder und kann sich freuen wie der barmherzige Vater im Gleichnis des Evangeliums, der ausruft „mein Sohn war tot und lebt wieder". Abraham nimmt Isaak nun als den an, der ihm von Gott wiedergeschenkt wurde. So ist er uns ein Vorbild im Glauben, und deswegen sollten ihn alle folgenden Generationen von Juden, Christen und Muslimen als „Vater aller Gläubigen" verehren. Dieser Glaube Abrahams möge uns auf unserem täglichen Pilgerweg begleiten!
Der Berg der Verklärung, der in der späteren Tradition mit dem Tabor identifiziert wird, stellt den Höhepunkt des Lebens Jesu mit seinen Jüngern dar. Auch uns nimmt der Herr an der Hand und führt uns mit auf den Berg, wie er es mit seinen drei vertrautesten Jüngern tat, damit sie mit ihm die Erfahrung der Kommunion mit dem Vater leben. Diese Erfahrung war so tief, dass sie sein Gesicht, seinen Leib und sogar seine Kleider verklärte. Manchmal vergisst man, dass auch Jesus einen geistlichen Weg durchlaufen hat. Der Aufstieg auf den Berg ereignete sich für Jesus wie vorher schon für Abraham, für Mose und Elija und für jeden Gläubigen. Jesus spürte das Bedürfnis, auf den Berg zu steigen, also dem Vater zu begegnen. Der Tabor war so ein Ort der Begegnung.
Wir können in der Verklärung auch die sonntägliche Liturgie sehen, zu der wir alle eingeladen sind, um vereint mit Jesus den Höhepunkt der Kommunion mit Gott zu leben. Gerade während der heiligen Liturgie können wir genau die Worte des Petrus wiederholen: „Rabbi, es ist gut, dass wir hier sind. Wir wollen drei Hütten bauen ..." Der christlichen Gemeinschaft und jedem Gläubigen genügt Jesus. Er allein ist der Schatz, der Reichtum und der Grund unseres Lebens und der ganzen Kirche. Die Hütte, die Petrus mit eigenen Händen errichten wollte, hatte Gott selbst schon gebaut, als das Wort Fleisch geworden ist und „unter uns gewohnt" hat (Joh 1,14). So dürfen wir in jeder Liturgie von Neuem in Gottes Zelt zu Gast sein. Der heilige Thomas sagte über die Eucharistie: Sie ist die Baustelle, auf der die Kirche erbaut wird.

Gebet am Tag des Herrn

Montag, 1. März

Lk 6,36–38. **Vergebt einander, dann wird auch euch vergeben werden**

Barmherzig wie Gott zu sein, bedeutet ein Herz zu haben wie er, so aufmerksam wie er zu sein und zu lieben wie er. Auch wenn uns dies sicherlich unmöglich ist, so wird es doch in der Welt gebraucht. Barmherzigkeit hat nichts mit süßlichem Sentimentalismus zu tun, sondern ist eine Kraft, die das Herz und die Geschichte verändert, wie es bei Jesus der Fall war. Voller Barmherzigkeit zog er durch die Dörfer und Städte seiner Zeit, vollbrachte Heilungen und verbreitete Freude. Die Barmherzigkeit ist auch der Ausgangspunkt für das Gebot, nicht zu verurteilen, sondern zu vergeben. Wer glaubt, er könne über alles richten, wird selbst verurteilt werden. Diese Mahnung ist sehr angebracht, denn zu richten meint hier einen Menschen abzuurteilen, ihn in eine Ecke zu stellen und ihm die Möglichkeit zu nehmen, sich zu ändern. Eine andere Sache ist es natürlich, das Fehlverhalten als solches zu verurteilen. Nie darf man den Menschen aburteilen, nie die Sünde gleichsetzen mit dem, der sie begeht. Wer urteilt, verurteilt in der Regel die anderen, nie sich selbst. Wir sind sehr geschickt darin, den Splitter im Auge des anderen zu sehen, den Balken in unseren eigenen Augen aber nicht. Jesus fordert: „Erlasst einander die Schuld, dann wird auch euch die Schuld erlassen werden. Gebt, dann wird auch euch gegeben werden." All dies soll im Überfluss geschehen, wie er hinzufügt. Der Hinweis vom gehäuften Getreide, das in so reichem Maß in den Sack geschüttet wird, dass es überfließt, ja fast schon verschwendet wird, deutet auf diese so übertriebene Liebe und Barmherzigkeit Gottes hin, derer die Welt bedarf. Gott gießt seine Barmherzigkeit weiter überbordend über uns aus, auch auf die Gefahr hin, sie dabei zu vergeuden.

Gebet für die Kranken

Dienstag, 2. März

Gedenken an Shahbaz Bhatti, den christlichen Minister für Minderheiten in Pakistan, der wegen seines Einsatzes für Frieden und Dialog im Jahr 2011 von Terroristen getötet wurde.

Mt 23,1–12. **Sie tun nicht, was sie sagen**

Der Abschnitt des Evangeliums besteht aus zwei Teilen. Im ersten weist Jesus „die Schriftgelehrten und die Pharisäer" harsch zurecht. Sie sind dem Volk Gottes keine wahren Hirten. Mit ihrem Verhalten widersprechen sie ihrem eigenen Glaubensbekenntnis. „Sie schnüren schwere und unerträgliche Lasten zusammen und legen sie den Menschen auf die Schultern, selber aber wollen sie keinen Finger rühren, um die Lasten zu bewegen". Sie tun alles, „um von den Menschen gesehen zu werden". Gern machen sie „ihre Gebetsriemen breit", doch sie verhalten sich nicht nach dem, was in den Gebeten ausgesagt wird. Man befestigte an diesem Riemen Kästchen, in denen sich kleine Pergamentrollen mit einigen Bibelversen befanden. Man trug sie an der Stirn, um das Geschriebene nicht zu vergessen, und am linken Arm, um die Worte in die Tat umzusetzen. Inzwischen war all dies nur noch ein äußerliches Ritual, das den Inhalt der aufbewahrten Worte oft genug verriet. Weiter erhebt Jesus Anklage, sie würden „die Quasten" lang machen. Damit sind geflochtene Fransen mit einem violetten und blauen Faden gemeint, die an den vier Ecken des Obergewandes befestigt waren. Allerdings deckte sich das Leben der Pharisäer und Schriftgelehrten nicht mit dem, worauf all diese Dinge hinweisen sollten. Im Buch Numeri steht geschrieben: Sie „sollen an den Quasten eine violette Purpurschnur anbringen; sie soll bei euch zur Quaste gehören. Ihr sollt sie ansehen und euch an alle Gebote des HERRN erinnern; ihr sollt sie tun …" (Num 15,38 f). Auch Jesus trug sie. Doch die Pharisäer verlängerten die Quasten in übertriebener Weise, ohne aber in der Barmherzigkeit zu wachsen. Deshalb sagte Jesus zu der Menge: „Tut und befolgt also alles, was sie euch sagen, aber richtet euch nicht nach ihren Taten". Eine ähnliche Überlegung folgt über die schlechte Angewohnheit, die Ehrenplätze

bei jedem Festmahl und die vordersten Sitze in den Synagogen für sich zu beanspruchen.
Im zweiten Teil des Abschnittes wendet sich Jesus gegen die „akademischen“ und offiziellen Titel, mit denen sich Schriftgelehrte und Priester vom Volk und von ihren Anhängern ansprechen lassen. Jesus erwähnt dabei den bekanntesten Titel, „Rabbi“, das heißt „Meister“. Jesus unterstreicht den absoluten Primat des Wortes Gottes. Dieser gilt für alle Gläubigen. Alle sollen das Wort gläubig annehmen und es immer und überall großzügig weitergeben und in radikaler Weise leben. Die väterliche Zuwendung Gottes zu unserem Leben geht aus dem Gehorsam gegenüber der väterlichen Weisung des Evangeliums hervor. Wir werden dabei entdecken, dass die wahre Freude und die wahre Größe darin bestehen, Diener des Wortes Gottes zu sein: voll Glauben darauf zu hören und es bis an die Grenzen der Erde weiterzugeben. So ahmen wir Jesus nach, der sanftmütig und von Herzen demütig ist.

Gebet mit Maria, der Mutter des Herrn

Mittwoch, 3. März

Mt 20,17–28. **Die Mutter von Jakobus und Johannes setzt sich für ihre Söhne ein**

Jesus nähert sich Jerusalem und vertraut auf dem Weg seinen Jüngern zum dritten Mal und nun ausführlicher als vorher an, was ihn erwartet: Man würde ihn zum Tode verurteilen, heidnischen Gerichten ausliefern und kreuzigen; am dritten Tage würde er auferstehen. Wie das auch bei uns oft geschieht, hören die Jünger nicht zu oder meinen, er übertreibe wie gewöhnlich. Oder sie pflegen ein selektives Hören. In diesem Fall streichen sie die Auferstehung. Der Evangelist berichtet, dass die Jünger angesichts dieser Ankündigung, die sogar das Drama des Todes in sich birgt, mit ihrem Kopf ganz woanders sind. Mit großer Sorge denkt Jesus an das, was ihm in Jerusalem widerfahren wird. Sie hingegen sind um ihren eigenen Platz besorgt, jedenfalls beansprucht jeder von ihnen einen für sich. Jesus geht auf das Kreuz zu, und ihnen geht es um Ehrenplätze. Das Gespräch wird von der Mutter der Söhne des Zebedäus begonnen, die sich für ihre Kinder einsetzt. Eigentlich eine ganz normale Szene, wie wir sie alle kennen, in der sich jemand für einen anderen verwendet. Sie steht aber auch für die Sorge um sich selbst oder die eigenen Verwandten, um unsere oder ihre eigene Zukunft, um die Regelung der eigenen Anliegen. So etwas geschieht zu allen Zeiten. Mit großer Geduld beginnt Jesus deshalb erneut die Jünger zu lehren, welchen Weg sie einschlagen und worum sie daher auch bitten sollen. Als guter Meister akzeptiert Jesus scheinbar den Ehrgeiz der Jünger, lenkt ihn jedoch in die entgegengesetzte Richtung. Er stellt die Frage auf den Kopf: Wer „bei euch groß sein will, der soll euer Diener sein, und wer bei euch der Erste sein will, soll euer Sklave sein". Dieser Weg ist dem der Welt und auch dem, den wir instinktiv einschlagen, genau entgegengesetzt. Durch sein eigenes Leben zeigt Jesus diesen Lebensstil, der ganz anders ist als der Narzissmus, der die Gesellschaft vergiftet: „Wie der Menschensohn nicht gekommen ist, um sich dienen zu lassen, sondern um zu dienen und sein Leben hinzugeben als Lösegeld für viele." Das verlangt er sich selbst ab und jedem, der ihm nachfolgen will. Dies ist der Weg zum Ostern der Auferstehung, der jedoch über das Kreuz führt.

Gebet mit den Heiligen

Donnerstag, 4. März

Lk 16,19–31. **Der reiche Prasser und der arme Lazarus**

Die Erzählung vom armen Lazarus gehört zu den bekanntesten Abschnitten des Evangeliums. Denn sie beschreibt ein weit verbreitetes Gesellschaftsphänomen, das bis heute anzutreffen ist. Der üppig prassende reiche Mann gehört nicht der Vergangenheit an, wie auch die Gestalt des Lazarus in unseren Tagen nicht verschwunden ist. Zwei Personen, zwei Lebenslagen: Unten richtet Lazarus seine Augen auf den Reichen und hofft, dass zumindest einige Brotreste vom Tisch zu ihm herunterfallen. Oben prasst der Reiche weiter, als gäbe es Lazarus gar nicht. Er sieht ihn nicht einmal. Heute stehen ganze Völker von armen Menschen vor der Tür der Reichen und warten auf Brotreste. Für den Herrn und damit auch für seine Jünger ist die Distanz zwischen dem Reichen und Lazarus ein inakzeptabler Skandal, der durch nichts zu rechtfertigen ist. Dieser große Abgrund steht jedoch auch für das sehr traurige Schicksal des reichen Prassers. Der Reiche bemerkt den Abgrund erst spät, zu spät, als er bereits nicht mehr überwunden werden kann. Dabei hätte schon ein klein wenig Aufmerksamkeit in seinem Leben dafür ausgereicht. Nun haben sich die Verhältnisse total gewandelt. Der Reiche bittet darum, dass wenigstens seine Brüder gewarnt werden möchten. Er weiß nicht, dass keine großen Anstrengungen nötig sind, um den Abgrund zu überwinden. Es genügt, die Schrift aufzuschlagen, die hier durch Mose und die Propheten vertreten ist. Hätte er dies getan, wären ihm nicht nur seine leibhaftigen Augen aufgegangen, sondern auch die seines Herzens. Dazu fordert uns gerade die Fastenzeit auf. Denn das Wort Gottes berührt unser Herz und bewegt es zum Mitleid mit den vielen, die wie Lazarus in unseren Städten leben. Lassen wir nicht zu, dass die Abgründe zwischen Reichen und Armen weiter wachsen und größer werden. Wenn wir auf das Wort Gottes hören und nicht auf unsere Egozentrik, werden wir den Schrei der Armen wahrnehmen. Das Mitleid mit ihnen würde wachsen. Dann würden wir auch wahrnehmen, was sie brauchen, und ihnen weit mehr geben als nur Brotreste. So werden wir ihnen auch Liebe, Freundschaft und Zuwendung schenken können. Ganz im Sinne des Evangeliums werden wir erkennen, dass die Armen nicht nur von Brot leben, sondern auch von Liebe. Wer diese Erfahrung gemacht hat, hat sicher die Bedeutung der Worte Jesu verstehen können, die der Apostel Paulus überliefert hat: „Geben ist seliger als nehmen" (Apg 20,35).

Gebet für die Kirche

Freitag, 5. März

Mt 21,33–43.45–46. **Die Winzer töten den Sohn des Weinbergsbesitzers**

Wer dieses Gleichnis zur Zeit Jesu hörte, wusste sofort, dass der Weinberg für das Volk Israel stand und der Gutsbesitzer für Gott, der sich mit unvorstellbarer Liebe um ihn sorgte. Der Höhepunkt des Gleichnisses liegt in der Erntezeit, zu der der Gutsbesitzer seine Knechte schickt, um die Früchte einzusammeln. Die Winzer reagieren gewalttätig: Bei ihrer Ankunft werden die Knechte ergriffen. Einer wird verprügelt, ein anderer getötet und wieder einer gesteinigt. Der Gutsbesitzer ist entsetzt über diesen Gewaltausbruch und schickt weitere Knechte. Doch sie erleiden dasselbe Schicksal. „Zuletzt", so sagt Jesus, sendet der Gutsbesitzer seinen Sohn und denkt: „Vor meinem Sohn werden sie Achtung haben." Doch die Wut der Winzer wird noch grausamer; sie packen den Sohn, werfen ihn aus dem Weinberg hinaus und bringen ihn um. Diese Worte beschreiben wortwörtlich die Weigerung nicht nur von einzelnen Personen, sondern der ganzen Stadt und ihrer Bewohner, Jesus aufzunehmen. Jesus wurde außerhalb der Stadt Betlehem geboren und sollte außerhalb von Jerusalem sterben. Mutig und mit großer Klarheit prangert Jesus diese Untreue an, die in der Ablehnung des Evangeliums und seiner eigenen Kreuzigung gipfelt. Gott wartet auf „Früchte aus dem Weinberg", wird jedoch zunächst mit der Tötung der Knechte und schließlich sogar seines Sohnes „entlohnt". Doch Gott resigniert nicht. Dieser Sohn gewinnt neue Winzer, die den Weinberg bebauen und neue Früchte im Überfluss hervorbringen werden. Das neue Gottesvolk zeichnet sich durch die Früchte des Evangeliums aus, nämlich durch den Glauben, der Werke der Gerechtigkeit und der Barmherzigkeit hervorbringt. Anders gesagt entsprechen die Früchte der Treue zur Liebe Gottes und zu seinem Evangelium. Es steht geschrieben: „Jede Rebe an mir, die keine Frucht bringt, schneidet er ab" (Joh 15,2), und weiter: „An ihren Früchten werdet ihr sie erkennen" (Mt 7,16).

Gebet des heiligen Kreuzes

Samstag, 6. März

Lk 15,1–3.11–32. **Das Gleichnis vom verlorenen Sohn**

Auf dem Weg der Fastenzeit in der Nachfolge Jesu betrachten wir dieses Evangelium über die Vergebung. In dem Gleichnis vom verlorenen Sohn will Jesus das Verhalten Gottes gegenüber seinen Kindern aufzeigen. Die Erzählung dreht sich ganz und gar um das ungewöhnliche Verhalten des Vaters gegenüber dem Sohn, der das Haus verlassen und dann das ganze empfangene Vermögen verschleudert hatte. Im Mittelpunkt des Geschehens steht der Vater. Die Umarmung des Vaters bildet den Höhepunkt der Erzählung des Evangeliums. Trotz der zügellosen Entscheidungen des jüngeren Sohnes wartet der Vater darauf, dass dieser nach Hause zurückkehrt, damit er ihn umarmen und mit ihm feiern kann. Wenn der Vater des Himmels so ist, hätte sich Jesus anders verhalten können? Das Gleichnis geht weiter und bringt nun den älteren Sohn auf den Plan. Der Evangelist zeigt auf, dass auch der ältere Sohn den barmherzigen Gefühlen des Vaters fernstand. Es ist eine bewegende Szene, wie der Vater darauf wartet, dass sein jüngerer Sohn zurückkehrt, und ihm, kaum dass er ihn sieht, gleich entgegenläuft. Der Vater des Himmels ist so wie der Vater in diesem Gleichnis, will Jesus damit sagen. Er kommt uns entgegen, damit wir unbedingt bei ihm sind. Hierin liegt die Bedeutung der christlichen Vergebung: Sie geht von Gott aus, noch bevor sich in uns Reue regt. Von uns wird nur verlangt, die Vergebung anzunehmen und anzuerkennen. Diese Umarmung anzunehmen wird von uns erwartet. Die Szene, in der der Vater den Sohn umarmt, kann als klares und leuchtendes Bild für das Sakrament der Beichte und in der Folge auch der Vergebung verstanden werden. Ganz offensichtlich kann dieser Vater nicht ohne seine Kinder sein. Deshalb geht er auch zum älteren Sohn hinaus, als der nicht hereinkommen will, denn auch er soll den Bruder umarmen. So ist Gott: Er geht uns immer in der Liebe voraus und kommt uns Sündern mit seiner Umarmung entgegen, um uns zu lehren, uns auch gegenseitig zu umarmen. Die Fastenzeit ist eine günstige Zeit, den Reichtum und die Freude der Vergebung zu leben, sei es in der Beichte, sei es in der Versöhnung unter Brüdern und Schwestern.

Gebet der Vigil

Sonntag, 7. März: 3. Fastensonntag

Ex 20,1–17; Ps 19; 1 Kor 1,22–25; Joh 2,13–25

„Das Paschafest der Juden war nahe und Jesus zog nach Jerusalem hinauf." Damit beginnt der Abschnitt aus dem Evangelium und will uns damit scheinbar dazu auffordern, uns nicht abzulenken. Vielmehr bringt er uns dazu, uns mit der Jüngergruppe zu vereinigen, die Jesus begleitet, und uns zu fragen, was wir aus dem Weg der Fastenzeit bis heute gemacht haben. Es geschieht leicht, dass unsere Schritte erlahmen und wir uns von den Gedanken des Herrn entfernen. Jedes Mal, wenn unser Ich die Oberhand behält, entfernen wir uns vom Herrn und von den Seinen. Das Evangelium aber spricht von Neuem zu uns, zeigt uns die Wege, die wir gehen sollen, und bewahrt uns im Hören auf Jesus. Der Evangelist Johannes stellt die erste Reise Jesu nach Jerusalem dar, wo dieser das Paschafest feiern will. Die Szene von der Vertreibung der Händler und Geldwechsler zeigt die Eifersucht Jesu, wie der Prophet geschrieben hatte: „Der Eifer für dein Haus wird mich verzehren." Dieser Jesus ist besonders hart und entschlossen, denn er weiß genau, dass in einem Tempel, in dem es nur um einen solchen kleinen Handel geht, am Ende auch das Leben eines Menschen für nur dreißig Denare ge- und verkauft wird. An welchem Handel nimmt Jesus Anstoß? Es gibt einen anderen Marktplatz, auf den wir unsere Aufmerksamkeit richten sollten: Es geht um das Handeltreiben im Herzen. Dieser Handel erregt noch größeren Anstoß bei Jesus, denn das Herz ist der wahre Tempel, in dem Gott wohnen möchte. Der Handel betrifft die Art, wie das Leben verstanden und gestaltet wird. Wie oft wird das Leben zu einer reinen Geschäftemacherei, sodass es keine unentgeltliche Liebe gibt! Wie oft müssen wir feststellen, ausgehend von uns selbst, wie rar sich Dankbarkeit, Großzügigkeit, Wohlwollen,

Erbarmen, Vergebung und Gnade gemacht haben! Das eiserne Gesetz des persönlichen Interesses, der Interessen von Gruppen oder Nationen scheint im Leben der Menschen unerbittlich zu herrschen. Alle, der eine mehr, der andere weniger, sind wir damit beschäftigt, für uns selbst und unseren Verdienst zu arbeiten. Dabei achten wir nicht darauf, ob nicht durch diese Praxis die giftigen Kräuter der Arroganz, Unersättlichkeit und Gier anwachsen. Was zählt und gilt, ist der persönliche Profit um jeden Preis.
Jesus tritt erneut in unser Leben, wie er damals den Tempel betrat, und stößt diesen Primat beiseite. Er wirft die Tische unserer kleinlichen Interessen um und bekräftigt den absoluten Vorrang Gottes. Diesen Eifer hegt Jesus für jeden von uns, für unser Herz und unser Leben, damit es sich öffnet, um Gott aufzunehmen. Dafür ereifert er sich, für uns! Daher wird das Evangelium jeden Sonntag gleichsam zu einer Geißel in der Hand Jesu, um unser Herz und unser Leben zu verändern. Immer wenn dieses kleine Buch aufgeschlagen wird, vertreibt es aus den Herzen der Menschen, die auf es hören, die Selbstbezogenheit und verkehrt die hartnäckige Verfolgung der eigenen Angelegenheiten in ihr Gegenteil. Das Evangelium ist das zweischneidige Schwert, das „bis zur Scheidung von Seele und Geist“ durchdringt, wie der Hebräerbrief sagt, um uns vom Bösen zu befreien.

Gebet am Tag des Herrn

Montag, 8. März

Lk 4,24–30. **Jesus ist zu allen Menschen gesandt**

Auf die abweisende Reaktion der Nazarener gegenüber seiner ersten Predigt in der Synagoge des Dorfes antwortet Jesus mit dem in seiner Zeit bekannten Ausspruch: „Kein Prophet wird in seiner Heimat anerkannt.“ Jesus erlebt dies am eigenen Leib. Der Grund für die Ablehnung der Predigt des Evangeliums durch die Einwohner von Nazaret liegt in ihrer Entscheidung, Jesus keine Vollmacht über ihr Leben zugestehen zu wollen. Er ist ihnen zu ähnlich. Sie kennen seine

Herkunft und seine Familie. Er kann unmöglich von oben stammen. Genau dies ist jedoch das Geheimnis des Evangeliums. Es sind zwar einfache, menschliche Worte, doch in ihnen spricht Gott selbst. Wer sich vom Evangelium prägen lässt, strahlt die Vollmacht Gottes aus. Der Glaube ist ein Blick, der über den Anschein hinausschaut und dem Geist Gottes vertraut. Dieser spricht durch seine Kirche und durch alle, die sich weiterhin mitten unter uns senden lassen. Wer arm und bedürftig ist und sich als Bettler nach Sinn und Liebe versteht, lässt sich im Herzen durch die Worte des Evangeliums und der Glaubenszeugen betreffen. Wer demgegenüber voller Stolz ist, hört nicht mit den Ohren zu und kann mit dem Herzen auch nicht verstehen und keine Leidenschaft entwickeln. Er ist voll von sich selbst und glaubt, niemanden zu brauchen. Die Einwohner von Nazaret lehnten sich gegen Jesus auf, der ihren Unglauben ans Licht brachte. Sie versuchten ihn in den Abgrund, an dem die Stadt erbaut war, hinabzustürzen und zu töten. Die gute Botschaft von der Barmherzigkeit verärgert Menschen, die es gewohnt sind, nur an sich zu denken. Die Liebe Gottes erstreckt sich auf die Armen, wie bei der Witwe von Sarepta, und auf die Kranken wie bei Naaman, dem Syrer. Wer reich und gesund ist, spürt nicht die Dringlichkeit, um Hilfe zu bitten. Leicht verschließt man sich im eigenen Egoismus und ist am Schicksal der anderen nicht interessiert. Jesus „aber schritt mitten durch sie hindurch und ging weg", schreibt der Evangelist. Wie sehr wir auch das Evangelium verwerfen mögen, es bleibt doch immer eine Quelle, die für das ewige Leben sprudelt.

Gebet für die Armen

Dienstag, 9. März

Mt 18,21–35. **Das Gleichnis vom unbarmherzigen Schuldner**

Petrus kommt zu Jesus und fragt ihn, wie oft er vergeben muss. Um seine Großzügigkeit unter Beweis zu stellen, macht er auch ein edles Angebot: siebenmal. Petrus will nicht nur das instinktive und normale „Auge um Auge, Zahn um Zahn" überwinden. Er ist sogar bereit, mehr zu tun, als von ihm verlangt wird. Die Antwort Jesu ist so hoch wie der Himmel: „Ich sage dir nicht: Bis zu siebenmal, sondern bis zu siebzigmal siebenmal", das heißt immer. Die Vergebung kennt, genau wie die Liebe, keine Grenzen oder Schranken. Nur so kann der Mechanismus ausgehebelt werden, der immer wieder Sünde, Spaltung und Rache unter den Menschen hervorbringt. Als Jesus die Verblüffung des Petrus über seine Antwort sieht, erzählt er das Gleichnis vom König, der von seinen Dienern Rechenschaft verlangt. Einer von ihnen hat katastrophal hohe Schulden. Dieser Diener bringt ein Versprechen vor, das er niemals einhalten kann, und bittet den König um Geduld. Aus Großmut erlässt ihm der König seine ganze Schuld. Doch der Diener hatte sich von dieser grenzenlosen Barmherzigkeit des Königs nicht im Geringsten im Herzen verändern lassen. Als er auf einen anderen Diener stößt, der ihm eine winzige Geldsumme schuldet, packt er ihn am Kragen und erwürgt ihn fast. Wer sich von seiner eigenen Herzenshärte beherrschen lässt, wird durch ebendiese Hartherzigkeit bestraft. In diesem Gleichnis erinnert Jesus daran, dass wir vor Gott als Schuldner dastehen, und er fordert zur Dankbarkeit für die große Barmherzigkeit des Herrn auf, der alles verzeiht. Seien wir uns selbst gegenüber wachsam und versuchen wir, die Barmherzigkeit Gottes nachzuahmen. Denn wir sind schnell dabei, uns zu verteidigen und hart gegenüber den Bitten der anderen zu sein. Deshalb lehrt uns Jesus im Vaterunser diese Worte: „Vergib uns unsere Schuld, wie auch wir vergeben unseren Schuldigern".

Gebet mit Maria, der Mutter des Herrn

Mittwoch, 10. März

Mt 5,17–19. **Ich bin nicht gekommen, um aufzuheben, sondern um zu erfüllen**

Jesus weiß um die Bedeutung des Gesetzes. Der Evangelist legt nahe, dass in jeder Seite der Schrift, sogar in jedem „Jota" (das ist der kleinste Buchstabe des griechischen Alphabetes) Hinweise auf Jesus enthalten sind. Die gesamte Geschichte der Liebe Gottes zu seinem Volk, wie sie im Ersten

Testament aufscheint, findet ihre Erfüllung in Jesus. Dies besagen auch die Worte am Anfang des Hebräerbriefes: „Vielfältig und auf vielerlei Weise hat Gott einst zu den Vätern gesprochen durch die Propheten; am Ende dieser Tage hat er zu uns gesprochen durch den Sohn“ (Hebr 1,1–2a). Die Heilsgeschichte, die Gott mit Israel begonnen hat, erfüllt sich in Jesus.
Jeder Seite der Bibel muss demzufolge Gehör geschenkt werden. Jede Seite muss betrachtet und mit aufmerksamer Hingabe im Herzen bewahrt werden. Der Apostel Paulus schreibt in seinem zweiten Brief an Timotheus: „Jede Schrift ist, als von Gott eingegeben, auch nützlich zur Belehrung, zur Widerlegung, zur Besserung, zur Erziehung in der Gerechtigkeit, damit der Mensch Gottes gerüstet ist, ausgerüstet zu jedem guten Werk“ (2 Tim 3,16–17).
Der heilige Franziskus forderte seine Brüder dazu auf, alle auf die Erde gefallenen Papierzettel aufzuheben, da sie womöglich Worte des Evangeliums enthielten, die in vielen Texten der damaligen Zeit vorkamen. In der Nachfolge des Meisters soll der Jünger ebenfalls jedes Wort der Heiligen Schrift im Herzen aufnehmen und in seinem Alltagsleben umsetzen.

Gebet mit den Heiligen

Donnerstag, 11. März

Lk 11,14–23. **Streit um eine Dämonenaustreibung**

Im Abschnitt des heutigen Evangeliums wird davon berichtet, wie Jesus eines Tages aus einem Mann einen Geist austrieb, durch den dieser Mensch stumm war. Die Heilung erregte bei der Menschenmenge großes Erstaunen. Sie war eindeutig eine messianische Geste. Der Satan wurde ausgetrieben und seiner Macht über die Menschen beraubt. Doch während die Menge sich wunderte, waren andere über den Ruf Jesu regelrecht verärgert. Jedes Mittel war ihnen recht, um ihn zu diskreditieren. Sie gehen sogar so weit, ihn zu beschuldigen, mit dem Feind Gottes und Anführer der Dämonen, Beelzebul, gemeinsame Sache zu machen. Wieder andere verlangten ein Zeichen, das sie davon überzeugen sollte, dass seine Macht wirklich von oben stammte. Offensichtlich hatte aber Jesus Macht über den Satan, den der Evangelist mehrfach als eine Welt von bösen Geistern beschreibt. Diese bemächtigen sich der Seele der Menschen und verurteilen sie zu einem harten und von den Mitmenschen getrennten Leben voller Gewalt. Der Teufel – das bedeutet Trennung – erscheint als Geist, der zu jeder Art von Spaltung verleitet. Wir sehen ja auch in unserer Zeit, wie sich Trennungen unter den Menschen, Völkern und Nationen vervielfältigen. Der Teufel, der Fürst des Bösen, lässt in seiner Arbeit nicht nach, überall Zwietracht zu verbreiten. Jesus antwortet denen, die ihn beschuldigen, im Dienste des Teufels zu stehen, indem er aufzeigt, in welche Widersprüchlichkeit sie selbst verfallen. Sein Befreiungshandeln an den Menschen ist das Gegenteil der Aktionen des Teufels und seiner Helfershelfer. Der Herr bewirkt nur Gutes und verbreitet nur Liebe. Von Gott dazu gesandt zu sein, die Menschen von jeder Sklaverei zu befreien, bestätigt Jesus durch die Erzählung eines sehr kurzen Gleichnisses. Darin erinnert er daran, dass wir uns mitten im Kampf gegen das Böse befinden. Endlich aber ist jemand gekommen, der stärker als das Böse ist. Zweifellos ist das Leben ein Kampf zwischen dem Guten und dem Bösen. Dieser Kampf beginnt im Herzen eines jeden Menschen. Hier liegt das erste Schlachtfeld, und Jesus ist gekommen, um unter uns zu wohnen. Er ist der beschriebene Stärkere, der über das Böse siegt. Er kann das Haus bewachen und dem Herzen eines jeden Menschen vorstehen, wenn es durch Versuchungen auf die Probe gestellt wird. Deshalb lädt er dazu ein, Vertrauen in ihn zu haben und sein Wort anzunehmen. Er selbst wird in uns wohnen und wird uns gegen alles Böse verteidigen.

Gebet für die Kirche

Freitag, 12. März

Mk 12,28b–34. **Der Herr, unser Gott, ist der einzige Herr. Darum sollst du ihn lieben**

Der Abschnitt aus dem Markusevangelium handelt vom Wirken Jesu in Jerusalem. Während die Feindseligkeit der Führer des Volkes immer bedrohlicher wird, wendet sich ein Schriftgelehrter an Jesus und stellt ihm eine aufrichtige Frage: „Welches Gebot ist das erste von allen?“ Er war ein weiser Schriftgelehrter, dem klar war, dass er die Wahrheit nicht bereits in der Tasche hatte und dass auch er noch von einem Meister würde lernen müssen, der klüger war als er selbst. Wir alle müssen den Geist, der uns gegeben ist, bitten, uns den wahren Sinn der Schrift für unser Leben zu erklären. In einer Haltung des Gebetes auf die Schrift zu hören, vergessen wir leider schnell, weil wir als selbstsichere Menschen vermeintlich längst wissen, was zu tun ist und wie wir leben sollen. Die Sünde des Stolzes und der Selbstzufriedenheit bringt uns zu der Annahme, auch ohne Gott und sein Wort auskommen zu können. Dieser Schriftgelehrte lehrt uns heute, wie wir uns an Jesus wenden und gemeinsam mit ihm eine Frage formulieren könnten: „Meister, was ist die zentrale Aussage des Evangeliums?“ Jesus antwortet differenzierter und lässt uns dadurch verstehen, dass es ohne ihn und ohne den Heiligen Geist schwer ist, die Schrift zu verstehen. Er erwidert, das erste Gebot sei ein doppeltes, nämlich Gott und den Nächsten zu lieben. Es handelt sich hierbei um zwei untrennbar miteinander verbundene Arten zu lieben, sodass sie im Kern nur ein Gebot bilden. Gott und der Nächste lassen sich nicht voneinander trennen. Daran erinnert auch der Apostel Johannes: „Denn wer seinen Bruder nicht liebt, den er sieht, kann Gott nicht lieben, den er nicht sieht“ (1 Joh 4,20). Jesus selbst zeigt uns dies. Er hat den Vater genauso wie die Menschen mehr als alles andere geliebt, auch mehr als sein eigenes Leben. Um die Einzigartigkeit der Liebe zu Gott und zu den Menschen leben zu können, gilt es, eine sehr maßgebliche Einladung anzunehmen: „Das erste ist: Höre, Israel.“ Diese Einladung wird uns gegenüber in der Fastenzeit ständig wiederholt. Wir müssen auf Gott hören, während er zu uns spricht. Wer nicht zuhört, wird nur den Lärm in sich selbst wahrnehmen und kann das Liebesgebot nicht in seiner Fülle leben.

Gebet des heiligen Kreuzes

Samstag, 13. März

Lk 18,9–14. **Das Beispiel vom Pharisäer und vom Zöllner**

Häufig spricht Jesus zu den Jüngern darüber, wie wichtig es ist, im Gebet vor Gott eine demütige Haltung zu haben. Warnend führt er ihnen Menschen vor Augen, die sich mit derselben Einstellung für gerecht halten wie jener nicht wenig eingebildete und stolze Pharisäer. Während es leichtfällt, die Haltung des Pharisäers zu teilen, ist es weitaus schwieriger, sich selbst als Sünder mit dem Bedürfnis nach Vergebung und Barmherzigkeit anzusehen. In diesem Gleichnis warnt uns Jesus davor, dass Stolz und Überheblichkeit dazu führen, dass man mehr auf sich als auf Gott vertraut und die anderen hartherzig richtet und verachtet. Der von sich überzeugte Pharisäer ging zum Tempel hinauf, um sich vor Gott zu loben. Der Zöllner dagegen fühlte sich trotz seines Wohlstandes und Ansehens, das auch mit der Furcht der Leute vor ihm wegen seines Berufes verbunden war, bedürftig nach Hilfe und Barmherzigkeit. Deswegen ging er nicht in den Tempel, um Rechte einzufordern, sondern um Hilfe zu erbitten. Darin ähnelt er trotz seines satten Einkommens einem Bettler, der um Vergebung bittet. Wie oft verhalten wir uns wie der Pharisäer! Bedenken wir nur, wie schwer es uns fällt, unsere Sünden einzugestehen. Dagegen sind wir schnell dabei, über andere negative Urteile zu fällen. Hier zeigt sich das Paradoxon des Evangeliums: Wer sich selbst erhöht, wird erniedrigt, wer sich aber selbst erniedrigt, wird erhöht werden. Lernen wir Demut als Weg zur Begegnung mit Gott. Lassen wir davon ab, uns über andere zu erheben und uns in der Annahme, selbst unschuldig zu sein, voller Verachtung als Richter aufzuspielen. Dieser Zöllner weist uns den Weg, wie wir vor Gott hintreten sollen: in dem Bewusstsein, dass wir Sünder sind und zu ihm kommen, um Erbarmen und Vergebung zu erbitten.

Gebet der Vigil

Sonntag, 14. März: 4. Fastensonntag

2 Chr 36,14–16.19–23; Ps 137; Eph 2,4–10; Joh 3,14–21

Mitten in der Fastenzeit sind wir eingeladen, uns zu freuen. Dieser Aufruf zur Freude weist auf die Nähe von Ostern hin und somit auf den Sieg Jesu über den Tod durch die Auferstehung. Dies ist die wahre Ankündigung der Freude in der Liturgie. Sie zeigt uns den wahrsten Sinn des Lebens.

Das Johannesevangelium, das wir gehört haben, betont, dass Jesus selbst durch Tod und Auferstehung die Antwort auf die Frage nach dem Lebenssinn ist. Auch Nikodemus bekommt eine solche Antwort, indem er auf die Episode von der durch Mose in der Wüste erhöhten Schlange hingewiesen wird, die das Leben der Israeliten rettete, die von giftigen Schlangen gebissen worden waren: „Wie Mose die Schlange in der Wüste erhöht hat, so muss der Menschensohn erhöht werden, damit jeder, der glaubt, in ihm ewiges Leben hat." Schon im Buch der Weisheit wird diese Episode als Zeichen des Heils und der Liebe Gottes gedeutet, indem die Schlange aus Bronze als ein Symbol des Heils und als Erinnerung an die Vorschriften des göttlichen Gesetzes bezeichnet wird: „Wer sich dorthin wandte, wurde nicht durch das gerettet, was er anschaute, sondern durch dich, den Retter aller" (Weish 16,7). Die an einer Fahnenstange aufgehängte Schlange wird für Johannes zum Zeichen des Kreuzes Christi, der mitten unter den Menschen „erhöht" wurde. Der „erhöhte" Jesus ist für den Evangelisten kein Bild, das traurige Resignation angesichts der Macht des Bösen hervorruft. Vielmehr ist dieses Kreuz nach den Worten des Evangelisten Quelle des unentgeltlichen und überfließenden Lebens: „Denn Gott hat die Welt so sehr geliebt, dass er seinen einzigen Sohn hingab, damit jeder, der an ihn glaubt, nicht verloren geht, sondern das ewige Leben hat."

Wenn jemand von Giftschlangen gebissen wird, muss er nur zu diesem erhöhten Menschen aufblicken, um Heilung zu finden. Jesus selbst wird später sagen: „Und ich, wenn ich über die Erde erhöht bin, werde alle zu mir ziehen" (Joh 12,32). Das Heil und der Lebenssinn gehen weder von uns noch von unseren Traditionen aus. Das Heil ist Geschenk, wie der Apostel Paulus betont: „Gott aber, der reich ist an Erbarmen, hat uns, die wir infolge unserer Sünden tot waren, in seiner großen Liebe, mit der er uns geliebt hat, zusammen mit Christus lebendig gemacht. Aus Gnade seid ihr gerettet." Hier kehrt das Motiv der Freude zurück, zu der dieser Sonntagsgottesdienst aufruft. Wie der verlorene Sohn im Moment seiner Rückkehr ins Vaterhaus können auch wir uns über die Entdeckung freuen, dass die Liebe des Vaters unfassbar viel größer ist als eigene Sünden und Schlechtigkeit.

Gebet am Tag des Herrn

Montag, 15. März

Joh 4,43–54. **Heilung des Sohnes eines königlichen Beamten**

Das Johannesevangelium, das uns ab heute bis zum Ende der Fastenzeit begleiten wird, beschreibt Jesus, der gerade nach Galiläa zurückgekehrt ist. Hier hatte er begonnen zu predigen. Der Evangelist lässt die Szene in Kana beginnen, also genau dort, wo Jesus sein erstes „Zeichen", das erste Wunder, gewirkt hatte. Diese Anmerkung ist nicht zufällig. Damals hatte Jesus das Wunder mit der Macht des Wortes getan, das die Diener gehört und in die Tat umgesetzt hatten. Auch jetzt geschieht dasselbe. Das Heilungswunder an dem Sohn geschieht aus der Ferne, durch die Macht des Wortes Jesu, der das Leben gibt. Der Evangelist bemerkt, dies sei das zweite „Zeichen", das Jesus mit der Kraft seines Wortes getan habe. Für Johannes, der Jesus als „das Wort, das Fleisch geworden ist", vorgestellt hat, ist dieses Thema grundlegend. Er erklärt damit, was es bedeutet, zu glauben. Jesus befindet sich in Kana, wo ihn ein königlicher Beamter des Königs Herodes Antipas aufsucht. Er hat einen kranken Sohn und vertraut darauf, dass Jesus ihn heilen kann. So geht er zu Jesus und bittet ihn, in sein Haus zu kommen, da sein Sohn im Sterben liege. Anscheinend geht Jesus auf die Bitte dieses Vaters nicht ein: „Wenn ihr nicht Zeichen und Wunder seht, glaubt ihr nicht." Doch der Beamte lässt sich nicht abschrecken. Er glaubt wirklich an das Wort Jesu und an dessen Heilkraft. Deshalb heilt Jesus den Sohn. Das Wort Jesu genügte dem Mann, um von der Heilung überzeugt zu sein. Er begibt sich ohne Weiteres nach Hause. Es kam zu einem Fernwunder, das sich dem Glauben des Beamten verdankte. Dieser Beamte steht als wahrer Gläubiger vor uns. Er war kein Jude und besuchte auch keine Synagoge, doch ohne Zögern glaubte er dem Wort Jesu. Durch diesen Glauben wurde ihm sein Sohn geheilt wiedergegeben. Indem wir diesen Glauben im Herzen aufnehmen, gehen wir weiter auf Ostern zu, um die heilende Kraft des Evangeliums an uns selbst zu erfahren.

Gebet für den Frieden

Dienstag, 16. März

Joh 5,1–16. **Der Kranke am Teich von Betesda**

Der Evangelist Johannes führt uns nach Jerusalem zu einem Teich namens Betesda, dem „Haus der Barmherzigkeit". Dieser Ort wurde als heilig angesehen, weil dort Wunder geschahen. An seinen Ufern versammelten sich daher „viele Kranke, darunter Blinde, Lahme und Verkrüppelte". Die Kranken warteten am Rand des Teiches, dass ein Engel das Wasser aufwallen ließ, im Glauben, dass der Erste, der dann ins Wasser ging, geheilt wurde. Diesen Teich können wir mit der Kirche vergleichen, dem wahren Haus der Barmherzigkeit. Der heilige Johannes XXIII. verglich die Kirche gern mit einem Dorfbrunnen, zu dem alle kommen, um ihren Durst zu stillen. Es handelt sich dabei nicht um einen magischen Ort, doch immer ist das Eingreifen eines Engels vonnöten. Für diesen seit Jahren am Rand des Teiches liegenden Kranken, dem niemand hilft, ist Jesus selbst der Engel. Als er zu ihm kommt, bleibt er stehen und fragt nach seinem Zustand. Seit 38 Jahren ist er krank. Heute würde man ihn als chronisch krank bezeichnen und dadurch die Resignation zum Ausdruck bringen, dass es keine Hoffnung auf Heilung und allzu oft nicht einmal eine Behandlung gibt. Als er Jesus vor sich sieht und dessen Frage hört: „Willst du gesund werden?", erwacht in ihm die Hoffnung. Die Liebe öffnet immer das Herz auch bei dem, der sie empfängt. Allein ist eine Heilung schwierig oder sogar unmöglich. Und wie viele werden heute allein gelassen gerade im Augenblick der größten Schwäche! In Jesus ist der wahre Engel gekommen, der diesen Menschen von der Krankheit heilt. Er sagt zu dem Gelähmten: „Steh auf, nimm deine Liege und geh!“ So geschieht es. Dann folgt eine zweite Begegnung. Dieser Mann benötigte auch die Heilung des Herzens. Bei der zweiten Begegnung sagt Jesus zu ihm: „Sieh, du bist gesund geworden; sündige nicht mehr“. Weitere Begegnungen mit Jesus sind notwendig, um ganz und gar bis in die Tiefe des Herzens geheilt zu werden. Jeder von uns sollte sich vorstellen, dass er am Rand dieses Teiches liegt und dieselben Worte Jesu an ihn gerichtet werden, damit er geheilt wird und selbst zu einem „Engel“ für diejenigen wird, die Hilfe und Trost brauchen.

Gebet mit Maria, der Mutter des Herrn

Mittwoch, 17. März

Joh 5,17–30. **Der Sohn schenkt den Glaubenden das ewige Leben**

Das heutige Evangelium ist direkt mit der Heilung des Gelähmten am Teich von Betesda verbunden. Die Pharisäer werfen Jesus vor, gegen den Sabbat zu verstoßen und dazu auch den Gelähmten verführt zu haben. Jesus spricht offen zu ihnen und bekräftigt die Identität seines Handelns mit dem des himmlischen Vaters: „Was nämlich der Vater tut, das tut in gleicher Weise der Sohn.“ Diese Aussage musste unbedingt Anstoß erregen. Daher beginnt nun eine endgültige Feindschaft der Oberhäupter des Volkes gegen Jesus. Es ging dabei nicht nur um die Sabbatfrage, sondern um die eigentliche Identität Jesu und seine Gottessohnschaft. Diese Aussage galt als Gotteslästerung: „Darum suchten die Juden noch mehr, ihn zu töten, weil er nicht nur den Sabbat brach, sondern auch Gott seinen Vater nannte und sich damit Gott gleichmachte.“ Doch die Gottessohnschaft Jesu war das Herz seines Evangeliums, das er als gute Nachricht den Menschen verkünden wollte. Er möchte nämlich die Ankunft des ewigen Sabbats beschleunigen, an dem Gott mit den Worten des Paulus über alles und in allem herrscht (1 Kor 15,28). Das gesamte Handeln Jesu bei den Menschen ist darauf ausgerichtet, den Menschen das wahre Leben zu schenken, das nicht einmal der Tod zunichtemachen kann. Deshalb fügt er feierlich hinzu: „Die Stunde kommt und sie ist schon da, in der die Toten die Stimme des Sohnes Gottes hören werden; und alle, die sie hören, werden leben. Denn wie der Vater das Leben in sich hat, so hat er auch dem Sohn gegeben, das Leben in sich zu haben.“ Ein Zeichen dafür ist die Erweckung des Lazarus. Jesus wird zu ihm sprechen und er wird seine Worte hören und zum Leben zurückkehren. Deshalb besteht Jesus darauf: „Wer mein Wort hört und dem glaubt, der mich gesandt hat, hat das ewige Leben“. Jesus sagt nicht, dass dieser Mensch das ewige Leben haben wird, sondern dass er es bereits hat. Wer das Evangelium im Herzen aufnimmt, empfängt schon jetzt das Samenkorn der Unsterblichkeit. Angesichts unserer Schwäche und Hinfälligkeit durchdringen diese Worte unsere ganze Existenz und entreißen sie dem Abgrund des Nichts, weil sie uns mit dem auferstandenen Herrn verbinden. Die Ewigkeit beginnt schon in Jesus und in den Menschen, die sich mit ihm verbunden haben. Wer in diesem Leben auf die Stimme Jesu hört, wird sie wiederum hören und wiedererkennen, wenn sich am Ende der Zeiten die Gräber öffnen. Dann wird das Himmelreich, das schon in ihm lebendig war, seine Fülle finden.

Gebet mit den Heiligen

Donnerstag, 18. März

Gedenktag des heiligen Kyrill, Bischof von Jerusalem († 387). Gebet für Jerusalem und für den Frieden im Heiligen Land.

Joh 5,31–47. **Zeugen für Christus**

Jesus beruft sich direkt auf das persönliche Zeugnis des Vaters im Himmel, der in ihm auf der Erde wirkt. Ebenso hatte der Täufer mit der ihm eigenen Kraft auf ihn hingewiesen. „Jener war die Lampe“, sagt Jesus über Johannes, wenn auch wenige sich von seinem Licht erleuchten ließen. Um seine Sendung zu bekräftigen, weist er zusätzlich auf das Zeugnis der Werke hin, die die Ankunft des Reiches Gottes unter uns belegen: die Verkündigung des Himmelreiches und die Wunder, die mit ihm geschehen. Durch die im Leben der Menschen vollbrachten Wunder zeigt das Evangelium die Macht der Veränderung, die Macht der Befreiung vom Bösen und die Gegenwart des Wirkens Gottes. Über diese „Werke" spricht Jesus: die Bekehrung der Herzen, die Veränderungen im Leben der Menschen und die Werke der Barmherzigkeit, die viele aus der Knechtschaft befreien. Obwohl die Pharisäer diese Werke sehen und die Predigt hören, wollen sie nicht glauben, dass Jesus der Gesandte Gottes ist. Ihr Herz ist durch den Stolz verhärtet. Jesus sagt: „Ihr habt" nicht auf „seine Stimme gehört". Denn der Glaube besteht vor allem darin, Gottes Wort im Herzen aufzunehmen und danach zu leben. Dazu sind allerdings die Demut des Hörens auf den Herrn und die Bereitschaft erforderlich, sich von diesem Wort aus der Höhe führen zu lassen. Das Hören mit der Bereitschaft, sich führen zu lassen, ist der erste Schritt des Glaubens, denn darin ist bereits ein göttlicher Funke enthalten, eine Anziehungskraft der Suche nach Gott, noch bevor man sie selbst wahrnimmt. So sagt Jesus zu den Pharisäern: „Ich habe euch jedoch erkannt, dass ihr die Liebe zu Gott nicht in euch habt." Jesus ist auf die Erde gekommen, um das Angesicht Gottes in aller Klarheit zu offenbaren. Jesus ist der Exeget Gottes, der Einzige, der Gott wahrhaft deuten und erklären kann. Wer die Heilige Schrift mit bereitem Herzen liest und sie treu und ernsthaft hört, wird schließlich das außergewöhnliche Geheimnis der Befreiung erkennen, die Gottes Liebe in allen bewirkt. Deshalb ermahnt Jesus seine Zuhörer, ihre Herzen nicht zu verhärten, wie es die Juden zur Zeit des Mose getan haben, und nicht im Stolz auf sich und das eigene Handeln verschlossen zu sein. Vielmehr muss man das eigene Herz vom Wort Gottes und von den aus ihm hervorgehenden Werken der Liebe betreffen lassen.

Gebet für die Kirche

Freitag, 19. März: Hochfest des heiligen Josef

Hochfest des heiligen Josef, Bräutigam der Gottesmutter Maria, der in Demut das Kind zu sich nahm.
Jahrestag der Amtseinführung von Papst Franziskus.

Mt 1,16.18–21.24a. **Josef nimmt die Vaterschaft für Jesus an**

Die Kirche feiert heute das Hochfest des heiligen Josef, des Bräutigams Marias. Als Nachkomme Davids kam ihm die Aufgabe zu, Jesus mit der Geschichte Israels in Verbindung zu bringen und an die Gestalten der Patriarchen anzuknüpfen, die oft im Traum Offenbarungen Gottes empfangen haben. Er sollte mit dem kleinen Jesus den Weg des Exodus aus Ägypten in das Gelobte Land nachgehen, um ihn ganz mit der Geschichte des Volkes Israel zu verbinden und ihn zum Erbe der Prophezeiungen zu machen. Als schweigsamer Mann lernte Josef Tag für Tag den Willen des Herrn kennen und war gehorsam. Seine mit der Kindheit Jesu verbundene Gestalt weist uns auf die unerlässliche Haltung des Zuhörens hin, die jeder Gläubige besonders in Zeiten großer Schwierigkeiten haben soll. Das Matthäusevangelium berichtet davon, wie Josef in das Geheimnis der Geburt Jesu einbezogen wird. Der Evangelist will das Ungewöhnliche der Geburt Jesu herausheben. Er spricht von Josef und dem doppelten Drama, das er erleben muss. Josef hatte entschieden, sich von seiner jungen Braut zu trennen, jedoch im Geheimen. Doch Gottes Wille ist weit größer, wie ihm der Engel offenbart. Josef hört auf ihn und versteht, was um ihn herum und in ihm geschieht. So wird er zum Jünger des Evangeliums. Der Engel fügt hinzu: „Ihm sollst du den Namen Jesus geben." Josef soll anerkennen und aussprechen, wer dieser Sohn ist. Deshalb ist Josef der Inbegriff des Gläubigen, der zuhören kann und Jesus zu sich nimmt. Wenn wir auf das Evangelium hören, werden auch wir Jesus als Freund unserer Tage und unseres ganzen Lebens zu uns nehmen können.

Gebet des heiligen Kreuzes

Samstag, 20. März

Joh 7,40–53. **Diskussion über die Abstammung Jesu**

Am letzten Tag des Laubhüttenfestes setzt sich Jesus weiter mit seinen Gegnern auseinander, um ihnen die Wahrheit seiner Sendung zu zeigen. Viele Leute hören ihm dabei zu. Manche sind voller Verwunderung und erkennen ihn als Propheten an, andere denken sogar, er ist der Messias. „Dieser ist der Christus“. Doch es kommt zu einem Streit unter den Zuhörenden. Denn das Evangelium führt immer eine Trennung herbei zwischen denen, die es annehmen, und denen, die es ablehnen. Solch ein Widerstreit kommt auch im Herzen eines jeden von uns auf, wenn wir mit Aufmerksamkeit auf seine Worte hören. Sogar die Gerichtsdiener, die Jesus verhaften sollen, haben nicht den Mut, ihn festzunehmen, nachdem sie ihn gehört haben. Als die Pharisäer ihnen Vorhaltungen machen, weil sie Jesus nicht verhaftet haben, antworten sie mit großer Offenheit, die jene noch mehr verärgert: „Noch nie hat ein Mensch so gesprochen.“ Das Wort Gottes ist stark. Es ist eine schwache Kraft, aber dennoch viel stärker als die Kraft der Menschen. Seine Kraft liegt darin, eine Liebe zu zeigen, die keinerlei Grenzen kennt und die uns lehrt, den Nächsten noch vor uns selbst zu lieben. Ja, ein solches Wort hatte man noch nie gehört, niemand hatte je wie Jesus gesprochen. Niemand hatte je gelehrt, dass die wahren Seligen die Armen, die Gewaltlosen, die Sanftmütigen und die Arbeiter für Frieden und Gerechtigkeit sind. Das ganze Evangelium steht Seite für Seite im Zeichen dieser Liebe von der Geburt Jesu bis zum Kreuz, bis zu seiner Auferstehung und Himmelfahrt. Von den Pharisäern widerspricht nur Nikodemus, der ein langes Gespräch in der Nacht mit Jesus geführt hatte, der Blindheit seiner Kollegen. Doch auch ihm machen sie starke Vorwürfe und fordern ihn auf, wieder zu seinen Studien zurückzukehren. Sie sind so vom Stolz gefangen, dass sie sich nicht einmal vom Offensichtlichen überzeugen lassen. Nur wer wie Nikodemus beständig auf das Wort Jesu hört, kann seine Augen und sein Herz für diesen unvergleichlichen Meister öffnen.

Gebet der Vigil

Sonntag, 21. März: 5. Fastensonntag

Jer 31,31–34; Ps 51; Hebr 5,7–9; Joh 12,20–33

Die Fastenzeit geht ihrem Ende entgegen. Von Anfang an erklang die Einladung, das eigene Leben zu bekehren, zum Herrn mit ganzem Herzen zurückzukehren und von Neuem auf ihn zu hören. Das Evangelium kommt uns wie ein wertvolles Geschenk entgegen und legt uns die Worte jener Griechen in den Mund: „wir möchten Jesus sehen". Das ist die Bitte, die wir in dieser heiligen Liturgie vorbringen sollen. Jesus wiederholt für uns im Evangelium: „Wer sein Leben liebt, verliert es; wer aber sein Leben in dieser Welt gering achtet, wird es bewahren bis ins ewige Leben." Um seine Gedanken noch mehr zu verdeutlichen, bedient er sich des Gleichnisses vom Weizenkorn, das, wenn es nicht in die Erde fällt und stirbt, allein bleibt, wenn es aber stirbt, reiche Frucht bringt. In diesem Gleichnis ist das ganze Leben Jesu enthalten. Seine Liebe besiegt jede Einsamkeit, doch die Liebe ist nie ohne Leid, Opfer und Hingabe.

Jesus merkt, dass er sein Leben verlieren wird, und ist angesichts des Nahens seiner Todesstunde aufgewühlt. Jedes Mal, wenn das Evangelium verkündet wird, kommt die Stunde des Herrn. Die Stunde ist gekommen, jetzt ist sie da, sagt Jesus.

Diese Zeit, von der das Evangelium immer wieder spricht, ist die günstige Zeit. Sie ist die Stunde, in der die Selbstliebe und die Verteidigung unseres Verhaltens und unserer Gewohnheiten nicht die Vorherrschaft über unser Leben gewinnen dürfen. Jesus spricht sogar vom Hass gegenüber unserem Leben, um dies zu verdeutlichen. Doch in Wirklichkeit will er uns dazu auffordern, das genaue Gegenteil der Selbstliebe zu leben, was uns als Hass gegen uns selbst erscheinen kann. Aber aus eigener Erfahrung wissen wir, dass die Selbstliebe – im Gegensatz zur weit verbreiteten Meinung – nicht der beste Ratgeber für unser Leben ist. Sie zeigt uns nicht den Weg, es zu retten. Deshalb ermahnt Jesus die Menschen, die ihm zuhören, ihm nachzufolgen: „Wenn einer mir dienen will, folge er mir nach; und wo ich bin, dort wird auch mein Diener sein." Jesus nachzufolgen bedeutet, dem Evangelium zu gehorchen und sich vom Wort Gottes leiten zu lassen. Er selbst gibt uns als

Erster davon ein Beispiel. Der Verfasser des Hebräerbriefes schreibt: „Obwohl er der Sohn war, hat er durch das, was er gelitten hat, Gehorsam gelernt“. In wenigen Tagen wird Jesus am Ölberg von Angst ergriffen zum Vater sagen: „Nicht mein, sondern dein Wille geschehe.“ Durch diesen Gehorsam ist er „zur Vollendung gelangt, ist er für alle, die ihm gehorchen, der Urheber des ewigen Heils geworden“. Der Gehorsam dem Evangelium gegenüber ist der Weg zur Vollkommenheit, zu dem die Jünger Jesu gerufen sind. Das Hören auf das Wort des Herrn macht auch uns vollkommen, weil es uns lehrt, nicht uns selbst zu leben, sondern uns immer mehr dem Herrn anzuvertrauen.

Gebet am Tag des Herrn

Montag, 22. März

Joh 8,1–11. **Die Vergebung für die Ehebrecherin**

Während Jesus im Tempel lehrt, wird zu ihm eine gerade beim Ehebruch ertappte Frau gebracht. Nach dem Gesetz des Mose müsste sie gesteinigt werden. Jesus schweigt angesichts dieser gewalttätigen Szene. Der Evangelist merkt an, dass er sich zur Erde niederbeugt und in den Sand schreibt. Der Herr des Wortes spricht nicht. Wie oft scheint der Herr angesichts der Gewalt der Menschen zu schweigen? Doch er ist nicht abwesend. Jesus wendet sich an die Ankläger dieser Frau: „Wer von euch ohne Sünde ist, werfe als Erster einen Stein auf sie.“ Da gehen alle weg. Wie es beim Propheten Jeremia heißt: „Die sich von mir abwenden, werden in den Staub geschrieben, denn sie haben den HERRN verlassen, den Quell lebendigen Wassers“ (Jer 17,13). Es ist ein Moment der Wahrheit. Niemand wirft seinen Stein. Im Gegenteil – die Herzen aus Stein haben sich in Herzen aus Fleisch verwandelt. Nun beginnt Jesus zu sprechen mit dem Ton, den er immer annimmt, wenn er es mit Menschen in schwierigen Situationen zu tun hat: „Frau, wo sind sie geblieben? Hat dich keiner verurteilt? … Auch ich verurteile dich nicht. Geh und sündige von jetzt an nicht mehr!“ Jesus, der als Einziger ohne Sünde ist und als Einziger einen Stein auf sie hätte werfen können, wendet sich mit Worten der Vergebung und der Liebe an sie. Dieses Evangelium der Liebe müssen die Jünger aufnehmen und der Welt weitergeben, die Barmherzigkeit so dringend braucht.

Gebet für die Armen

Dienstag, 23. März

Joh 8,21–30. **Wenn ihr den Menschensohn erhöht habt**

Das Johannesevangelium lässt uns weiter im Tempel bleiben, wo Jesus seine letzte und entscheidende Auseinandersetzung mit seinen Gegnern fortsetzt. Die Zuhörer versteifen sich darauf, das Zeugnis über seinen göttlichen Ursprung nicht anzunehmen. Jesus sagt zu ihnen: „Ihr stammt von unten, ich komme von oben; ihr seid aus dieser Welt, ich bin nicht aus dieser Welt." Diese Bestätigung zeigt die außergewöhnliche Barmherzigkeit Gottes, der den Menschen hilft und sie vor dem Bösen bewahrt. Jesus ist zu den Menschen herabgekommen, um sie aus der größten Tiefe zu befreien und nach oben bis in den Himmel Gottes zu führen. Hier wird die abgrundtiefe Distanz zwischen der Denkweise der Menschen und der Vision Gottes für die Welt und die gesamte Menschheit greifbar. Der Traum Gottes für die Welt wird am Höhepunkt des Lebens Jesu deutlich, durch seinen Tod am Kreuz. Als sie ihn kreuzigen, sehen sie es als ihren Sieg an: Er konnte nicht mehr sprechen und nichts mehr tun. Das ereignete sich auch in den folgenden Jahrhunderten immer wieder, wenn das Böse die Glaubenden bedrängte, die eher das Martyrium annahmen, als ihren Glauben zu verleugnen. Doch am Kreuz wird der Primat des Egoismus besiegt, der die Welt nach unten zieht, während die rettende Liebe Gottes erhöht wird. Während wir uns auf alle erdenklichen Weisen darum bemühen, uns selbst zu retten, setzt Jesus sein ganzes Leben dafür ein, uns zu retten, auch wenn er dafür am Kreuz hängen muss. Daher sagt er zu allen, auch wenn sie es noch nicht verstehen: „Wenn ihr den Menschensohn erhöht habt, dann werdet ihr erkennen, dass Ich es bin." Im Moment seines Todes wird deutlich, wer Jesus ist und warum er Mensch wurde. Als Erster erkannte dies der römische Hauptmann unter dem Kreuz, der sah, wie sich Jesus bis zum letzten Atemzug verhielt, und der daraufhin sagte: „Wahrhaftig, dieser Mensch war Gottes Sohn!“ (Mk 15,39). Auch einige der Tempelbesucher kamen zum Glauben an ihn, als sie ihn sprechen hörten.

Gebet für die Kirche

Mittwoch, 24. März

Gedenktag des heiligen Märtyrers Oscar Arnulfo Romero, der im Jahr 1980 während der Eucharistiefeier am Altar ermordet wurde.
Gedenken an das Massaker in den Ardeatinischen Höhlen 1944 in Rom, bei dem 335 Menschen von den Nationalsozialisten getötet wurden.

Joh 8,31–42. **Wenn euch also der Sohn befreit, dann seid ihr wirklich frei**

Das Leben des Jüngers soll vom Hören auf das Wort Gottes getragen, begleitet und geformt werden. In dieser Familiarität liegt die Wurzel der christlichen Freiheit. Das Wort des Evangeliums befreit in der Tat den Glaubenden von der Selbstliebe, sodass er von der Liebe zum Herrn und zu den anderen leben kann. Im weiteren Verlauf seiner Rede verdeutlicht Jesus, dass die Freiheit weder vom Gesetz noch aus der Zugehörigkeit zum Stamm Abrahams kommt. Die christliche Freiheit geht aus einer Verbundenheit des ganzen Lebens mit Jesus und seinem Heilsplan für alle Menschen hervor. Sie bedeutet nicht, jegliche Bindungen zu lösen, damit jeder tun kann, was er gerade will. Das ist Egoismus und gleichzeitig Knechtschaft gegenüber den Launen der Welt und den Verlockungen des Bösen. Das ist Unterwürfigkeit. Vergessen wir auch nicht die Versuchung, unsere Sklaverei zu leugnen, wenn sie uns von der Verantwortung und Mühe entbindet, nach dem richtigen Weg zu suchen und Teil jenes Volkes Gottes zu sein, das Jesus zu sammeln auf die Erde gekommen ist. Wenn Jesus sagt: „Die Wahrheit wird euch befreien“, spricht er von sich selbst. Jesus ist die

Wahrheit. Es genügt nicht, sich wie jene Juden „Kinder Abrahams" zu nennen, um dies tatsächlich zu sein. Die wahre Kindschaft, die uns zu Verwandten und Freunden Gottes macht, entsteht daraus, dass wir die Werke des Vaters tun.

Gebet mit den Heiligen

Donnerstag, 25. März: Hochfest der Verkündigung des Herrn

Gedenktag des seligen Priesters Omeljan Kovč der griechisch-katholischen Kirche der Ukraine, der 1944 im Lager Majdanek ermordet wurde, weil er Juden vor der Verfolgung beschützt hatte.

Jes 7,10–14; Ps 40; Hebr 10,4–10; Lk 1,26–38. **Die Verkündigung**

Die Liturgie der Kirche erinnert mit einem besonderen Fest an den Tag, an dem der Engel nach Nazaret gesandt wurde und Maria verkündete, dass sie die Mutter Jesu werden solle. Es ist schön zu lesen, wo alles seinen Anfang genommen hat, während wir uns Ostern und damit der Erfüllung des Lebens und der Mission Jesu nähern. Es geht nicht um eine große Persönlichkeit, sondern um Maria, ein Mädchen wie alle anderen, die ein gewöhnliches Leben in ihrem Dorf führt. Doch auf ihr ruht der Blick Gottes. Seit ihrer Empfängnis ist sie auserwählt, die Mutter des Erlösers zu sein. Gott hat sie seit der Empfängnis bewahrt, umsorgt und von jedem Makel gereinigt, um den Sohn aufzunehmen. Deshalb kann der Engel zu ihr sagen: „Sei gegrüßt, du Begnadete". Maria ist wirklich ganz von der Liebe Gottes erfüllt. Sie ist uns allen voraus, denn mit vollkommener Hingabe hat sie auf die geschenkte Liebe Gottes geantwortet. Zunächst erschrickt sie, als sie die Worte des Engels vernimmt. Das Evangelium erschreckt immer, denn es erwartet eine Antwort, eine Entscheidung, die das Leben grundlegend verändert. Es ist kein Wort, das unsere Pläne oder unsere Wünsche erfüllt. Nein, es ist ein Wort, das uns von uns selbst löst und uns in die Pläne Gottes einbezieht. Maria vertraut sich dem Herrn an und antwortet: „Siehe, ich bin die Magd des Herrn; mir geschehe, wie du es gesagt hast." Als Erste erfährt sie diese große Liebe Gottes und antwortet auch als Erste auf das Wort des Engels mit vollkommener Zustimmung. Maria ist die Erste der Gläubigen und gibt uns ein Beispiel dafür, wie wir Hörer des Wortes Gottes sein sollen. Ihr Gehorsam ist die Grundlage der Erlösung. An diesem Tag wurde in diesem „Ja" der Ungehorsam Adams und Evas aufgehoben, und es begann die Zeit der Erlösung durch Jesus. Lernen wir mit Maria, das Evangelium in unserem Herzen aufzunehmen. So werden wir Anteil erlangen am Geheimnis der Erlösung.

Gebet mit Maria, der Mutter des Herrn

Freitag, 26. März

Joh 10,31–42. **Jesus bekennt sich als Sohn Gottes**

Das heutige Evangelium steht im Zusammenhang mit dem Fest der Tempelweihe. Es ist Winter, und Jesus geht durch die Säulenhalle Salomons. Die Juden nähern sich ihm und bestehen darauf, dass er seine Position klärt. Als Jesus offen und deutlich antwortet: „Ich und der Vater sind eins", werden seine Gesprächspartner äußerst wütend und versuchen, ihn zu steinigen. Kurze Zeit später wird sich diese Szene vor dem Hohepriester wiederholen, und er wird zum Tode verurteilt werden. Jetzt schon ist der weitere Weg Jesu vorgezeichnet. Doch anstatt sich ihren Blicken zu entziehen, antwortet Jesus dieses Mal mit der Ruhe dessen, der weiß, dass er den Willen des himmlischen Vaters tut: „Viele gute Werke habe ich im Auftrag des Vaters vor euren Augen getan. Für welches dieser Werke wollt ihr mich steinigen?" Die Pharisäer verhärteten ihr Herz, obwohl sie die Zeichen Gottes in den Werken Jesu gesehen haben. Sie konnten seine Göttlichkeit nicht akzeptieren. So beschuldigen sie Jesus: „,… du bist nur ein Mensch und machst dich selbst zu Gott". Ihnen fehlt dieser gewagte Sprung, der sich Glauben nennt. Jesus ist sicherlich Mensch, aber er ist auch Gott. Das ist das Geheimnis, das uns das Evangelium offenbart: Jesus ist wahrer Mensch und wahrer Gott. Dieses Geheimnis, das von den Jüngern aller Zeiten von Generation zu Generation bewahrt und weitergegeben wurde, gilt auch für die Kirche, denn diese ist zugleich Werk des Menschen und Werk Gottes. Sie selbst ist ein Geheimnis der Liebe Jesu. Der Apostel Paulus bezeichnet sie als den „Leib Christi". Durch die Kirche, ihre Sakramente und die Verkündigung des Evangeliums treten wir alle in Beziehung zu Gott. So können wir sagen, dass die Kirche das Werk Christi ist, ja sie ist sein Leib selbst, der in der Zeit weiterlebt. Die christliche Gemeinschaft ist das Sakrament, das Zeichen der Anwesenheit Jesu im Verlauf der Geschichte. Durch diese Aussagen lassen sich seine Gegner jedoch nicht aufhalten. Vielmehr gelangen sie zu der Überzeugung, sie müssten Jesus festnehmen. Doch er entzieht sich ihnen. Es ist Jesus selbst, der sich ihnen ausliefert, sobald seine Stunde gekommen ist. Er liefert sich um der Liebe willen aus.

Gebet des heiligen Kreuzes

Samstag, 27. März

Joh 11,45–57. **Der Hohe Rat beschließt den Tod Jesu**

Dieser Abschnitt des Evangeliums folgt direkt auf die Auferweckung des Lazarus und möchte uns auf die Feier der Heiligen Woche des Leidens, des Sterbens und der Auferstehung Jesu vorbereiten. Die Hohepriester haben verstanden, dass das Wunder der Auferstehung des Lazarus so außergewöhnlich ist, dass es den Zustrom zur Bewegung Jesu unaufhaltsam wachsen lassen kann. Die Hohepriester entscheiden, Jesus zu töten. Vor der ganzen Versammlung des Hohen Rates ergreift Kajaphas feierlich das Wort und sagt: „Ihr bedenkt nicht, dass es besser für euch ist, wenn ein einziger Mensch für das Volk stirbt, als wenn das ganze Volk zugrunde geht." Ohne es zu wissen, erklärt er damit die wahrste und tiefste Bedeutung des Geheimnisses Jesu, des wirklich einzigen Retters der Welt. Dieser gab sein Leben, „um die versprengten Kinder Gottes wieder zu sammeln". Der Tod Jesu sollte tatsächlich die Mauern einreißen, welche die Völker voneinander trennen, und er sollte der Geschichte eine ganz neue Richtung geben, nämlich hin zur Einheit der Völker. Nicht nur die Kinder Israels werden gerettet, sondern alle Kinder Gottes. Es ist wirklich einzigartig, dass in der Versammlung, in der sich der Horizont des Heils für alle zeigte, die Entscheidung getroffen wurde, Jesus zu töten. Diese Entscheidung war das Ergebnis eines Prozesses, in dem die Gegnerschaft zu ihm ihren Höhepunkt erreichte. Jesus zog sich zurück und ging mit seinen Jüngern nach Efraim. Es war die Zeit des Gebetes und des Nachdenkens. Es war nötig, in der Kommunion zu wachsen und die Bindungen der Freundschaft und der Geschwisterlichkeit untereinander zu stärken. Für die Jünger galt es, im Glauben an diesen Meister zu wachsen. Jesus wusste genau, wie nötig es vor allem in diesem Augenblick war, ihren Glauben zu sammeln und zu festigen. Er wollte sich verborgen halten, um eine Ansammlung des Volkes zu vermeiden, das ihn mittlerweile gut kannte. Aber das Verlangen vieler, ihn zu sehen, mit ihm zu sprechen oder ihn zu berühren, war so groß, dass viele der zum Paschafest nach Jerusalem gekommenen Pilger die Begegnung mit ihm im Tempel suchten. Dieses Verlangen der Menge, Jesus zu sehen, fordert auch uns dazu auf, uns in diesen Tagen nicht von diesem Meister zu trennen, der „alles gut gemacht" hat.

Gebet der Vigil

KARWOCHE

Sonntag, 28. März: Palmsonntag

Die Juden feiern den Beginn des Pessachfestes

Jes 50,4–7; Ps 22; Phil 2,6–11; Mk 14,1–15,47

Heute beginnt die Karwoche, die heilige Woche des Leidens. Sie ist heilig, weil der Herr in ihrem Mittelpunkt steht. Es ist die Passionswoche, weil wir Jesus betrachten, der voller Leidenschaft und reich an Barmherzigkeit ist. So schreibt der Apostel Paulus an die Philipper: „Er erniedrigte sich und war gehorsam bis zum Tod, bis zum Tod am Kreuz“. Wie kann man unbeteiligt bleiben angesichts dessen, was wir sehen und hören werden? Wie die Schwäche und das Leid der Menschen ist auch das Leiden Jesu kein Schauspiel, dem man ungerührt zuschaut. Jesu Passion ist voller Liebe. Jesus verändert uns nicht durch ein Gesetz, sondern durch eine große Liebe. Eigentlich ist Jesus ein Mann, der verteidigt werden muss, der Schutz und Liebe braucht. Es genügt nicht, nichts Böses zu tun, sich die Hände nicht schmutzig zu machen und keine Entscheidungen zu treffen. Nein, dieser Mensch muss geliebt werden. Wer sich nicht für die Liebe entscheidet, wird letztlich zum Komplizen des Bösen.
Jesus zieht als König in Jerusalem ein. Die Leute scheinen das zu erahnen und breiten ihre Kleider auf der Straße aus, wie es im Orient Brauch war. Auch die Ölzweige, die von den Feldern geholt und auf den Weg Jesu gestreut werden, dienen als Teppich. Der Ruf Hosanna, der auf Hebräisch „Hilf uns!“ bedeutet, drückt das Heilsbedürfnis aus, das die Menschen verspüren. Jesus zieht in Jerusalem als derjenige ein, der aus der Knechtschaft befreien und Anteil an einem menschlicheren und solidarischeren Leben geben kann. Sein Gesicht jedoch ist nicht das eines Mächtigen oder Starken, sondern das eines Gütigen und Demütigen.

Kaum sind sechs Tage nach dem triumphalen Einzug vergangen, da wird sein Antlitz die Züge eines Gekreuzigten annehmen. Das ist das Paradoxe des Palmsonntags, der uns sowohl den Triumph als auch das Leiden Jesu erleben lässt. Der Einzug Jesu in die Heilige Stadt ist zwar der Einzug eines Königs, doch die einzige Krone, die man ihm aufs Haupt setzen wird, ist eine Dornenkrone. Die Ölzweige sind heute ein Zeichen für das Fest, doch in wenigen Tagen wird Jesus sich zum Gebet unter den Olivenzweigen am Ölberg zurückziehen – wie er das gewöhnlich tat – und dort aus Todesangst Blut schwitzen.
Jesus flieht nicht. Er nimmt sein Kreuz und steigt mit ihm zum Golgota hinauf, wo er gekreuzigt wird. Die meisten sahen in diesem Tod eine Niederlage, doch in Wahrheit war er ein Sieg und die logische Folge eines Lebens, das für den Herrn hingegeben wird. Wahrhaft konnte nur Gott auf diese Weise leben und sterben, indem er sich selbst vergaß und sich ganz für die anderen hingab. Das bemerkt ein heidnischer Soldat. Der Evangelist Markus schreibt: „Als der Hauptmann, der Jesus gegenüberstand, ihn auf diese Weise sterben sah, sagte er: Wahrhaftig, dieser Mensch war Gottes Sohn."
Wer versteht Jesus? Die Kinder. Sie nehmen ihn auf, als er in Jerusalem einzieht. „Wer das Reich Gottes nicht so annimmt wie ein Kind, der wird nicht hineinkommen", hatte Jesus gesagt. Das geschieht auch mit Petrus. Als er wie ein Kind zu weinen beginnt, kann er sich selbst allmählich verstehen. Auch wir sind wie er: Wir weinen wie Kinder und bitten um Vergebung für unsere Sünde. Lassen wir uns vom Drama der vielen Armen betreffen, die uns durch ihr Kreuz an das Leiden und den Kreuzweg Jesu erinnern. Entscheiden wir uns, nicht mehr wegzulaufen, ihm nicht mehr nur aus der Ferne zu folgen, sondern ihm nahe zu sein und ihn gernzuhaben. Nehmen wir das Evangelium in die Hand und machen wir uns zu Begleitern Jesu. Der Ölzweig in unseren Händen ist ein Friedenszeichen und erinnert uns daran, dass der Herr den Frieden sucht und den Frieden schenkt. Dieser Ölzweig wird uns in unseren Häusern daran erinnern, wie sehr Gott uns liebt. Er ist unser Friede, denn er kennt keine Feinde und rettet nicht sich selbst. Die Liebe besiegt das Böse. Wollen auch wir eine solche Liebe lernen? Wollen wir wie Jesus Männer und Frauen

des Friedens sein? Die Leidensgeschichte ist ein Weg der Freude. Gehen wir ihn mit Jesus, um mit ihm aufzuerstehen.

Gebet der Karwoche

Montag, 29. März: Montag der Karwoche

Gedenken an die Märtyrer für das Evangelium.

Joh 12,1–11. **Die Salbung Jesu in Betanien**

Mit dem Palmsonntag sind wir in die Heilige Woche eingetreten. Das Johannesevangelium berichtet zu Beginn der Leidensgeschichte Jesu vom Mahl in Betanien im Haus von Marta, Maria und Lazarus, einer eng mit Jesus befreundeten Familie. Es fehlten – wie für uns heute – noch sechs Tage bis zum Paschafest, und Jesus war wieder bei ihnen am Abend zum Essen. Auch Lazarus war dabei, dem Jesus kurz vorher das Leben wiedergeschenkt hatte. Plötzlich steht Maria beim Abendessen auf, geht zu Jesus hin und kniet vor seinen Füßen nieder, um sie mit kostbarem Nardenöl zu salben und dann mit ihrem Haar zu trocknen. Das Haus wird von wohlriechendem Duft erfüllt. Es ist eine Geste, die den Duft der Dankbarkeit verbreitet. Diese Geste kann ein Zeichen liebevoller Dankbarkeit für das dem Bruder wiedergeschenkte Leben sein. Judas ist ganz anderer Meinung. In jedem Fall ist es eine Geste der Liebe, die den Duft der Dankbarkeit verströmt. Maria macht sich keine Gedanken über eine mögliche „Verschwendung". Für sie zählt nur die Liebe zu diesem Propheten, der ihr den Bruder wiedergeschenkt hatte und ihr Haus innig liebte. Doch Judas denkt anders. Diese so liebevolle Geste ist für ihn nur sinnlose Verschwendung. Der Evangelist merkt an, dass er dies nicht aus Interesse an den Armen sagt, sondern weil er am Geld oder vielmehr am eigenen Gewinn interessiert ist. Die Habgier nach dem Besitz hatte ihn blind gemacht. Jesus antwortet Judas sofort und sagt: „Lass sie". Er möchte, dass Maria diese Geste der Liebe fortsetzt, denn diese Salbung nimmt das Öl vorweg, mit dem sein Leib in Kürze vor dem Begräbnis gesalbt werden sollte. Jesus fügt hinzu: „Die Armen habt ihr immer bei euch, mich aber habt ihr nicht immer.“ Tatsächlich sollte kurz darauf sein Kreuzweg zum Tod beginnen. Maria hatte als Einzige verstanden, dass Jesus dem Tod nahe war und deshalb wie jeder Sterbende Zuneigung und besondere Nähe brauchte. Diese Frau, die sich von der Liebe zu Jesus mitreißen ließ, lehrt uns, wie wir diesem einzigartigen Meister in diesen Tagen nahe sein sollen. Sie lehrt uns auch, wie wir den Armen nahe sein können, die sein Fleisch und Blut sind.

Gebet in der Karwoche

Dienstag, 30. März: Dienstag der Karwoche

Gedenken an die neuen Märtyrer

Joh 13,21–33.36–38. **Ankündigung des Verrats**

Jesus weiß inzwischen genau, dass seine Stunde nahe ist und dass Judas ihn verraten wird. Mit unfassbarer Traurigkeit im Herzen sagt Jesus zu allen: „Einer von euch wird mich ausliefern.“ Es genügt nicht, Jesus physisch nahe zu sein. Was zählt, sind die Nähe des Herzens und die Beteiligung an seinem Heilsplan. Auch wir können am Leben der Jüngergemeinschaft teilnehmen und den Zeiten im Leben der Gläubigen folgen. Doch wenn unser Herz das Wort des Herrn nicht aufnimmt, wenn die konkrete Liebe zu den Armen fehlt, wenn die konkrete Gemeinschaft mit den Schwestern und Brüdern und der Einsatz für eine gerechte und friedliche Welt nicht gelebt werden, wird sich unser Herz Schritt für Schritt entfernen. Was dann einmal Liebe zu Jesus war, wird zum Kult für uns selbst und unsere eigenen Dinge. Ganz selbstverständlich gleiten wir so ab in den Verrat. Im Herzen wird der Kampf zwischen Gut und Böse, zwischen Liebe und Misstrauen ausgetragen. Hier gibt es keine Kompromisse. Das war auch bei Judas der Fall. In diesen Tagen ruft uns Jesus nicht so sehr auf, ihm zu dienen, sondern bei ihm zu sein, ihn zu begleiten und ihn nicht allein zu lassen. Allenfalls ermahnt er uns, wachsam zu sein und nicht banal zu werden. Das versucht er seinen Dienern zu verdeutlichen, aber diese – angefangen von Petrus – verstehen ihn nicht. Sie sind zu sehr von sich selbst eingenommen, sodass sie ihr Herz nicht von seinen Worten berühren lassen. Aus einem Herzen, das nicht zuhört, entsteht der Verrat. Wenn wir die Worte des Evangeliums verdrängen, gewinnen unsere eigenen Worte, unsere oft widersprüchlichen Gedanken und Gefühle die Oberhand. So werden wir sogar dazu fähig, Jesus billig zu verkaufen. Wir müssen alle wachsam sein. Auch Petrus und die anderen Jünger, die an jenem Abend bei ihm waren und ihm die Treue bis in den Tod versprochen hatten, werden ihn in wenigen Tagen zuerst verlassen und danach verleugnen. Wir dürfen nicht auf uns selbst vertrauen, sondern müssen uns jeden Tag der Liebe und dem Schutz des Herrn anvertrauen.

Gebet in der Karwoche

Mittwoch, 31. März: Mittwoch der Karwoche

Mt 26,14–25. **Wehe dem Verräter!**

Die Erzählung vom Verrat des Judas ruft immer Schmerz und Erschütterung hervor, da er schließlich seinen Meister sogar für dreißig Silberstücke verkauft, den Preis für den Freikauf eines Sklaven. Wie viel Bitterkeit liegt in den einleitenden Worten des Evangeliums: „einer der Zwölf"! Ja, einer von den engsten Freunden. Einer, den Jesus erwählt, geliebt und sich um ihn gekümmert hatte, den er auch gegen Angriffe von Feinden verteidigt hatte. Jetzt ist es ausgerechnet er, der Jesus an die Gegner verkauft. Judas war der Verlockung durch den Reichtum erlegen und hatte dadurch die Distanz zu seinem Meister vergrößert bis hin zur Planung und Durchführung des Verrats. Jesus hatte im Übrigen deutlich gesagt: „Ihr könnt nicht Gott dienen und dem Mammon" (Mt 6,24). Letztlich aber zog Judas den Mammon vor und schlug diesen Weg ein. Doch am Ende entwickelte sich dieses Abenteuer ganz anders, als er es sich vorgestellt hatte. Die ängstliche Unruhe begann vielleicht für Judas, als er sich darum sorgte, wie er Jesus ausliefern sollte. Schließlich kam der Augenblick. Er sollte mit dem Paschafest und somit mit der Zeit zusammenfallen, in der das Lamm geschlachtet wurde zum Gedenken an die Befreiung aus der Knechtschaft in Ägypten. Jesus wusste genau, was ihn erwartete. „Meine Zeit ist da", sagte er zu den Jüngern. Er bat sie, das Paschamahl vorzubereiten, das Mahl des Lammes. Dadurch wies er darauf hin, dass nicht Judas es war, der ihn an die Hohepriester auslieferte. Im Gegenteil, aus Liebe zu den Menschen lieferte er sich selbst dem Tod aus. Die Bitte Jesu um Liebe an jenem Abend erklingt immer wieder in den Ohren eines jeden Jüngers und sogar aller Menschen: Das Leiden Jesu ist nicht zu Ende. Das Bedürfnis nach Liebe zeigt sich vor allem bei den Armen, Schwachen, Einsamen, Verurteilten und bei allen, deren Leben durch die Bosheit der Menschen zur Qual geworden ist. Wir alle müssen aufmerksam sein und diesen Instinkt des Verrates von uns weisen, der im Herzen eines jeden verborgen ist. Um seine Gedanken an diesem Abend vor den anderen zu verbergen, wagt auch Judas zu fragen: „Bin ich es etwa, Herr?" Prüfen wir uns auf unsere Treulosigkeit hin, nicht um davon erdrückt zu werden, sondern um uns noch enger an Jesus zu binden, der weiterhin die Sünden der Welt auf seine Schultern nimmt, auch die unseren.

Gebet in der Karwoche

Donnerstag, 1. April: Gründonnerstag

Liturgie vom Letzten Abendmahl und von der Fußwaschung.

Ex 12,1–8.11–14; Ps 116; 1 Kor 11,23–26; Joh 13,1–15. **Das Letzte Abendmahl**

„Mit großer Sehnsucht habe ich danach verlangt, vor meinem Leiden dieses Paschamahl mit euch zu essen", sagt Jesus zu seinen Jüngern am Beginn seines letzten Abendmahls, bevor er stirbt (Lk 22,15). Im Grunde genommen hegt Jesus diese Sehnsucht sein Leben lang und auch an diesem Abend möchte er mit den Seinen zusammen sein. Er

begibt sich mit den Zwölfen zu Tisch, nimmt das Brot, verteilt es unter ihnen und sagt: „Das ist mein Leib, der für euch hingegeben wird" (Lk 22,19). Ebenso nimmt er den Kelch mit Wein: „Dieser Kelch ist der Neue Bund in meinem Blut, das für euch vergossen wird" (Lk 22,20). Dieses Brot und dieser Wein sind die vom Himmel für uns herabgekommene Nahrung, die wir Pilger auf den Wegen dieser Welt sind. Sie machen uns Jesus ähnlich. Sie helfen uns, so zu leben wie er. Sie wecken in uns Gefühle der Güte, des Dienstes, der Liebenswürdigkeit, der Liebe, der Vergebung. Es sind die Gefühle, mit denen er als ein Diener den Jüngern die Füße gewaschen hat.
Das Evangelium vom Gründonnerstag fordert die Jünger auf, sich niederzubeugen und einander die Füße zu waschen. Der Gründonnerstag ist eine Lehre für das Leben, ist eine Lebensgrundlage: das wahre Leben ist nicht aufrechte Haltung oder unbedingter Stolz. Das Leben nach dem Evangelium bedeutet, sich den Schwestern und Brüdern zuzuwenden und bei den Schwächsten zu beginnen. Dieser Weg stammt vom Himmel und ist zugleich der menschlichste Weg. Wir alle brauchen jemanden, der sich uns zuwendet, wie wir es auch brauchen, uns den Schwestern und Brüdern zuzuwenden. Der Gründonnerstag ist wirklich ein menschlicher Tag: der Tag der Liebe Jesu, die sich bis zu den Füßen seiner Freunde erniedrigt. Wir alle sind seine Freunde, sogar derjenige, der gerade zum Verräter wird. Für Jesus ist niemand ein Feind, für ihn ist alles Liebe. Die Fußwaschung ist keine Geste, sondern eine Lebensweise.
Am Ende des Abendmahls geht Jesus zum Ölberg. Dort beugt er sich noch einmal nieder. Er wirft sich sogar auf den Boden und schwitzt Blut aus Schmerz und Sorge. Lassen wir uns zumindest ein wenig von diesem Menschen betreffen, der uns mit einer nie zuvor auf Erden da gewesenen Liebe liebt. Während wir am Gebetsort verharren, zeigen wir ihm unsere Freundschaft. Heute braucht der Herr Begleitung, mehr als wir. Hören wir sein inständiges Gebet: „Meine Seele ist zu Tode betrübt. Bleibt hier und wacht mit mir!" (Mt 26,38). Wenden wir uns ihm zu und lassen wir ihn nicht ohne den Trost unserer Nähe.

Gebet in der Karwoche

Freitag, 2. April: Karfreitag

Gedenken an den Tod Jesu am Kreuz.

Jes 52,13–53,12; Ps 31; Hebr 4,14–16; 5,7–9; Joh 18,1–19,42. **Der Tod Jesu**

Die Karfreitagsliturgie beginnt damit, dass sich der Zelebrant auf den Boden legt. Dieses Zeichen ahmt die Geste Jesu nach, der sich aus Todesangst am Ölberg zu Boden warf. Jesus wollte nicht sterben: „Vater, wenn du willst, nimm diesen Kelch von mir! Aber nicht mein, sondern dein Wille soll geschehen" (Lk 22,42). Gottes Wille besteht darin, dass das Böse uns nicht vernichtet, dass der Tod uns nicht hinwegrafft. Jesus weicht ihm nicht aus. Er nimmt ihn auf sich, damit er uns nicht zugrunde richtet. Er will uns nicht verlieren. Die Leidensgeschichte wird fortgesetzt, und zwar an den zahlreichen „Ölbergen" dieser Welt, wo noch Krieg herrscht und Millionen Flüchtlinge zusammengedrängt ausharren. Sie wird fortgesetzt, wo Menschen aus Sorge niedergebeugt werden, wo Kranke im Todeskampf allein gelassen werden, wo aus Schmerz und Verzweiflung Blut geschwitzt wird. Das Leiden nach Johannes beginnt nämlich am Ölberg, während die Worte Jesu an die Soldaten seine Entscheidung, niemanden zu verlieren, sehr gut zum Ausdruck bringen. Als die Soldaten ankommen, geht Jesus ihnen entgegen: „Wen sucht ihr?" Auf ihre Antwort „Jesus von Nazaret" erwidert er: „Wenn ihr also mich sucht, dann lasst diese gehen!" Er will nicht, dass den Seinen etwas angetan wird, vielmehr will er sie retten und vor allem Bösen bewahren.

Auch wir gehören zu denen, die der Vater ihm anvertraut hat. Er hat unsere Sünde, unsere Kreuze auf sich genommen, damit wir alle aufgerichtet werden. Mitten in der Karfreitagsliturgie wird das Kreuz feierlich hereingetragen: alle verbeugen sich und küssen es. Das Kreuz ist kein Fluch, sondern ein Evangelium, eine Quelle neuen Lebens: „Er hat sich für uns hingegeben, damit er uns von aller Ungerechtigkeit erlöse und für sich ein auserlesenes Volk schaffe" (Tit 2,14), schreibt der Apostel Paulus. An diesem Kreuz wurde das Gesetz aufgehoben, das Gesetz der Selbstliebe. Dieses Gesetz wurde von dem beseitigt, der bis zum Tod am Kreuz für die anderen gelebt hat. Jesus hat den Menschen die Angst vor dem Dienen genommen, vor einem nicht nur für sich gelebten Leben. Durch das Kreuz wurden wir aus der Sklaverei unseres Ichs befreit, um die Arme und das Herz bis zu den Grenzen der Erde auszustrecken. Die Karfreitagsliturgie enthält daher nicht aus Zufall ein ganz besonders großes Fürbittgebet. Dabei werden die Arme des Kreuzes bis zu den Grenzen der Erde ausgebreitet, um allen die Herzlichkeit und Liebenswürdigkeit der Liebe Gottes zu erweisen, die allem standhält, die alles erträgt, alles vergibt, alles erlöst.

Gebet in der Karwoche

Samstag, 3. April: Karsamstag

Lk 23,50–56. **Die Grablegung Jesu**

Ein guter und gerechter Mensch hat sich der Entscheidung des Hohen Rates, Jesus zu töten, nicht angeschlossen. Josef von Arimathäa hatte sich bei der Abstimmung des Hohen Rates über das Todesurteil enthalten. Ein anderer Josef tritt nun am Ende in das Leben Jesu ein. Der Erste hatte ihn als Kind vor Herodes gerettet, der Zweite nimmt ihn vom Kreuz, hüllt ihn in ein Leinentuch und legt ihn in ein neues Grab. Ihm schließen sich auch die Frauen an, die Jesus gefolgt waren. Angesichts des Grabes, des Leids dieser Welt und des Todes, angesichts des Schlafes der Jünger bleibt nur der Glaube an die Worte Jesu, der dem Vater vertraut. Wer angesichts des unermesslichen Leids der Entscheidung nicht zustimmt, diesen Menschen zu töten und zu beseitigen, der soll nicht nur weinen, sondern auch glauben, beten und hoffen, dass eine andere Zeit anbrechen kann. Der soll auch geben, was er hat, und sei es auch nur ein Leinentuch des Erbarmens oder ein Grab für die Bestattung. Gemäß der Tradition der Kirche – die sich auf die Schriftstellen stützt, die vom Hinabsteigen Jesu in die Unterwelt sprechen – ist Jesus an diesem Tag in die Unterwelt und somit in das Reich des Todes hinabgestiegen, um angefangen bei Adam und Eva die Menschen mit ins Paradies zu nehmen. Das zeigt die Osterikone, die in der orthodoxen Tradition verehrt wird. Mit dem Hinabstieg Jesu in die Unterwelt und somit in die Abgründe dieser Welt nimmt die Auferstehung ihren Anfang. Wir können sagen, dass er auch heute in das Reich des Todes dieser Welt hinabsteigt, um alle vom Bösen Gequälten und Getöteten den Händen des Todes zu entreißen. Der Auferstandene will sie mit sich in den Himmel führen. Ihnen und vielen anderen sagt Jesus auch weiterhin: „Heute noch wirst du mit mir im Paradies sein" (Lk 23,43).

Gebet in der Karwoche

OSTERZEIT

Sonntag, 4. April: Ostern der Auferstehung

Gedenken an Martin Luther King, der 1968 in Memphis in den Vereinigten Staaten ermordet wurde. Mit ihm gedenken wir aller, die nach Gerechtigkeit hungern und dürsten.

Apg 10,34a.37–43; Ps 118; Kol 3,1–4; Joh 20,1–9

Nachdem wir Jesus in seinen letzten Lebenstagen nachgefolgt sind, ist das Osterfest gekommen. Das Osterevangelium beginnt an der äußersten Grenze, in der Dunkelheit der Nacht. Der Evangelist Johannes schreibt, dass „es noch dunkel war", als Maria von Magdala zum Grab kam. Dunkel war es auch im Herzen dieser Frau. Es war die Dunkelheit der Traurigkeit und Angst. Mit traurigem Herzen ging Maria zum Grab.

Als sie dort ankommt, sieht sie, dass der Stein vom Eingang weggenommen war; er war so schwer wie jeder Tod und jede Trennung. Sogleich läuft sie zu Petrus und Johannes: „Sie haben den Herrn aus dem Grab weggenommen". Marias Trauer über den Verlust des Herrn, auch nur über den Verlust seines toten Leibes, ist eine Anfrage an unsere Kälte und Vergesslichkeit, die wir Jesus schon als Lebendem entgegenbringen. Nur mit ihren Gefühlen werden wir dem auferstandenen Jesus begegnen können. Mit ihrer Verzweiflung rüttelt sie Petrus und den anderen Jünger auf, den Jesus liebte. Nun laufen auch sie zum leeren Grab. Dieses Laufen ist ein deutlicher Hinweis auf die Sehnsucht eines jeden Jüngers, einer jeden Gemeinde bei ihrer Suche nach dem Herrn. Vielleicht sollten auch wir wieder mit diesem Laufen beginnen. Ostern bedeutet auch Eile. Johannes, der Jünger der Liebe, kommt als Erster zum Grab: die Liebe lässt schneller laufen und wartet auf den Glauben des Petrus, der nach ihm kommt. Petrus tritt als Erster ein und entdeckt eine vollkommene Ordnung: Die Leinenbinden lagen an ihrem Platz, gleichsam losgelöst vom Leib Jesu, und das Schweiß-

tuch lag „zusammengebunden daneben an einer besonderen Stelle". Es handelte sich weder um Diebstahl noch um eine Grabschändung: Jesus hatte sich in gewisser Weise selbst befreit. Für ihn war es nicht nötig wie bei Lazarus, dass ihm die Binden gelöst werden. Auch der andere Jünger trat ein und „sah" dasselbe Bild; „er sah und glaubte", merkt das Evangelium an. Sie standen vor den Zeichen der Auferstehung und ließen sich im Herzen anrühren.
Denn bis dahin, so schreibt der Evangelist weiter, hatten sie noch nicht „die Schrift verstanden, dass er von den Toten auferstehen müsse". Unser Leben ist oft genauso: ein Leben ohne Auferstehung und Ostern, voller Resignation angesichts von großem Leid und großen menschlichen Dramen. Ostern ist gekommen, das Grab wurde geöffnet. Der Herr hat den Tod besiegt. Er lebt auf ewig. Das Evangelium ist Auferstehung, es ist Neugeburt zu einem neuen Leben.

Gebet an Ostern

Montag, 5. April: Ostermontag

Mt 28,8–15. **Der Auferstandene erscheint den Frauen**

Das Matthäusevangelium lässt uns am Ostertag verweilen, am Tag des Heiles. Die Frauen haben gerade die Verkündigung von der Auferstehung Jesu durch den Engel empfangen; sie gehorchen seinen Worten: „Sogleich verließen sie das Grab voll Furcht und großer Freude und sie eilten zu seinen Jüngern, um ihnen die Botschaft zu verkünden." Während sie eilig zum Haus unterwegs sind, in dem sich die Jünger aufhalten, kommt Jesus ihnen entgegen. Sie haben sich schon vom Grab entfernt und laufen schnell. Man könnte sagen, dass es Ostern immer eilig hat. Die Welt braucht Auferstehung. Jesus will dieses Laufen sicher nicht aufhalten. Vielleicht will er ihnen dabei helfen, das Ereignis besser zu verstehen. Er wiederholt fast die gleichen Worte, wie sie der Engel gesagt hatte: „Fürchtet euch nicht! … geht schnell zu seinen Jüngern und sagt ihnen: … er geht euch voraus nach Galiläa, dort werdet ihr ihn sehen." Es gibt jedoch einen erwähnenswerten Unterschied.

Jesus sagt: „Geht und sagt meinen Brüdern, sie sollen nach Galiläa gehen und dort werden sie mich sehen." Er bezeichnet seine Jünger als „meine Brüder" und möchte damit die leidenschaftliche Liebe hervorheben, die Distanzen überwindet, Trennungen beseitigt, die Menschen in einer Geschwisterlichkeit vereint. Ostern muss für alle Jünger zu einer Neugeburt werden. Doch manche wollen Ostern und seine verwandelnde Kraft aufhalten, damit alles so bleibt wie immer. Die Welt will, dass die Gräber verschlossen bleiben, und benutzt Lügen und Bestechung, damit sich die Nachricht von seiner Auferstehung nicht verbreitet. Seit jenem ersten Ostern kann jeder, der diese Botschaft verkündet, vor Könige und Richter gezerrt und verurteilt werden. Leider gibt es heute noch viele Christen, die wegen des Glaubens leiden. Der Auferstandene ist schon in all diesen vielen Galiläas anwesend und bittet die Frauen, dass sie den Jüngern sagen, sie werden ihn in diesen Peripherien sehen. Ostern ist für alle, nicht für wenige Privilegierte. Die Jünger sind aufgerufen, ihm dort zu begegnen, wo es ein Bedürfnis gibt, zum Leben und zur Liebe aufzuerstehen.

Gebet an Ostern

Dienstag, 6. April

Joh 20,11–18. **„Ich habe den Herrn gesehen"**

Maria von Magdala ist beim Grab geblieben und weint über den Tod ihres Herrn. Sie war zum Grab gegangen und als sie ihn nicht fand, setzt sie ihre Suche fort. Alle fragt sie, wohin man diesen Meister gelegt hat, die beiden Engel „in weißen Gewändern" und auch den „Gärtner". Ihr ganzes Bestreben ist die Suche nach ihm, ohne den sie sich verloren fühlt. Sonst hat sie kein anderes Interesse. Ihre Leidenschaft ist ein Vorbild für den wahren Gläubigen, der unaufhörlich auf der Suche nach dem Herrn ist. Nach den beiden Engeln fragt sie auch einen Mann, den sie für den „Gärtner" hält. Es ist der auferstandene Jesus. Maria sieht Jesus zwar mit den Augen, doch sie erkennt ihn nicht mit dem Herzen. Erst als sie die Stimme dieses Mannes hört, der sie beim

Namen ruft, wird ihr Herz berührt und auch ihre Augen werden geöffnet. Diese beispielhafte Begebenheit beschreibt in ihrer Ausdruckskraft den Sinn des Glaubens. Diese „Ikone“ des Evangeliums zeigt auf, was geschieht, wenn das Wort Gottes an uns gerichtet wird. Wir erkennen Jesus nicht mit unseren Augen, sondern an seiner Stimme, an seinem Wort. Wenn wir mit dem Herzen dieser Frau, die unter allen Umständen ihren Meister finden will, auf das Wort Gottes hören, dann werden wir ihn nicht nur erkennen, sondern auch nicht mehr verlassen. Die Stimme des auferstandenen Jesus ist das Evangelium. Auch wenn wir sie nur einen Augenblick oder nur ein einziges Mal hören, können wir nicht mehr auf sie verzichten. Vertrautheit mit den Worten des Evangeliums ist Vertrautheit mit Jesus: das ist der Weg, ihn zu sehen und ihm zu begegnen. Nachdem Maria Jesus gehört hat, wirft sie sich ihm zu Füßen und umarmt ihn. „Halte mich nicht fest … Geh aber zu meinen Brüdern“. Die Liebe des Evangeliums ist eine Kraft, die zum Weitergehen anspornt. Diese Liebe lässt nicht zu, dass man bleibt, wo man ist. Sie ist kein Besitz, an dem man individuellen Gefallen findet. Daher ist Maria voller Freude und läuft zu den Jüngern, um allen zu verkünden: „Ich habe den Herrn gesehen.“ Sie, die Sünderin, ist die erste Apostelin des Evangeliums der Auferstehung geworden.

Gebet an Ostern

Mittwoch, 7. April

Gedenken an Tichon, den Patriarchen von Moskau und ganz Russland, der 1925 starb, und mit ihm an alle Bekenner und Märtyrer der russisch-orthodoxen Kirche während des kommunistischen Regimes. Gedenken an den Völkermord in Ruanda 1994.

Lk 24,13–35. **Die Emmausjünger**

Mit dem Bericht von Emmaus sollen wir weiter im Ostergeheimnis verweilen, es erleben und weitergeben, damit unsere Welt verwandelt wird und neues Leben entsteht. Der Weg der beiden Jünger wird durch uns fortgesetzt. Ihre Traurigkeit kann auch die unsere sein, wenn wir sehen, wie sehr heute viele Männer und Frauen unter Gewalt und Konflikten leiden. Es gibt noch zu viele „Gekreuzigte“ auf Erden. Auch wir könnten uns von Trostlosigkeit und Resignation beherrscht einbilden, es könne nichts geändert werden, sodass wir ohne Träume für eine neue Welt in unsere „Dörfer“ zu unseren Angelegenheiten und Gewohnheiten zurückkehren. Leider fehlt es nicht an Gründen für eine solche Resignation. Drei Tage sind vergangen und jetzt viele Jahre, ohne dass sich die Welt scheinbar geändert hat. Wo ist denn die verändernde Kraft des Evangeliums? Wo ist der Sieg des Lebens über den Tod? Wie können so viel Hass und Böses auf der Welt beseitigt werden? Diese Fragen scheinen teilweise normal, ja realistisch. Doch Ostern kehrt auch in diesem Jahr zurück und führt uns auf seinen Weg, wie es bei den beiden von Emmaus geschah. Es geht darum, in neuer Weise zuzuhören, die Schrift besser zu kennen, um ihre Kraft zu erfahren. Das ist die tägliche Begegnung mit dem Wort Gottes. Es ist wirklich fremd in dem Sinn, dass es sich von unserem Herzen und unseren Gedanken unterscheidet. Es tritt an unsere Seite, um unsere Gedanken durch den Traum Gottes zu erleuchten und das Herz durch die Leidenschaft des auferstandenen Jesus zum Brennen zu bringen. Ein einfaches Gebet wird spontan ausgesprochen: „Bleib bei uns“. Nachdem bisher der Fremde gesprochen hat, hört er nun das Gebet der beiden. Jesus erhört es und tritt in das Haus der beiden ein, um mit ihnen Mahl zu halten. Während er das Brot bricht, gehen ihnen die Augen auf und sie erkennen ihn. Nur Jesus war fähig, solche Worte zu sprechen. Nur er konnte das Brot auf diese Weise brechen. Die beiden erkannten ihn. Jesus war nicht im Grab. Er lebte und begleitete sie auf ihrem Weg.

Gebet an Ostern

Donnerstag, 8. April

Lk 24,35–48. **Die Bestätigung der Schrift**

Das heutige Evangelium führt uns an das Ende des Ostertages. Die beiden Emmausjünger sind gerade im Abendmahlsaal angekommen und erzählen den Jüngern, „was sie unterwegs erlebt und wie sie ihn erkannt hatten, als er das Brot brach“. Die Elf und die anderen waren noch voller Angst und hatten den Abendmahlsaal verschlossen. Dieser Ort war sicher voller Erinnerungen, doch es bestand die Gefahr, dass er zum eigenen Schutz ein abgeschlossener, behüteter Raum blieb. Diese Angst kennen auch wir: Wie oft verschließen wir die Türen unserer Herzen, Häuser, Gruppen, Gemeinden und Familien, weil wir ungestört bleiben wollen oder Angst haben, etwas zu verlieren! Doch der Auferstandene ist weiter unter uns. Er tritt in unsere Mitte und stellt sich nicht an den Rand als einer von vielen, als ein Wort unter anderen. Er tritt ein und stellt sich in die Mitte als das rettende Wort. Die Jünger sind von Angst ergriffen und halten ihn für ein Gespenst. Zwar hatten sie schon zuvor die Verkündigung der Frauen gehört, doch durch die Entfernung von Jesus in den Tagen des Leidens ist ihr Geist getrübt und ihr Herz verhärtet. Der Evangelist scheint den Hinweis zu geben, dass der Unglaube die Gläubigen jedes Mal erfasst, wenn sie sich von Jesus entfernen und sich von Angst beherrschen lassen. Jesus tritt bei verschlossenen Türen ein und sagt zu ihnen: „Friede sei mit euch!“ Das ist das erste Wort des Auferstandenen. Die erste Folge der Auferstehung ist der Friede. Der österliche Friede ist eine neue Liebeskraft, die die Welt erfüllt. Die Apostel hielten das für unmöglich. Als sie Jesus sehen, haben sie Angst. Jesus tadelt sie: „Was seid ihr so bestürzt?“ Er wiederholt, was er häufig zu ihnen gesagt hatte: die Führer des Volkes hätten ihn getötet, doch er werde auferstehen. Wie wenig glauben auch wir den Worten Jesu. Wenn sie wiederholt werden, halten wir sie für Einbildung wie bei einem Gespenst! Doch das Evangelium schafft eine neue Wirklichkeit, eine neue und reale Gemeinschaft aus Menschen, die vorher zerstreut und verängstigt waren und die nach dem Hören auf das Evangelium zu einer neuen Geschwisterlichkeit zusammenfinden. Dieses Abendmahl an Ostern war die Erfüllung des Reiches der Liebe.

Gebet an Ostern

Freitag, 9. April

Gedenken an Maria, die Frau des Klopas, die mit den anderen Frauen beim Kreuz des Herrn stand. Gebet für alle Frauen, die auf der ganzen Welt mit Mut und in Schwierigkeiten dem Herrn folgen.
Gedenken an Dietrich Bonhoeffer, der 1945 von den Nationalsozialisten im Konzentrationslager Flossenbürg hingerichtet wurde.
In Israel wird der Tag des Gedenkens an die Schoah, Yom Hashoàh, begangen, an dem der Vernichtung des jüdischen Volkes durch die Nationalsozialisten im 2. Weltkrieg gedacht wird.

Joh 21,1–14. **Erscheinung am See**

Die Apostel hatten ihre Netze verlassen, um Menschenfischer zu werden (vgl. Lk 5,10), nun aber fangen sie wieder Fische. Vielleicht waren sie durch die Erinnerungen an Jesus zumindest noch ein wenig untereinander verbunden. Zu siebt gehen sie gemeinsam fischen. In der vom Evangelisten gern verwendeten symbolischen Sprache ist die Zahl „Sieben" ein Symbol für Universalität. Diese kleine Gruppe ist eine Art Samenkorn für die Kirche, die unter allen Völkern verbreitet ist. Es ist wie ein Neuanfang. Nicht zufällig nennt der Evangelist all ihre Namen. Ohne Jesus ist der Fischfang natürlich ein vollkommener Fehlschlag. Ohne das Licht des Evangeliums gibt es keine Früchte. Doch Jesus kommt und mit ihm der Sonnenaufgang eines neuen Tages. Sie sehen ihn, erkennen ihn aber nicht, so stark ist ihre Resignation. Trotz der Müdigkeit schenken sie jedoch diesem Mann Gehorsam. Drei Jahre lang waren sie gewohnt, auf das Evangelium zu hören – und wie wichtig ist es, dass das Zuhören zu einer täglichen Gewohnheit wird! Vielleicht brechen sie deshalb auf und werfen die Netze auf der anderen Seite aus. Wenn man dem Evangelium Gehorsam schenkt, bleibt es nie ohne Folgen. Nun machen sie einen reichen, übermäßig großen Fischfang. Nun erkennen sie auch den Herrn. Die Früchte des Evangeliums, die Wunder der Liebe öffnen Augen und Herz dieser sieben Jünger. An diesem Tag verstanden sie besser, was Jesus früher zu ihnen gesagt hatte: „denn getrennt von mir könnt ihr nichts vollbringen" (Joh 15,5). Jesus hat für sie schon das Kohlenfeuer bereitet und wartet darauf, dass Fisch von ihrem Fang gebracht wird. Das ist das Mahl des Auferstandenen mit den Seinen. Die Worte des Evangelisten erinnern an die Worte bei der Brotvermehrung und bei der Eucharistie. Denn die Eucharistiefeier und das Mahl mit den Armen sind Orte, an denen die Gemeinschaft der Jünger als Ort des Festes aufgebaut wird, das der Vater im Himmel schon auf Erden vorbereitet.

Gebet an Ostern

Samstag, 10. April

Mk 16,9–15. **Geht hinaus in die ganze Welt**

Im Unterschied zu den anderen Evangelisten fügt Markus eine Zusammenfassung der drei Erscheinungen an: vor Maria Magdalena, den beiden Emmausjüngern und den elf Jüngern im Abendmahlsaal. Alle werden in die Welt gesandt, um das Evangelium der Liebe weiterzugeben, das den Tod besiegt: „Geht hinaus in die ganze Welt und verkündet das Evangelium der ganzen Schöpfung!“ Maria von Magdala, die Jesus von sieben Dämonen befreit hatte, ist auch für den zweiten Evangelisten die „erste“ Verkünderin der Auferstehung. Sie, die „so viel Liebe gezeigt“ hat und der daher viel vergeben wurde, erfährt den Vorzug, die erste Jüngerin des Auferstandenen zu sein und als Erste die Aufgabe zu erhalten, den Jüngern das Evangelium der Auferstehung zu bringen. Die Apostel glauben ihr nicht, denn sie sind noch immer Sklaven der Mentalität dieser Welt. Es genügt nicht zu klagen und zu weinen, um ihre Liebe zu Jesus zu zeigen. Es genügen nicht unsere persönlichen Gefühle, unsere Gedanken, unsere Überlegungen. Es kommt darauf an, einem anderen Gehör zu schenken, der uns im Namen Jesu das Evangelium weitergibt. Die Demut ist die Tür zum Glauben und erfordert Zuhören und Aufmerksamkeit für etwas, das nicht von uns, sondern von oben stammt. Hier ist es die Stimme einer Frau, die den auferstandenen Herrn gesehen hat. Vom ersten Augenblick seiner Auferstehung an bedient sich Jesus der Schwäche dieser Frau, um die Überheblichkeit der Jünger zu erschüttern. Mit tiefer spiritueller Weisheit wird Maria von Magdala in der byzantinischen Tradition als „Apostelin der Apostel" bezeichnet. Dieses Evangelium legt uns nahe, dass jedem einzelnen Jünger die Aufgabe anvertraut wird, die Auferstehung Jesu, seinen Sieg über das Böse und den Tod weiterzugeben. Daher waren die ersten Verkünder des Osterevangeliums nicht die Apostel, sondern eben eine Frau und zwei unbekannte Jünger.

Gebet an Ostern

Sonntag, 11. April: 2. Sonntag der Osterzeit – Sonntag der göttlichen Barmherzigkeit

Gedenktag des heiligen Märtyrers Stanislaus († 1079), Bischof von Krakau. Er verteidigte die Armen, die Menschenwürde und die Freiheit der Kirche und des Evangeliums.

Apg 4,32–35; Ps 118; 1 Joh 5,1–6; Joh 20,19–31

Der zweite Ostersonntag ist der göttlichen Barmherzigkeit gewidmet. Dies wurde von Johannes Paul II. eingerichtet. Dabei bezog er sich auf die Hinweise der polnischen Ordensfrau Faustina Kowalska, die seit 1931 die Verehrung der göttlichen Barmherzigkeit verbreitet hat. Für Europa waren es schreckliche Zeiten, in denen diese Ordensfrau das Bedürfnis nach Barmherzigkeit verspürte. Sie setzte sich dafür ein, dass der Sonntag nach Ostern der Barmherzigkeit gewidmet wird, und sagte: in Tod und Auferstehung des Herrn hat die Barmherzigkeit Gottes ihren Höhepunkt und ihre Erfüllung erlangt. Der Abschnitt aus dem Evangelium ist eine Hilfe, um den Sinn der Barmherzigkeit noch besser zu verstehen.
Der Evangelist Johannes führt uns zurück zum Osterabend und zum Abend acht Tage danach, um die Einteilung der kirchlichen Zeit anzudeuten. Denn seit diesem Tag hat die Kirche bis heute in den vergangenen Jahrhunderten immer das Gedenken an Ostern gefeiert. Es

handelt sich nicht um eine abgeschlossene Vergangenheit. Jeden Sonntag kehrt der Auferstandene zu seinen Jüngern zurück und tritt in ihre Mitte. Sie taten sich schwer, ihn zu erkennen, wie das häufig auch bei uns der Fall ist, denn wir sind von uns selbst, von unseren Gedanken und unserer Härte beherrscht. Der auferstandene Jesus zeigt seine Wunden und möchte damit auf die vielen Gekreuzigten unserer heutigen Erde hinweisen. Diese Wunden stehen für die heute bestehenden Wunden. Der auferstandene Jesus trägt noch die Wunden, denn er hat weiter Mitleid mit den vielen, die heute durch das Böse verwundet werden. Er ist der Barmherzige und lässt sich vom Schrei der Armen verwunden. Es gibt keine Auferstehung, ohne die Wunden der Menschen am eigenen Leib auf sich zu nehmen. Das gilt auch für die Kirche. Sie ist eine Jüngergemeinschaft, die vom Auferstandenen ausgesandt wird, um zu vergeben, zu heilen und die Herzen von der Gewalt zu befreien.
Diesen Weg der Barmherzigkeit schlägt der Herr unaufhörlich und unermüdlich ein. Acht Tage nach seiner Auferstehung kehrt er zurück, tritt in unsere Mitte und spricht auch zu Thomas, den es im Herzen eines jeden von uns gibt. Anfangs wiederholt er den Friedensgruß: „Friede sei mit euch!" Sofort wendet er sich an Thomas und fordert ihn auf, mit den Händen seine Wunden zu berühren. Dann sagt er weiter: „sei nicht ungläubig, sondern gläubig!" Und Thomas bekennt seinen Glauben: „Mein Herr und mein Gott!" Wenn Jesus von „sehen" spricht, meint er ein intensives Schauen, das das Geheimnis des „durchbohrten" Leibes erfasst.
Jesus spricht hier die letzte Seligpreisung des Evangeliums aus, die als ein Fundament für alle Generationen anzusehen ist, die sich von damals bis heute der Gruppe der Elf angeschlossen haben. Was möchte die Seligpreisung vom Glauben, ohne zu sehen, aussagen? Das Geschehen mit Thomas weist darauf hin, dass der Glaube von jenem Zeitpunkt an nicht durch eine Vision Jesu entsteht, wie das bei den Aposteln der Fall war, sondern durch das Hören der Apostel auf das Evangelium: „Wir haben den Herrn gesehen", und durch die Berührung der Wunden am auferstandenen Leib Jesu.

Gebet an Ostern

Montag, 12. April

Joh 3,1–8. **Aus Wasser und Geist geboren**

In der Osterzeit schlägt die Liturgie das dritte Kapitel des Johannesevangeliums auf mit der Begegnung von Jesus und Nikodemus. Dieser alte Pharisäer und Mitglied des Hohen Rates ist der Erste aus der neuen Generation, der nicht aus dem Gesetz des Fleisches, sondern aus der Macht des Geistes geboren wurde. Er ist uns in der Leidensgeschichte begegnet, als er Jesus durch eine würdige Bestattung ehrte. Der Evangelist Johannes berichtet über seine erste Begegnung mit dem jungen Meister aus Nazaret. Im Herzen von Nikodemus war die Wertschätzung für Jesus immer größer geworden, aber er fürchtete sich, das offen zu zeigen. Daher entscheidet er sich, Jesus nachts aufzusuchen. Während Nikodemus mit ihm spricht, wird er fast von Jesus mit der Antwort unterbrochen: „Wenn jemand nicht von oben geboren wird, kann er das Reich Gottes nicht sehen.“ Nikodemus erwidert seinerseits: „Wie kann ein Mensch, der schon alt ist, geboren werden?“ Jesus listet keine zu erfüllenden Werke auf, er legt auch keine Reihe von einzuhaltenden Vorschriften vor. Jesus zeigt Nikodemus kurz und bündig, dass eine vollkommene und grundlegende Veränderung des Lebens erforderlich ist. Neu geboren zu werden, bedeutet nicht, mehr zu tun oder das Denken zu verändern, sondern es meint die Aufnahme des Geistes Gottes im eigenen Herzen, der das Leben erneuert. Der Prophet Ezechiel schreibt: „Ich gebe ihnen ein einmütiges Herz und einen neuen Geist gebe ich in euer Inneres. Ich entferne das Herz von Stein aus ihrem Fleisch und gebe ihnen ein Herz von Fleisch, damit sie meinen Satzungen folgen und meine Rechtsentscheide bewahren und sie erfüllen. Dann werden sie mir Volk sein und ich werde ihnen Gott sein“ (11,19–20). In dieser Nacht nahmen diese Worte in dem alten Pharisäer Gestalt an und schenkten ihm eine neue Lebenskraft: Er wurde ein Jünger Jesu.

Gebet für die Kranken

Dienstag, 13. April

Für die Muslime beginnt der Ramadan.

Joh 3,7–15. **Der vom Himmel herabgestiegen ist**

Jesus setzt sein Gespräch mit Nikodemus fort. Ein Jünger muss unbedingt von oben durch das Wirken des Geistes geboren werden. Dessen Wirken ist stark und auch geheimnisvoll wie eben das Wehen des Windes, denn man weiß nicht, woher er kommt und wohin er geht. Das vom Evangelisten verwendete griechische Wort „pneuma" kann sowohl „Wind" als auch „Geist" Gottes bedeuten. Es ist die Antriebskraft der Propheten in ihrem prophetischen Wirken. Durch diese doppelte Bedeutung betont der Evangelist, dass das Wirken des Geistes einerseits „Stimme" ist, also Wort und Verkündigung, und andererseits auch „Wind", also Kraft und Bewegung. Darin leuchtet die zentrale Aussage des Johannesevangeliums auf, nämlich das geheimnisvolle Wirken des Geistes, das zum Glauben an Jesus und damit zum Heil führt. Nikodemus lauscht aufmerksam den Worten dieses jungen Meisters. Ganz verwundert zeigt er ihm all seine Skepsis: „Wie kann das geschehen?" Jesus antwortet zunächst mit Ironie: „Du bist der Lehrer Israels und verstehst das nicht?" Mit diesem pädagogischen Mittel hilft Jesus ihm, den resignierten Stolz abzulegen, der seine erwachsenen und gelehrten Augen trübt und ihn daran hindert, mit Klarheit das von Gott kommende Neue zu erkennen. Auch wir wissen nur zu gut, wie oft unsere vermeintlichen Weisheiten von resigniertem Stolz erfüllt sind. Wir schenken den Worten des Evangeliums kein Vertrauen, die uns auffordern, über den Horizont unserer Gewohnheiten hinauszuschauen. Diese halten wir für unveränderlich, obwohl unser Leben doch von so vielen Enttäuschungen und Erfahrungen des Scheiterns durchzogen ist. Für Jesus ist das nicht so. Seine Weisheit ist viel tiefer als unsere, denn es ist die Weisheit Gottes, der mit einer grenzenlosen Liebe auf die ganze Menschheit blickt. Die Neugeburt im Geist vollzieht sich durch das Kreuz, also durch die grenzenlose Liebe, in der Jesus sein eigenes Leben zum Heil der anderen hingibt. Aufgrund dieser Liebe wird der Vater ihn dann von den Toten auferwecken. Schon das Kreuz zeigt jedoch deutlich die Größe der Liebe Jesu zu allen Menschen. Wenn wir beim Kreuz Jesu ausharren, verstehen wir die Größe der Liebe Jesu zu den Menschen besser. Wir alle wurden durch den Deckmantel seiner grenzenlosen Liebe erlöst.

Gebet mit Maria, der Mutter des Herrn

Mittwoch, 14. April

Joh 3,16–21. **So sehr hat Gott die Welt geliebt**

„Denn Gott hat die Welt so sehr geliebt, dass er seinen einzigen Sohn hingab, damit jeder, der an ihn glaubt, nicht verloren geht, sondern ewiges Leben hat." Diese Worte Jesu an Nikodemus sind gleichsam eine Zusammenfassung des Johannesevangeliums. Jesus ist das Geschenk des Vaters an die Menschheit, ein Geschenk, das aus einer grenzenlosen Liebe hervorgeht. So groß ist Gottes Verlangen, die Menschen nicht in den Fängen des Bösen verloren gehen zu lassen, dass er seinen Sohn sendet, damit sie aus der Sklaverei des Bösen befreit werden und zum Heil gelangen. Die Sendung des Sohnes in die Welt durch den Vater und die Liebe des Sohnes zu uns bis zum Kreuz weisen darauf hin, dass die Liebe Geschenk, Dienst und Bereitschaft zur vollkommenen Hingabe für die anderen bedeutet. Diese Liebe, sagt Jesus zu Nikodemus, erklärt das Geheimnis seiner Menschwerdung. Jesus will nicht richten, sondern die Menschen vom Bösen erlösen und aus jeder Knechtschaft befreien. Der Hintergrund dieses Heilsgeheimnisses ist ebendie Liebe: die Liebe Gottes zu uns und demzufolge als Antwort die Liebe des Menschen zu Gott. Der Glaube ist das Wesen der Liebe: Gott sucht keine Untergebenen, sondern ihn liebende Männer und Frauen. Der Glaube – und damit auch das Heil – besteht darin, die unfassbare und kostenlose Liebe Jesu anzunehmen. Wer ihn als den Gesandten des Vaters aufnimmt, kommt zum Glauben und ist damit schon gerettet. Wer diese Liebe ablehnt, ist schon gerichtet, nicht durch Jesus, sondern durch seine Weigerung, weil er sich damit der Kraft der Liebe entzieht, die ihn aus den Fängen des Bösen befreit. Dann bleibt man in der Finsternis der Selbstliebe. Die Christen sind aufgerufen, einer schwer durch das Böse der Pandemie, durch die wachsende Armut und die egoistische Gewalt geprüften Welt diese Liebe zu bezeugen. In dieser Zeit stehen die Christen vor der Herausforderung, eine Geschwisterlichkeit unter allen Völkern aufzubauen. Die „Kinder der Auferstehung“ sind berufen, Zeugen für die befreiende Macht der Liebe Gottes zu sein, die in Jesus offenbar wird.

Gebet mit den Heiligen

Donnerstag, 15. April

Joh 3,31–36. **Der Vater liebt den Sohn und hat alles in seine Hand gegeben**

Jesus, der vom Himmel herabgestiegen ist, um bei uns zu sein, ist die wahre Hoffnung der Welt. Der Vater hat ihn gesandt, um uns das göttliche Leben zu bringen, das er in einzigartiger Weise mit dem Vater im Himmel teilt: „Was er gesehen und gehört hat, bezeugt er“, schreibt der Evangelist. Dies ist die eigentliche Sendung Jesu in der Welt: er will das wahre Geheimnis Gottes offenbaren, der uns in unermesslicher Weise liebt. Ohne sein Wort wäre das Liebesgeheimnis Gottes unergründlich geblieben. Jesus ist der Offenbarer des Vaters. Sein ganzes Leben besteht aus dieser Sendung. Er ist nicht auf die Erde gekommen, um sich durchzusetzen oder persönliche Vorhaben zu erfüllen, wie das gewöhnlich bei uns allen der Fall ist. Er stieg vom Himmel herab, um den Menschen „die Worte Gottes“ zu verkünden und ihnen den Geist zu schenken, der befreit und den Weg weist. Dieses seit Jahrhunderten verborgene Geheimnis hat uns Jesus durch sein Kommen offenbart und wird in der Heiligen Schrift aufbewahrt und weitergegeben. Aus dieser Überzeugung gehen die Liebe und die Ehrfurcht hervor, die wir der Heiligen Schrift entgegenbringen sollen. Denn sie enthalten das „Wort Gottes“. Jeden Tag sollen wir auf sie hören und sie betrachten, bis sie schließlich zu unseren eigenen Worten werden. Die Bibel ist für uns nicht irgendein Buch, sondern der Schrein, der die tiefen Gedanken

Gottes, das Fleisch gewordene Wort in sich birgt. Deshalb müssen wir die „heiligen Seiten“ aufschlagen, wie die Väter sie nannten. Täglich sollen wir uns an ihnen erfreuen und uns vom Geist führen lassen, der uns auch deshalb über alle Maßen geschenkt wurde. Neben dem Wortlaut des biblischen Textes schenkt uns die Schrift ein Licht, wenn sie mit der Hilfe des Geistes gelesen wird, das es uns ermöglicht, die Tiefen der Geschichte zu deuten, in der wir leben. Gregor der Große sagte, dass „die Schrift mit dem wächst, der sie liest“. Sie erleuchtet nämlich unsere Schritte auf den Wegen der Welt, damit wir zum Werkzeug in den Händen Gottes werden, um das Kommen des Himmelreiches herbeizuführen.

Gebet für die Kirche

Freitag, 16. April

Joh 6,1–15. **Die Brotvermehrung**

Der Evangelist Johannes erwähnt die große Menschenmenge, die Jesus wegen der „Zeichen“ an den Kranken nachfolgt. Die Menschen spürten, dass Jesus ein guter und starker Mann war, der Kranke heilte und Hoffnungslosen Mut machte. Jesus wiederum spürte diesen Durst der Menschen nach Liebe. Er blickte auf „und sah, dass so viele Menschen zu ihm kamen“. Jesus ist nicht wie wir, die normalerweise den Blick auf uns selbst richten. Denn nicht die Jünger, sondern Jesus bemerkt die Not der Menschen. Er ergreift die Initiative und fragt Philippus, wo man Brot kaufen könne, um all diesen Menschen zu essen zu geben. Philippus fällt nichts Besseres ein als die Aussage, dass dies unmöglich sei. Sie hatten das Wort Jesu noch nicht verstanden: „Was für Menschen unmöglich ist, ist für Gott möglich.“ Auch wir müssen uns an diese Worte erinnern, denn sehr schnell resignieren wir vor dem Bösen, das sich besonders schlimm auf die Ärmsten auswirkt. Jesus resigniert nicht. Er gibt den Jüngern den Auftrag, zu den Menschen zu gehen und sie sich setzen zu lassen. Der abgelegene Ort verwandelt sich in ein großes Festmahl, bei dem alle unentgeltlich gesättigt werden. Dies ist ein Bild für das Reich Gottes, das Jesus begonnen hat: ein großes Festmahl für die Menschenmenge, bei dem es Speise in Fülle gibt. Anders als die synoptischen Evangelien betont der Evangelist Johannes die direkte Beziehung zwischen Hirten und Schafen. Es gibt den Auftrag, in die neuen Peripherien unserer Städte zu gehen, wie Papst Franziskus gesagt hat: „So müssen wir hinausgehen … in die ‚Randgebiete', wo Leiden und Blutvergießen herrscht; Blindheit, die sich danach sehnt zu sehen, wo es Gefangene so vieler schlechter Herren gibt… Wer nicht aus sich herausgeht, wird, statt Mittler zu sein, allmählich ein Zwischenhändler, ein Verwalter… Das erbitte ich von euch: Seid Hirten mit dem ‚Geruch der Schafe'." Der Evangelist merkt an, dass die Menschen ihn zum König machen wollen, als sie das Wunder erleben. Doch Jesus zog sich auf den Berg zurück, er allein. Er ist nicht gekommen, um sich verehren zu lassen und bedient zu werden, sondern um zu dienen und sein Leben für alle hinzugeben.

Gebet des heiligen Kreuzes

Samstag, 17. April

Joh 6,16–21. **Jesus kommt über das Wasser**

Als Jesus nach der Brotvermehrung erkennt, dass die Menge ihn zum König machen will, zieht er sich allein auf den Berg zurück. Die Jünger bleiben dort, nehmen das Boot und fahren auf Kafarnaum zu, um nach Hause zurückzukehren. Es war Abend geworden, merkt der Evangelist an. Das bezieht sich weniger auf die Uhrzeit als auf die Abwesenheit Jesu. Zudem wurde der See aufgewühlt. Diese Begebenheit ist ein Symbol für die weit verbreiteten Stürme im Leben aller Menschen. Dann sind wir immer verängstigt und erschrocken. Das Leid macht fassungslos, Naturkatastrophen machen sprachlos, wie das in der neuesten Pandemie geschehen ist. Teilweise scheint der Abgrund des Bösen die Menschen zu beherrschen, sodass Angst, Zweifel und Hoffnungslosigkeit, was die eigene Zukunft und die Welt betrifft, um sich greifen. Doch Jesus ist nicht fern, auch nicht in den schwierigsten

Zeiten. Er „kommt“ auch heute auf den aufgewühlten Wassern der Menschheitsgeschichte, während Wellen und Zweifel uns bedrängen und das Leben traurig und schwierig machen. Dabei sind wir es, die ihn vergessen oder uns sogar noch von ihm abwenden, wie damals die Apostel an jenem Abend. Der Evangelist schreibt, dass sie sahen, „wie Jesus über den See kam und sich dem Boot näherte; und sie fürchteten sich“. Wie oft verharren auch wir lieber allein in unserer Angst, als uns vom Evangelium und von den Schwestern und Brüdern Trost und Sicherheit schenken zu lassen! Zudem ist die Angst ein derart natürliches und spontanes Gefühl, dass sie mehr ein Teil unseres Lebens zu sein scheint als die Nähe Jesu. Zum Glück ist etwas anderes wahr: Die Liebe Jesu zu uns ist stärker als unsere Angst, auch wenn wir uns manchmal lieber am Boot unserer trügerischen Sicherheiten festklammern und überheblich meinen, dass wir alle Stürme des Lebens allein bewältigen können. Jesus kommt und sagt auch zu uns: „Ich bin es; fürchtet euch nicht!“ Diese guten Worte wiederholt Jesus für seine Jünger, immer wenn das Evangelium verkündet wird. Die Sicherheit des Jüngers ist nicht auf eigene Kräfte oder Erfahrungen gegründet, sie ist vielmehr das Vertrauen auf den Herrn. Der Herr kommt uns zu Hilfe. Er steigt in unser Boot und führt uns zum sicheren Hafen.

Gebet der Vigil

Sonntag, 18. April: 3. Sonntag der Osterzeit

Apg 3,12a.13–15.17–19; Ps 4; 1 Joh 2,1–5a; Lk 24,35–48

Das heutige Evangelium führt zum Osterabend zurück. Es ist der letzte Abschnitt bei Lukas. Nachdem die beiden Emmausjünger in Eile nach Jerusalem zurückgekehrt sind, berichten sie gerade, was sie erlebt haben. An diesem ersten Osterabend kehrt Jesus bei verschlossenen Türen zurück und tritt in die Mitte der Jünger, die erschrecken, als sie ihn sehen. In ihrem Gespräch ging es zwar um ihn, trotzdem erkennen sie ihn nicht. Sofort wünscht er ihnen den Frieden. Sie sind verwirrt, voller Zweifel, ungläubig und hartnäckig von ihrer Meinung überzeugt. Sie

brauchen diesen Frieden und ebenso brauchen auch wir ihn! Der Friede des Herrn ist Gemeinschaft, Lebensfreude, ein neues und kreatives Herz, das Leben und Hoffnung schenkt. Friede ist auch das Geschenk eines Volkes, mit dem der Traum des gestorbenen und auferstandenen Jesus gelebt werden kann. Doch sie verharrten bei ihren Zweifeln. Zweifel beinhalten die unterschwellige Versuchung, niemals Entscheidungen zu fällen, um sich innerlich ständig herauszuhalten. Zweifel können aufkommen, doch wenn sie gehegt und gepflegt werden, vermitteln sie den Eindruck, klug und intelligent zu sein, während sie traurig machen. Dann wird Jesus zu einem Geist. Geister jagen Angst ein, sie sind irreale und unfassbare Wirklichkeiten. Mehrere Male erscheint Jesus den Jüngern und zeigt, dass er „Fleisch und Knochen" hat. Er isst sogar mit ihnen.
Jesus möchte, dass sie das Geheimnis der göttlichen Barmherzigkeit begreifen. Daher erklärt er ihnen, was im Gesetz des Mose, bei den Propheten und in den Psalmen über ihn geschrieben steht. Nun verschwinden ihre Zweifel und ihre Sturheit. Frei von Angst und Furcht kann ihnen der Herr endlich seine Sendung anvertrauen: „in seinem Namen wird man allen Völkern Umkehr verkünden, damit ihre Sünden vergeben werden. Angefangen in Jerusalem". Jesus hat die Mauern dieses Raumes eingerissen und sendet sie zu allen Völkern. Seit dem Ostertag zeigt sich der universale Traum Jesu in aller Deutlichkeit. Bevor er sich verabschiedet, sagt er: Ihr seid „Zeugen dafür". Zum ersten Mal wird im Lukasevangelium das Wort „Zeuge" in Bezug auf die Jünger verwendet. Die Ostererfahrung hat sie in Jünger verwandelt, die hoffen und glauben, dass der Tod besiegt ist und alle Wunden geheilt werden können. Dieses Zeugnis wird durch die Kirche von Generation zu Generation überliefert und wird auch uns übergeben. Der auferstandene Herr will uns zu leidenschaftlichen Zeugen machen und nicht zu unsicheren und vorsichtigen Funktionären, zu frohen Zeugen und nicht zu ängstlichen Jüngern im Schutz von verschlossenen Türen. Zeugen leben, was sie weitergeben, und während sie es weitergeben, lernen sie, wie das Zeugnis zu leben ist.

Gebet am Tag des Herrn

Montag, 19. April

Joh 6,22–29. **Das Handeln Gottes**

Als die am anderen Ufer des Sees zurückgebliebene Menschenmenge nach der Brotvermehrung feststellt, dass Jesus und die Jünger nicht mehr dort sind, besteigen viele die von Tiberias gekommenen Boote, die sich nahe am Ort der wunderbaren Brotvermehrung befanden, und fahren nach Kafarnaum, um Jesus zu suchen. Sie finden ihn „am anderen Ufer des Sees", merkt der Evangelist an. Denn Jesus war nicht dort, wo sie ihn suchen. Er war nicht der „König" ihrer vielleicht sogar legitimen und nachvollziehbaren Wünsche, der ihre Bedürfnisse befriedigt. Die Suche nach dem Herrn erfordert Selbstüberwindung und Ablegen der eigenen Gewohnheiten, auch der religiösen Gewohnheiten. Diese Menge musste eine große, eine sehr große Distanz überwinden und wirklich „ans andere Ufer kommen", weit weg von den eigenen Überzeugungen. Die Menschen hatten den tieferen Sinn der Brotvermehrung nicht verstanden. Sie war kein Machterweis Jesu, sondern das „Zeichen" für das neue Reich, das Jesus auf die Erde gebracht hat. Um die „Zeichen" zu verstehen, benötigt man ein Herz, das sich Jesus zuwendet und seine Leidenschaft, sein *Pathos* für die Menschen aufnimmt. Wie der gute Hirt seine Herde führt, so beginnt Jesus, dieser Menschenmenge den Sinn des Wunders zu erklären, das sie erlebt haben. Er sagt: „Müht euch nicht ab für die Speise, die verdirbt, sondern für die Speise, die für das ewige Leben bleibt und die der Menschensohn euch geben wird!" Das Brot vom Himmel ist Jesus selbst. Er ist das Reich, die Gerechtigkeit und die grenzenlose Liebe, die der Vater den Menschen geschenkt hat. Während wir das Wort Gottes hören, wird unser Blick geschärft, und Jesus erscheint als das wahre Brot, das vom Himmel herabgekommen ist. Es nährt unser Herz und ist Stütze für das Leben.

Gebet für den Frieden

Dienstag, 20. April

Joh 6,30–35. **Mein Vater gibt euch das wahre Brot**

„Was müssen wir tun, um die Werke Gottes zu vollbringen?“ Jesus hatte die Menschen dafür getadelt, nur auf das eigene Wohlergehen bedacht zu sein. Auf ihre Frage antwortet er mit dem Hinweis auf das eine Notwendige: den Glauben an den von Gott Gesandten. Die Menschen bleiben allerdings hartnäckig, vielleicht mit dem Wunsch an Jesus, nicht nur den Hunger der 5000 Menschen zu stillen, die das Wunder erlebt haben, sondern wie zu Zeiten des Mannas für die Speisung des ganzen Volkes Israel zu sorgen. Auf ihr Beharren antwortet Jesus, dass nicht Mose das Brot vom Himmel gegeben hat, sondern „mein Vater gibt euch das wahre Brot vom Himmel. Denn das Brot, das Gott gibt, kommt vom Himmel herab und gibt der Welt das Leben“. Hartherzigkeit und Sturheit hindern die Zuhörer jedoch daran, die Worte Jesu in ihrer ganzen Tragweite zu verstehen. So deuten sie seine Worte weiter auf der Grundlage eigener Auffassungen, Bedürfnisse und Instinkte. Auch bei uns ist das der Fall, wenn wir die Worte des Evangeliums nicht in ihrer Tiefe betrachten und sie nur ausgehend von uns selbst deuten, ohne ihre Botschaft an uns wahrzunehmen. Denn die Bibel muss „spirituell“ gelesen werden, begleitet von Gebet und einem bereiten Herzen. Ohne Gebet besteht die Gefahr, dass wir nur uns selbst betrachten und nicht den zu uns sprechenden Herrn. Und ohne die Gemeinschaft mit den Schwestern und Brüdern versperrt unser Ich den Zutritt zu diesem vielschichtigen Dialog, für den die Bibel geschrieben wurde. An diesem Punkt ist die Bitte der Menge angemessen: „Herr, gib uns immer dieses Brot!“ Jesus entzieht sich nicht und sagt in aller Deutlichkeit: „Ich bin das Brot des Lebens; wer zu mir kommt, wird nie mehr hungern, und wer an mich glaubt, wird nie mehr Durst haben.“ Das ist eine feierliche und für das Johannesevangelium typische Aussage, die auf die göttliche Herkunft Jesu hinweist. Beim Lesen des vierten Evangeliums bemerken wir, dass Jesus viele konkrete Bilder verwendet, um seine große Liebe uns gegenüber zum Ausdruck zu bringen. Er ist das wahre Brot, das wahre Leben, die Wahrheit, das Licht, die

Tür, der gute Hirte, der Weinstock, das lebendige Wasser und auch die Auferstehung.

Gebet mit Maria, der Mutter des Herrn

Mittwoch, 21. April

Gedenktag des heiligen Anselm († 1109), Benediktinermönch und Bischof von Canterbury, der aus Liebe zur Kirche das Exil auf sich nahm.

Joh 6,35–40. **Wer glaubt, hat das ewige Leben**

„Ich bin das Brot des Lebens; wer zu mir kommt, wird nie mehr hungern, und wer an mich glaubt, wird nie mehr Durst haben". Endlich erfüllt sich die Verheißung Gottes. Jesus antwortet auch auf den im Herzen der Menschen verborgenen Hunger nach Heil, auf den Hunger nach Sinn und einem Leben, das nicht mit dem Tod endet und zum vollkommenen Glück führt. Jesus ist die vom Himmel herabgekommene Antwort. Alle können sie erhalten und sich zu eigen machen. Jesus merkt jedoch betrübt an, dass viele sein Wort nicht annehmen, obwohl sie die von ihm vollbrachten Zeichen gesehen haben. Er bekräftigt seine Bereitschaft, alle aufzunehmen: „Wer zu mir kommt, den werde ich nicht abweisen". Wer zu Jesus kommt, wird sicher aufgenommen. Es genügt anzuklopfen, um Antwort zu bekommen. Hat Jesus nicht schon bei anderer Gelegenheit zur Menge gesagt: „Kommt alle zu mir, die ihr mühselig und beladen seid! Ich will euch erquicken" (Mt 11,28)? Im Übrigen ist er doch deswegen vom Himmel herabgekommen, um den Willen des Vaters zu erfüllen, der ihn gesandt hat. Dieser Wille ist eindeutig: Er soll keinen der ihm Anvertrauten verloren gehen lassen. Unablässig bemüht sich Jesus darum, dass alle gerettet werden und keiner verloren geht. Das ist sein eigentliches und einziges „Pastoralprogramm", das im Gleichnis vom verlorenen Schaf in aller Deutlichkeit erläutert wird. Darin beschreibt Jesus nicht nur seine Leidenschaft, auch wenn es nur um ein verlorenes Schaf geht. Er will auch seine Bereitschaft zeigen, zum Heil eines jeden Verlorenen Gefahren auf sich zu nehmen und schwierige Wege einzuschlagen. Das ist die ständige Sorge Jesu, und er möchte, dass dies auch die Sorge der Kirche und seiner Jünger wird.

Gebet mit den Heiligen

Donnerstag, 22. April

Joh 6,44–51. **Ich bin das Brot des Lebens**

Der Glaube ist nicht das Ergebnis der Anstrengungen von Menschen, die sich vielleicht dazu verpflichten, ein gutes und tugendhaftes Leben zu führen. Der Ursprung des Glaubens ist Gott selbst. Daher sagt Jesus: „Niemand kann zu mir kommen, wenn nicht der Vater, der mich gesandt hat, ihn zieht." Viele Wege führen zu Jesus, doch alle erfordern eine reale Begegnung mit ihm. Jesus fügt ein freies Zitat aus dem Propheten Jesaja an: „Und alle werden Schüler Gottes sein" (Jes 54,13). Damit weist er darauf hin, dass der christliche Glaube auf dem Primat des Zuhörens beruht. Jesus will sagen, dass es für die Begegnung mit Gott einen Königsweg gibt, nämlich das aufmerksame und bereitwillige Hören auf sein Wort. Das Wort Gottes schenkt eine Anziehungskraft: die Schrift weitet das Denken und lässt das Herz brennen, sie schenkt Anteil am großen Heilsplan Gottes für die Welt und macht zum Mitarbeiter am Heilswirken Gottes in der Welt. Deshalb sagt Jesus: „Jeder, der auf den Vater hört und seine Lehre annimmt, wird zu mir kommen." Vielleicht ist es schwer vorstellbar, dass Gott uns durch die Schwäche der christlichen Verkündigung an sich zieht. Dabei kennen wir doch den Trug und die Schwäche alles Menschlichen. Viel besser ist es daher, sich einem Gott anzuvertrauen, der die schwachen Worte eines Volkes, nämlich des Volkes der Christen, gewählt hat, um eine seit vielen Jahrhunderten fortdauernde Geschichte der Liebe zu verwirklichen. Es bedarf keiner besonderen Anstrengung, um die Liebe Gottes zu uns zu verstehen. Um uns dabei zu unterstützen, hat er seinen eigenen Sohn gesandt, der uns sein Antlitz der Barmherzigkeit offenbart hat.

Gebet für die Kirche

Freitag, 23. April

Gedenktag des heiligen Adalbert, Bischof von Prag, der in Ostpreußen den Märtyrertod erlitt († 997), wo er das Evangelium verkündet hatte. Lange Zeit hielt er sich in Rom auf, wo sein Andenken in der Basilika San Bartolomeo auf der Tiberinsel verehrt wird.

Joh 6,52–59. **Mein Fleisch ist wirklich eine Speise**

Dieses Evangelium führt zum zweiten Teil der Rede Jesu in der Synagoge von Kafarnaum über das Brot des Lebens. Als die Worte Jesu von den Zuhörern verlangen, dass sie sich auf sein Geheimnis einlassen, unterbrechen sie ihn und beginnen, gegen ihn zu murren: „Wie kann er uns sein Fleisch zu essen geben?“ Sie halten ihre Lebensführung für zufriedenstellend, auch wenn das eigentlich gar nicht stimmt. Wer selbstzufrieden ist, bittet nicht, wer nur um das Ich kreist, spürt das eigene Bedürfnis nicht. Doch auch wenn wir satt wären und viele Güter, Nahrung und Worte besäßen, hätten wir doch einen Hunger nach Glück, Liebe, Aufmerksamkeit, Begleitung. Wir sollten die Armen mehr nachahmen, die ihre Hände ausstrecken und inständig um Hilfe bitten. In einer angeblich satten und konsumorientierten Gesellschaft, die doch zerbrechlich und voller Ängste ist, können sie Lehrmeister für ein neues Leben sein. Sie zeigen ganz offen, was wir im Verborgenen sind, nämlich Bettler um Liebe und Aufmerksamkeit. Die Armen hungern nach Brot, aber nicht nur nach Brot, sondern auch nach Liebe; und das gilt auch für uns. Daher sagt Jesus zu uns: „Wenn ihr das Fleisch des Menschensohnes nicht esst und sein Blut nicht trinkt, habt ihr das Leben nicht in euch.“ Das Leben erlangt man nicht nur durch den Willen und den Verstand, man muss auch essen, also sich vom Evangelium und von der Geschwisterliebe nähren. Wir müssen zu Bettlern nach einem Brot werden, das die Welt nicht herstellen und sicher nicht geben kann. Unentgeltlich wird uns der Tisch der Eucharistie gedeckt. Alle können daran Platz nehmen. Immer wenn wir hinzutreten, wird der Himmel auf Erden vorweggenommen. Am Altar finden wir, was heute und in Ewigkeit unseren Hunger stillt und unseren Durst löscht. Durch diese Speise lernen wir, was das ewige Leben ist, für das es sich zu leben lohnt: „So wird jeder, der mich isst, durch mich leben." Daher sagten die Kirchenväter, dass die Christen „gemäß dem Sonntag" leben, nämlich in der Logik der Eucharistie und wie Jesus, der gekommen ist, um zu dienen und die Liebe unter den Menschen wachsen zu lassen.

Gebet des heiligen Kreuzes

Samstag, 24. April

Die armenische Kirche gedenkt heute des „Metz Yeghern" (des Großen Übels). Sie erinnert damit an die während des Ersten Weltkriegs erlittenen Massaker, bei denen über eine Million Armenier getötet wurden.

Joh 6,60–69. **Reaktionen auf die Rede über das Brot des Lebens**

Dieser Abschnitt schließt die lange „Brotrede" ab, die Jesus in der Synagoge von Kafarnaum hält. Der gesamte Abschnitt beinhaltet eine grundlegende Wahrheit: Jesus „hat" das Brot nicht nur, wie die Leute dachten, nachdem sie das Wunder der Brotvermehrung gesehen hatten, vielmehr „ist" er das Brot. Diese Selbstbezeichnung Jesu als das „Brot des Lebens" halten selbst die Jünger für übertrieben. Zueinander sagen sie: „Diese Rede ist hart." Zu Recht deuten sie diese Worte vom Essen des Fleisches Jesu und vom Trinken seines Blutes so, dass damit die Annahme einer übergroßen, das ganze Leben durchdringenden Liebe verbunden ist. Eine solch große und ergreifende Liebe wollen sie nicht akzeptieren. Sie bevorzugen eine Freiheit von jeglicher Bindung. Diese individualistische Versuchung engt die Sichtweise auf das eigene Leben mit der Überzeugung ein, dass man sich allein retten könne. Doch die Einsamkeit ist wie ein Virus, das unsere Gesellschaften zersetzt. Denn die verbindenden Beziehungen zerfallen zusehends, während spaltende Konflikte und Spannungen zunehmen. Die Worte Jesu bilden einen radikalen Widerspruch zu einer individualistischen Kultur. Kann man jedoch eine solch enge Verbundenheit mit Jesus akzeptieren mit der Aufforderung, sogar Teil seines Fleisches zu werden? Dann sollte man sich besser von ihm trennen. Und das geschah auch. Diese Jünger hätten einer Verbundenheit mit einem nahen Gott zugestimmt, nicht aber, dass er zu sehr in ihr Leben eingreift. Schmerzerfüllt über den Weggang vieler Jünger wendet sich Jesus an die „Zwölf" und fragt sie: „Wollt auch ihr weggehen?" Es ist einer der dramatischsten Augenblicke im Leben Jesu. Er konnte sein Evangelium nicht verleugnen, selbst wenn er dadurch allein zurückgeblieben wäre. Die Liebe des Evangeliums ist exklusiv. Petrus hat wohl Jesu leidenschaftlichen, aber auch festen Blick gesehen und lässt sich im Herzen berühren, sodass er das Wort ergreift und im Namen aller sagt: „Herr, zu wem sollen wir gehen? Du hast Worte des ewigen Lebens." Er sagt nicht: „Wohin", sondern „Zu wem sollen wir gehen?" Der Herr Jesus ist wahrlich unser einziger Retter.

Gebet der Vigil

Sonntag, 25. April: 4. Sonntag der Osterzeit

Fest des heiligen Markus, der mit Barnabas und Paulus und später mit Petrus das Evangelium bezeugte und verkündete. Er ist der Verfasser des ersten schriftlichen Evangeliums.

Apg 4,8–12; Ps 118; 1 Joh 3,1–2; Joh 10,11–18

Das Evangelium enthält den zweiten Abschnitt der leidenschaftlichen Rede, in der sich Jesus als der „gute Hirt" vorstellt. Daneben verwendet er das Bild von der Tür, durch die die Schafe eintreten, die er versammelt, führt und bis zur Lebenshingabe beschützt. Er erläutert: „Der bezahlte Knecht aber, der nicht Hirt ist und dem die Schafe nicht gehören, sieht den Wolf kommen, lässt die Schafe im Stich und flieht; und der Wolf reißt sie und zerstreut sie. Er flieht, weil er nur ein bezahlter Knecht ist und ihm an den Schafen nichts liegt." Das ist der Unterschied zwischen dem Hirten und dem bezahlten Knecht, zwischen dem, der Gott und den Nächsten liebt, und dem, der sich selbst liebt. Jesus erläutert die Distanz am Beispiel des bezahlten Knechtes, der flieht und die Schafe im Stich lässt, wenn er den Wolf kommen sieht. Denn es bildet sich eine Komplizenschaft zwischen der Flucht des bezahlten Knechtes und dem zerstörerischen Wirken des Wolfes, zwischen Verlassenheit oder Gleichgültigkeit und boshafter Gewalt des Bösen. „Ich bin der gute Hirt. Der gute Hirt gibt sein Leben hin für die Schafe." Das Evangelium möchte in seiner Gesamtheit diese Verbundenheit zwischen den müden und erschöpften Menschenmengen, die wie Schafe ohne Hirten sind, und Jesus aufzeigen, der Mitleid mit ihnen hat. Eine solche Liebe hat dazu geführt, dass er sich entäußerte und sogar die „Seinen" hinter sich ließ, die ihn oft zwingen wollten, in ihrem gewohnten Umfeld zu bleiben. „Wenn einer von euch hundert Schafe hat und eins davon verliert, lässt er dann nicht die neunundneunzig in der Wüste zurück und geht dem verlorenen nach, bis er es findet?" (Lk 15,4), sagt der Herr. Jesus drängt zum Hinausgehen zu den Schwachen bis ganz nach unten, bis an die entlegensten Ränder oder in der orthodoxen Tradition bis hinab in die „Unterwelt", in die „Höllen" dieser Welt, um alle Hilfsbedürftigen zu retten. Der auferstandene Herr schenkt uns Anteil an diesem Weg der Erniedrigung und macht uns zu Hirten und Hütern unserer Schwestern und Brüder, vor allem der Schwachen.

In einer Zeit mit vielen Wölfen, die rauben und vernichten, und mit bezahlten Knechten – darunter auch falschen Propheten, die viele Menschen der Welt täuschen – und mit einer großen Masse von Gleichgültigen fordert der Herr von uns eine neue Sendung: wir sollen mit ihm „Hirten" für die Menschenmengen unserer Zeit sein. Weisen wir sie nicht ab oder bringen Entschuldigungen vor, indem wir uns nur als „Schafe" ansehen. Das Evangelium sagt, dass der Hirte ein Schaf ist, das die Liebe gelernt hat, das so gesinnt ist, wie es dem Leben Jesu entspricht, und das dieselbe Liebe lebt wie er. Deshalb sagt Jesus zu den Jüngern: „Ich sende euch wie Schafe mitten unter die Wölfe." Liebenswürdige Schafe haben ein weites Herz und sehen weiter als die eigenen Gewohnheiten, die eigenen Grenzen. Mit Jesus sagen auch sie: „Ich habe noch andere Schafe, die nicht aus diesem Stall sind; auch sie muss ich führen und sie werden auf meine Stimme hören; dann wird es nur eine Herde geben und einen Hirten."

Gebet am Tag des Herrn

Montag, 26. April

Joh 10,1–10. **Ich bin die Tür zu den Schafen**

„Ich bin die Tür", sagt Jesus. Der Sinn dieser Worte ist die unbedingte Eile, die Jesus empfindet, um sich selbst als einen Durchgang zum Leben vorzustellen. „Ich bin gekommen, damit sie das Leben haben und es in Fülle haben." Was ist das „Leben in Fülle"? Oft stoßen wir auf kleinliche und enge Sichtweisen unseres Lebens und können uns ein größeres Leben kaum vorstellen. Doch Jesus ist dafür gekommen, dass jeder von uns ein Leben in Fülle hat, das im Evangelium auch als ewiges Leben bezeichnet wird. Dieses Leben verschenkt sich und wird geschenkt. Wie bei einem Geschenk verstehen wir seinen Wert erst, wenn wir es mit anderen teilen. Das Leben Jesu in Fülle und Überfluss empfangen wir für die anderen. Daher möchte das Böse, dass wir zerstreut und isoliert sind, denn in der Einsamkeit und im Leben für sich vergeudet man dieses Leben in Fülle. Das Bild von den verlorenen Schafen, die wie Schafe ohne Hirten sind, verweist auf Männer und Frauen, die ihre eigenen Wege gehen wollen, die ihrem eigenen Instinkt und den eigenen Gewohnheiten nachlaufen, während sie auf nichts anderes hören als auf die verworrenen Stimmen ihrer eigenen Gedanken. Wenn wir nicht auf die Stimme des Hirten hören, gehen wir verloren und werden leicht zur Beute von Dieben und Räubern. Muss man dabei nicht an die vielen Prediger des Wohlstands und Reichtums denken, die ein Glück ohne Kreuz oder ein Leben ohne Probleme verheißen? Auch für unser Leben ist Jesus eine offene Tür, damit wir aus unserem Leben herauskommen, um zu lieben. Er fordert uns auf, einen Weg mit neuen Horizonten und neue Wege einzuschlagen und uns keine Grenzen zu setzen, außer denen der Liebe. Das ist der Durchgang durch die Tür, die Jesus ist, so folgen wir den Spuren seiner Liebe. Der gute Hirt ruft und versammelt uns nicht nur, er zeigt uns auch viele Schafe, die müde und erschöpft sind, weil sie noch keinen Hirten haben. Auch für sie ist Jesus die Tür zum Leben. Der Herr schenkt uns dieses Leben in Fülle, damit wir es anderen weiterschenken. Gehen auch wir durch die Tür, die Jesus ist. Sorgen wir uns umeinander, wie er sich um uns sorgt. Schenken wir denen Liebe, die sie nicht erfahren, dann werden wir das Leben in Fülle für uns und für die Welt finden!

Gebet für die Armen

Dienstag, 27. April

Joh 10,22–30. **Ich gebe meinen Schafen das ewige Leben**

Der Evangelist Johannes sagt, dass sich Jesus an diesem Festtag in der Halle Salomos befand, einer der Hallen, die innen den Tempelplatz umgaben. Später hat sich dort nach der Auferstehung auch die Urgemeinde zu ihren Treffen versammelt, als wollte sie weiter die Orte aufsuchen, an die Jesus gegangen war, und so seine Taten und Worte weitergeben. Viele Menschen versammeln sich in dieser Halle, um Jesus zu hören. Einige bitten ihn, ganz offen zu sagen, ob er der Messias ist oder nicht. Sie wollen nicht länger in Unsicherheit und Zweifeln leben. Ihre Fragen scheinen legitim: „Wie lange hältst du uns noch hin? Wenn du der Christus bist, sag es uns offen!“ Diese Frage war nicht falsch. Doch man darf die Suche nach Gott nicht auf den eigenen Wunsch nach Ruhe und persönlichem Wohlergehen einschränken. Denn die Suche nach Gott erfordert die Aufgabe eigener Sicherheiten und Gewohnheiten, um sich auf den Plan der Liebe Gottes und auch der Liebe Jesu einzulassen und somit auf das Heil aller, ausgehend von den Ärmsten. Es besteht eine Eintracht zwischen dem Vater im Himmel und dem gesandten Sohn, der die zerstreute Herde versammelt und auf gute Weide führt. Jesus antwortet: „Die Werke, die ich im Namen meines Vaters vollbringe, legen Zeugnis für mich ab". Doch ihre Augen sind durch Egoismus und eine Religiosität getrübt, die sich überhaupt nicht für die Menschen und vor allem nicht für die Armen interessiert. Deshalb antwortet Jesus: „Aber ihr glaubt nicht, weil ihr nicht zu meinen Schafen gehört." Sie spürten nicht das Bedürfnis nach einem Hirten, der sie führt. Sie spürten nicht das Bedürfnis nach einem Licht für ihre Schritte. Wer nicht auf den Herrn und sein Wort hören will, wer sich nicht für ein geschwisterliches und solidarisches Leben einsetzen will, kann sich im Grunde genommen unmöglich dem Geheimnis Gottes nähern.

Gebet mit Maria, der Mutter des Herrn

Mittwoch, 28. April

Joh 12,44–50. **Ich bin das Licht, das in die Welt gekommen ist**

Jesus tritt nicht nur als Gesandter des Vaters auf, er ist sogar ganz eins mit ihm. Dieses Geheimnis ist die zentrale Botschaft des Evangeliums, der „frohen Botschaft", die Jesus uns durch sein irdisches Kommen mitteilt. Denn er hat Fleisch angenommen und ist wahrer Mensch geworden, um der Welt das unergründliche Geheimnis der Liebe Gottes zur Menschheit zu enthüllen. Jesus weiß genau um die zentrale Bedeutung dieser Offenbarung: „Denn ich habe nicht von mir aus gesprochen, sondern der Vater, der mich gesandt hat, hat mir aufgetragen, was ich sagen und reden soll." Als Exeget Gottes erklärt uns Jesus durch Worte und Taten, oder besser durch sein ganzes Leben, die Liebe des Vaters. „Wer an mich glaubt, … wer mich sieht", sagt Jesus, der glaubt an den Vater und der sieht den Vater. Das ist der Grund für die Ernsthaftigkeit beim Sehen Jesu und beim Hören seiner Worte. Davon hängen Heil oder Verdammnis ab. Jesus hört nicht auf, zu sprechen, zu begleiten, zu ermutigen. Er weiß, dass das Heil vom Hören kommt. Daher kommt er zu uns, um uns unbedingt zu erlösen. Die wahre Verdammnis, so sagt Jesus, kommt nicht durch Gottes Wort. Es wird uns verkündet, nicht um zu richten, sondern um zu retten. Wir selbst verdammen uns, wenn wir nicht zuhören und daher das Herz nicht ändern wollen. Jesus spricht zu uns, um uns in das Geheimnis der göttlichen Liebe einzuführen: „Denn ich habe nicht von mir aus gesprochen, sondern der Vater, der mich gesandt hat, hat mir aufgetragen, was ich sagen und reden soll." Wir könnten von absteigenden Stufen der Liebe sprechen: Der Vater gibt seine Liebe dem Sohn und der Sohn schenkt sie seinerseits an uns weiter. In diesem Kreislauf der Liebe sollen die Christen leben und ihn bis zu den Grenzen der Erde bezeugen. Gott wird vollenden, was er in uns begonnen hat.

Gebet mit den Heiligen

Donnerstag, 29. April

Gedenktag der heiligen Katharina von Siena († 1380), die sich für Frieden, für die Einheit der Christen und für die Armen einsetzte.

Joh 13,16–20. **Der Sklave ist nicht größer als sein Herr**

Das Evangelium führt uns zurück in den Abendmahlsaal, als Jesus seinen Jüngern gerade die Füße gewaschen hat. Durch dieses „Zeichen" wollte er die Apostel lehren, wie weit seine Liebe zu ihnen geht. Und nicht nur das. Jesus will, dass diese Liebe auch unter den Jüngern damals und zu allen Zeiten lebendig ist. Die gegenseitige Fußwaschung ist das höchste Kennzeichen für den, der sein Jünger sein will. Feierlich erklärt Jesus: „Der Sklave ist nicht größer als sein Herr und der Abgesandte ist nicht größer als der, der ihn gesandt hat." Das ist die Logik der Geschwisterliebe. Diese Logik unterscheidet sich vollkommen von den Gewohnheiten. Der Meister vollzieht nämlich eine Geste, die im Allgemeinen Sklaven an ihren Herren ausüben. Für Jesus und für seine Jünger gilt das Gegenteil: das eigene Leben wird nicht für sich selbst, sondern für das Evangelium und im Dienst an den anderen eingesetzt. Das bedeutet jedoch nicht, dass dies ein Opfer darstellen soll. Im Gegenteil: „Wenn ihr das wisst – selig seid ihr, wenn ihr danach handelt." Der Satz, den der Apostel Paulus den Ältesten von Ephesus überliefert, bestätigt diese Aussage: „Geben ist seliger als nehmen“ (Apg 20,35). Dabei geht es nicht darum, dass wir ohne Sünde bleiben, sondern dass wir unsere Hoffnung auf Jesus setzen und in der Gemeinschaft der Gläubigen ausharren. Der Evangelist spielt hier auf die zentrale Bedeutung des Glaubens an Jesus an: „Ich sage es euch schon jetzt, ehe es geschieht, damit ihr, wenn es geschehen ist, glaubt: Ich bin es“. Der Ausdruck „ich bin es“ erinnert an die Stimme, die Mose aus dem brennenden Dornbusch hörte. Denn wenn wir Jesus hören, hören wir wirklich den Vater im Himmel. Wer Jesus als Herrn aufnimmt, nimmt auch den Vater im Himmel auf.

Gebet für die Kirche

Freitag, 30. April

Joh 14,1–6. **Ich bin der Weg, die Wahrheit und das Leben**

Nachdem Jesus den Aposteln das Gebot der Liebe hinterlassen hat, sagt er, dass er von ihnen gehen wird. Die Jünger werden traurig, als sie ihn so sprechen hören. Jesus wünscht vor allem, dass die Bindungen der Freundschaft nicht zerbrechen, sondern in Ewigkeit bestehen bleiben. Er verlässt sie nicht. Sein fester Wille ist es, dass sie immer bei ihm bleiben. Mit einem einleuchtenden Bild sagt er, dass er vorausgeht, um einen Platz im Haus des Vaters vorzubereiten, das ein großes Haus mit vielen Wohnungen ist. Diese Worte möchten den Jüngern Sicherheit schenken. Sie helfen auch uns, die starke Verbundenheit mit ihm zu verstehen, die nicht einmal der Tod trennen kann. Wir beziehen diese Worte oft auch auf das, was uns nach dem Tod erwartet. Als wollte uns Jesus seinen Trost mit Händen greifen lassen, spricht er über ein großes, geräumiges Haus, das für uns und für alle vorbereitet ist. Die Worte Jesu sind von seinem Wunsch erfüllt, uns Halt zu schenken, was das Geheimnis des auf allen lastenden Todes betrifft. Ich glaube, dass wir das Wort „Wohnung“ auf Jesus selbst beziehen können. Er ist die Wohnung des Vaters. Das heißt für uns, dass wir im ewigen Leben sind, wenn wir bei ihm bleiben. Dabei soll die

Darstellung eines Hauses nicht auf den Himmel übertragen werden, vielmehr wird eine fortlaufende Verbundenheit mit Jesus angedeutet. Er ist das Haus des Vaters, das so groß ist wie seine Liebe. Die Verbundenheit mit ihm ist die Garantie dafür, dass nichts von unserem Leben verloren geht: kein Gedanke, keine Geste der Zuneigung ist vergeblich, denn alles wird wie ein kostbarer Schatz aufgehoben und bewahrt und vom Licht der an Ostern empfangenen Verkündigung erleuchtet, dass das Leben den Tod besiegt hat. Jesus scheint überzeugt, dass die Jünger die Wahrheit über das Leben nach dem Tod verstanden haben. Daher sagt er: „Und wohin ich gehe – den Weg dorthin kennt ihr." Tatsächlich war es nicht so, wie es auch für uns heute nicht so ist. Im Namen aller fragt Thomas, wie denn dieser Weg aussieht. Jesus gibt ihm noch einmal eine klare Antwort: „Ich bin der Weg und die Wahrheit und das Leben". Indem wir mit Jesus vereint bleiben, sind wir gewiss, dass wir auf dem richtigen Weg gehen und zum Vater im Himmel gelangen.

Gebet des heiligen Kreuzes

Samstag, 1. Mai

Gedenktag des heiligen Josef, des Arbeiters; Tag der Arbeit.

Joh 14,7–14. **Wer mich gesehen hat, hat den Vater gesehen**

Eben hat Jesus den Aposteln erklärt, dass er selbst der Weg ist, der zum Vater im Himmel führt. Er lässt sie also nicht ohne Anweisungen zurück. Wer auf sein Wort hört und danach handelt, wird den Vater kennenlernen. Die Verben „erkennen" und „sehen" beziehen sich auf die Dimension des Glaubens und beinhalten eine Erkenntnis und ein Sehen, die über das Sichtbare hinausgehen und das Jenseits Gottes betreffen. Als wolle Philippus das Gespräch abschließen, sagt er: „Herr, zeig uns den Vater; das genügt uns." In der Antwort Jesu dringen wir in das Herz des christlichen Glaubens und jeder religiösen Suche vor. Jesus sagt mit klaren Worten, dass wir durch ihn Gott begegnen, dem Schöpfer des Himmels und der Erde. Wenn wir das Antlitz Gottes sehen wollen, müssen wir Jesu Antlitz betrachten. Wenn wir das Denken Gottes kennenlernen wollen, müssen wir das Evangelium verstehen. Wenn wir das Handeln Gottes verstehen wollen, müssen wir so handeln, wie es Jesus getan hat. Jesus fährt mit Worten fort, die noch kühner sind. Er verspricht uns, dass wir dieselben Werke wie er vollbringen werden, wenn wir mit ihm verbunden bleiben, ja sogar noch größere. Diese Worte sind wenig bekannt und werden kaum in Erwägung gezogen. Vielleicht halten wir sie für übertrieben. Das Evangelium besitzt eine Vollmacht, die von Gott selbst kommt. Sein Wort ist immer schöpferisch und bringt Leben und Liebe hervor. Wenn wir uns von den Worten des Evangeliums nähren, werden auch unsere Worte stark und wirkungsvoll. Das beginnt beim Gebet: „Alles, um was ihr in meinem Namen bitten werdet, werde ich tun". Ja, unser Gebet ist stark und machtvoll, wenn wir im Namen Jesu bitten. Es wird direkt zum Herzen Gottes gelangen.

Gebet der Vigil

Sonntag, 2. Mai: 5. Sonntag der Osterzeit

Gedenktag des heiligen Athanasius († 373), Bischof von Alexandria in Ägypten.
Die orthodoxen Kirchen feiern heute Ostern.

Apg 9,26–31; Ps 22; 1 Joh 3,18–24; Joh 15,1–8

Das Wort Gottes unterstreicht die Notwendigkeit, „in Jesus zu bleiben". Dieses Thema liegt dem Apostel Johannes besonders am Herzen. In seinem ersten Brief schreibt er: „Wer seine Gebote hält, bleibt in Gott und Gott in ihm." Im Gleichnis vom Weinstock und von den Reben dreht sich alles um die Worte „bleiben in". Jesaja beschreibt im „Lied vom Weinberg" die Enttäuschung Gottes über Israel, das sein Weinberg ist, den er gepflegt, bepflanzt, umgegraben und beschützt hat. Trotzdem hat er nur bittere Früchte gebracht. Jesus wandelt den Inhalt dieser Worte in ganz einzigartiger Weise ab. Der Weinstock ist nun nicht mehr Israel, sondern er selbst: „Ich bin der wahre Weinstock". Niemand hatte so etwas jemals gesagt. Um diese Worte ganz zu verstehen, muss man berücksichtigen, dass Jesus sie beim Letzten Abendmahl ausspricht. Dabei erklärt er: „Ich bin der Weinstock, ihr seid die Reben." Die Jünger sind mit dem Meister verbunden und gehören ganz und gar zu diesem Weinstock, denn es gibt keinen Weinstock ohne Reben und umgekehrt. Diese Verbundenheit geht weit über unsere psychologischen Höhen und Tiefen, unsere guten oder schlechten Zeiten hinaus.

Das Evangelium fährt fort: „... jede Rebe, die Frucht bringt, reinigt er, damit sie mehr Frucht bringt." Gerade Reben, die Frucht bringen, kennen auch die Zeit der Beschneidung. Es gibt keinen Lebensabschnitt, der nicht Veränderung und Korrektur benötigt, ebendie Beschneidung. Diese teilweise auch sehr schmerzhaften Einschnitte reinigen unser Leben und lassen die Lebenssäfte der Liebe des Herrn mit größerer Frische strömen.

Sechs Mal wiederholt Jesus: „Bleibt in mir". Das ist die Voraussetzung, Frucht zu bringen, um nicht zu verdorren und dann abgeschnitten und verbrannt zu werden. Diesen Weg ging Maria, die Mutter Jesu, und „bewahrte alle diese Worte und erwog sie in ihrem Herzen". Diesen Weg wählte auch Maria, die Schwester des Lazarus, und setzte sich Jesus zu Füßen, um ihm zuzuhören. Es ist der Weg, der jedem Jünger gewiesen wird. In der byzantinischen Tradition wird das Gleichnis des Evangeliums auf einer wunderschönen Ikone anschaulich dargestellt. In der Mitte des Bildes befindet sich der Stamm des Weinstocks, auf dem Jesus mit der geöffneten Schrift sitzt. Vom Stamm gehen zwölf Äste aus, auf denen je einer der Apostel sitzt mit der geöffneten Schrift in Händen. Es ist das Bild vom neuen Weinberg, von der neuen Gemeinschaft, die in Jesus, dem wahren Weinstock, ihren Ursprung hat. Die Apostel halten wie Jesus ein geöffnetes Buch in Händen: Das ist die wahre Lebenskraft, durch die wir nicht nur „mit Wort und Zunge lieben, sondern in Tat und Wahrheit".

Gebet am Tag des Herrn

Montag, 3. Mai

Fest der Apostel Philippus und Jakobus.

Joh 14,6–14. **„Wer mich gesehen hat, hat den Vater gesehen"**

„Schon so lange bin ich bei euch und du hast mich nicht erkannt, Philippus?" Schwestern und Brüder, wir hören diese Frage Jesu bei diesem Abendgebet, während wir mit der ganzen Kirche das Fest der Apostel Philippus und Jakobus begehen. In der Tradition gilt Jakobus als Sohn des Alphäus, der am Beginn der Sendung der Apostel nicht wollte, dass den aus dem Heidentum Bekehrten die Regeln der Gesetzesobservanz und der jüdischen Tradition auferlegt werden. Über Philippus wird im Johannesevangelium berichtet, dass er dem Herrn verschiedene Fragen stellte: Er sieht sich nicht in der Lage, die Menschenmenge satt zu machen. Dann greift er die Frage der Griechen auf, die Jesus sehen wollen. Und schließlich diese wichtige Bitte, den Vater zu sehen. Wie bei allen Aposteln ruft uns das Gedenken an Philippus und Jakobus auf, unseren Blick von uns abzuwenden und mit den Augen Jesu auf die Welt zu schauen. Man kann Jesus lange Zeit nachgefolgt sein und auf ihn gehört haben, ohne ihn wirklich kennengelernt zu haben. An diesem Punkt berührt die Frage von Philippus auch unser Leben. Die Bitte, Jesus kennenzulernen, ist die Bitte eines jeden Jüngers, der zum Apostel werden soll, der gesandt ist, damit die Menschen das Evangelium kennenlernen, damit er der Welt das Wort des Herrn verkündet. Man kann im Grunde genommen Jesus nachfolgen, während man ständig nur auf die eigenen Grenzen und das Gefühl des Unmöglichen starrt und in eigenen Traditionen und Gewohnheiten gefangen bleibt.
Die Frage des Kennenlernens wird häufig mit dem Wissen verwechselt. Doch hier sehen wir in gewisser Weise eine Grenze des Philippus, denn er versteht nicht, dass es beim Kennenlernen darum geht, Jesus im Herzen aufzunehmen, ihn zu lieben und mit ihm zu leben. Daher sieht derjenige, der Jesus sieht, den Vater; er versteht es, eine größere Liebe zu erkennen. „Herr, zeig uns den Vater; das genügt uns", bittet Philippus. Jesus antwortet mit einem Tadel: „Schon so

lange bin ich bei euch und du hast mich nicht erkannt, Philippus? Wer mich gesehen hat, hat den Vater gesehen." Johannes schreibt in seinem ersten Brief: „Niemand hat Gott je geschaut" (1 Joh 4,12). Die Apostel begleiten uns durch ihre Fragen, damit wir mehr in die Tiefe gehen und das Antlitz Gottes bei Jesus suchen. Bei ihm werden wir das von Gott erkennen, was in jedem Menschen vorhanden ist.

Gebet für die Kranken

Dienstag, 4. Mai

Joh 14,27–31a. **„Frieden hinterlasse ich euch, meinen Frieden gebe ich euch"**

„Frieden hinterlasse ich euch, meinen Frieden gebe ich euch". Jesus verheißt seinen Frieden, den messianischen Frieden mit der Fülle des Segens Gottes. Es ist nicht irgendein Frieden, sondern sein eigener Frieden, der aus dem Vertrauen auf die Begleitung und den Trost Gottes und aus der Gewissheit hervorgeht, nicht allein zu sein. Dieses Erbe haben die Jünger empfangen und sollen es der Welt bezeugen. Wenn der Herr „zur Rechten des Vaters" sitzt, wird zum Ausdruck gebracht, dass er durch die Auferstehung die vollkommene Herrschaft über die Welt und die Geschichte übernommen hat. Dadurch hat er sich nicht von ihnen und von der Welt entfernt, vielmehr ist er ihnen jetzt noch näher. Überall, wohin sie gehen, wird er eine Hilfe sein, damit sie nicht dem Bösen erliegen. Denn die Jünger werden auseinandergehen, um das Evangelium auf den Straßen der Welt zu verkünden. Aber er wird sie überallhin begleiten und sie mit seiner Kraft stützen. Sicher setzt der Fürst des Bösen, der Teufel, sein Werk der Spaltung fort, er will unbedingt das Band der Liebe zwischen Jesus und den Seinen zerreißen. Doch im Widerstand gegen ihn werden die Jünger nicht allein sein, Jesus selbst wird sie beschützen. Er gibt ihnen die Sicherheit: „... denn es kommt der Herrscher der Welt. Über mich hat er keine Macht". Auf dem Weg dieses Gehorsams gegenüber Gott werden die Jünger die Dauerhaftigkeit der Liebe entdecken, die auch das Kreuz umfasst, deren Ziel jedoch die Auferstehung und der Sieg des Lebens über den Tod ist.

Gebet mit Maria, der Mutter des Herrn

Mittwoch, 5. Mai

Joh 15,1–8. **Der Weinstock und die Reben**

Mit diesem Evangelium beginnt der zweite Teil der Abschiedsrede Jesu an seine Jünger. Über die Kommunion mit den Seinen, die durch die Liebe und den Heiligen Geist verwirklicht wird, hat er bereits gesprochen. Jetzt will er mit dem Bild des Vaters als Winzer, des Sohnes als Weinstock und der Jünger als Reben diese sich ausbreitende Liebe beschreiben, die die Jünger mit ihm und dem Vater verbindet. Das Bild vom Weinstock (und vom Weinberg) wird öfter in der Schrift verwendet, um die Beziehung zwischen dem Herrn und seinem Volk zu beschreiben. Dieses Mal aber ist nicht das Volk Israel der Weinstock, sondern Jesus selbst. Er ist der „wahre Weinstock", der gute Früchte hervorbringt und den Reben Leben schenkt. Die Gemeinschaft zwischen Jesus und dem Vater ist die Quelle seines Lebens und der Ursprung seines Wirkens. Er ist vom Himmel auf die Erde herabgekommen, um den Willen des Vaters zu erfüllen. Im Bild vom Weinstock zeigt Jesus den Willen des Vaters: Verbunden mit ihm werden die Jünger wie die Reben am Weinstock Anteil erhalten an der Liebe, die ihn mit dem Vater vereint. Für die Reben ist es im wahrsten Sinn des Wortes lebensnotwendig, dass sie mit dem Weinstock verbunden bleiben. Daher sagt Jesus: „Wer in mir bleibt und in wem ich bleibe, der bringt reiche Frucht; denn getrennt von mir könnt ihr nichts vollbringen." Wie kann man mit dem Weinstock verbunden bleiben? Jesus erklärt es: „Wenn ihr in mir bleibt und meine Worte in euch bleiben, dann bittet um alles, was ihr wollt: Ihr werdet es erhalten." Das Wort „bleiben" wird in diesem Abschnitt elfmal verwendet. Anschließend folgt achtmal der Ausdruck „Frucht bringen". Frucht bringen können nur Jünger, die mit aufmerksamem Herzen auf das Wort Gottes hören und danach handeln.

Gebet mit den Heiligen

Donnerstag, 6. Mai

Das Volk der Sinti und Roma – auch die Muslime unter ihnen – feiert den heiligen Georg († um 303), der als Märtyrer starb, um die Kirche zu befreien.

Joh 15,9–11. **„Bleibt in meiner Liebe"**

Jesus setzt seine Rede fort und bekennt nun offen die Art seiner Liebe: „Wie mich der Vater geliebt hat, so habe auch ich euch geliebt." Er fühlt sich nicht herabgesetzt, wenn er sagt, dass seine Liebe zu den Jüngern die Frucht einer noch größeren Liebe ist. Wir möchten uns gern darstellen, wollen originell erscheinen und von niemandem abhängig sein. Deshalb schämen wir uns, wenn wir eingestehen, dass unser Glück von der Liebe eines anderen abhängt, der größer ist als wir selbst. Das kommt von einem Individualismus, der die gesamte Kultur vergiftet mit dem Ergebnis, dass sich gesellschaftliche Verbundenheit auflöst und die Solidarität geschwächt wird. Unabhängigkeit von anderen führt nicht zur Liebe, sondern zum Gegenteil, nämlich zur Einsamkeit. Die Einsamkeit ist ein sehr gefährliches Virus, das zu einer schrecklichen Pandemie führt: Sie erfüllt das Gemüt mit Traurigkeit, schwächt das Herz, nimmt den Händen die Kraft und macht unfähig, zu lieben. Wenn wir in der Liebe Jesu bleiben, entdecken wir die Freude der gegenseitigen Liebe und den Traum der universalen Geschwisterlichkeit, die Gott in das Herz eines jeden Menschen hineingelegt und die Jesus als gemeinsame Bestimmung aller Völker der Erde verkündet hat. Das Wesen unseres Lebens und unserer Freude besteht darin, diesen Traum Gottes für die Welt aufzunehmen. Daher müssen wir unbedingt all jene in diese Revolution der Geschwisterlichkeit einbeziehen, die am Rand leben oder ausgegrenzt sind. Die von Jesus verheißene vollkommene Freude besteht nicht aus kleinen und vergänglichen individuellen Freuden. Sie ist die Teilhabe am Plan Gottes für die Welt. Die wahre Freude besteht darin, dass wir Jesus so lieben, wie er uns geliebt hat, indem wir seine Brüder und Schwestern werden für den großen Heilsplan der Welt.

Gebet für die Kirche

Freitag, 7. Mai

Gedenken an das Gebet für die neuen Märtyrer des 20. Jahrhunderts, das unter Vorsitz von Johannes Paul II. während des Großen Jubiläums im Jahr 2000 am Kolosseum in Rom zusammen mit Vertretern der christlichen Kirchen stattfand.

Joh 15,12–17. **„Das ist mein Gebot, dass ihr einander liebt“**

„Das ist mein Gebot, dass ihr einander liebt, so wie ich euch geliebt habe.“ Jesus sagt nicht nur: „Liebt einander“, er nennt auch ein Maß für diese gegenseitige Liebe: „so wie ich euch geliebt habe“. Schon das Bild vom Weinstock verdeutlicht die Eigenart der Liebe des Evangeliums. Denn die aus dem Weinstock in die Rebe fließende Lebenskraft ist ebendiese Liebe Jesu. Die Liebe der Jünger ist daher nicht irgendeine Liebe und stammt nicht von ihnen selbst, aus ihren Traditionen, ihrem Charakter oder ihrer Erziehung. Die Liebe des Evangeliums ist ein Geschenk, das wir von Jesus selbst empfangen. Sie ist die Agape, also die in unsere Herzen ausgegossene göttliche Liebe. Dabei handelt es sich um eine ganz und gar unentgeltliche Liebe, die sich selbst vergisst und sogar das eigene Leben für die anderen hingibt. So ist die Liebe Jesu. Jesus erklärt die Art der neuen Beziehung mit dem Begriff der Freundschaft. Schon Abraham wird von Gott „Freund“ und nicht Knecht genannt, weil Gott nichts vor ihm verheimlicht. Auch Jesus hat keine Knechte, sondern nur Freunde. Das Wort Freund ist für Jesus in Bezug auf sein eigenes Leben ein ernsthaftes Wort. Allen gegenüber empfindet er Freundschaft, auch zu Judas, der ihn gerade verrät. Wenn man trotzdem eine Vorliebe in dieser göttlichen Freundschaft finden möchte, dann ist es die zu den Schwächsten, den Armen, den Sündern und Ausgegrenzten. Diese Vorliebe sollen alle leben. Sie sollte auch in der Kirche mit größerer Klarheit hervortreten. Die Vorliebe für die Armen kennzeichnet die göttliche Qualität der Liebe. Diesen prophetischen Zug müssen die Christen in dieser Zeit leben.

Gebet des heiligen Kreuzes

Samstag, 8. Mai

Gedenktag der Jungfrau Maria, die in Argentinien als „Unsere liebe Frau von Luján" verehrt wird.
Gedenken an die seligen Märtyrer von Algerien. Unter ihnen erinnern wir besonders an Christian de Chergé, Prior des Trappistenklosters Notre-Dame de l'Atlas in Tibhirine in Algerien, der 1996 zusammen mit seinen Mitbrüdern von Terroristen entführt und getötet wurde.

Joh 15,18–21. **Der Hass der Welt auf Christus und die Seinen**

Nachdem Jesus über die vertraute und liebevolle Verbundenheit zwischen den Jüngern und ihm selbst geredet hat, kommt er nun auf den Hass zu sprechen, den die Mächte des Bösen aufgrund seines Namens gegen die Jünger richten. Es gibt nämlich einen unversöhnlichen, tiefen und radikalen Gegensatz zwischen der unentgeltlichen Liebe, die den Jünger Jesu charakterisiert, und der weltlichen Logik, die immer den Profit sucht oder eine Gegenleistung erwartet. Das soll nicht heißen, dass wir uns aus der Gesellschaft, in der wir leben, zurückziehen sollen. Im Gegenteil, wir sollen für die Menschen Sauerteig der Liebe und des Friedens sein. Die alte christliche Schrift des Briefes an Diognet sagt, dass die Christen in der Welt leben, doch ihnen deren individualistische Logik fremd ist. Sie leben in den Städten der Menschen, doch als Pilger auf dem Weg zur himmlischen Stadt. Diesen Gegensatz kann die Welt nicht ertragen. Jesus warnt die Jünger:

„Wenn die Welt euch hasst, dann wisst, dass sie mich schon vor euch gehasst hat." Der Hass auf die Christen bezieht sich nicht auf Vergängliches. Er ist Teil der christlichen Erfahrung, denn der Hass ist Teil eines vom Bösen unterjochten Lebens. Das hatte Ignatius von Antiochien verstanden, während er als Gefangener nach Rom gebracht wurde, wo er das Martyrium erleiden sollte. An die Römer schreibt er: „Nicht Sache von Überredung, sondern von Größe ist das Christentum, wenn irgend es von der Welt gehasst wird." Der Hass gehört zum Leben der Welt, die Liebe zum christlichen Leben. Es gibt einen unerbittlichen Kampf zwischen Hass und Liebe. Das belegt in besonderer Weise die unüberschaubare Schar der Märtyrer, die die einundzwanzig Jahrhunderte der christlichen Geschichte in ununterbrochener Weise wertvoll macht. Jesus ist deutlich: „Wenn sie mich verfolgt haben, werden sie auch euch verfolgen". Und weiter: „Der Sklave ist nicht größer als sein Herr." Wenn der Jünger die Liebe Jesu lebt, ist er ein dauerhafter Widerspruch zur Welt, die unter dem Fürsten des Bösen versklavt bleibt. Daher hasst diese Welt die Jünger: Sie sind kein Teil von ihr.

Gebet der Vigil

Sonntag, 9. Mai: 6. Sonntag der Osterzeit

Gedenken an den Propheten Jesaja.

Apg 10,25–26.34–35.44–48; Ps 98; 1 Joh 4,7–10; Joh 15,9–17

In dieser Osterzeit lädt uns die Liturgie häufig zur Betrachtung der Rede Jesu an die Jünger beim Letzten Abendmahl im Johannesevangelium ein. Es ist die längste Rede in den Evangelien. In dieser Zeit möchte die Kirche in uns die Kraft des Ostergeheimnisses stärken, sodass es uns wiederholt vor Augen gehalten wird. Jesus spricht weiter über das Bild vom Weinstock und von den Reben, um die Jünger auf die Eigenschaft ihrer Beziehung zu ihm hinzuweisen: „Ich bin der Weinstock, ihr seid die Reben." Dann sagt er:

„Es gibt keine größere Liebe, als wenn einer sein Leben für seine Freunde hingibt."
Auch uns liebt er mit dieser Liebe. Und wiederholt betont er, dass er es zuerst tut, auch ohne unser Verdienst. Seine Liebe ist unentgeltlich. Daran erinnert Johannes auch in seinem ersten Brief: „Darin besteht die Liebe: Nicht dass wir Gott geliebt haben, sondern dass er uns geliebt und seinen Sohn als Sühne für unsere Sünden gesandt hat" (1 Joh 4,10). In dieser Liebe sollen wir bleiben, damit sie uns ganz umgibt. Damit wir sie besser verstehen, fasst Jesus sie in einem einzigen Satz zusammen: „Das ist mein Gebot, dass ihr einander liebt, so wie ich euch geliebt habe." Die Liebe unter den Jüngern ist das einzige Gebot. Dabei handelt es sich natürlich um die Liebe, mit der der Vater den Sohn und der Sohn die Jünger liebt. Das ist die Fülle des Lebens: „Dies habe ich euch gesagt, damit meine Freude in euch ist und damit eure Freude vollkommen wird." Die Liebe Jesu ist eine Liebe voller Freude, denn sie geht aus Ostern hervor.
Diese Liebe bleibt nicht in den eigenen Grenzen gefangen. Ostern ist für das Heil der Welt, und ebenso die Liebe. Ausgehend von ihrem Ursprung im Schoß Gottes selbst, denn „Gott hat die Welt so sehr geliebt, dass er seinen einzigen Sohn hingab, damit jeder, der an ihn glaubt, nicht zugrunde geht, sondern das ewige Leben hat" (Joh 3,16). Dies ist der Grund für die dringende Weitergabe dieser Liebe bis zu den Grenzen der Erde, wie Jesus selbst zu den Jüngern sagt: „... ich habe euch erwählt und dazu bestimmt, dass ihr euch aufmacht und Frucht bringt und dass eure Frucht bleibt." Die Liebe muss Früchte bringen für die Welt. Das gehört zu ihrem Wesen. Daher hatte Jesus vorher zu den Jüngern gesagt: „Daran werden alle erkennen, dass ihr meine Jünger seid: wenn ihr einander liebt" (Joh 13,35). Die gemeinschaftliche Verbundenheit unter den Brüdern und Schwestern, die Geschwisterlichkeit, zu der wir berufen sind und die unsere Freude ist, ist die Kraft, die die Welt verändert.

Gebet am Tag des Herrn

Montag, 10. Mai

Joh 15,26–16,4a. **Zeugnis des Geistes und des Gläubigen**

Jesus hat die Jünger zuvor auf den Hass und die Verfolgungen aufmerksam gemacht, die sie wegen seines Namens von Seiten der „Welt" erdulden müssen (Joh 15,18–25). Nun verspricht er ihnen, dass er sie bei den Widerständen und vor den Gerichten nicht alleinlässt. Er wird sie begleiten und stützen, damit sie in der gegenseitigen Liebe und im Zeugnis für das Evangelium bis zu den Grenzen der Erde ausharren. Das wird auch nach seiner Himmelfahrt fortdauern. Er sagt: „Wenn aber der Beistand kommt, den ich euch vom Vater aus senden werde, der Geist der Wahrheit, der vom Vater ausgeht, dann wird er Zeugnis für mich ablegen." Man muss an die Kirchengeschichte am Ende des ersten Jahrhunderts und die johanneische Gemeinde denken, die sowohl durch jüdische Behörden als auch durch Vertreter des Römischen Reiches verfolgt wurde. „Sie werden euch aus der Synagoge ausstoßen, ja es kommt die Stunde, in der jeder, der euch tötet, meint, Gott einen heiligen Dienst zu leisten." Diese traurigen Ereignisse haben sich bis in unsere Tage ständig wiederholt. Besonders beispielhaft ist das christliche Martyrium unserer Zeit durch Fundamentalisten, die sogar im Namen Gottes töten. Der Heilige Geist, den der Sohn den Jüngern vom Vater weitergibt, ist die stützende Kraft für die Kirche. Es ist eine spirituelle Kraft, die die Jünger vereint, untereinander verbindet, sie gut und stark macht und sie in die ganze Welt aussendet, damit sie die Liebe Gottes bezeugen, die vom Bösen erlöst und aus aller Knechtschaft befreit. Sie wird daher immer auf teilweise auch gewalttätigen Widerstand stoßen durch denjenigen, der Spaltungen unter den Menschen verbreiten möchte. Der Herr überlässt die Seinen nicht ihrem Schicksal. Für die Jünger bleibt die große Verantwortung: das Evangelium der Liebe in unserer Welt weiterzugeben, damit das Böse entfernt werde. Die Jünger sollen ihr Leben für diese Sendung einsetzen, die nur sie erfüllen können: nicht in der Einsamkeit ihrer Schwäche, sondern in der Kraft des Geistes, den der Vater gesandt hat.

Gebet für die Armen

Dienstag, 11. Mai

Joh 16,5–11. **„Wenn ich nicht fortgehe, wird der Beistand nicht zu euch kommen"**

Der heilige Augustinus kommentiert diesen Abschnitt der Rede und legt Jesus folgende Worte in den Mund: „Es ist gut für euch, dass diese Knechtsgestalt von euch weggenommen wird; zwar wohne ich als das Fleisch gewordene Wort unter euch, aber ich will nicht, dass ihr mich immer noch fleischlich liebet und, mit dieser Milch zufrieden, immer Kinder zu sein verlanget ... Wenn ich euch die zarten Speisen, mit denen ich euch genährt habe, nicht entziehe, werdet ihr keinen Hunger haben nach der festen Speise; wenn ihr an dem Fleische fleischlich hängt, werdet ihr für den Geist nicht empfänglich sein." Für Jesus ist der Moment gekommen, eine Zeit des Glaubens anzukündigen. Wir dürfen sie uns nicht als ärmer vorstellen als die Zeit der Apostel. Der in die Herzen der Jünger ausgegossene Heilige Geist kennzeichnet die Zeit der Kirche. Dieser Geist stützt die Jünger, tröstet sie, richtet sie auf, behütet sie, erleuchtet sie und macht sie fähig, das Evangelium der Liebe zur Verwandlung der Welt weiterzugeben. Der Geist wird den Jüngern in schwierigen Zeiten, die auf sie zukommen, eine Hilfe sein. Der Geist wird „die Welt der Sünde überführen und der Gerechtigkeit und des Gerichts". Der Evangelist zeichnet das Bild einer großen Versammlung, in der das in der Welt wirkende Böse enthüllt und bloßgestellt wird, um es zu vernichten. Bei dieser Aufgabe sollen sich die Jünger vom Geist führen lassen. Die Augen sollen unermüdlich die Welt und die Geschichte im Licht der Schrift mit der Hilfe des Geistes erforschen, um das Böse zu erkennen, das in der Welt am Werk ist, um es zu besiegen und die Wege der Liebe einzuschlagen, die die Welt retten. Diese eindringliche und faszinierende Aufgabe ist den Christen heute aufgetragen: Sie sollen Propheten sein, die das Böse bloßstellen und vor allem durch ihr Beispiel den Weg des Guten weisen. Erzbischof Oscar Romero war einer von ihnen, sein Leben spricht noch heute. Er deutete die dramatischen Ereignisse seiner Zeit im Licht des Wortes Gottes. Das hat ihn zwar zum Märtyrer gemacht, doch sein Zeugnis ist heute umso wertvoller. Angesichts der Vorwürfe, die man ihm machte, antwortete er damit, dass er die Geschichte im Licht des Evangeliums deute: „Das Wort ist wie ein Sonnenstrahl, der von oben kommt und Licht macht. Welche Schuld hat die Sonne, wenn ihr reinstes Licht auf Wasserpfützen, Exkremente oder Abfälle dieser Erde fällt? Es muss Licht werfen auf diese Dinge, sonst wäre es nicht die Sonne, es wäre kein Licht, es würde das Hässliche und Schreckliche, das es auf Erden gibt, nicht beleuchten."

Gebet mit Maria, der Mutter des Herrn

Mittwoch, 12. Mai

Gedenktag des heiligen Pankratius († 304), der mit 14 Jahren aus Liebe zum Evangelium zum Märtyrer wurde. Gebet für die Jugendlichen, dass sie dem Evangelium und dem Herrn begegnen mögen.

Joh 16,12–15. **„Der Geist wird euch in der ganzen Wahrheit leiten"**

„Noch vieles habe ich euch zu sagen, aber ihr könnt es jetzt nicht tragen." Diese Worte enthalten keinen Tadel. Jesus geht eher davon aus, dass die Jünger die gesamte Tragweite des Evangeliums noch nicht erfassen können. Das Evangelium setzt keine besondere Weisheit oder Intelligenz voraus, und Jesus sucht auch nicht Mächtige und Starke, denen er seine Sendung anvertraut. Das Gegenteil scheint eher der Fall zu sein. Denn sein Wort ist kein schwieriges Lehrwerk und auch keine komplizierte Ideologie, die nur wenige verstehen und erfassen können. Die Lehre des Evangeliums schenkt eine einfache und doch starke Kraft, die das Herz erfüllt und das Leben verwandelt. Alle können das Evangelium aufnehmen und leben. Es ist ein machtvolles Wort, voller Energie und überfließender Barmherzigkeit. Die Jünger sollen es nur wirken lassen, es nicht einschränken und ihm keine Hindernisse in den Weg legen. Der Heilige Geist wird „euch in der ganzen Wahrheit leiten", sagt Jesus. Der Geist wird uns auf Schwächen und auf unsere banale Engherzigkeit hinweisen. Der Geist befreit uns von unserer Hartherzigkeit, von Verschlossenheit und Geiz. Wenn wir uns vom

Geist führen lassen, werden wir die Zukunft entdecken, indem wir von einer besseren Welt träumen. Der Geist ist die Quelle des Lebens und der Inspiration. Er macht die Jünger zu Bauleuten einer Zukunft für alle Völker, die Jesus bei seinem Kommen auf Erden begonnen hat. Der Anfang der Neunzigerjahre in Moskau getötete Priester Alexander Men sagte, dass wir beim Verständnis des Evangeliums noch am Anfang stünden und viele Worte erst noch in ihrer ganzen Tiefe erfassen müssten. Jahre vorher sagte der heilige Johannes XXIII. kurz vor seinem Tod: „Nicht das Evangelium verändert sich, wir sind es, die es besser verstehen." Das ist das Werk des Geistes, der bis heute und in allen Generationen wirksam ist.

Gebet mit den Heiligen

Donnerstag, 13. Mai: Christi Himmelfahrt

Apg 1,1–11; Ps 47; Eph 4,1–13; Mk 16,15–20

Das Fest der Himmelfahrt Jesu schenkt ein wenig Einblick in das gemeinsame Schicksal der Menschheitsfamilie und der Schöpfung. Eindeutig endet die Menschheitsgeschichte nicht in der Leere. Sie besitzt eine „menschliche" Zukunft, die der auferstandene Jesus begann, indem er den Menschen mit sich in den Himmel Gottes aufgenommen hat. Mit dem Eintritt Jesu in den Himmel weiht er die ewige Wohnung ein, die Gott seinen Kindern bereitet hat. Mit einer ähnlichen Sprache wie in der Apokalypse in Bezug auf den „neuen" Himmel und die „neue" Erde und auf das himmlische Jerusalem weiht Jesus sie ein, indem er in sie eintritt. Vor seinem Tod hat er schon zu den Jüngern gesagt, dass er für alle einen Platz vorbereiten würde, damit auch wir dort sind, wo er ist. Seine Mutter ist schon bei ihm, die leiblich aufgenommen wurde. Dieses Fest befreit von einer orientierungslosen und ziellosen Geschichte, die dem Zufall, den Gestirnen oder finsteren und unkontrollierbaren Mächten ausgesetzt ist.
Im Evangelium fordert uns Jesus auf, Zeugen für dieses Heilsgeheimnis aller Völker zu sein. Im Herzen aller Jünger Jesu gibt es eine Sehn-

sucht nach Universalität: Wir sind universale Schwestern und Brüder, Weltenbürger, alle Teil einer Familie. Der Jünger spricht eine neue Sprache, die Sprache des Himmels, die Sprache der Liebe, die die Herzen berührt und verwandelt. Sie treibt Dämonen aus, und zwar die Gedanken der Einsamkeit und die Gewohnheiten von Rache, Hass, Spaltung, Feindschaft. Wir müssen keine perfekten Männer und Frauen sein, um das Evangelium weiterzugeben. Der Herr hat uns als Sünder erwählt, denen vergeben wurde. Er hat uns befähigt, das Evangelium der Liebe weiterzugeben. Auf diesem Weg gelangt man zum Himmel. Es macht etwas traurig, wenn manche auf der Suche nach Schutz den Himmel erforschen und zum Beispiel Horoskope lesen, um vor der Angst und der Unsicherheit im Leben zu fliehen. Der aufgefahrene Herr ist unser Himmel und unsere Sicherheit. Er zieht uns hin zu einer Zukunft, die er schon in Fülle erreicht hat. Den Jüngern aller Zeiten schenkt er die Macht, die Geschichte und die Schöpfung auf dieses Ziel hinzulenken. Denn die Jünger haben die Vollmacht, Dämonen auszutreiben und die neue Sprache der Liebe zu sprechen. Sie können die Schlangen der Versuchung unschädlich machen und die tückischen Fallstricke des Lebens überwinden. Sie können die Kranken heilen und jeden ermutigen, der Trost braucht. Diese Kraft führt die Jünger bis an die Grenzen der Erde und in die Zukunft der Geschichte. Das Markusevangelium schließt mit den Worten: „Sie aber zogen aus und verkündeten überall. Der Herr stand ihnen bei und bekräftigte das Wort durch die Zeichen, die es begleiteten."

Gebet für die Kirche

Freitag, 14. Mai

Joh 16,20–23a. **„Eure Trauer wird sich in Freude verwandeln"**

Die Freundschaft zum Herrn ist nicht selbstverständlich, nicht nur weil die Welt feindselig ist, sondern auch, weil sie eine wirkliche und echte Neugeburt erfordert, wie Jesus zu Nikodemus sagte. Deshalb vergleicht Jesus den Glauben mit einer Geburt, die das Ergebnis einer langen und mühseligen Schwangerschaft ist. Man glaubt nicht unvermittelt, weil man sich für begabt oder geeignet hält. Glaube ist auch kein spontanes Resultat einer natürlichen Veranlagung. Man wird eben nicht als Christ geboren, darum muss man sich immer bemühen. Wie die Frau in einer Schwangerschaft persönlichen Anteil hat am Wachstum des neuen Lebens in ihrem Schoß und die Entwicklung des Kindes nicht das Ergebnis ihrer Fähigkeiten ist, so wächst und gedeiht das Wort Gottes, wenn es im Herzen aufgenommen wird. Es schafft neues Leben, indem es mit seiner Vollmacht in dem wirkt, der es aufnimmt. Es wirkt auch bei Hindernissen, die teilweise von uns selbst geschaffen werden. Daher dürfen wir nicht mutlos werden, wenn wir an Grenzen stoßen und uns schwertun, das Wort Gottes zu leben. Wir dürfen nicht aufgeben, wenn wir es vergessen, weil wir nicht danach leben oder meinen, es sowieso schon zu kennen. Die Beschäftigung mit dem Wort Gottes erfordert Geduld und Ausdauer. Wenn wir aber unser Herz davon führen lassen und keine Widerstände in den Weg legen, werden wir die aufregende Erfahrung von innerlichem Wachstum machen. Veränderungen und Weisungen des Wortes Gottes schränken natürlich auch unsere Gewohnheiten und unser Ich ein, das kann auch Trauer mit sich bringen. Doch in der Tiefe werden wir die Sanftmut der göttlichen Liebe erfahren. Darüber spricht das Evangelium. Niemand kann uns das rauben, denn es ist eine Frucht unseres Zuhörens.

Gebet des heiligen Kreuzes

Samstag, 15. Mai

Joh 16,23b–28. **Bittet in meinem Namen; der Vater selbst liebt euch**

In den vorangegangenen Tagen hat uns der Evangelist das Band der Liebe gezeigt, das den Vater, den Sohn und den Heiligen Geist vereint und das auch die Jünger umfasst. Die Frucht dieser überströmenden Liebe ist die Freude aller. Die Gemeinschaft mit Jesus kennzeichnet ihr neues Leben, denn sie sind Glieder der Familie Gottes, Kinder des einen Vaters und Brüder und Schwestern untereinander. Als Kinder dürfen sie den Vater um alles bitten, und er wird es ihnen geben. Diese Gewissheit schenkt Jesus den Jüngern, bevor er in seine „Stunde" eintritt. Diese Gewissheit ist der Grund für die „vollkommene" Freude. Jesus sagt zu ihnen: „Bis jetzt habt ihr noch um nichts in meinem Namen gebeten." Ihr Glaube war noch zart, sie betrachteten Jesus noch auf menschliche Weise in den Kategorien dieser Welt. Sie hatten den Heiligen Geist noch nicht empfangen, um Jesus als Heiland zu erkennen. Sie mussten begreifen, dass Jesus durch seine Auferstehung zur Rechten des Vaters aufsteigen und damit zum Herrn der Geschichte werden würde. Nun konnten sie den Vater „im Namen" Jesu anrufen, eben mit der Macht der Fürsprache dieses Meisters, der ihr Gebet zum Vater im Himmel bringt. Er verspricht, eine deutlichere Sprache zu sprechen: „Dies habe ich in Bildreden zu euch gesagt; es kommt die Stunde, in der ich … offen vom Vater künden werde." Diese Stunde ist die Zeit der bevorstehenden Auferstehung. Es ist auch unsere Zeit. Noch heute spricht das Evangelium zur ganzen Welt auf offene Weise über das Geheimnis des Vaters im Himmel, der seinen Sohn zu unserem Heil gesandt hat. Die Gemeinschaft mit Jesus schenkt uns die Gewissheit, dass wir mit ihm Anteil haben an seiner Sendung: auf die Wege der Welt hinauszugehen, die Männer und Frauen zu versammeln und mit ihnen zum Vater aufzubrechen. Er ist aus dieser Welt zum Vater vorausgegangen. Doch er kehrt nicht mehr allein zum Vater zurück wie bei seinem Herabkommen, sondern mit den Jüngern von damals, von heute und von morgen, die er sich durch seine Liebe bis in den Tod erworben hat.

Gebet der Vigil

Sonntag, 16. Mai: 7. Sonntag der Osterzeit

Apg 1,15–17.20a.c–26; Ps 103; 1 Joh 4,11–16; Joh 17,6a.11b–19

An diesem Sonntag vor Pfingsten berichtet die Apostelgeschichte von der Gebetsversammlung der Jünger mit den Frauen in Jerusalem in den Tagen nach der Himmelfahrt. Noch deutlicher als zuvor spürten sie ihre Hilflosigkeit, daher suchen sie Zuflucht im Gebet. In der Not und in der Erkenntnis der eigenen Bedürftigkeit wird das Gebet inständiger. Sie spüren in dieser Zeit auch, dass sie die Gemeinschaft brauchen, denn allein sind sie verloren. Die Kraft der Jünger Jesu liegt zu allen Zeiten in der vertrauten Verbundenheit untereinander, die ihren Ursprung in einer lebendigen Gemeinschaft mit dem Herrn im Gebet und im Hören auf das Wort Gottes hat. Daher sagten die ersten Christen in der Zeit der Verfolgung, dass sie nicht ohne den Sonntag leben können, also ohne diese Versammlung beim Herrn im Gottesdienst.

Jesus zeigt den Seinen am Abend vor seinem Leiden, dass das Gebet, die vertraute Gemeinschaft mit dem Vater der Trost und die Kraftquelle des Lebens ist. Dadurch ist er nicht Opfer der Angst, obwohl sein Leben in Gefahr ist. Dieses Gebet ist eindrucksvoll und schön, weil es für die Freunde von damals und für die Freunde aller Zeiten und damit auch für jeden von uns gesprochen wird. Er hätte Gründe genug gehabt, an sich zu denken. Doch er spricht: „Heiliger Vater, bewahre sie in deinem Namen, den du mir gegeben hast, damit sie eins sind wie wir." Es ist ein Gebet, das bis heute nichts von seiner Aktualität verloren hat. Im Gegenteil, man könnte sagen, dass die globale Welt die Zerrissenheit vergrößert und Konflikte verstärkt hat, teilweise auch unter den Christen. Der Weg der Einheit bleibt eine große Herausforderung. Der orthodoxe Patriarch Athenagoras mahnte schon in den Sechzigerjahren, dass die Einheit der Menschheit die Einheit der Christen benötigt als ihre spirituelle Grundlage. Davon sind wir immer noch entfernt. Es ist daher eine gute Tradition, dass die Kirche in den Tagen vor Pfingsten für die Einheit der Christen betet. Möge der Heilige Geist die Trennungen überwinden und die Menschen mit der Liebe Gottes erfüllen, die Voraussetzung und Grundlage für die Einheit unter den Menschen ist.

Schließlich bittet Jesus dafür, dass seine Jünger vor dem Bösen bewahrt werden: „Ich bitte nicht, dass du sie aus der Welt nimmst, sondern dass du sie vor dem Bösen bewahrst." Die Christen sind nicht dazu berufen, sich aus der Welt zurückzuziehen und sich kleine Schutzräume außerhalb des alltäglichen Lebens zu schaffen. Ihre Berufung besteht darin,

mitten in den Schwierigkeiten des Lebens und der komplizierten Welt das Evangelium weiterzugeben. Jesus ist sich der Macht des Bösen bewusst. Er kennt die List und die Gewalt des Bösen. Kurz nach diesem Gebet erfährt er sie am eigenen Leib. Deshalb steigt aus seinem Herzen dieses dringliche Gebet auf. Unsere heutige Welt lässt uns noch mehr als zur Zeit Jesu die Untaten und die Gewalt des Bösen erkennen. Niemand kann von vornherein sicher sein, dass das Böse nicht in sein Herz eindringt. Die Zeit der Pandemie hat zudem deutlich gemacht, wie groß die Ungerechtigkeiten sind, unter denen die Armen leiden. Das Gebet Jesu muss heute weiter gebetet werden, denn das Gebet ist die starke Waffe gegen das Böse. Das Gebet ist stärker als alle Gewalten, die nicht wollen, dass sich das Evangelium ausbreitet und die Menschen glücklich und in Eintracht miteinander leben.
Wer die Augen auf den Vater richtet und betet, wird frei von der Last des eigenen Ich und seiner Probleme. Wer betet, findet direkten Zugang zum Vater im Himmel, er findet neue Hoffnung und Kraft und kann erkennen, dass die Macht des Bösen und die Probleme der Welt nicht das letzte Wort haben. Außerdem sagt Jesus: „Ich habe ihnen dein Wort gegeben." Im Wort Gottes, im Evangelium finden wir Orientierung und Halt, durch dieses Wort spricht der Herr selbst weiter zu unserem Herzen, um uns zu trösten und uns auf den Wegen der Welt zu führen. Das Wort des Herrn hilft uns, das Beispiel Jesu nachzuahmen, damit auch wir bereit und fähig sind, unser Leben für das Evangelium hinzugeben und damit das wahre Leben zu gewinnen.

Gebet am Tag des Herrn

Montag, 17. Mai

Die Juden feiern das Schawuot-Fest (Pfingsten).

Joh 16,29–33. **Habt Mut: Ich habe die Welt besiegt**

Jesus hat gerade über seine Sendung gesprochen: „Vom Vater bin ich ausgegangen und in die Welt gekommen; ich verlasse die Welt wieder und gehe zum Vater." In wenigen Worten wird damit seine Geschichte umschrieben: vom Vater ist er gekommen und kehrt mit der erlösten Menschheit zu ihm zurück. Die Jünger meinen, dass sie jetzt alles verstanden haben. Denn Jesus hat mit offenem Herzen zu ihnen gesprochen und die Schönheit des Lebens mit dem Vater offenbart, das auch ihnen angeboten wird. Sie meinen, es schon zu besitzen. Hier zeigt sich eine Oberflächlichkeit, die den Glauben darauf beschränkt, bestimmte Aussagen zu verstehen oder Rituale und Vorschriften zu erfüllen. Jesus spricht weiter mit den Jüngern, damit sie in der Erkenntnis seines Geheimnisses und in der Liebe zu Gott wachsen. Er will nicht, dass sie im Stolz gefangen sind und Sklaven der Einbildung bleiben, das Evangelium endlich schon ganz verstanden zu haben. Daher konfrontiert er sie mit ihrem Unvermögen und ihrer Glaubensschwäche: „Glaubt ihr jetzt? Siehe, die Stunde kommt und sie ist schon da, in der ihr versprengt sein werdet, jeder in sein Haus, und mich alleinlassen werdet. Aber ich bin nicht allein, denn der Vater ist bei mir." Für Jesus sind es sehr betrübliche Worte. Doch er verlässt die Jünger nicht. Er hält ihnen vielmehr vor Augen, wie sie wirklich sind. Die Zerstreuung ist eine direkte Folge ihres fehlenden Vertrauens auf Jesus und ihrer Selbstsicherheit. Am Ölberg werden diese Worte wörtlich erfüllt: alle werden fliehen, sogar die engsten Freunde. Allein der Vater bleibt bei ihm. Das weiß Jesus. In der Leidensgeschichte ist der Vater seine einzige Zuflucht. In diesem Glauben an den Vater ruft er am Kreuz: „Warum hast du mich verlassen?" Dieses dramatische Gebet offenbart seinen Glauben an den Vater. Für Jesus ist er der Friede. So soll es nach dem Willen Jesu auch für die Jünger sein. Ihr Friede und unser Friede ist in Jesus: „Dies habe ich zu euch gesagt, damit ihr in mir Frieden habt." Der auferstandene Jesus wird den im Abendmahlsaal verschlossenen Jüngern daher den Frieden als erste Gabe schenken. Die Verbundenheit mit Jesus ist der Friede für alle Jünger damals und heute. Die Jünger werden wie Jesus Verfolgungen erleiden, aber sie brauchen sich nicht zu fürchten: „Ich habe die Welt besiegt", diese Sicherheit gibt Jesus auch uns.

Gebet für den Frieden

Dienstag, 18. Mai

Joh 17,1–11a. **Vater, verherrliche deinen Sohn**

„Dies sprach Jesus. Und er erhob seine Augen zum Himmel und sagte: Vater, die Stunde ist gekommen …“ Mit diesem Gebet hält Jesus Fürsprache für die Einheit der Gläubigen, die in dem Maß Wirklichkeit wird, wie sie teilhaben an der Einheit des Vaters mit dem Sohn. Das Gebet beginnt mit der für ihn kennzeichnenden Anrede: „Vater“. Jesus weiß genau, dass „seine Stunde“ gekommen ist, der Höhepunkt seiner Sendung. Er bittet den „Vater“, ihn zu „verherrlichen“ und somit das Werk zu vollenden, das er selbst ihm als Auftrag übergeben hat: den Jüngern Anteil zu schenken am ewigen Leben: „dass sie dich, den einzigen wahren Gott, erkennen und den du gesandt hast, Jesus Christus.“ Genau das war das Werk Jesu für diese Jünger, von denen er sich verabschiedet. Er möchte sie zum Vater führen: „Sie gehörten dir und du hast sie mir gegeben“. Die Erwählung der Jünger war für ihn kein Zufall: die ganze Nacht hatte er gebetet, bevor er sie erwählte. Diese Jüngergruppe ist das Ergebnis des Gebetes. Sie ist ein Geschenk des Vaters. Immer wieder betont Jesus, dass er gekommen ist, den Willen des Vaters und nicht seinen eigenen zu tun. Dies hat er seine Jünger gelehrt. Er hat sie zum Vater bekehrt. „Sie haben jetzt erkannt, dass alles, was du mir gegeben hast, von dir ist“. Sie können Erben dieser Offenbarung werden, die sie nun selbst weitergeben sollen an alle, zu denen sie gesandt werden. Diesen Jüngern wird die Sendung Jesu und sein Werk anvertraut. Er kennt jeden Einzelnen genau. Er kennt ihre Stärken und Schwächen, ihre Fehler und ihre Engherzigkeit. Daher betet er für sie: „Für sie bitte ich dich.“ Wir können uns die vielen Gedanken und Sorgen um die Zukunft vorstellen, die Jesus durch den Kopf gehen. Das Gebet Jesu an diesem Abend ist eine besondere Fürbitte für die Einheit, und er setzt es auch heute fort, damit der Vater all seine Jünger in der Einheit der Liebe und der Sendung bewahre. In dieser Hinsicht ist es ein „priesterliches“ Gebet: für die Einheit des ganzen Volkes der Gläubigen.

Gebet mit Maria, der Mutter des Herrn

Mittwoch, 19. Mai

Joh 17,6a.11b–19. **Vater, heilige sie in der Wahrheit**

Jesus hat gerade zum Vater gebetet, dass er seine Jünger beschütze. Er weiß um die größte Gefahr der Spaltungen unter ihnen, die durch das Wirken des Fürsten der Spaltung herbeigeführt werden. So betet er: „Damit sie eins sind, wie wir eins sind." Die Einheit zwischen Vater und Sohn wird nicht nur zum Maßstab für die Glaubwürdigkeit der Jünger, sondern auch zum Zweck der christlichen Berufung. Das Heil ist die Gemeinschaft unter allen mit dem Vater und dem Sohn. In der Gemeinschaft finden wir die Freude, wie Jesus selbst sagt: „damit sie meine Freude in Fülle in sich haben". Die Freude der Jünger ist nicht die Folge eines oberflächlichen, kitschigen und selbstverständlichen Optimismus, sie entsteht vielmehr im Einsatz für den Aufbau einer neuen Geschwisterlichkeit, die zum Sauerteig der Liebe für die Welt wird. Diese Revolution der Geschwisterlichkeit stößt auf die Härte der individualistischen Mentalität dieser Welt. Das ist eine unvermeidliche Auseinandersetzung und ein Kampf, der im eigenen Herzen des Gläubigen beginnt. Daher soll er den Instinkt der Ichbezogenheit, der im eigenen Herzen vorhanden ist und die Gesellschaft ständig vergiftet, von Grund auf beseitigen. Jesus bittet nicht, dass sie aus der Welt genommen werden, das würde dem Evangelium vollkommen widersprechen. Christen sollen Sauerteig der Geschwisterlichkeit in der Welt sein. Das ist ihre Berufung. Sie sollen die Beziehungen unter den Männern und Frauen – und damit auch die zur Schöpfung und zur Umwelt – verwandeln, damit die Welt zu einem gemeinsamen Haus und die Völker zu einer „Familie" werden. Jesus bittet den Vater: „Wie du mich in die Welt gesandt hast, so habe auch ich sie in die Welt gesandt."

Gebet mit den Heiligen

Donnerstag, 20. Mai

Joh 17,20–26. **Damit alle eins sind**

Das Evangelium überliefert den dritten und letzten Teil des „hohepriesterlichen Gebetes“ Jesu kurz vor der dramatischen Stunde seines Leidens. Jesus hat die Augen zum Vater erhoben und weitet nun seinen Blick über den Saal hinaus, um alle einzuschließen, die in den kommenden Zeiten und an allen Orten der Erde durch die apostolische Verkündigung an das Evangelium glauben werden. Jesus betet für dieses große Volk und bittet den Vater: „Alle sollen eins sein: Wie du, Vater, in mir bist und ich in dir bin, sollen auch sie in uns sein, damit die Welt glaubt, dass du mich gesandt hast.“ Jesus bittet für eine wahre Geschwisterlichkeit unter Männern und Frauen, Gesunden und Kranken, Jungen und Alten. Das Virus der Spaltung ist so schlimm, dass Jesus die Bitte an den Vater wagt, seine Jünger mögen untereinander dieselbe Einheit leben, wie sie zwischen ihnen beiden besteht. Jesus weiß genau, dass die Männer und Frauen aller Generationen in dem Maß an das Evangelium glauben werden, wie die Jünger jeweils die Liebe untereinander bezeugen. Es besteht eine direkte Verbundenheit zwischen der Liebe, die die Jünger untereinander leben, und der ihnen anvertrauten Weitergabe des Evangeliums. Ohne Zeugnis der gegenseitigen Liebe gibt es keine christliche Sendung und auch keine Art von Evangelisierung. Daher müssen wir uns ernsthaft prüfen, ob wir wirklich ein Sauerteig der Liebe, der Einheit, der Solidarität, der Gemeinschaft sind oder nicht. Leider haben wir uns vom Virus des Individualismus anstecken lassen, das auch die Lebensweise des Christentums infiziert hat. Jeder bemüht sich um die Rettung der eigenen Seele. Doch der Christ rettet sich in einem Volk. Daher muss das Evangelium unbedingt als ein Wort wiederentdeckt werden, das aus der Zerstreuung vereint und zu einem Volk von Gläubigen versammelt. Die Einheit der Jünger in der Liebe ist die prophetische Botschaft, die die Welt von heute benötigt. Keine technisch noch so hochstehende Organisationsstruktur kann die Geschwisterliebe ersetzen. Die Liebe ist das Geheimnis für eine wirksame Sendung der Kirche.

Gebet für die Kirche

Freitag, 21. Mai

Joh 21,1.15–19. **Simon, Sohn des Johannes, liebst du mich? Weide meine Lämmer!**

Zum dritten Mal erscheint der auferstandene Jesus am See von Tiberias. An diesem Ort war er den ersten Jüngern begegnet und hatte sie in die Nachfolge berufen. An diesem Ufer des Sees begegnet er ihnen erneut nach den Tagen der Verlorenheit und Zerstreuung und stellt Petrus wie bei einem Neubeginn dreimal die Frage nach seiner Liebe. Damit wird in gewisser Weise der dreifache Verrat vor einigen Tagen aufgehoben. Jesus weiß genau, dass weder Pflichtgefühl noch Willenskraft Petrus für immer an ihn binden werden, sondern allein der Wunsch, mit seiner Zuneigung die grenzenlose Liebe zu erwidern, die er empfangen hat. Jesus fragt nach der Grundlage des Lebens und des Glaubens: nach der Liebe. Diese Frage verstummt eigentlich niemals, denn sie muss täglich gelebt werden. Daher ist diese Frage nicht nur an Petrus gerichtet. Jesus fragt jeden Jünger: „Liebst du mich?" Es handelt sich hier nicht um ein Gefühl oder ein momentanes Empfinden. Es geht um eine feste, starke, leidenschaftliche Verbundenheit mit Jesus und den anderen. Jesus bittet Petrus um eine Liebe voller Verantwortungsbewusstsein für das Evangelium und die Menschheit. Nach zwei Fragen über die Liebe und nachdem Petrus auf diese geantwortet hatte, bittet Jesus nach der dritten Antwort Petrus darum, seine Schafe zu „weiden". Die Liebe Jesu bleibt nicht bei sich selbst stehen, sie ist immer auch eine Liebe zu den anderen. Auch in diesem Bereich ist Petrus der Erste: er lehrt, wie Jesus zu lieben und wie die Verantwortung für die anderen Brüder und Schwestern auszuüben ist. Die abschließenden Worte werfen gleichsam einen Blick auf die Zukunft des Apostels: „Als du jünger warst, hast du dich selbst gegürtet und gingst, wohin du wolltest. Wenn du aber alt geworden bist, wirst du deine Hände ausstrecken und ein anderer wird dich gürten und dich führen, wohin du nicht willst." Petrus wird schließlich seine Beständigkeit nicht in eigener innerlicher Stärke finden, wie er früher dachte, sondern im vollkommenen Vertrauen auf den Herrn. Er wird ihn auf Wege führen, die er sich nie vorgestellt hätte. Der Lebensweg des Petrus ist der Weg eines jeden Jüngers, der dem Evangelium folgen will: Nur zusammen mit Jesus findet man das wahre Leben, das auch im Leid standhält. Glaube bedeutet, sich von der Liebe leiten zu lassen. Petrus weiß nicht, wohin und auf welche Etappen ihn sein Lebensweg führen wird, doch er ist sich bewusst, dass Leid dazugehört. Die Gewissheit, dass der Meister ihn liebt, schenkt ihm dabei die Kraft, noch einmal auf den Ruf zu antworten, den er zum ersten Mal hier am Ufer des Sees gehört hat: „Folge mir nach!" Erneut lässt Petrus alles und auch seinen Stolz hinter sich und folgt Jesus nach.

Gebet des heiligen Kreuzes

Samstag, 22. Mai: Pfingstvigil

Joh 21,20–25. **Der Jünger, den Jesus liebte**

Dieser abschließende Abschnitt im vierten Evangelium lenkt die Aufmerksamkeit auf das Verb „bleiben", durch das Jesus den Platz dieses Jüngers im Leben der Kirche kennzeichnet. Er soll in der Liebe „bleiben" und dabei nicht nur seine Liebe zum Herrn bezeugen, sondern noch mehr die Liebe des Herrn zu ihm. Johannes bleibt der Jünger, den Jesus liebte. Daher wird die ganz besonders liebevolle Szene beim Letzten Abendmahl überliefert, als dieser Jünger sich an die Brust Jesu lehnen durfte und eine nicht gewöhnliche Vertrautheit zwischen den beiden sichtbar wurde. Nur wer „an der Brust Jesu" gelehnt hat, hat das Geheimnis des Gottessohnes verstehen können. Vom Geist geführt hat er die Liebe des Herrn entdeckt. Er hat sie gelebt und in der Gemeinde bezeugt. Die letzten Zeilen des Evangeliums bilden einen weiteren Abschluss, um dieses Zeugnis zu unterstreichen. Der Verfasser schreibt:

„Dies ist der Jünger, der all das bezeugt und der es aufgeschrieben hat; und wir wissen, dass sein Zeugnis wahr ist." Der Verfasser möchte die Evangelienschrift mit dem Leben der Gemeinde des Jüngers verbinden, den Jesus liebte. Er weist darauf hin, dass seine Schrift unvollendet ist, und fügt hinzu: „Es gibt aber noch vieles andere, was Jesus getan hat. Wenn man alles aufschreiben wollte, so könnte, wie ich glaube, die ganze Welt die dann geschriebenen Bücher nicht fassen." Mit dieser Übertreibung bringt der Verfasser des vierten Evangeliums eine tiefe Wahrheit zum Ausdruck: die Offenbarung Jesu ist ein so großes und tiefes Geheimnis, das sie jedes menschliche Verständnis übersteigt. Jeder Jünger, der das Evangelium liest, weiß, dass er sie nur dann verstehen kann, wenn er sich – wie der Verfasser – an die Brust Jesu lehnt. Eine Atmosphäre des Gebetes und der Liebe hilft uns, in der Tiefe zu erfassen, was in der Bibel geschrieben steht. Der Heilige Geist, den wir morgen empfangen werden, ist der „Meister", der uns beim Hören auf das Evangelium anleitet und der uns hilft, danach zu leben.

Gebet des Heiligen Geistes

Sonntag, 23. Mai: Pfingsten

Apg 2,1–11; Ps 104; Gal 5,16–25; Joh 15,26–27; 16,12–15

„Als der Pfingsttag gekommen war, befanden sich alle am gleichen Ort." Das Wort Gottes führt uns zum ersten Pfingsten in Jerusalem. An diesem Tag brachten die Juden dem Herrn nicht nur die Erstlingsfrüchte dar, sie erinnerten auch an die Übergabe der Gesetzestafeln an Mose auf dem Sinai. Ein alter Text schreibt über dieses Gedenken: „Die Stimme Gottes teilte sich auf dem Sinai in siebzig Zungen, damit alle Völker sie verstehen können." Diese am Sinai begonnene Geschichte des Bundes und der Liebe erreichte ihren Höhepunkt am fünfzigsten Tag nach dem Ostern Jesu, als das kleine Volk der Jünger in diesem Abendmahlsaal im Obergeschoss in Jerusalem zum Gebet versammelt war.
Bisher waren diese Jünger von Angst gefangen, doch nun wurden sie von diesem Beben aufgerüttelt: die Mauern ihrer Herzen und ihres

Denkens fielen ein. Sie wurden von einer neuen Energie erfüllt und konnten nicht mehr in diesem Haus verschlossen bleiben, auch wenn sie dort noch nach Ostern außergewöhnliche Augenblicke mit Jesus erlebt hatten. Die Angst hatte auch die Osterbegegnungen geprägt. Das Herabkommen des Geistes befreite sie aus ihrer Angst und führte sie hinaus, um allen und nicht nur sich gegenseitig das Osterevangelium weiterzugeben. Der Platz war voller Menschen „aus allen Völkern unter dem Himmel“. Lukas zählt die Völker einzeln auf. Der Geist hat diese durch Sprache, Geschichte, Kultur und auch Religion unterschiedlichen Völker zu einem einzigen kleinen Volk vereint. Auf diesem Platz in Jerusalem entstand ein neues Volk mit einem neuen Herzen und einer neuen Vision für alle Völker der Erde. Das war die Prophetie von Joël: „In den letzten Tagen wird es geschehen: Ich werde von meinem Geist ausgießen über alles Fleisch. Eure Söhne und eure Töchter werden prophetisch reden, eure jungen Männer werden Visionen haben und eure Alten werden Träume haben.“ Das waren die ersten Schritte der Kirche. Dieses Pfingsten führt auch uns zu einem neuen Volk zusammen, das vom Herrn berufen ist, das Evangelium bis zu den Grenzen der Erde weiterzugeben. Der Herr erfüllt auch uns, die wir arme Männer und Frauen sind, mit „der Kraft aus der Höhe“, damit wir das Evangelium allen Völkern weitergeben.
Heute steigt der Geist erneut auf die Christen herab, damit sie die Liebe Gottes zu allen bezeugen. Im Galaterbrief ruft der Apostel Paulus dazu auf, sich vom Geist Gottes leiten zu lassen, damit seine Früchte zum Segen für die Welt werden: „Die Frucht des Geistes aber ist Liebe, Freude, Friede, Langmut, Freundlichkeit, Güte, Treue, Sanftmut und Selbstbeherrschung.“ Diese Früchte braucht die ganze Welt. Pfingsten ist der Anfang der Kirche, aber auch der Beginn einer neuen Welt. In einer Welt, die von bitterem Individualismus geprägt ist und dadurch das Leben in sich verschlossen macht, empfangen auch wir heute wie die im Abendmahlsaal versammelten Jünger das Geschenk der „Feuerzungen“: Wenn wir sie aufnehmen, werden auch wir die Freude entdecken, diese in der Welt weiterzugeben. Wir werden Zeugen für einen neuen Frühling des Geistes werden.

Gebet am Tag des Herrn

ZEIT IM JAHRESKREIS

Montag, 24. Mai

Fest der seligen Jungfrau Maria, Mutter der Kirche.
Gedenktag Unserer Lieben Frau von Sheshan, eines Pilgerorts in der Nähe von Schanghai. Gebet für die Christen in China.

Joh 19,24–27. **Jesus und seine Mutter unter dem Kreuz**

Am Tag nach Pfingsten wird in der Liturgie der Gedenktag Mariens, der Mutter der Kirche, gefeiert. Das Evangelium, das wir gehört haben, erinnert daran, dass es unter dem Kreuz schon vor Pfingsten eine erste Ausgießung des Geistes gegeben hat. Dieser Geist der Liebe geht von Jesus selbst aus. Er kommt aus seiner Seite, er haucht ihn aus. Daher weist uns dieses Evangelium eine Perspektive, denn die Worte der Leidensgeschichte Jesu sagen etwas über unser Leben aus, während es Sicherheit sucht und Probleme und vor allem das Leid und die Herausforderungen durch das Böse vermeiden will. Es geschieht nämlich genau das, was der alte Simeon der Mutter Jesu vorausgesagt hat: „Deine Seele wird ein Schwert durchdringen.“ Lassen wir unser Herz von diesem Wort berühren, das wie ein Schwert das zutage fördert, was in der Tiefe unseres Herzens vorhanden ist. Dieses Wort befreit das Herz von kleinlichen und gewöhnlichen Gefühlen. Es schenkt uns den Mut, unseren Blick von uns abzuwenden und die Zukunft anzuschauen, auch wenn sie scheinbar viele Probleme und zu große Herausforderungen mit sich bringt.
Lassen wir unser Herz im Gebet von den Worten des Evangeliums berühren und hören wir auf den Herrn, der uns „Lieblingsjüngern“ seine Mutter und mit ihr das Leid vieler Frauen anvertraut, die in einer Welt leben, die vom Schmerz über den Tod ihrer Kinder durch das Übel des Krieges, der Krankheit und der Armut gezeichnet ist. Das Evangelium sagt: „Und von jener Stunde an nahm sie der Jünger zu sich.“ Wenn wir das Haus unseres Gebetes und unseres Herzens

für die Mutter Jesu öffnen, dann stehen wir mit ihr bei den vielen Kreuzen der Welt als ein Hoffnungszeichen, als ein neu entstehendes Leben, als eine neue Familie, die eben durch diese Worte des Evangeliums entsteht.

Gebet mit Maria, der Mutter des Herrn

Dienstag, 25. Mai

Mk 10,28–31. **Der Lohn für die Nachfolge Christi**

Als Sprecher der anderen Apostel weist Petrus mit seinen Worten auf ein ganz anderes Verhalten hin als das des reichen Mannes, von dem im vorherigen Abschnitt gesprochen wird. Nach der Berufung durch Jesus haben die Jünger, wie das Evangelium berichtet, wirklich alles verlassen und sind ihm nachgefolgt. So sieht das Leben der ersten Jünger aus. Gemeinsam bilden sie ein „Wir", wie es in den Worten des Petrus im Namen der ersten Jünger und der Jünger aller Zeiten heißt. Durch die Frage des Petrus kann Jesus auf die Schönheit seiner Nachfolge hinweisen. Das Leben als Jünger ist kein Opfer oder Verlust im Vergleich zu einem sonst scheinbar reicheren und glücklicheren Leben. Dem Petrus erklärt er den Reichtum, den sie in seiner Nachfolge für das empfangen werden, was sie verlassen: jeder „wird das Hundertfache dafür empfangen". Dabei bezieht sich Jesus offensichtlich nicht auf eine Mengenangabe, sondern auf die Lebensqualität. Das „Hundertfache" ist der Reichtum und die Schönheit der Gemeinschaft, in die der Jünger aufgenommen wird. Sie wird für ihn zum Geschenk Gottes. Dabei ist sie natürlich nicht sein Besitz: sie ist eher die Familie, in die er hineingestellt und aufgenommen wird, und ein kostbares Geschenk. In dieser Hinsicht wird eine individualistische Sichtweise des Jüngerdaseins oder des christlichen Lebens von Grund auf abgelehnt. Man wird zum Jünger durch Aufnahme in eine Glaubensgemeinschaft, in der man gemeinsam auf das Evangelium hört, das eucharistische Brot bricht, den Armen dient und die Geschwisterliebe lebt. Als Glaubensgemeinschaft wird die Kirche daher für jeden Jünger zur Mutter, zum

Bruder, zur Schwester, zum Haus. Jesus verschweigt nicht, dass es auch zu „Verfolgungen“ kommt, wie er es selbst erlebt. Doch das Erbe auf Erden wird im Himmel zur Fülle gelangen. Das ist „in der kommenden Welt das ewige Leben“, sagt Jesus. Die geschwisterliche Verbundenheit mit Jesus endet niemals, nicht einmal der Tod kann sie zunichtemachen.

Gebet mit Maria, der Mutter des Herrn

Mittwoch, 26. Mai

Gedenktag des heiligen Philipp Neri († 1595), der „Apostel Roms“ genannt wird.

Mk 10,32–45. **Christus ist gekommen, um zu dienen und sein Leben hinzugeben**

Das Evangelium zeigt uns Jesus, wie er zusammen mit seinen Jüngern auf dem Weg nach Jerusalem unterwegs ist. Nicht zufällig „ging Jesus voraus“, wie der Evangelist anmerkt. Das ist die Aufgabe des Hirten, der seine Verantwortung als jemand zeigt, der die ihm Anvertrauten mit Liebe führt. In der Gruppe gab es auch andere Jünger und einige Frauen, wie Markus an anderer Stelle erwähnt (Mk 15,41). Zum dritten Mal spricht Jesus zu ihnen im Vertrauen darüber, was mit ihm in Jerusalem geschehen wird. Die Apostel – und die anderen – sind sprachlos. Nachdem er dies gesagt hat, gehen Jakobus und Johannes zu Jesus und bitten ihn, zu seiner Rechten zu sitzen und somit einen bedeutenden und wichtigen Platz zu erhalten. Diese Bitte klingt umso trauriger, als sie im krassen Gegensatz zu dem steht, was Jesus gerade im Vertrauen zu den Jüngern gesagt hat. Erneut sind die Jünger weit entfernt von den Worten des Meisters, wie es schon zuvor der Fall war. Immer noch sind sie in der Mentalität der Welt gefangen. Sie konnten sich nicht vorstellen, dass Jesus ein Messias sein soll, der verurteilt und getötet wird! Jesus unterweist sie noch einmal darin, wie die Macht bei den Christen zu verstehen ist: „Wer bei euch groß sein will, der soll euer Diener sein, und wer bei euch der Erste sein will, soll der Sklave aller sein." Darin weist Jesus den Jüngern den Weg, nämlich einen unentgeltlichen und großzügigen Dienst für die Schwestern und Brüder und die Armen. Jesus betont, dass in der christlichen Gemeinde derjenige groß ist, der dient. Wer der Erste sein will, soll es im Dienen sein, nicht im Befehlen. Dafür ist Jesus das wichtigste Vorbild. Er weist auf sich als die einzige Richtschnur hin: „Denn auch der Menschensohn ist nicht gekommen, um sich dienen zu lassen, sondern um zu dienen und sein Leben hinzugeben als Lösegeld für viele." Jeder Christ ist ebenso wie die christliche Gemeinschaft, der er angehört, dazu aufgerufen, Jesus zu betrachten und nachzuahmen: Er wäscht den Jüngern die Füße (Joh 13,1–7) und gibt sein Leben zum Heil aller hin bis in den Tod. Jeder Jünger ist aufgerufen, in Worten und im eigenen Leben diesen Weg zu gehen, den Jesus gewiesen hat.

Gebet mit den Heiligen

Donnerstag, 27. Mai

Gedenktag des heiligen Bischofs Augustinus von Canterbury († ca. 605), Vater der englischen Kirche.

Mk 10,46–52. **Die Heilung des blinden Bartimäus**

Wer heute von Transjordanien aus nach Israel gelangen will, muss durch Jericho fahren. Es ist die vorletzte Etappe, bevor Jesus auf seinem Weg Jerusalem erreicht. Außerhalb der Stadtmauer sitzt ein Blinder namens Bartimäus, der seit jeher dort um Almosen bettelt. Dafür ist er allseits bekannt. Für ihn ist dieser Platz überlebensnotwendig. Bartimäus steht sicher für die zahllosen Bettler in unseren Städten, die heutzutage noch einsamer und ärmer sind! Er hört, dass Jesus vorübergeht, und schreit mit der ganzen Kraft seiner Stimme seine ganze Verzweiflung hinaus: „Sohn Davids, Jesus, hab Erbarmen mit mir!" Dieser Schrei ist einfach und direkt. Es ist ein Vorbild für das wahre Gebet, das immer ein Hilferuf zu Gott ist, der Heilung schenken kann. Die Menschenmenge ist groß, wie Markus anmerkt, und wie so oft versucht sie, ihn in grausamer Weise zum Schweigen zu bringen. Schließlich erregen die Armen immer Anstoß! Wie für sie gibt es für Bartimäus keine andere Hoffnung als den Schrei nach Hilfe und die Aufdringlichkeit beim Bitten. Der Blinde hört nicht auf zu schreien. Er wird sogar immer lauter, um sich bei dem jungen Propheten aus Nazaret Gehör zu verschaffen. Jesus nimmt sein Schreien wahr. Er hört seine Bitte, bleibt stehen und lässt ihn herbeirufen. Als Bartimäus hört, dass Jesus ihn ruft, springt er auf und läuft auf ihn zu. Er läuft, obwohl er nicht sehen kann. Ihm genügt dieses Wort, um sich in Bewegung zu setzen. Er handelt danach und kommt zu Jesus. Noch sieht er nichts, aber diese freundschaftliche Stimme spricht zu seinem Herzen, und sogleich spürt Bartimäus, wie sein Sehvermögen zurückkehrt. Selig sind die Augen dieses Blinden, die nach Erlangen ihres Sehvermögens sogleich das gütige Antlitz Jesu sehen! Bartimäus wartet nicht einen Augenblick, sofort folgt er Jesus nach, wie es auch die ersten Jünger getan hatten. Seine Geschichte ist die eines jeden Jüngers.

Gebet für die Kirche

Freitag, 28. Mai

Gedenken an die Heiligen Addai und Mari, die Gründer der chaldäischen Kirche. Gebet für die Christen im Irak.

Mk 11,11–25. **Die Verfluchung des Feigenbaums. Die Tempelhändler**

Das Evangelium betont, dass Jesus nach seinem messianischen Einzug in Jerusalem abschließend in den Tempel einzieht. Dort vollzieht er keine besonderen Handlungen, außer dass er „sich alles“ ansieht. Damit möchte der Evangelist offenbar die Vertreibung der Verkäufer am nächsten Tag vorbereiten. Spät am Abend kehrt Jesus zunächst nach Betanien zurück. Am Weg steht ein Feigenbaum mit vielen Blättern. Jesus geht dorthin, findet jedoch keine Früchte und verflucht ihn. Damit gibt er eine moralische Unterweisung, jedoch nicht durch Worte, sondern durch eine Tatsache: der Baum trägt viele Blätter, aber keine Früchte. Später werden es die Jünger verstehen. Die Unterweisung macht die Jünger betroffen, denn „es war nicht die Zeit der Feigenernte", wie der Evangelist anmerkt. Auch uns macht diese Unterweisung sehr betroffen, denn in unserer Welt wird mehr Wert auf das Erscheinungsbild als auf das Sein gelegt, mehr auf das Virtuelle als auf die Geschichte. Als Jesus in den Tempel kommt, beginnt er sofort, „die Händler und Käufer aus dem Tempel hinauszutreiben". Jesus treibt eine geschäftsmäßige und damit funktionale, rituelle, äußerliche Art der Beziehung zu Gott und zu den Schwestern und Brüdern aus. Ohne unentgeltliche Liebe gibt es keine wahre Beziehung. Jesus ist der „Ort" Gottes, der wahre Tempel. Er ist das allen und auch den Fremden offen stehende Haus. Er ist das Gebetshaus „für alle Völker". Seit seinem Einzug in Jerusalem weist Jesus auf den wahren Kern des Evangeliums hin, nämlich die unentgeltliche Liebe Gottes zu allen Völkern. Am nächsten Tag kehrt Jesus wieder nach Jerusalem zurück. Da sehen die Jünger, dass der verfluchte Feigenbaum bis zu den Wurzeln verdorrt ist, und weisen Jesus darauf hin. Jesus antwortet nicht auf den Hinweis der Jünger, sondern fordert sie auf, Glauben an Gott zu haben. Sie sollen auf die Kraft des gläubigen Gebetes vertrauen: denn es ist so stark, dass es sogar Berge versetzen kann. Weiter sagt Jesus: „Alles, worum ihr betet und bittet – glaubt nur, dass ihr es schon erhalten habt, dann wird es euch zuteil." Für die Jünger sind dies Worte voller Hoffnung. Es scheint auch eine Bedingung für den wahren Glauben zu geben: nämlich die Kraft der Vergebung. Glaube und Vergebung, Glaube und Barmherzigkeit stützen sich gegenseitig, ansonsten sind sie wirkungslos. Nicht zufällig legt uns Jesus im „Vater unser" die Bitte an den Vater um Vergebung unserer Schuld in den Mund: „wie auch wir vergeben unsern Schuldigern".

Gebet des heiligen Kreuzes

Samstag, 29. Mai

Gedenktag des heiligen Papstes Paul VI., der 1978 starb.

Mk 11,27–33. **Mit welcher Vollmacht tust du das?**

Jesus besaß keinerlei Lehrerlaubnis. Er war „Laie“ in dem Sinne, dass er keinem priesterlichen Geschlecht entstammte. Die Gegner waren davon überzeugt, dass sich ihre Vollmacht auf die Lehre des Mose gründet. Doch auf wen gründete Jesus seine Vollmacht, die Verkäufer aus dem Tempel fortzujagen, zu predigen, zu heilen? Zweifellos verbarg sich in dieser Frage ein zentraler Punkt. Bereits in Nazaret bei der ersten Predigt Jesu ging es um diese Frage. Sowohl die Einwohner von Nazaret als auch die Anführer des Volkes wollten nicht anerkennen, dass Jesus eine Vollmacht über das Volk und noch weniger über sie ausüben darf. Jesus aber antwortet in typisch rabbinischer Weise mit einer Gegenfrage: „Stammte die Taufe des Johannes vom Himmel oder von den Menschen?“ Diese Priester, Schriftgelehrten und Ältesten hätten wahrheitsgemäß antworten können. Doch sie fürchteten sich vor der Reaktion der Menge, wenn sie die Verkündigung des Täufers schlechtgemacht hätten. Deshalb antworten sie Jesus lieber folgendermaßen: „Wir wissen es nicht.“ Ihre Verlegenheit ist offensichtlich. Jesus erwidert, dass auch er nicht auf ihre Frage antwortet. Sein Wort wäre vollkommen wirkungslos geblieben und wäre vergeudet angesichts von offensichtlich unehrlichen Herzen voller deutlicher Vorurteile. Das Schweigen Jesu verweist auf die Taubheit derer, die nicht zuhören können und wollen. Das Wort spricht nicht zu dem, der nicht mit offenen Herzen bereit ist, es aufzunehmen. Schon in Nazaret konnte Jesus keine Wunder vollbringen, denn es gab nicht einmal die geringste Bereitschaft, nach der Wahrheit zu suchen. Schon eine geringe Regung im Herzen ist ausreichend, damit sich Jesus Zugang verschafft und in das Herz eintritt.

Gebet der Vigil

Sonntag, 30. Mai: Dreifaltigkeitssonntag

Dtn 4,32–34.39–40; Ps 33; Röm 8,14–17; Mt 28,16–20

Nach Pfingsten wird im Kirchenjahr das Fest der heiligsten Dreifaltigkeit als zentraler Bestandteil des christlichen Glaubens gefeiert: Gott ist einer in drei Personen, Vater, Sohn und Heiliger Geist. Im Namen des Vaters und des Sohnes und des Heiligen Geistes beginnen die Christen überall auf der Welt ihre Gebete. Es ist ein Zeichen der Einheit und Gemeinschaft, das alle, ob groß oder klein, überall auf der Welt vereint. Das „Credo", der Text des Glaubensbekenntnisses, stellt dieses Geheimnis in den Mittelpunkt der sonntäglichen Eucharistiefeier. Das heutige Fest weist darauf hin, dass die an Pfingsten entstandene Kirche ihre ersten Schritte im Namen der Dreifaltigkeit gegangen ist. Alles geht aus Gott hervor, aus seinem Geheimnis der grenzenlosen Liebe, in der der Vater seinen eigenen Sohn zum Heil aller Völker gesandt hat: „Denn Gott hat die Welt so sehr geliebt, dass er seinen einzigen Sohn hingab, damit jeder, der an ihn glaubt, nicht verloren geht, sondern ewiges Leben hat" (Joh 3,16), sagt Jesus zu Nikodemus. Der Verfasser des Hebräerbriefes nimmt Bezug auf diese immer nach außen gerichtete Liebe Gottes: „Vielfältig und auf vielerlei Weise hat Gott einst zu den Vätern gesprochen durch die Propheten; am Ende dieser Tage hat er zu uns gesprochen durch den Sohn" (Hebr 1,1–2). Nach seiner Auferstehung hat Jesus den Heiligen Geist auf die Jünger herabgesandt, der sie in die ganze Wahrheit einführen wird.

Das Fest der Dreifaltigkeit ruft uns nicht nur auf, diese grenzenlose Liebe Gottes zu feiern, sondern auch die Kirche, die Glaubensgemeinschaft zu betrachten, die eine Frucht der Liebe des Vaters und des Sohnes und des Heiligen Geistes ist.

Die Zeit nach Pfingsten ist die Zeit der Kirche, denn in ihr lebt sie die Sendung, allen Völkern das Evangelium zu bringen. Die Gemeinschaft der Gläubigen ist berufen, jeden Tag das zu leben, was an Pfingsten geschehen ist. Die Feuerzungen sind am Abend jenes Tages nicht verschwunden. Sie sind der wahre Schatz der Weisheit, die der Herr den Jüngern geschenkt hat, damit sie sich durch ihre Wärme und ihre Sprache führen lassen und in Eintracht untereinander alle zusammenfüh-

ren, die zerstreut oder unter der Knechtschaft der Herren dieser Welt leben. So schreibt der Apostel Paulus an die Römer: „Denn ihr habt nicht einen Geist der Knechtschaft empfangen, sodass ihr immer noch Furcht haben müsstet, sondern ihr habt den Geist der Sohnschaft empfangen, in dem wir rufen: Abba, Vater!"
An Pfingsten entsteht eine Kirche des Volkes, die in Klarheit und mit neuer Kraft die Sprache der Liebe zu allen spricht, die Sprache des Friedens unter allen Völkern. Das Fest der Dreifaltigkeit erinnert an die dringende Aufgabe, die der Herr seiner Kirche anvertraut hat. Das Fest der Dreifaltigkeit ist ein eindringlicher Aufruf, ganz in die Dynamik Gottes einzutreten und das eigene Leben mit ihm zu verbinden. Der Herr vollbringt das Heil, wie das II. Vatikanische Konzil sagt, indem er die Männer und Frauen bei sich zu einer großen Familie ohne Grenzen versammelt. Das Heil trägt nämlich den Namen: Gemeinschaft mit Gott und mit den Menschen.

Gebet am Tag des Herrn

Montag, 31. Mai

Mk 12,1–12. **Das Gleichnis von den bösen Winzern**

Das Gleichnis wird im Zusammenhang mit der Leidensgeschichte überliefert, die sich durch die immer deutlichere Auseinandersetzung zwischen Jesus und den Oberhäuptern der Ältesten und Priester ankündigt. Die Einleitung des Gleichnisses verweist auf die vorhergehende Begebenheit. Jesus ist auf den deutlichen Widerspruch der Führer des Volkes gestoßen, denn sie wollen seine Vollmacht über ihr Leben und das von Israel nicht hinnehmen. Die Erzählung ist eindeutig symbolhaft und zeigt nicht nur das vollkommen ungerechtfertigte, sondern auch unvorstellbar grausame Verhalten der Winzer. Am Ende töten sie sogar den Sohn: „Und sie packten ihn und brachten ihn um und warfen ihn aus dem Weinberg hinaus." Die Zuhörer, die schon den Entschluss zur Beseitigung Jesu gefasst hatten, konnten ziemlich eindeutig verstehen, dass Jesus sich selbst meinte, als er über den Sohn sprach, den der Besitzer des Weinbergs sendet. Tatsächlich erwähnt auch der Evangelist, dass „sie Jesus gern verhaften lassen“ wollten; „aber sie fürchteten die Menschen. Denn sie hatten gemerkt, dass er mit diesem Gleichnis sie meinte.“ Dann gingen sie weg. Jesus zeigt in diesem Gleichnis nicht nur, woher seine Vollmacht stammt, sondern auch, warum und wie er sie ausübt. Die Vollmacht wurde ihm vom Vater verliehen, der ihn gesandt hat, um den Weinberg aus den Händen derer zu retten, die ihn für sich und die eigene Gruppe ausbeuten wollen. Jesus übt seine Vollmacht aus, indem er sich um alle sorgt, die ihm der Vater anvertraut hat. Bis zur Hingabe seines Lebens behütet er sie vor dem Bösen. In dieser Liebe ist die Vollmacht Jesu begründet. Die Menschenmenge erkennt das. Die Oberhäupter der Priester bemerken dies und lassen ihn nicht verhaften, wie sie es gern getan hätten. Doch in Wahrheit werden nicht sie über den Tod Jesu entscheiden. Denn Jesus „liefert sich“ auch dem Tod „aus“, um den Weinberg zu retten. Im gewaltsamen Tod des Erben, des geliebten Sohnes zeichnet sich der Tod Jesu ab. Das Evangelium kündigt auch an, dass der Besitzer des Weinbergs kommen und „den Weinberg anderen geben“ wird. Die anderen sind die Jünger Jesu und auch wir, die Jesus mitnimmt, um den Weinberg des Herrn zu behüten und in ihm zu arbeiten, damit er Früchte für alle bringt.

Gebet für die Armen

Dienstag, 1. Juni

Mk 12,13–17. **Die kaiserliche Steuer**

„Ist es erlaubt, dem Kaiser Steuer zu zahlen, oder nicht?“ Die Frage berührt ein für die damalige Zeit heikles Thema und sollte die Glaubwürdigkeit Jesu schädigen, entweder gegenüber den Römern, falls er sich gegen das Zahlen der Steuer aussprechen sollte, oder gegenüber der Menschenmenge, falls er sich dafür aussprechen würde. Jesus „durchschaute ihre Heuchelei“ und antwortet auf die Frage, indem er sich zunächst eine für die Steuer bestimmte Münze bringen lässt. Dann fragt er, wessen Bild darin eingeprägt ist: „Wessen Bild und Aufschrift ist das?“ Auf ihre Antwort erwidert Jesus mit der bekannten Aussage: „So gebt dem Kaiser, was dem Kaiser gehört, und Gott, was Gott gehört!“ Der Kaiser soll seine Münze zurückbekommen. Jesus stellt sich einer nationalistischen Auslegung der Religion entgegen: das Zahlen der Steuer an den Kaiser bedeutet keine Verletzung göttlicher Rechte. Doch Jesus fügt hinzu, dass die Rechte Gottes anerkannt werden müssen, und fordert zu einer Entscheidung auf, was diese zweite Dimension betrifft: Gebt Gott, was Gott gehört. Was aber gehört Gott? Auf der ersten Seite der Bibel ist die Rede vom Mann und von der Frau, die als Bild Gottes erschaffen wurden. Es handelt sich genau gesagt um ein „kollektives“ Bild: „Gott erschuf den Menschen als sein Bild, … Männlich und weiblich erschuf er sie“ (Gen 1,27). Der einzelnen Person und der ganzen Menschheitsfamilie ist gemeinsam das Bild Gottes eingeprägt. Daher sollen sie zu Gott zurückkehren; gemeinsam mit der gesamten Schöpfung. Es gibt also eine gemeinsame Bestimmung, die es anzuerkennen gilt und die alle Völker wie auch den Himmel und die Erde, die sie bewohnen, umfasst. „So gebt … Gott, was Gott gehört!“ – bedeutet nicht nur, unsere gemeinsame Bestimmung anzuerkennen, sondern so wird auch die Berufung von Mann und Frau festgelegt: Sie sollen dafür arbeiten, dass die Menschheitsgeschichte auf den Himmel hin ausgerichtet wird, auf das himmlische Jerusalem hin mit dem neuen Himmel und der neuen Erde, von denen das Buch der Offenbarung spricht. Diesen Vorrang Gottes sollen wir neu entdecken. Während die Christen dazu aufgefordert werden: „So gebt dem Kaiser, was dem Kaiser gehört“, und sich folglich für ein friedliches Zusammenleben aller einzusetzen, sind wir gleichzeitig zur Verantwortung für die Weitergabe des Evangeliums an alle Völker gerufen, damit sie die gemeinsame Bestimmung hin zum Reich Gottes verstehen und sein Kommen beschleunigen.

Gebet mit Maria, der Mutter des Herrn

Mittwoch, 2. Juni

Mk 12,18–27. **Die Auferstehung der Toten**

Dieser Abschnitt leitet die letzten Worte Jesu im Tempel ein. Diesmal sind es die Sadduzäer, die zu Jesus kommen, um ihm eine Frage zu stellen und ihn in einen Widerspruch zu verstricken. Markus spricht hier zum ersten Mal von ihnen. Die Sadduzäer waren eine jüdische Gruppierung, die nicht an die Auferstehung der Toten glaubte. Ausgehend von einem Text aus dem mosaischen Gesetz legen sie Jesus einen theoretischen „Fall" über die Ehe vor, um die Auferstehung zu leugnen. Jesus lässt sich nicht in einen Streit mit den Sadduzäern verwickeln und verweist dagegen auf die für das Denken aller Juden grundlegenden Prinzipien, nämlich die Autorität der Schriften – die von der Auferstehung sprechen – und die Macht Gottes, der es vermag, das menschliche Leben in eine Existenz zu verwandeln, die derjenigen der Engel ähnlich ist. Jesus erinnert an die Worte, die Gott selbst zu Mose aus dem brennenden Dornbusch gesprochen hat. Gott bezeichnet sich darin als Herrn der Lebenden und der Toten und bringt somit seine Herrschaft zum Ausdruck, die sich im Leben wie im Tod auf seine Kinder erstreckt: „Er ist kein Gott von Toten, sondern von Lebenden." Mit diesen Worten lässt uns Jesus wie durch einen geöffneten Türspalt auf das Leben nach dem Tod blicken: die von den Banden des Fleisches befreiten Gläubigen werden „wie Engel" leben, sie werden vom Geist beseelt sein. Das Leben „wie Engel", also ein Leben, das vom Geist inspiriert ist, beginnt tatsächlich schon hier auf Erden, wenn man sein Wort im Herzen aufnimmt und sein Leben Jesus anvertraut. Das betont Jesus mehrere Male vor den Jüngern. Am Grab des Lazarus sagt er zu Marta, bevor er diesen zum Leben auferweckt: „Ich bin die Auferstehung und das Leben. Wer an mich glaubt, wird leben, auch wenn er stirbt, und jeder, der lebt und an mich glaubt, wird auf ewig nicht sterben" (Joh 11,25–26). Angesichts der Ungläubigkeit der Mehrheit seiner Zuhörer sagt er in der Rede von Kafarnaum: „Dies ist das Brot, das vom Himmel herabgekommen ist. Es ist nicht wie das Brot, das die Väter gegessen haben, sie sind gestorben. Wer aber dieses Brot isst, wird leben in Ewigkeit"

(Joh 6,58). Wer sein Leben mit Jesus verbindet, geht schon jetzt vom Tod zum Leben hinüber. Der Tod wird – wie schon bei Jesus – zum Übergang aus dem irdischen Leben zum auferstandenen Leben, aus dieser Welt zum Vater.

Gebet mit den Heiligen

Donnerstag, 3. Juni: Hochfest des Leibes und Blutes Christi: Fronleichnam

Gedenktag des heiligen Karl Lwanga, der zusammen mit zwölf Gefährten in Uganda den Märtyrertod erlitt (1886).

Ex 24,3–8; Ps 116; Hebr 9,11–15; Mk 14,12–16.22–26

„Seht das Brot, die Engelspeise! Auf des Lebens Pilgerreise … lass an deinem Tisch uns weilen, deine Herrlichkeit uns teilen. Deinen Seligen mach uns gleich!“ So heißt es in der Liturgie von Fronleichnam, in der die Gegenwart Jesu in der Eucharistie gefeiert wird. Gott ist keine abstrakte Idee, keine vage, zeitlose, unbegreifliche und ferne Philosophie. Jesus ist niemals ein Gespenst. Er ist ein konkreter Leib, der sich auch in unserem heutigen Leben zeigt als ein Pilger, der mit uns unterwegs ist und der uns am gesamten Tag des Lebens bis hin zum Abend begleitet. Dieser Leib Jesu ist in der Eucharistie gegenwärtig. Durch dieses Fest lädt uns die Kirche ein, die geweihte Hostie zu betrachten. In ihr ist der Leib des gestorbenen und auferstandenen Jesus gegenwärtig, der uns in den verschiedenen Zeiten unseres Lebens begleitet, seit wir ihn voller Rührung zum ersten Mal empfangen haben. Immer wenn wir uns von ihm nähren, soll es wie beim ersten Mal sein, mit dem beständigen Staunen angesichts einer Liebe, die so groß ist, dass sie sich für uns zur Speise macht.
Auf dieses Brot hat man niemals einen Anspruch. Man kann es nicht kaufen. Es hat keinen Preis für uns kühle Rechner, für die es angeblich nichts umsonst gibt und die wir alles – sogar das Leben selbst –

in berechnender Weise und im Licht von Interessen verstehen. Dieser Leib lehrt uns, unentgeltlich zu lieben, denn es ist der Leib der Liebe Gottes. Der Altar der Eucharistie macht den Tisch des Paschamahles gegenwärtig, an dem Jesus das Brot nahm, es brach und den Seinen gab mit den Worten: „... das ist mein Leib“, und dann den Kelch mit den Worten: „Das ist mein Blut“.

Dieser Leib verweist noch auf einen anderen Leib des Herrn: den Leib der Armen, Schwachen und Kranken. Auch in ihnen ist der Leib Christi gegenwärtig. „Was ihr für einen meiner geringsten Brüder getan habt, das habt ihr mir getan“ (Mt 25,40), hat Jesus gesagt. Man kann nicht einerseits den Leib des Herrn auf dem Altar verehren, während man dann denselben Leib des Herrn in den Armen und den Schwestern und Brüdern verachtet. Das Evangelium hilft uns, die zutiefst menschliche Konkretheit des Fleisches und des Körpers zu lieben. Denn dieser vom Leben gezeichnete Körper ist der Leib Christi.

Der Leib Christi ist auch der Leib armer Flüchtlinge: Frauen voller Träume und Ängste, verlassene Kinder, Männer auf der verzweifelten Suche nach Zukunft, die sich in die Hände von Schleppern begeben müssen und wie Sachen behandelt werden. Es sind Leiber, deren Geschichten, Gesichter und Namen die Menschen nie erfahren haben, und für die sie sich auch nicht interessierten, und die nun das Meer verschlungen hat. Gott kennt die Namen dieser armen Leiber. Er kennt den Namen jedes Einzelnen. Selig ist, so mahnt Papst Franziskus, wer den Leib Christi im leidenden Leib der Armen liebt. Lieben wir den Leib Jesu in seiner Eucharistie. Lieben wir den Leib des Herrn in den Armen und den Schwestern und Brüdern. Die Schwäche des anderen ist Gottes Schwäche. Besuchen wir die Einsamen, ehren wir den Leib Christi, indem wir bei den Bittenden stehenbleiben und machen wir ihn schön durch die Liebe. Die Verehrung des gebrochenen Leibes und des vergossenen Blutes auf dem Altar wird uns die Schwäche des Leibes Christi in seinen geringsten Schwestern und Brüdern lieben lassen.

Gebet für die Kirche

Freitag, 4. Juni

Mk 12,35–37. **Sich vor den Schriftgelehrten in Acht nehmen**

Jesus bezieht sich auf ein Wort aus Psalm 110 – dessen Verfasser David ist – in dem Gott den Messias auffordert, sich zu seiner Rechten zu setzen. Dadurch wird gezeigt, wie er über diesem steht. Daraus folgt, dass der Messias der Herr Davids ist, da er vom Himmel stammt, und sein Nachkomme auf der Ebene der menschlichen Abstammung ist. Die Menschenmenge „hörte ihm mit Freude zu", sagt der Evangelist. Endlich hat sie einen Meister gefunden, der mit Einsicht die Schrift deutet und wahre und konkrete Worte zu ihrem Leben spricht. Das ist eine wichtige Lehre für alle, die in der Verkündigung und allgemein in der Weitergabe des Evangeliums Verantwortung tragen: Bei ihr muss es darum gehen, das Herz der Zuhörer zu berühren, im Wissen, dass dies nur dann geschehen kann, wenn das Wort zuvor das Herz dessen berührt hat, der seinerseits berufen ist, es weiterzugeben. Deshalb darf unser Zuhören nicht in abgelenkter oder oberflächlicher Weise geschehen, wie auch die Weitergabe nicht kalt oder abstrakt sein darf. Die Menschen haben ein Bedürfnis, wahre Worte zu hören. Nach den schlimmen Prüfungen dieser besonders schwierigen Zeit ist in den Menschen das Verlangen nach Worten gewachsen, die eine Hilfe sind und Trost schenken. Jesus fordert alle auf, den Weg der „Schriftgelehrten", nämlich den Weg der Überheblichkeit, des Stolzes, der Ichbezogenheit und Sattheit zu verlassen. Vergessen wir nicht, dass wir uns allzu leicht als „Schriftgelehrte", also als Weise und Gelehrte fühlen. Nur wer Jünger bleibt und treu auf Gottes Wort hört, besitzt die Vollmacht, das Evangelium wirksam weiterzugeben. Die Menschen hörten Jesus „mit Freude" zu. Dabei liegt es ihm fern, sich auf den Plätzen huldigen zu lassen und Zustimmung zu heischen; vielmehr weist er auf die Mühe hin, die jede Verantwortung mit sich bringt. Durch die Treue gegenüber dem Wort, das wir hören und mitteilen, werden wir vor der Sünde gerettet und hin zur Fülle des Reiches begleitet.

Gebet des heiligen Kreuzes

Samstag, 5. Juni

Gedenktag des heiligen Bischofs und Märtyrers Bonifatius, der das Evangelium in Deutschland verkündete und während einer Missionsreise nach Friesland getötet wurde († 754).

Mk 12,38–44. **Das Opfer der Witwe**

Von seinen Jüngern umringt ist Jesus noch immer im Tempel. Vielleicht ermüdet durch die anstrengenden Aktivitäten der vergangenen Tage hat er sich auf die Stufen gesetzt, die vom Vorhof der Frauen in den Vorhof der Israeliten führen. Von hier aus konnte er sehen, was vor der Schatzkammer geschah. An ihren Außenwänden waren Öffnungen, in die Pilger ihre Opfergaben werfen konnten. Ein Teil dieser Opfergaben wurde zur Unterstützung der Armen verwendet. Viele Reiche warfen viel hinein. Da nähert sich eine arme Witwe dieser Wand für die Opfergaben. Niemand achtet auf sie, wie auch heute viele die alten Menschen ohne irgendwelche Bedenken im Stich lassen. Jesus dagegen betrachtet sie aufmerksam. So sieht er wie sie in die Öffnung für die Almosen zwei kleine Münzen wirft, einen halben „Pfennig". Diese Tat der Witwe beeindruckt Jesus. Schon hierin zeigt sich der großmütige Blick Jesu, der so ganz anders ist als das allgemeine Empfinden der Menschen unserer Zeit – wenn man bedenkt, wie in unserer Welt anscheinend der Markt die Gesetze diktiert, für die das Gute eine Frage des Besitzes ist. Dasselbe könnte man über das Almosen sagen. Viele missachten es, weil sie meinen, dass es keine Probleme lösen könne. Es gibt nicht wenige, die vielmehr davon überzeugt sind, dass Almosen sogar schädlich seien. Wie fern sind wir vom Evangelium! Als Jesus, der die Gedanken und Gefühle der Herzen ergründet, sieht, wie diese arme Witwe diese zwei kleinen Münzen in den Tempelschatz wirft, weist er auf sie als Vorbild für alle hin und rühmt ihre Herzensgröße und ihre Großzügigkeit: „sie hat alles hergegeben, was sie besaß", sie hat nichts für sich selbst zurückbehalten. Für Jesus ist diese arme Witwe, die der Härte ihrer Gesellschaft schutzlos ausgeliefert ist, ein Vorbild für das Leben der Jünger aller Zeiten. Noch heute lehrt sie uns, dass niemand so arm ist, dass er nicht anderen helfen könnte, die noch ärmer sind.

Gebet der Vigil

Sonntag, 6. Juni: 10. Sonntag im Jahreskreis

Gen 3,9–15; Ps 130; 2 Kor 4,13–5,1; Mk 3,20–35

Die Gemeinschaft Jesu war ungewöhnlich für die Maßstäbe seiner Zeit. Nicht nur Verwandte oder Gläubige und auch nicht nur Männer gehörten dazu. In der Gemeinschaft Jesu war Platz für alle: Arme und Reiche, Männer und Frauen, Sünder und Religionsvertreter, Fremde und Einheimische. Es war wirklich eine neue Erfahrung, die so ungewöhnlich war, dass sich sogar seine eigene Familie darüber wunderte. Sie kommen zum Haus, in dem Jesus mit vielen Menschen versammelt ist, und wollen ihn in ihr Dorf zurückholen. „Er ist von Sinnen", sagen sie. Eine solche Freundschaft ist nicht normal. Leider ist sie auch in unserer Zeit nicht selbstverständlich, in der man sich immer mehr von denjenigen abgrenzt, die anders sind, die aus einer anderen Kultur oder Religion, aus einer anderen Ethnie oder Nation kommen. Doch genau diese Vielfalt ist die Schönheit der neuen Familie Jesu. Der Evangelist Markus betont diesen Aspekt und spricht wiederholt davon, dass sich eine große Menge bei Jesus versammelt. Die Verbundenheit unter den verschiedenen Menschen war die Freundschaft zu Jesus und das Hören auf sein Evangelium. Das Evangelium war zu einer großen Hoffnung für diese Menschen geworden, vor allem für Arme und Ausgegrenzte wie die Sünder und Zöllner. Jesus spricht zum Herzen mit einer Liebe, die jedem ohne Bedingungen geschenkt wird. Denn Gott schenkt jedem seine Liebe ohne irgendwelche Leistungen oder Verdienste zu fordern.

Durch diese grenzenlose Liebe besiegt Jesus das Böse, angefangen im Herzen des Menschen. Der Sieg über das Böse ist die Bekehrung des Herzens durch Vergebung. Damit sich die Welt ändert, muss sich das Herz der Menschen ändern. Das gilt für jeden ohne Ausnahme, auch für die Verwandten Jesu oder für angesehene Religionsvertreter. Niemand kann eine besondere Rolle einfordern, ein Privileg oder Vorrecht. Ohne das Hören auf das Evangelium gibt es keine Zugehörigkeit zur Familie Gottes. Das Evangelium verändert das Herz und fordert zu einer Entscheidung auf, das Gute zu tun und sich vom Bösen abzuwenden. Das Evangelium hat eine befreiende Kraft, weil es Gottes Wort ist und keine menschliche Rede. Das erfahren viele Menschen, Kranke und Besessene und auch Sünder. Durch das Evangelium fangen viele ein neues Leben an, weil Jesus die Herzen berührt und verwandelt. An diesem Punkt zeigt sich aber auch ein Widerstand. Die Schriftgelehrten treten feindselig gegen Jesus auf. Sie verstehen diese Offenheit nicht, ihre Sichtweise der Glaubensgemeinschaft ist eher die einer Zollstation, die genau kontrolliert und hohe Schranken errichtet. Davor hat Papst Franziskus in Bezug auf die Kirche gewarnt, denn so werden Spaltungen aufgebaut in Gute und Böse, in Würdige und Unwürdige. Jesus sagt: „Wenn eine Familie in sich gespalten ist, kann sie keinen Bestand haben." Spaltung zerstört immer, ruft viel Leid hervor. Das erleben wir heute so oft in unserer Gesellschaft und weltweit. Nur die Liebe kann die Macht des Bösen besiegen, die spaltet, verachtet, ausgrenzt. Der schreckliche Teufelskreis des Bösen und der Sünde wird nicht durch Böses oder Verdammung durchbrochen und noch viel weniger durch Gewalt. Nur durch Vergebung und Barmherzigkeit kann es Heil und Frieden geben. Gewalt bringt nur Gewalt hervor, Böses verstärkt den Teufelskreis von Hass und Gewalt. Die Worte Jesu sind an dieser Stelle schwerwiegend: „…wer aber den Heiligen Geist lästert, der findet in Ewigkeit keine Vergebung, sondern seine Sünde wird ewig an ihm haften". Hüten wir uns, den Heiligen Geist zu lästern, indem wir sein Wirken in Frage stellen und ihm Hindernisse in den Weg legen. Den Heiligen Geist lästert, wer die Liebe Gottes verachtet, wer nicht glaubt, dass allein Liebe und Barmherzigkeit die Welt verändern und das Böse besiegen. Die große Gefahr ist nämlich, dass die Welt zur Hölle wird. Die Zeichen dafür erkennen wir leider in vielen Teilen der Welt, wo Hass, Krieg und Ausbeutung so viel Leid hervorrufen. Kind Gottes und Jünger wird man, indem man aus Gott geboren wird. „Wer den Willen Gottes tut, der ist für mich Bruder und Schwester und Mutter." Das ist kein Automatismus, sondern eine Frage, die sich jeden Tag neu stellt. Lernen wir die Demut, auf das Wort des Herrn zu hören und jeden Tag in Einfachheit danach zu handeln, dann werden wir die Freude erfahren, wahre Schwestern und Brüder des Herrn genannt zu werden.

Gebet am Tag des Herrn

Montag, 7. Juni

Mt 5,1–12. **Die Seligpreisungen**

Die Liturgie der Kirche beginnt heute mit der fortlaufenden Lektüre des Matthäusevangeliums. Am Anfang stehen die „Seligpreisungen" als Einleitung der Bergpredigt. Jesus möchte der Menschenmenge den Weg der Seligpreisung, den Weg des Glücks weisen. Das ist sein Weg. Er ist ganz anders als der Weg der Pharisäer und der Weg einer aus Vorschriften bestehenden, jedoch herzlosen Religiosität. Schon die Psalmen hatten die Gläubigen Israels mit der wahren Bedeutung der Glückseligkeit vertraut gemacht: „Selig der Mann, der den Herrn fürchtet" (Ps 112,1), „Selig, wer sich des Geringen annimmt" (Ps 41,2), „Selig, der Mensch, der zu ihm sich flüchtet" (Ps 34,10), so singen die Psalmen. Darin liegt die Seligkeit des Gläubigen Israels. Jesus setzt diese Linie fort und sagt, dass die selig sind, die arm sind vor Gott, also die Demütigen (die auf Gott vertrauen und nicht auf den Reichtum). Selig sind auch die Barmherzigen, die Trauernden, die Sanftmütigen, die nach Gerechtigkeit Hungernden, die rein sind im Herzen, die um der Gerechtigkeit willen verfolgt werden und auch die um seines Namens willen geschmäht und verfolgt werden. Solche Worte hat nie jemand gesagt. Zum ersten Mal erklangen sie auf diesem Berg in Galiläa. Uns, die wir sie heute hören, scheinen sie fern und vollkommen unwirklich. Ihre Schönheit können wir eingestehen, doch nach ihnen zu leben, ist unmöglich. Für Jesus ist das nicht der Fall. Er wünscht für uns ein wahres, vollkommenes, dauerhaftes Glück. Uns geht es normalerweise nur darum, dass wir etwas besser leben und nur etwas mehr Ruhe haben. Manche sprechen von einer Welt der „traurigen Leidenschaften". Gerade diese Fremdheit gegenüber der vorherrschenden Kultur macht jedoch diesen Abschnitt der Seligpreisungen zu einem wahren Evangelium, zu einer wahren „guten Nachricht". Sie entreißen uns einem Leben, das immer banaler wird und drängen uns hin zu einem Dasein, das voller Sinn ist und zu einer Freude, die viel tiefer ist, als wir es uns vorstellen können. Die Seligpreisungen sind nicht zu hoch für uns, das waren sie auch nicht für die Menschenmenge, die sie zum ersten Mal hörte. Die Seligpreisungen haben ein menschliches Antlitz, nämlich das Antlitz Jesu. Er ist der Mann der Seligpreisungen, der Arme, Sanftmütige, nach Gerechtigkeit Hungernde. Er ist der leidenschaftliche und barmherzige, der verfolgte und zu Tode gebrachte Mann. Betrachten wir ihn und folgen wir ihm nach; so werden auch wir selig sein.

Gebet für die Kranken

Dienstag, 8. Juni

Mt 5,13–16. **Die Jünger als Salz und Licht der Erde**

„Ihr seid das Salz der Erde … Ihr seid das Licht der Welt." Das Evangelium will besagen, dass wir, wenn wir mit Jesus vereint sind, dem wahren Salz und Licht, die Kraft zur Erneuerung unseres Lebens und des Lebens der Welt bewahren können. Wenn wir mit Jesus vereint bleiben, dann werden unsere Grenzen und Schwächen das Salz und das Licht, das wir sind, nicht zunichtemachen. Der Herr kennt unsere Grenzen, doch er überwindet sie. Wir brauchen sie nicht einmal zu verstecken. Gerade wegen unserer Grenzen hat Gott uns nämlich zu Jüngern seines Sohnes berufen. Gottes Liebe ist uns gegenüber ehrgeizig und möchte, dass wir besser werden, dass wir den Männern und Frauen helfen, in Frieden zu leben, die Völker der Erde hin zu einer gemeinsamen Bestimmung zu vereinen und das gemeinsame Haus, unseren Planeten, schön zu machen. Gottes Liebe ist eine spirituelle Energie, die das Herz eines jeden von uns verändert, damit wir dann die Welt verändern können. Bei diesem Einsatz für die Veränderung der Welt sind wir nicht allein, denn der Herr hilft uns. Er stützt uns, er stärkt uns und beschützt uns. In diesem Sinn ist der Aufruf Jesu zu verstehen: „So soll euer Licht vor den Menschen leuchten, damit sie eure guten Taten sehen und euren Vater im Himmel preisen." Es ist der Aufruf, Diener des Evangeliums und der göttlichen Barmherzigkeit mitten unter den Menschen zu sein. Dabei soll uns bewusst sein, dass Salz und Licht zu sein nicht bedeutet, irgendeinen Geschmack und irgendein Licht zu vermitteln. Der Geschmack der Geschwisterlichkeit ist gemeint und das Licht ist dasjenige, das den Völkern ihre gemeinsame Bestimmung für das Reich Gottes zeigt. Salz und Licht sind wir nicht aufgrund eigener Verdienste. Der Herr hat uns der Einsamkeit und dem Tod entrissen, indem er uns in die Gemeinschaft mit ihm und den Schwestern und Brüdern geführt hat. So schenkt er uns Anteil an seinem Licht und Leben, damit wir zum Sauerteig der Liebe in einer oft so betrübten und zukunftslosen Welt werden.

Gebet mit Maria, der Mutter des Herrn

Mittwoch, 9. Juni

Mt 5,17–19. **Die Erfüllung des Gesetzes**

Die Neuheit des Evangeliums stellt keinen völligen Bruch mit der biblischen Überlieferung im Ersten Testament dar. Jesus erklärt im Gegenteil mit aller Deutlichkeit, dass er gekommen ist, um den Bund zu erfüllen, den Gott mit seinem Volk geschlossen hat und der im Gesetz und in den Propheten niedergeschrieben wurde. Die ganze Liebesgeschichte, durch die sich Gott von Abraham bis zum Täufer mit seinem Volk verbunden hat, findet ihre Erfüllung und ihre volle Verwirklichung in Jesus. Jene Liebe, die Gott gedrängt hat, vom Himmel herabzusteigen, um sein Volk aus der Sklaverei Ägyptens zu befreien und auf seiner langen Reise durch die Wüste und durch die folgenden Jahrhunderte zu begleiten, gelangt in Jesus zu ihrem Gipfel. Sehr deutlich wird dies im Hebräerbrief zum Ausdruck gebracht: „Vielfältig und auf vielerlei Weise hat Gott einst zu den Vätern gesprochen durch die Propheten; am Ende dieser Tage hat er zu uns gesprochen durch den Sohn“ (Hebr 1,1–2). Jesus löscht die vergangene Geschichte nicht aus, er bringt sie zur Erfüllung. Ebenso verhält es sich mit den biblischen Texten. Jesus löscht sie nicht aus, allenfalls geht er mehr in die Tiefe, um in ihnen den göttlichen Funken hervorzuheben und sie im reinsten Glanz aufleuchten zu lassen. In jedem Wort der Schrift liegt der göttliche Funke. Daher darf es auch nicht verloren gehen. Denn sooft es verloren geht, geht damit auch dieser Funke verloren. Daher sagt Jesus: „Bis Himmel und Erde vergehen, wird kein Jota und kein Häkchen des Gesetzes vergehen.“ Das lässt uns an die Empfehlung des Franziskus von Assisi an seine Brüder denken, dass sie jeden kleinen Pergamentschnipsel vom Boden aufheben sollen: „Er könnte ein Wort des Evangeliums enthalten“, sagte er. Jesus fügt noch hinzu: „Wer auch nur eines von den kleinsten Geboten aufhebt ..., der wird im Himmelreich der Kleinste sein.“ Jesus bittet darum, dass die gesamte Schrift Gehör findet und zum Licht für die Gläubigen wird. In der Nachfolge des Meisters soll der Jünger im täglichen Leben erfüllen, was in der Schrift geschrieben steht. Dabei können wir die zentrale Aussage der biblischen Texte und den alle verbindenden roten Faden in der Aufforderung Jesu am Ende der Rede zusammengefasst sehen: „Seid also vollkommen, wie euer himmlischer Vater vollkommen ist.“ Diese Vollkommenheit ist die Liebe.

Gebet mit den Heiligen

Donnerstag, 10. Juni

Mt 5,20–26. **Geh und versöhne dich zuerst mit deinem Bruder**

„Wenn eure Gerechtigkeit nicht weit größer ist als die der Schriftgelehrten und der Pharisäer, werdet ihr nicht in das Himmelreich kommen.“ Die Gerechtigkeit Gottes ist Rettung, nicht Verdammnis. Sie ist grenzenlose Liebe. Sie teilt nicht in gleiche Teile auf, wie das bei der menschlichen Gerechtigkeit der Fall ist. Diese neue Auffassung von Gerechtigkeit ist die Bedingung für den Eintritt ins Himmelreich. Es geht Jesus um keine neue Kasuistik und um keine neue Rechtsprechung, sondern um ein neues Verständnis der menschlichen Beziehungen: durch die Liebe werden sie eng, stark und wirkungsvoll. In dieser Liebe sind Gesetz und Gerechtigkeit erfüllt. Es ist nötig, von einer negativ gefassten Vorschrift überzugehen zum Ja einer Liebe ohne Gegenleistung. Für Jesus gibt es keine Feinde, ebenso wenig für seine Jünger. Die unentgeltliche Liebe ohne Gegenleistung ist der Höhepunkt von Gesetz und Nachfolge. Von so hoher Bedeutung ist die Liebe, die unentgeltliche Liebe, dass ihr Fehlen sogar die Unterbrechung der höchsten gottesdienstlichen Handlung erforderlich macht: „Wenn du deine Opfergabe zum Altar bringst und dir dabei einfällt, dass dein Bruder etwas gegen dich hat, so lass deine Gabe dort vor dem Altar liegen; geh und versöhne dich zuerst mit deinem Bruder, dann komm und opfere deine Gabe". „Barmherzigkeit" zählt mehr als „Opfer". Der Gottesdienst als Beziehung zu Gott darf nicht auf eine Liebesbeziehung zu den Menschen und besonders zu den Armen verzichten. Dieser besondere Charakterzug des Evangeliums darf niemals missachtet werden. Anschließend gebraucht Jesus das Beispiel der zu begleichenden beziehungsweise einzufordernden Schulden. Er legt dabei nahe, dass man sich einigen soll, ohne die Vermittlung eines Richters zu suchen. Die Geschwisterlichkeit und die Liebe zu den anderen sollen im Leben der Jüngergemeinschaft den Vorrang einnehmen. Jesus sieht klar, dass es den ichbezogenen Instinkt zu vertreiben gilt, der fortlaufend darauf drängt, vor allem die Ansprüche des eigenen Ichs zu befriedigen und das eigene Interesse in den Vordergrund zu rücken, was zum Zusammenbruch der geschwisterlichen Bindungen führt. Jesus fordert dazu auf, die Liebe zu den anderen zu stärken und der Versöhnung Vorrang vor Gleichgültigkeit und Konflikten einzuräumen.

Gebet für die Kirche

Freitag, 11. Juni: Hochfest des Heiligsten Herzens Jesu

Gedenktag des Apostels Barnabas. Er war Begleiter des Paulus auf dessen Weg nach Antiochia und auf der ersten Missionsreise.

Hos 11,1.3–4.8a.c-9; Jes 12; Eph 3,8–12.14–19; Joh 19,31–37. **Der Stoß mit der Lanze**

Die Kirche feiert heute das Hochfest des Heiligsten Herzens Jesu. Es wird zwar erst seit neuerer Zeit gefeiert, geht jedoch auf die zentrale Botschaft des Christentums zurück. Die Präfation der Liturgie möchte gleichsam seine tiefere Bedeutung beschreiben und uns das Geheimnis der Liebe Jesu betrachten lassen: „Am Kreuz erhöht, hat er sich für uns dahingegeben aus unendlicher Liebe und alle an sich gezogen. Aus seiner geöffneten Seite strömen Blut und Wasser, aus seinem durchbohrten Herzen entspringen die Sakramente der Kirche. Das Herz des Erlösers steht offen für alle, damit sie freudig schöpfen aus den Quellen des Heiles." Die Liturgie bezeichnet das Herz Jesu als Quelle des Heils. Johannes schreibt: „... einer der Soldaten stieß mit der Lanze in seine Seite und sogleich floss Blut und Wasser heraus." Dieses liturgische Gedenken lädt uns alle dazu ein, unsere Aufmerksamkeit auf das Geheimnis dieses Herzens zu richten, das alles hingibt zu unserem Heil. Dieses Herz aus Fleisch hat Mitleid empfunden, hat geweint, Zuneigung gezeigt und war nie voller Leidenschaft für sich selbst, sondern nur für die anderen. Es hat niemanden bevorzugt außer die Ärmsten, Kleinen, Schwachen und -Sünder. Es ist nicht wie unser Herz, das häufig aus Stein ist und sogar angesichts einer so großen Liebe regungslos bleibt. Aus dem Mitleid und der Betroffenheit dieses Herzens heraus hat Jesus sein öffentliches Leben begonnen. Matthäus schreibt, dass Jesus durch alle Städte und Dörfer Galiläas zog und Mitleid mit den vielen Menschen hatte, die herbeiströmten und müde und erschöpft waren wie Schafe ohne Hirten (Mt 9,35f). So begann er, sie zu versammeln und für sie zu sorgen. Mit Jesus war endlich der gute Hirt gekommen, von dem der Prophet Ezechiel spricht: „Siehe, ich selbst bin es, ich will nach meinen Schafen fragen und mich um sie kümmern. Wie ein Hirt sich um seine Herde kümmert an dem Tag, an dem er inmitten seiner Schafe ist, die sich verirrt hat, so werde ich mich um meine Schafe kümmern und ich werde sie retten aus all den Orten" (Ez 34,11–12). Das Johannesevangelium ruft uns auf, den Blick fest auf den Gekreuzigten zu richten und auf dieses Herz, das sich für uns durchbohren ließ, um den Menschen die Kraft zum Lieben wiederzuschenken.

Gebet des heiligen Kreuzes

Samstag, 12. Juni

Mt 5,33–37. **Schwört überhaupt nicht**

In der Jüngergemeinschaft ist das Schwören überflüssig, vor allem wenn es im Namen Gottes geschieht oder im Namen von Bildern, die ihn oder andere heilige Dinge darstellen. Bei den Jüngern sollen Ehrlichkeit beim Reden und Treue bei den Versprechen vorherrschen. Jesus will das Schwören nicht verurteilen, vielmehr meint er, dass es unnötig sei. Wenn man darauf zurückgreift, werden nämlich die Kraft und Ehrlichkeit des Wortes entwertet. Hierbei zeigt sich deutlich Jesu Wille, dass im geschwisterlichen Leben das gegenseitige Vertrauen herrschen soll. Dies ist ein wertvoller Aufruf in unserer Zeit, in der wir erleben, wie das Vertrauen verkümmert. Leider nimmt die Bedeutung des „Ichs" maßlos zu auf Kosten der Dimension der Geschwisterlichkeit. Der Individualismus zwingt zu Selbstgenügsamkeit und zur Unabhängigkeit von Bindungen zu den anderen. Zudem gibt er einem das Gefühl, allmächtig zu sein. Mit einer Portion Humor weist Jesus darauf hin, dass es sinnlos ist, „bei deinem Haupt" zu schwören, denn wir können kein einziges Haar weiß oder schwarz machen. Dem stellt Jesus die Tatsache gegenüber, dass uns der Herr, als er uns geschaffen hat, das Wort als den Weg zur Kommunion gegeben hat. Daher ruft er seine Jünger auf: „Eure Rede sei: Ja ja, nein nein; was darüber hinausgeht, stammt vom Bösen." Unsere Worte sind immer sehr bedeutungsvoll; daher sollen sie nicht leer oder zweideutig sein. In ihnen wird das Herz des Menschen sichtbar, wie in den Worten der Offenbarung auch das Herz Gottes zum Vorschein kommt. Doppeldeutige Worte stammen vom Bösen und wollen die Geschwisterlichkeit verderben. Der Jünger Jesu muss lernen, Ja zum Leben zu sagen, das vom Evangelium kommt, und den Vorschlägen, die zur Spaltung und Zersetzung führen, ein Nein entgegenzustellen. All das ist die Frucht einer Disziplin des Herzens, die auch eine Disziplin der Worte, Gesten und Taten ist. Wir sind alle miteinander verbunden. Die Gläubigen sind aufgerufen „Ja" zum Herrn und seinem Ruf zu sagen, aber „Nein" zu Verführungen und Vorschlägen, die einen Vorteil für das eigene Leben vorgaukeln, in Wahrheit aber die Geschwisterlichkeit zersetzen.

Gebet der Vigil

Sonntag, 13. Juni: 11. Sonntag im Jahreskreis

Ez 17,22–24; Ps 92; 2 Kor 5,6–10; Mk 4,26–34

Jesus vergleicht das Reich mit der Aussaat: „Mit dem Reich Gottes ist es so, wie wenn ein Mann Samen auf seinen Acker sät". Nach der Aussaat wartet der Bauer mit Geduld und ohne viele Sorgen auf die Erntezeit. Von selbst bringt die Erde Früchte zu ihrer Zeit (im Griechischen steht das Wort *automatè* – automatisch). Jesus spricht nicht über die Arbeit des Bauern, sondern über die „Arbeit" des Samens, der sich aufgrund eigener Energien von der Aussaat bis zur Reife entwickelt, ohne dass der Bauer eingreift. Jesus scheint mit diesem Bild seine Zuhörer trösten zu wollen. Vielleicht können wir – wie es die Exegeten meinen – hier an die christliche Gemeinde denken, an die Markus sich richtete, nämlich die Gemeinde in Rom, die schwierige Zeiten und auch Verfolgungen erlebte. So fragten sich diese ersten Gläubigen in Rom, wo denn die Kraft des Evangeliums geblieben sei, da das Böse doch alles zu besiegen schien. War Jesus vielleicht umsonst gestorben? Auch viele andere Fragen drängten zu einer traurigen Resignation. Auch wir können diesen Abschnitt in dieser Perspektive deuten. Denn schnell ist man resigniert und stellt die Frage: „Wo ist das Reich Gottes und seine Kraft?" In den Gleichnissen möchte Jesus sagen, dass das Reich Gottes schon wirksam ist.

Natürlich will Jesus nicht die Passivität des Bauern loben und noch viel weniger zum Schlaf oder zur Faulheit auffordern. Der Herr überlässt die Jünger nicht der Macht des Bösen. Er begleitet sie, während sie das Evangelium auf den Wegen der Welt bis zum Ende der Tage verkünden, wenn alles in Jesus Christus zusammengeführt sein wird. Durch das Gleichnis vom Senfkorn möchte Jesus den Stil des Reiches und die Art, wie es sich verwirklicht, beschreiben. Er hebt dabei die geringe Größe des Samens hervor. Große Dinge schafft man nicht, weil man Macht besitzt. Im Reich Gottes ereignet sich das Gegenteil: „...wer bei euch der Erste sein will, soll der Sklave aller sein" (Mk 10,44), sagt Jesus. Denn wer klein und demütig sein kann, wird groß wie ein bis zu drei Meter hoher Strauch, der auch die Vögel des Himmels aufnimmt. Schon der Prophet Ezechiel hatte während seines Exils in Babylon verheißen, dass ein zerbrechlicher Zweig, der aus der Spitze der Zeder genommen wird, zu einem starken und Schatten spendenden Baum werden sollte: „Ich selbst nehme vom hohen Wipfel der Zeder und setze ihn ein. Einen zarten Zweig aus ihren obersten Ästen breche ich ab, ich selbst pflanze ihn auf einen hohen und aufragenden Berg. Auf dem hohen Berg Israels pflanze ich ihn. Dort treibt er dann Zweige, er trägt Früchte und wird zur prächtigen Zeder" (Ez 17,22). Das Reich Gottes wächst wie dieses kleine Senfkorn, wie der zarte Zweig aus dem Wipfel der Zeder: Nicht durch äußerliche Macht setzen sie sich durch, sondern der Herr ist es, der sie wachsen lässt. Denn die Liebe ist die Lebenskraft, die sie stützt. Dort wo Arme gesättigt, Trauernde getröstet, Fremde aufgenommen, Kranke geheilt, Einsame getröstet, Gefangene besucht, Feinde geliebt werden, dort ist das Reich des Herrn am Werk.

Gebet am Tag des Herrn

Montag, 14. Juni

Mt 5,38–42. **Liebe statt Vergeltung**

Das alte Gesetz „Auge um Auge und Zahn um Zahn" wollte die Rache regulieren, damit sie nicht grenzenlos und unerbittlich wird.

Diese Vorschrift war sicherlich weise, um Übergriffe und Exzesse zu vermeiden. Doch sie hatte nicht die Kraft, darüber hinaus auch den Hass auszumerzen. Der Weg, den Jesus hingegen weist, ist der einer überschwänglichen Liebe. Das Böse kann nicht durch noch mehr Böses besiegt werden, und sei es auch durch Regeln kontrolliert, sondern nur durch ein Gutes, das noch größer ist als das Böse. Mit seinen Aussagen stellt Jesus eine Mentalität auf den Kopf, die in seiner Zeit sehr verfestigt war. Doch auch wir leben in einer von Rachedenken und Anspruchshaltungen durchdrungenen Kultur. Man denke nur an die Vorurteile, die das öffentliche Verhalten prägen, und an die Einstellung weiter Teile der Bevölkerung gegenüber den Strafgefangenen. Obwohl die Rechtswissenschaft Strafhaft als Weg der „Befreiung" von der Schuld vorsieht und nicht als Rache der Gesellschaft, zeigt sich im allgemeinen Denken eine ganz andere Einstellung. Das Evangelium fordert den Jünger nicht nur dazu auf, in seinem Verhalten auf Rache zu verzichten, sondern sogar dazu, den Instinkt zur Rache durch das Hinhalten der anderen Wange auf den Kopf zu stellen. Diese Lehre Jesu wurde häufig nicht verstanden oder sogar belächelt. Doch leider verbreitet sich in unseren Gesellschaften ungebremst ein Rachedenken, das die Beziehungen unter den Menschen vergiftet. Jesus möchte, dass unter uns Gefühle der Geschwisterlichkeit wachsen. Eine Logik von Gewalt und Tod liegt ihm vollkommen fern. Er ist gekommen, um eine neue Lebensweise auf der Grundlage der gegenseitigen Liebe zu beginnen. So wird das Böse durch das Gute besiegt. Auf dem Weg der Liebe gibt der Jünger auch seinen Mantel her, wenn er darum gebeten wird, und er ist bereit, auch die doppelte Strecke mit dem zu gehen, der um seine Begleitung bittet. Von dem, der ihn um Hilfe bittet, wendet er sich nicht ab. Durch diese Liebe wird das Böse im Keim erstickt und der Weg zu einem guten und würdigen Leben für alle aufgetan.

Gebet für die Armen

Dienstag, 15. Juni

Mt 5,43–48. **Liebt eure Feinde**

Zunächst nimmt Jesus Bezug auf ein Sprichwort, das aus dem Buch Levitikus (Lev 19,18) hergeleitet wurde: „Du sollst deinen Nächsten lieben und deinen Feind hassen." Dann stellt er diese Aussage durch sein Evangelium auf den Kopf: „Ich aber sage euch: Liebt eure Feinde und betet für die, die euch verfolgen". Das Gebot der Feindesliebe ist von zentraler Bedeutung in der Botschaft des Evangeliums. Es wird häufig in den Texten der ersten Christen zitiert und als Neuheit und Besonderheit im Christentum dargestellt, die bei den Heiden außerordentliches Staunen hervorrief. Es nahm bei der missionarischen Verkündigung eine zentrale Stellung ein. Doch nur im Evangelium ist die Rede von der Liebe zu den Feinden, gerade wenn diese feindselig gesonnen sind. Es geht gerade um eine Liebe zu den Feinden in ihrer Boshaftigkeit. Es geht nicht darum, auch sie zu lieben, sondern gerade sie zu lieben. Der Grund für eine solche Liebe ist im Verhalten Gottes selbst zu finden. Das Gebot der Feindesliebe entspringt nicht der Annahme einer Harmonie in der Schöpfung, sondern der unmittelbaren Offenbarung Gottes und seines ureigenen Wesens. Daher ist die Liebe das erste und wichtigste Gebot. Denn „Gott ist die Liebe" (1 Joh 4,16) zu allen. Sie bildet daher das Herz des Lebens des Jüngers und der Kirche, sie ist ihre wahre Weisheit. Sie bildet dabei einen deutlichen Gegensatz zu einer menschlichen Auffassung von Weisheit, die auch Gefühle von Hass und Rache beinhaltet und diese für vernünftig hält. Jesus hat diese Liebe gelebt, als er am Kreuz für seine Henker betete, und viele Märtyrer haben seit Stephanus in demselben Geist gelebt. Eine solche Liebe stammt natürlich nicht von Menschen und noch viel weniger entspringt sie natürlicherweise aus unseren Herzen. Vielmehr stammt sie von oben, von Gott, der seine Sonne unterschiedslos über Gerechte und Ungerechte aufgehen lässt. Allen schenkt er seine Liebe unentgeltlich. In diesem Horizont der Liebe, die vom Himmel kommt und die Erde verwandelt, sollen die Jünger leben. Das Evangelium fordert unbedingt ein „Mehr" im Verhalten: „Wenn ihr nämlich nur die liebt, die euch lieben, welchen Lohn könnt ihr dafür erwarten?" Wenn wir seine Liebe annehmen, sind wir auf dem Weg der Vollkommenheit Gottes. In einer Zeit, in der die Logik der Gegensätze und der Suche nach Feindbildern vorherrscht, wirkt der Aufruf zur Feindesliebe befreiend. Nur so wird die Liebe wahrhaft siegen.

Gebet mit Maria, der Mutter des Herrn

Mittwoch, 16. Juni

Mt 6,1–6.16–18. **Dein Vater wird es dir vergelten**

Jesus spricht über das Verhalten der Jünger, dass sie ihr gutes Verhalten nicht wie die Pharisäer an der Bewunderung der Leute ausrichten sollen. Stolz auf eigenes gutes Verhalten ist immer von weltlicher Natur, ähnlich wie Überheblichkeit gegenüber den Menschen. Jesus hatte schon erklärt, dass das überlieferte Gesetz mit einer neuen Einstellung und einem neuen Herzen gelebt werden soll auf der Grundlage von Liebe und nicht von bloßem Gehorsam. Das Evangelium möchte in uns das Bewusstsein stärken, dass unser Handeln dem Aufbau des Reiches Gottes dienen soll. Jeder von uns kennt die Versuchung, im Leben sich selbst darzustellen, unabhängig davon, ob dies vor Gott oder vor den Menschen geschieht. Der Gläubige soll am Werk Gottes für das Heil der Welt mitarbeiten. Daher sollen die Jünger ihre guten Werke auch nicht verstecken, im Gegenteil. Zuvor hat Jesus sie aufgefordert, Licht zu sein und das Licht nicht „unter den Scheffel“ zu stellen. Es ist der Aufruf, das eigene Leben für das Evangelium und das Reich Gottes einzusetzen. Es werden drei religiöse Übungen von großer Bedeutung angeführt: Almosen, Gebet und Fasten. Bei allen dreien geht es vor allem um eine innerliche Haltung, damit sie wahrhaftig und nicht äußerlich sind. Das Almosen umfasst unbedingt eine Öffnung des Herzens für die Armen. Man muss sich ihnen zuwenden, sich für sie interessieren und sie lieben, denn in ihnen ist Jesus gegenwärtig. Das Gebet erfordert vor allem, dass im Herzen Platz für das Wort Gottes geschaffen wird, damit es in die Tiefe eindringt, aufkeimt und im Alltag Frucht bringt. Dazu muss man mit dem Geist zuhören, denn er ist der Meister für das spirituelle Leben des Gläubigen. Ähnlich verhält es sich mit dem Fasten. Es ist Bestandteil des inneren Kampfes gegen das eigene Ich, damit Platz für die Aufnahme des Herrn und der Schwestern und Brüder geschaffen wird. Dann geschieht, was die Apokalypse schreibt: „Wenn einer meine Stimme hört und die Tür öffnet, bei dem werde ich eintreten und Mahl mit ihm halten und er mit mir“ (Offb 3,20). Der Lohn der Jünger besteht darin, dass sie schon jetzt beim Herrn wohnen.

Gebet mit den Heiligen

Donnerstag, 17. Juni

Mt 6,7–15. **Das Vaterunser**

Das Vaterunser steht an zentraler Stelle in der Bergpredigt. Mit dem Christen Tertullian, der im 2. und 3. Jahrhundert gelebt hat, können wir es als Synthese des gesamten Evangeliums bezeichnen. Jesus ermahnt die Jünger, beim Gebet nicht zu plappern, als könne Gott dadurch überzeugt werden. Jesus nimmt uns mit hinein in seine vertraute Gemeinschaft mit dem Vater und ruft uns auf, uns mit derselben Anrede wie er an Gott zu wenden. Er spricht ihn mit „Vater“, „abbà“ (Papa) an. Mit dieser Anrede vollzieht Jesus eine regelrechte religiöse Revolution. In der jüdischen Tradition durfte der heilige Name Gottes nicht ausgesprochen werden. Mit der Anrede „abbà“ weist Jesus auf eine bisher unvorstellbare Haltung hin, nämlich auf die Sohnschaft und die vertraute Teilhabe an der gesamten Dreifaltigkeit. Im Vergleich zu uns bleibt Gott zwar der „ganz andere“, aber er ist ein Vater, der uns so sehr liebt, dass er uns seinen eigenen Sohn gesandt hat. Diese Liebe ist grenzenlos und für menschliches Denken vollkommen unvorstellbar. Jesus selbst offenbart sie uns. Diese Sohnschaft macht uns zu Gliedern der Familie Gottes. Wir dürfen ihn „Vater unser“ nennen. Diese Vertrautheit der ersten Bitte, die wir aussprechen, birgt die Ankunft seines Reiches in sich, bei der die gesamte Menschheitsfamilie und auch die Schöpfung zur Fülle gelangen werden. Im zweiten Abschnitt ruft uns

Jesus zur Bitte um das tägliche Brot auf, um das materielle Brot und das seines Wortes. Zwei Brote und zwei unerlässliche Tische. Beide müssen bereitet oder besser für viele vermehrt werden. Dann legt Jesus uns eine bedeutungsvolle Bitte in den Mund: „Und erlass uns unsere Schulden, wie auch wir sie unseren Schuldnern erlassen haben!“ Es scheint unrealistisch, dass die menschliche Vergebung zum Bezugspunkt („wie auch wir …“) für die göttliche gemacht wird. Doch vorher hatte Jesus schon gesagt, dass wir vollkommen sein sollen wie der Vater. Er fügt hinzu: „Denn wenn ihr den Menschen ihre Verfehlungen vergebt, dann wird euer himmlischer Vater auch euch vergeben. Wenn ihr aber den Menschen nicht vergebt, dann wird euch euer Vater eure Verfehlungen auch nicht vergeben.“ Diese Worte sind schwer verständlich für unsere Gesellschaft, in der Vergebung wirklich selten ist und allem Anschein nach das Rachedenken vorherrscht. Wir tragen die Verantwortung, diese Bitte für die gesamte Menschheitsfamilie auszusprechen und weiter zum Vater zu sagen: „Und führe uns nicht in Versuchung, sondern rette uns vor dem Bösen!“

Gebet für die Kirche

Freitag, 18. Juni

Mt 6,19–23. **Denn wo dein Schatz ist, da ist auch dein Herz**

Jesus warnt, dass wir uns nicht abmühen sollen, irdische „Schätze“, Güter und Reichtümer zu sammeln. Und dieser Hinweis hat auch triftige Gründe: Diese vergänglichen Schätze sind der Zerstörung ausgesetzt wegen der Motten, und weil Diebe sie stehlen können. Es ist nicht sinnvoll, das Leben auf den Besitz irdischer Güter hin auszurichten. Das erinnert an das Gleichnis vom reichen Mann, der eine reiche Ernte in seinen Scheunen anhäuft, fest davon überzeugt, auf diesem Weg Sicherheit für sein Leben zu finden. Doch dann kommt der Tod und macht seine Pläne zunichte (vgl. Lk 12,14–21). Jesus ruft uns auf, mit Weisheit „Schätze im Himmel“ zu sammeln, denn diese kann uns niemand rauben. Jesus kennt die Gedanken unserer Herzen genau und erinnert an eine tiefe Wahrheit: „Denn wo dein Schatz ist, da ist auch dein Herz." Darin ist die zentrale Bedeutung des Herzens und der Dinge, die im Leben wirklich von Bedeutung sind, begründet. Man könnte leicht meinen, dass der zu erwerbende „Schatz" mit Reichtum, Ruhm, Erfolg, Karriere oder zumindest mit der Selbstverwirklichung in der Welt verbunden ist. Jesus möchte unser Herz für das Himmelreich öffnen. Für diesen Schatz sollen wir uns unbedingt entscheiden. Daher ruft er zum Sammeln der Schätze im Himmel auf. Es geht dabei darum, schon auf Erden danach zu streben, was auf ewig im Himmel Bestand hat: Geschwisterlichkeit, Frieden, Solidarität, Liebe zu allen und vor allem zu den Armen. Das sind die Schätze im Himmel. In dieser Hinsicht können wir den anschließenden Abschnitt über das Auge als Leuchte des Leibes verstehen. In der zeitgenössischen Sprache bezieht er sich auf die Ganzheitlichkeit des menschlichen Lebens. In unserer Sprache ist das Herz die Leuchte des Leibes. Aus dem Herzen stammen die guten oder auch die schlechten Gefühle. Wenn das Herz das Evangelium aufnimmt, wird ihm Licht auf dem Weg zum Himmelreich gemacht. Ein trübes oder von Finsternis erfülltes Herz wird den Weg der Vergänglichkeit einschlagen. Benedikt XVI. hat ein schönes Bild für das Herz des Jüngers verwendet und vom „sehenden Herzen" gesprochen. Wenn der Jünger vom Licht des Evangeliums erleuchtet wird, kann er den wahren Schatz des Lebens erkennen.

Gebet des heiligen Kreuzes

Samstag, 19. Juni

Gedenktag des heiligen Romuald († 1027). Er war Einsiedler und Gründer des Ordens der Kamaldulenser.

Mt 6,24–34. **Sorgt euch nicht um morgen**

„Ihr könnt nicht beiden dienen, Gott und dem Mammon", sagt Jesus zu seinen Jüngern. Mammon („*mamonas*" ist die griechische Form eines aramäischen Wortes, das „Reichtum" bedeutet) wird hier als Person dargestellt, denn er verhält sich wirklich wie ein Diktator, obwohl er kein Gesicht und natürlich auch keine Seele besitzt. Die Diktatur des „Reichtums“ ist unerbittlich: wer sich ihr unterwirft, dem raubt sie die Seele. Aus ihr erwachsen Konflikte, Unruhen, Hass und Kriege, die das Leben vieler Völker bis heute zugrunde richten und mit Trauer erfüllen. Der Herr dagegen ist „Liebe“, die von uns eine freie Antwort verlangt. Gott sucht keine Untergebenen, sondern Freunde. Jesus weiß, dass wir in der Liebe, in der Gerechtigkeit und im Einsatz für Freiheit und den Fortschritt aller und besonders der Ärmsten wachsen, wenn wir mit Gott verbunden sind. Deshalb ist es nicht möglich, beiden zu dienen, Gott und dem Reichtum, dem Evangelium und dem Geld. Das Herz kann sich nicht zerreißen. Die von Jesus geforderte ausschließliche Liebe lebt er selbst an erster Stelle. Im Ersten Testament bezeichnet sich der Herr wiederholt als ein „eifersüchtiger Gott“. Seine Eifersucht gilt nicht nur ihm, sondern auch uns. Wer auf Gott vertraut, wird daher frei von der Knechtschaft der weltlichen Dinge und weiß, dass es ihm an nichts fehlen wird. Oft hindert die Sorge um die Dinge unseres Leben uns daran, großzügig für die Weitergabe des Evangeliums tätig zu sein. Jesus erinnert daran: „Sorgt euch nicht um euer Leben, was ihr essen oder trinken sollt… Euer himmlischer Vater weiß, dass ihr das alles braucht.“ Der Herr ist ein guter Vater und sorgt sich um seine Kinder. Er kennt ihre Bedürfnisse. Wenn viele nicht genug zu essen und anzuziehen haben, liegt es daran, dass andere nicht das Reich Gottes und seine Gerechtigkeit suchen, sondern nur den eigenen Gewinn, dass sie für sich behalten, was für alle bestimmt ist. Gott lässt niemanden im Stich. Als Adam und Eva den irdischen Garten verließen, machte Gott ihnen Kleidung, damit sie nicht unter der Kälte der Geschichte leiden müssen. Die wahre Sorge der Jünger, sagt Jesus, muss die Sorge um das Reich sein, also um die Weitergabe des Evangeliums an alle Völker, um den Aufbau der Kirche in der Welt und um den Dienst an den Armen. Nach dieser „Gerechtigkeit“ muss der Jünger streben. Der Herr steht uns bei, er stützt und behütet uns, damit das Evangelium verkündet werde und die Menschen das Heil finden.

Gebet der Vigil

Sonntag, 20. Juni: 12. Sonntag im Jahreskreis

Die orthodoxen Kirchen feiern das Pfingstfest

Ijob 38,1.8–11; Ps 107; 2 Kor 5,14–17; Mk 4,35–41

„Meister, kümmert es dich nicht, dass wir zugrunde gehen?“ Das ist sicher ein Verzweiflungsschrei, doch wir können darin auch das Vertrauen auf diesen Meister erkennen. Mit diesem Schrei vernehmen wir auch die vielen Schreie aus dieser durch Wellen aller Art erschütterten Welt, die das Leben der Männer und Frauen vor allem in den ärmeren Ländern und teilweise ganzer Völker gefährden, wenn sie beispielsweise durch Kriege und Konflikte niedergebeugt sind. Vielleicht könnte auch uns der Schlaf Jesu überraschen. Dieser Hinweis möchte uns allerdings eindeutig die Botschaft vermitteln, dass der Herr bei uns anwesend ist. Auch im Sturm ist der Herr an unserer Seite. Es könnte den Anschein erwecken, dass er schläft. Wir wünschen ein Leben ohne Stürme, ohne Probleme und irgendwelche Ängste. Doch das Leben ist auch Kampf, nämlich gegen das Böse und die Stürme, die daran hindern wollen, das Ufer des Friedens zu erreichen. Der Schlaf Jesu weist auf sein vollkommenes Vertrauen auf den Vater hin: Er ist gewiss, dass er niemanden verlässt. Dabei wartet er auf unser Gebet, auf unseren Hilferuf. Ursprünglich ist das Gebet ein Hilferuf. Dieser ist auch persönlich, aber nicht nur. Es gibt einen Dienst der Fürbitte, den wir neu entdecken müssen: Die Christen beten für alle. Das haben wir während der Corona-Pandemie erlebt. Papst Franziskus hat diese Episode betrachtet, während er im Namen der ganzen Welt auf einem leeren Petersplatz vor Gott den Schrei der Apostel im Boot wiederholt hat: „Herr, warum schläfst du?“

Durch unseren Schrei als Jünger wacht Jesus auf. Er stellt sich aufrecht im Boot hin und droht dem Wind und dem stürmischen See. Sofort legt sich der Wind, und es tritt Stille ein. Gott besiegt die feindseligen Mächte, die die Überfahrt verhindern wollen, die daran hindern, das Ufer der Geschwisterlichkeit, der Gerechtigkeit, des Friedens zu erreichen. Doch Jesus lässt das nicht zu. Er hatte den

Jüngern den Auftrag gegeben, ans andere Ufer zu fahren. Und er führt sie. Die Episode endet mit einer ungewöhnlichen Anmerkung. Von großer Furcht erfasst sagen die Jünger zueinander: „Wer ist denn dieser?“ Markus spricht in seinem Text von Furcht, weniger von Staunen. Diese zweite Furcht ist zwar genauso groß wie die vorherige, doch ihr Charakter ist eindringlicher, denn sie dringt bis in die Tiefe der Seele. Es ist die heilige Furcht, wenn man sich in der Gegenwart Gottes befindet. Diese Furcht fühlt sich klein und arm vor dem Retter des Lebens. Es ist die Furcht des Schwachen und Sünders, die auf jeden Fall von dem aufgenommen wird, der sie durch die Liebe überwindet. Diese Furcht möchte den einzig wahren Schatz der Liebe nicht verlieren, den wir empfangen haben. Diese Furcht schöpft Kraft aus der Nähe Gottes zu unserem Alltagsleben. Diese Furcht will den „Traum“ von einer neuen Welt nicht verlieren, die Jesus auch in uns und mit uns begonnen hat. Genau diese Furcht ist das Zeichen, durch das wir verstehen, dass wir schon am anderen Ufer angelangt sind.

Gebet am Tag des Herrn

Montag, 21. Juni

Mt 7,1–5. **Richtet nicht, damit ihr nicht gerichtet werdet**

Jesus ermahnt die Jünger, nicht zu richten. Der Grund dafür ist einfach: damit auch sie nicht gerichtet werden. Das Wort „richten“ wird hier im negativen Sinne von „verurteilen“ verwendet. Die Aussage Jesu ist kurz und bedeutungsvoll, denn sie steht im Zusammenhang mit dem Endgericht: Gott wird uns auf dieselbe Weise richten, wie wir andere richten. Wer ein großzügiges und barmherziges Urteil will, muss auch gegenüber den Schwestern und Brüdern Großzügigkeit und Barmherzigkeit üben. Wer dagegen kalt oder sogar böswillig richtet, wird dieselbe Behandlung durch Gott erfahren. Der Grund für die Strenge Jesu liegt in der Tatsache, dass ein endgültiges Urteil eines Menschen jegliche Hoffnung auf Veränderung zunichtemacht. Gottes Gedanken sind anders: Er hat „kein Gefallen am Tod des Schuldigen, sondern daran, dass ein Schuldiger sich abkehrt von seinem Weg und am Leben bleibt" (Ez 33,11). Jesus steigt in die Tiefen der menschlichen Seele hinab, um die Haltung abzuschaffen, die sich selbst gegenüber nachgiebig und den anderen gegenüber hart ist. Im Reich Gottes verurteilen sich die Menschen nicht gegenseitig. Es regiert dagegen der großherzige Maßstab Gottes. Mit einem eindrucksvollen Bild enthüllt Jesus die verletzende Gewohnheit, den anderen wegen eines „Splitters" im Auge zu verurteilen, während man nachgiebig den „Balken" im eigenen Auge duldet. Die Neigung zum Verurteilen entspringt einem Herzen, das außer sich selbst nichts sehen kann. Das Evangelium verlangt von jedem Jünger, mit Liebe auf den anderen zu achten und daher auch so zu urteilen, dass er in der Nachfolge Jesu wachsen kann. Während ein verurteilendes Richten zu vermeiden ist, wird ein Urteilsvermögen benötigt, damit wir uns gegenseitig helfen können, Jesus besser kennenzulernen und in der Geschwisterliebe und in der Sendung für das Evangelium zu wachsen. Geschwisterliche Zurechtweisung ist nur mit Liebe und nicht mit Gleichgültigkeit möglich. Jesus ruft zur gegenseitigen Unterstützung in der Nachfolge des Evangeliums auf, indem wir einander lieben und allen seine Liebe weitergeben.

Gebet für den Frieden

Dienstag, 22. Juni

Mt 7,6.12–14. **Die Goldene Regel**

Das Evangelium überliefert einen weiteren Abschnitt aus der Bergpredigt mit der Mahnung Jesu an die Jünger: „Gebt das Heilige nicht den Hunden und werft eure Perlen nicht den Schweinen vor." Dieses Bild ist mit dem alten Kult verbunden, Gott das Fleisch der Opfertiere und die Früchte der Erde darzubringen, wie es das Buch Levitikus vorschreibt (Lev 22,1–14). Das Fleisch darf nicht Hunden vorgeworfen werden, die es zertreten, und die Perlen nicht den Schweinen, die sie missachten. Dieser Satz bezieht sich nicht auf angeblich für das Evangelium ungeeignete Personen. Jesus ruft vielmehr dazu auf, das Evangelium nicht auf die leichte Schulter zu nehmen. Wir sollen es hochachten für unser Leben und für das der anderen. Wir dürfen die Worte des Evangeliums nicht vergeuden und die Worte der Predigt nicht einfach so dahinsagen. Das Evangelium ist ein äußerst kostbarer Schatz, dem höchste Achtung gebührt und der nicht weggeworfen werden darf. Das geschieht, wenn wir nur an uns denken und unachtsam sind gegenüber der Predigt. Daher fügt der Evangelist ein anderes Wort Jesu an: „Alles, was ihr wollt, dass euch die Menschen tun, das tut auch ihnen!" Darin kommen das gesamte Gesetz und die Propheten zur Anwendung. Diese Vorschrift wird „Goldene Regel" genannt, die in fast allen großen Religionen vorhanden ist. Sie umschreibt eine Weisheit, die von oben kommt und jedem Menschen ins Herz gelegt ist. Matthäus formuliert sie positiv, um hervorzuheben, dass es nicht ausreicht, sich vor dem Bösen zu hüten, man muss das Gute auch tun. Wenn wir dies auf das Leben Jesu übertragen, bekommt die Regel eine einzigartige Bedeutung: Diese Liebe zu den anderen kennt keine Grenzen und sucht keine Gegenleistung, denn sie ist vollkommen unentgeltlich. Das Evangelium ist das enge Tor, das zum Heil führt. Wir können von „Enge" sprechen, da es ein kleines Buch ist, eben wie ein kleines Tor. Doch dieses Tor verschafft Zugang zum Reich Gottes. Breit ist dagegen das Tor von Egoismus, Stolz, Hass und Gewalt: All das führt ins „Verderben", sagt Jesus. Setzen wir unser Vertrauen auf das Evangelium, dann werden wir durch das Licht Gottes in sein Reich geführt.

Gebet mit Maria, der Mutter des Herrn

Mittwoch, 23. Juni

Mt 7,15–20. **An ihren Früchten werdet ihr sie erkennen**

Jesus warnt vor der Gefahr, sich von falschen Propheten, das heißt von Menschen oder von Lebensweisen begeistern zu lassen, die leichter und unvermittelter zu sein scheinen, die jedoch wie ein reißender Wolf das Leben zunichtemachen. Man denke an die zahlreichen „Verführer" in vielen Bereichen und vor allem in ärmeren Ländern, die eine sogenannte „Wohlstandsreligion" verkünden. Diese Predigt ist ein Betrug und dient nicht zum Heil, denn sie ist täuschend und schädlich. Jesus warnt daher auch die Jünger, sich vor dem Verhalten der Pharisäer zu hüten. Damit ist ein äußerliches Glaubensleben oder eine Angleichung an die individualistische Mentalität der Welt gemeint, durch die wie bei einem Virus der soziale Zusammenhalt unserer Gesellschaften geschädigt wird. Das hat viele Christen angesteckt, die an ein Leben nach dem Evangelium in der Verschlossenheit ihrer kleinen Umgebung glauben. Auch aus diesem Grund ist die Barmherzigkeit schwächer geworden, hat die Liebe an Kraft verloren, sind die Leidenschaften zur Veränderung der Welt verblasst, während Konflikte zugenommen haben und Gleichgültigkeit und Resignation gegenüber dem Bösen gewachsen sind. Leichtfertig findet man sich mit einem Leben ohne Träume und Visionen ab. Niemals dürfen wir vergessen, dass Versuchungen – immer – schmeichelhaft und vernünftig daherkommen, eben wie Wölfe in Schafskleidern. Wie kann man sie entlarven? Jesus nennt ein sicheres Kriterium: „An ihren Früchten werdet ihr sie erkennen." Aufrufe und Vorschläge, die Herz und Leben untätig machen, sodass sie weder für sich selbst noch für die anderen gute Früchte hervorbringen, sind falsche Prophetien. Der Apostel Paulus zählt die Werke dessen auf, der sich vom „Fleisch" und somit von der Selbstliebe leiten lässt: Unzucht, Unsittlichkeit, ausschweifendes Leben, Götzendienst, Zauberei, Feindschaften, Streit, Eifersucht, Jähzorn, Eigennutz, Spaltungen, Parteiungen, Neid und Missgunst, Trink- und Essgelage. Gleich darauf zählt er die Werke des Menschen auf, der sich vom Geist leiten lässt: Liebe, Freude, Friede, Langmut, Freundlichkeit, Güte, Treue, Sanftmut und Selbstbeherrschung. Und er fügt hinzu: „Wenn wir im Geist leben, lasst uns auch im Geist wandeln!" (Gal 5,19–25).

Gebet mit den Heiligen

Donnerstag, 24. Juni: Hochfest der Geburt Johannes des Täufers

Die West- und die Ostkirche gedenken heute der Geburt Johannes des Täufers. „Unter den von einer Frau Geborenen ist kein Größerer aufgetreten" als er, der dem Herrn den Weg bereitet hat.

Jes 49,1–6; Ps 139; Apg 13,16.22–26; Lk 1,57–66.80. **Geburt von Johannes dem Täufer**

Die Kirche feiert heute die Geburt von Johannes dem Täufer. Es ist ein sehr altes Fest. Neben Maria, der Mutter Jesu, ist Johannes der Täufer der einzige Heilige, an dessen Geburtstag mit einem Festtag gedacht wird. Denn das Leben beider ist – von Geburt an – direkt und ausdrücklich mit Jesus verbunden: Maria und Johannes sind für Jesus geboren, Maria als seine Mutter, Johannes als sein Wegbereiter. Beide werden auf der byzantinischen Ikonostase neben der zentralen „Tür" dargestellt, die Christus ist, während sie mit der Hand auf ihn hinweisen. Mit dieser Geste der Hand laden sie die Gläubigen ein, ihren Blick auf den Heiland zu richten. Johannes weist den Menschen den Weg zu Jesus. Er wird auch im Islam verehrt: Seine Reliquien werden in der Umayyaden-Moschee in Damaskus aufbewahrt. Der Evangelist Lukas stellt seine Geburt parallel zur Geburt Jesu dar. Auch auf ihm ruht der Blick des Herrn. Die Geburt dieses Kindes verwandelt das Leben der beiden alten Eltern. Denn aufgrund der Unfruchtbarkeit von Elisabet schien es für sie keine Hoffnung mehr zu geben. Sicher ist dieser Sohn ein Geschenk Gottes für die beiden alten Eltern, denn nun wird ihr Leben durch eine neue Generation gekrönt. Durch ihre Söhne haben beide Elternpaare Anteil am großen Heilsplan Gottes für die Welt. Johannes ist auch dem Namen nach eine Frucht des Engelwortes. Er wird zum Propheten, den Gott gesandt hat, um dem Heiland den Weg zu bereiten und die Menschen seiner Zeit auf ihn hinzuweisen. Das Zeugnis des Täufers hilft den Christen, den Blick auf Jesus zu richten, auf den von Gott gesandten Christus, der von der Knechtschaft der Sünde erlöst. Wie Johannes der Täufer sind wir alle durch Gottes Liebe auf der Welt. Niemand wird aus Zufall geboren. Wir sind alle ein Geschenk Gottes, um Jünger Jesu zu sein und die Herzen der Menschen zu bereiten, damit sie ihn als Retter der Welt aufnehmen.

Gebet für die Kirche

Freitag, 25. Juni

Mt 8,1–4. **Heilung eines Aussätzigen**

Gerade hat Jesus die Bergpredigt vor einer großen Menge beendet. Es war eine lange Rede, die schon am Anfang Regeln und Gewohnheiten völlig veränderte. Er hatte die Armen, die Trauernden, die Sanftmütigen, die nach Gerechtigkeit Hungernden und Dürstenden seliggepriesen. Jetzt steigt er wie einst Mose vom Berg herab und schaut weiter mit Mitleid und Sympathie auf die Menschenmenge, die sich gleichsam auf der Suche nach Begleitung, nach einem Hirten um ihn drängt. Da kommt ein Aussätziger und fällt vor ihm nieder. Es ist eine unvorhergesehene Begegnung von der Art, die wir häufig als lästig empfinden, weil sie unsere Gewohnheiten und Pläne durcheinanderbringt, und die vielleicht auch unsere Begleiter stört. Jesus lehrt uns, mitten bei den Menschen zu sein und ohne Misstrauen für alle zum Nächsten zu werden, die sich uns nähern. Dieser Aussätzige wurde verachtet, niemand konnte (oder wollte) ihm helfen. Endlich findet er jemanden, der ihn nicht abweist und ihm sogar noch zuhört. Sicher ist er verwundert und bittet Jesus auch voller Vertrauen um Heilung: „Herr, wenn du willst, kannst du mich rein machen." Es ist ein einfaches Gebet, doch voller Vertrauen: „Wenn du willst". Später wird Jesus zu den Jüngern sagen: „Klopft an, dann wird euch geöffnet", jetzt öffnet er sofort die Tür seiner Barmherzigkeit. Er streckt die Hand aus, berührt den Aussätzigen und spricht mit ihm. Der Aussatz verschwindet. Jesus hat keine Angst, bei diesem Kranken stehenzubleiben. Er kümmert sich um ihn. Er berührt ihn und spricht zu ihm mit liebevollen Worten. So heilt er ihn. Jesus zeigt den Jüngern, wie sie den Bedürftigen nahe sein und sich um sie sorgen sollen. Das wird ausgedrückt durch das Zuhören, die Hand, die den

Aussätzigen berührt, und die Worte, die an ihn gerichtet werden. Deutlich erklärt Jesus, was der Wille Gottes ist: „Ich will – werde rein!“ Das muss auch der Wille der Jünger und jeder christlichen Gemeinschaft sein. Einerseits zeigt uns Jesus, wie die Aufnahme des Bedürftigen gelebt werden soll, andererseits weist er durch diesen Aussätzigen zugleich auch darauf hin, wie wir ihm selbst begegnen sollen: Wir sind alle wie dieser Aussätzige. Wenn wir unsere Hand nach ihm ausstrecken, wird er uns Heilung schenken.

Gebet des heiligen Kreuzes

Samstag, 26. Juni

Mt 8,5–17. **Einen solchen Glauben habe ich in Israel noch bei niemand gefunden**

Als Jesus nach Kafarnaum zurückkehrt, kommt sofort ein Hauptmann zu ihm, der den Kult und die Traditionen Israels nicht kennt. Dieser Hauptmann hat einen schwerkranken Diener mit großen Schmerzen. Deshalb wendet er sich an Jesus. Sein Herz ist voller Anteilnahme mit seinem kranken Diener. Als er zu Jesus kommt, bittet er nicht um Heilung für den Diener, sondern berichtet nur über seine Lage. Doch Jesus erkennt das Leid in den Augen dieses Mannes. Er hat Mitleid und sagt zu ihm: „Ich will kommen und ihn heilen.“ Mit spontaner Wahrhaftigkeit antwortet der Hauptmann jedoch, dass er nicht würdig sei, dass der Meister zu ihm nach Hause kommt. Er schämt sich gegenüber einem so guten Menschen. Daher spricht er diese wunderbaren Worte, die wir noch heute im Gottesdienst wiederholen: „Herr, ich bin es nicht wert, dass du unter mein Dach einkehrst; aber sprich nur ein Wort, dann wird mein Diener gesund!“ Zweimal spricht der Hauptmann Jesus mit dem Titel „Herr“ an. Als Nichtgläubiger verwendet er den religiösen Begriff und zeigt damit, dass er sein vollstes Vertrauen auf Jesus setzt: Nur ein Wort genügt, damit sein Diener gesund wird. Dieser Hauptmann ist wirklich ein Vorbild für uns. Den Kommentar Jesu über den Glauben des Hauptmanns können wir auch auf uns übertragen: „Amen, ich sage euch: Einen solchen Glauben habe ich in Israel noch bei niemandem gefunden." Zum Hauptmann sagt er: „Geh! Es soll dir geschehen, wie du geglaubt hast." Der Evangelist merkt an: „Und in derselben Stunde wurde sein Diener gesund." Es liegt eine heilende Kraft in der Liebe, die keine Grenzen oder Distanzen kennt. Die gesamte Tätigkeit Jesu in Kafarnaum ist von der Zuwendung zu den Kranken geprägt. In dieser so sehr von der Covid-19-Krankheit gezeichneten Welt ist das wirklich eine Vorbild. Der Tag endet mit der beeindruckenden Szene, in der Jesus die vielen „Besessenen" heilt, die vor die Tür des Hauses gebracht werden. Dieses Bild ist eine Anfrage an unsere Gemeinden: Sind sie wie dieses Haus in Kafarnaum mit offenen Türen für alle, die Trost, Heilung und Heil suchen? Müsste nicht auch in unseren Tagen die Prophezeihung des Jesaja Wirklichkeit werden, an die der Evangelist erinnert: „Er hat unsere Leiden auf sich genommen und unseren Krankheiten getragen"?

Gebet der Vigil

Sonntag, 27. Juni: 13. Sonntag im Jahreskreis

Weish 1,13–15; 2,23–24; Ps 30; 2 Kor 8,7.9.13–15; Mk 5,21–43

Was Markus uns im heutigen Evangelium vor Augen führt, kam im öffentlichen Wirken Jesu häufiger vor. Eine Menge von Bedürftigen drängt sich um ihn und sucht Heilung und Trost. Auch ein Synagogenvorsteher aus Kafarnaum bahnt sich einen Weg durch die Menge, kommt zu Jesus und fleht ihn an: „Meine Tochter liegt im Sterben. Komm und leg ihr die Hände auf, damit sie geheilt wird und am Leben bleibt!" Angesichts der Ohnmacht der Menschen sieht er Jesus als einzige Hoffnung an. Wenn nun schon dieser so einflussreiche Mann aus Kafarnaum Stolz, Arroganz und die Sicherheit der sozialen Stellung ablegt und sich nicht schämt, um Hilfe zu bitten, müssten wir das dann nicht umso mehr tun? Seine Worte sind keine lange Rede, sondern ein schlichtes und zugleich dramatisches Gebet. Jesus zögert keinen Augenblick und geht sofort „mit ihm“. Unterwegs ereignet sich die besondere Begebenheit der Heilung der blutflüssigen Frau. Eine Frau leidet seit nunmehr zwölf Jahren an Blutungen, ohne dass die Ärzte etwas dagegen tun konnten, und ist völlig verzweifelt. Ihre Krankheit macht sie unrein, daher schleicht sie sich heimlich heran und berührt das Gewand Jesu. Diese Geste zeigt die verborgene Suche nach Heilung im Leben vieler Männer und Frauen. Jesus bemerkt, dass eine Kraft von ihm ausströmt. Er wendet sich um und fragt die Jünger, wer ihn berührt hat. Jesus ändert seinen Blick und sucht dieses Bedürfnis, denn die heilende Liebe ist niemals anonym oder institutionell. Man muss sich anschauen, sich wahrnehmen, miteinander sprechen. Diese Frau erwidert den Blick Jesu und wirft sich vor ihm nieder. Jesus sagt: „Meine Tochter, dein Glaube hat dich gerettet.“ Der Glaube dieser Frau – oder besser ihr Vertrauen ihm gegenüber – heilt. So ist es auch bei der Heilung der Tochter des Synagogenvorstehers. Als sich die Nachricht vom Tod des Mädchens verbreitet, geben alle jede Hoffnung auf und sagen, dass man den Meister aus Nazaret nicht weiter bemühen solle. Vielleicht ist auch Jaïrus der Resignation nahe. Doch Jesus sagt zu diesem verzweifelten Mann: „Fürchte dich nicht! Glaube nur!“ Im Haus des Jaïrus sagt Jesus angesichts der weinenden und wehklagenden Menge, dass die Leute sich beruhigen sollen, denn „das Kind ist nicht gestorben, es schläft nur“. In der biblischen Sprache wird der Tod als ein Entschlafen in der Erwartung der Auferweckung verstanden. Daher liegen die Toten wie schlafend da und warten darauf, dass die Stimme des Herrn sie aufweckt. So steht Jesus vor dem Mädchen. Gottes Barmherzigkeit ist stärker als der Tod. Und auf diese Barmherzigkeit gründen wir unser Leben wie der kluge Mann, der sein Haus auf den Felsen baut.

Gebet am Tag des Herrn

Montag, 28. Juni

Gedenktag des heiligen Irenäus, Bischof von Lyon, der aus Anatolien nach Frankreich kam, um das Evangelium zu predigen, und als Märtyrer starb († 202).

Mt 8,18–22. **Zwei Berufungen**

Dass Jesus mit den Jüngern an das andere Ufer fahren will, können wir auch bildlich verstehen: Das andere Ufer ist die menschliche Geschwisterlichkeit, die Jesus auch gemeinsam mit uns verwirklichen will. Daher lädt er uns ein, seine Jünger zu werden. Die Jüngerschaft umfasst eine vorrangige Entscheidung, wie das in der Episode vom Schriftgelehrten deutlich wird, der zu Jesus sagt: „Meister, ich will dir nachfolgen, wohin du auch gehst." Vielleicht meint dieser Schriftgelehrte, dass es ausreicht, Jesus ein wenig zu folgen, einige Aussagen zu verstehen und dann Mitglied in einer anerkannten Gruppe zu sein. In der Antwort erklärt Jesus, dass die Nachfolge mit einem hohen Einsatz verbunden ist, der größer ist als beim Fuchs, der zumindest seine Höhle hat, oder bei den Vögeln des Himmels, die zumindest Nester haben, in denen sie Schutz suchen können. Dagegen hat der Menschensohn „keinen Ort, wo er sein Haupt hinlegen kann". Zum ersten Mal verwendet der Evangelist den Titel „Menschensohn". In der Urgemeinde erinnerte er wahrscheinlich an das Geheimnis der Inkarnation Jesu, der arm und wir könnten sagen „obdachlos" geworden ist, um uns nahe zu sein. Sein ganzes Leben wird für uns gelebt. Jesus bietet keine Garantien oder Sicherheiten, weder für sich noch für die, die ihm nachfolgen. Der Jünger ist aufgerufen, mit Leidenschaft und Interesse für die Welt und die Menschen der Erde zu leben. Diese Radikalität ist ein Teil des Evangeliums; man darf sie nicht beseitigen. Mit dieser Radikalität antwortet Jesus einem anderen Mann, der ihn bittet, zuerst seinen Vater begraben zu können und ihm danach nachzufolgen. Mit einem in sich widersprüchlichen Satz erwidert Jesus: „Folge mir nach; lass die Toten ihre Toten begraben!" Man kann im Grunde genommen die eigenen Angehörigen nur wirklich lieben, wenn die vorrangige Liebe zu Gott gelebt wird. Durch die Gottesliebe können wir auch die anderen lieben. Ansonsten wird alles – auch die Familienbande – den Bedingungen der Eigenliebe unterworfen.

Gebet für die Armen

Dienstag, 29. Juni: Hochfest der heiligen Apostel Petrus und Paulus

Die Apostel Petrus und Paulus erlitten um das Jahr 60–70 n. Chr. den Märtyrertod in Rom.
Gedenken an den seligen Raimundus Lullus (1235–1316). Er war Katalane und lebte im Geist des heiligen Franziskus, liebte die Muslime und förderte den Dialog unter den Gläubigen.

Apg 12,1–11; Ps 34; 2 Tim 4,6–8.17–18; Mt 16,13–19. **Der Vorrang des Petrus**

Wir feiern heute das Fest der heiligen Apostel Petrus und Paulus. Dieses Gedenken begleitet die Kirchengeschichte, vor allem das Leben der Kirche von Rom, wo die beiden den Glauben bis zum Martyrium bezeugt haben. Petrus wurde von Jesus berufen, während er seine Fischernetze am Ufer des Sees von Galiläa auswarf. Sofort berief ihn Jesus zu einem neuen Leben, in dem er Menschen fangen sollte. Petrus fühlte sich stark und selbstsicher, doch am Abend der Gefangennahme genügte das Wort einer Magd, um ihn zum Verräter werden zu lassen. Als seine Augen dann am gleichen Abend dem ganz von Güte erfüllten Blick Jesu begegneten, fing er an zu weinen und verstand, dass allein dieses Antlitz seine Stärke ist. Der wahre Petrus, der Jünger, dem Jesus seine Herde anvertraut, ist schwach und lässt sich von Gottes Geist erfüllen. Daher kann er als Erster von allen bekennen: „Du bist der Christus, der Sohn des lebendigen Gottes!“ Aus dieser Schwäche machte der Herr den „Felsen“ des spirituellen Gebäudes, zu dem wir alle gehören.
Wir begegnen Paulus als jungem Mann an der Seite derer, die Stephanus steinigten. Erbittert bekämpfte er die junge Christengemeinde und ließ sich sogar Vollmachten geben, um sie zu verfolgen. Doch auf dem

Weg nach Damaskus ließ ihn der Herr vom Pferd seiner Sicherheiten und seines Stolzes herabstürzen. Wie Petrus nach der Verleugnung traf es diesmal auch Paulus mitten ins Herz. Zwar flossen keine Tränen, doch seine Augen blieben verschlossen. Er, der es gewohnt war, andere zu führen, musste nun selbst an der Hand genommen und nach Damaskus geführt werden, wo er das Evangelium hörte, das ihm der alte Hananias verkündete. Das Wort dieses Bruders berührte sein Herz, sodass Paulus die Augen geöffnet wurden und er das Evangelium Jesu zunächst den Juden und später den Heiden verkündete. Paulus überschritt die gewohnten Grenzen der Urgemeinde und machte die Sendung des Evangeliums zu einer universalen Mission.
Die Kirche begeht das Gedenken der beiden Apostel gemeinsam, um ihr wertvolles Zeugnis zu einer Einheit zusammenzufügen. Mit ihrem unterschiedlichen Charisma gehören beide zum Glauben und Leben der Kirche von Rom, auch zu unserem Glauben und zum Glauben der Gemeinschaft Sant'Egidio, die ganz von ihrem Charisma geprägt ist. Wir erinnern gern an die Worte, die der heilige Johannes Paul II. zu uns gesagt hat: „Überall, wohin ihr geht, seid ihr immer von Rom." Er wollte damit einen Glauben charakterisieren, der überall vom Geist dieser beiden Zeugen durchdrungen ist, vom demütigen und starken Glauben des Petrus und vom weiten und missionarischen Herzen des Paulus.

Gebet mit den Aposteln

Mittwoch, 30. Juni

Gedenktag der ersten Märtyrer der Kirche Roms unter der Verfolgung Neros.

Mt 8,28–34. **Die Besessenen von Gadara**

Zwei „Besessene", sagt der Evangelist, kommen aus einer der Grabhöhlen und laufen Jesus entgegen. Es mag eigenartig scheinen, aber unsere Städte und Dörfer ähneln einer Ansammlung dunkler Höhlen mit Bewohnern, die isoliert leben und unfähig sind zum Dialog, zur Begegnung, zur Beziehung. Wir kennen die Geschichte dieser beiden Männer nicht. Jesus fällt kein Urteil und fürchtet sie nicht, im Gegensatz zu unseren häufig harten Urteilen und Meinungen. Denn in unseren Städten sind viele Männer und Frauen von bösen Geistern gefangen, die ihr Denken und ihr Herz in Besitz nehmen. Wie viele Geister der Einsamkeit und Spaltung zerstören das Leben unserer Städte! Das Bild dieser beiden Männer in den Grabhöhlen verdeutlicht eindrucksvoll die Zersetzung der menschlichen Beziehungen, sodass ganze Stadtviertel zu Friedhöfen ohne Gefühle geworden sind. „Was haben wir mit dir zu tun?" Die „unreinen" Geister können das Evangelium nicht ertragen, dabei erkennen sie sofort seine Vollmacht und warten nicht einen Augenblick, „es zu vertreiben". Doch Jesus ist gekommen, um die Menschen von der Macht der bösen Geister zu befreien. Er hat Mitleid mit den beiden und befreit sie nur mit dem einen Wort an die Dämonen: „Weg mit euch!" Die unreinen Geister stürzen sich in eine benachbarte Schweineherde. Johannes Chrysostomus fasst die Vollmacht Jesu und seines Wortes sehr gut zusammen, das seiner Meinung nach wörtlich im Verhalten der Dämonen „gespiegelt wird": „Sie ließen nicht zu, dass jemand auf jenem Weg entlanggehen konnte, doch als sie den sehen, der ihnen den Weg versperrt, bleiben sie regungslos." Die Bewohner der Stadt staunen über das Geschehen. Da ihnen der Wert der Herde wichtig ist, bitten sie Jesus, ihr Gebiet zu verlassen. Angesichts der Veränderungen, die nötig sind, um ein würdigeres Leben zu führen, wollen die Menschen lieber so weiterzuleben wie bisher und vor allem ihre gewöhnliche Ruhe bewahren.

Gebet mit den Heiligen

Donnerstag, 1. Juli

Mt 9,1–8. **Die Heilung eines Gelähmten**

Als Jesus wieder in Kafarnaum ist, bringen einige Leute einen Gelähmten auf einer Tragbahre zu ihm. Die Sorge jener Freunde um den

Kranken und ihre Liebe zu ihm bedingt das Wunder. So können wir uns auch das Gebet der Kirche für die Kranken vorstellen. Zu diesem Gebet sollten wir uns häufiger zusammenfinden. Das Handeln Jesu ist leider nicht das gleiche, wenn wir beten oder nicht. Matthäus sagt dies ausdrücklich: „Als Jesus ihren Glauben [sieht]“, wendet sich Jesus dem Gelähmten zu und sagt ihm Worte, die vor ihm noch niemand gesagt hat: „Deine Sünden sind dir vergeben!“ Dieses Ereignis erstaunt die Menschen. Als die anwesenden Schriftgelehrten seine Worte hören, denken sie schlecht über Jesus, sagen aber nichts. Doch Jesus, der in die Herzen sieht, entlarvt sie und zeigt, wie weit sein Erbarmen reicht: „Steh auf, nimm deine Tragbahre und geh nach Hause!“, sagt er zu dem Gelähmten. Der Herr hat in diesem Kranken ein zweifaches Wunder gewirkt: Er hat ihm die Sünden vergeben, und er hat ihn von der Lähmung geheilt. Es ist einer zu den Menschen gekommen, der sowohl den Leib als auch das Herz heilt. Jesus will damit nicht andeuten, dass die Krankheit des Gelähmten durch seine Sünden verursacht worden sei. Er ist auf die Erde gekommen, um die Körper und die Herzen der Menschen zu heilen. Dies ist die Bedingung für das vollkommene Heil, das im neuen Reich Gottes wahr wird. Es beginnt in Kafarnaum, im Galiläa der Heiden. Das Staunen der Menge ist kein Zeichen für Angst, sondern für religiöse Ehrfurcht vor Gott. Jesus ist Immanuel, der Gott in unserer Mitte.

Gebet für die Kirche

Freitag, 2. Juli

Fest Mariä Heimsuchung

Lk 1,39–56. **Der Besuch Marias bei Elisabet**

Heute wird das Fest Mariä Heimsuchung gefeiert. Nachdem wir an Pfingsten das Geschenk des Geistes empfangen haben, lässt uns dieses Fest über das Wirken dieses Geistes nachdenken, den der Herr uns schenkt. Es ist nämlich der Geist, der Maria antreibt, sich nach der

Verkündigung durch den Engel auf den Weg zu machen, um ihre alte Cousine Elisabet zu besuchen. Wie schon zu Beginn des Evangeliums ist es diese Kraft des Geistes, die Maria dazu antreibt, über die Grenzen ihres Dorfes und ihrer Welt hinauszugehen, um das Evangelium weiterzugeben, das in ihrem Schoß ist. Dieses Fest erinnert uns also daran, wie sehr der Herr und sein Geist unser Leben besuchen. Jesus zu bringen bedeutet für Maria, ihn nicht für sich zu behalten, sondern die Verkündigung seiner Geburt allen zu bringen. So verstehen wir die Eile Marias. Jesus, der geboren wird, ist eine Hoffnung für alle, für jeden Mann und jede Frau, eine Hoffnung, die nicht versteckt werden darf, sondern allen verkündet werden muss, vor allem denen, die scheinbar nicht mehr viele Hoffnungen haben, denen die krank sind, die einsam sind, die alt sind und in vielen Schwierigkeiten leben. „Gesegnet bist du unter den Frauen und gesegnet ist die Frucht deines Leibes", ruft Elisabet vor Maria aus. So drückt sich der Jubel des Geistes aus, der das Herz besucht. Sie ist wirklich unter uns allen gesegnet. Sie ist gesegnet, denn sie hat geglaubt, „dass sich erfüllt, was der Herr ihr sagen ließ." Diese erste Seligpreisung, die wir im Evangelium lesen, ist der Grund für unseren Glauben und für unsere Freude: So bewirken wir mit unserem Leben, dass sich das Evangelium erfüllt und Jesus von Neuem unter uns geboren wird, und wir lassen unser Leben nicht mehr so wie es ist.

Gebet mit Maria, der Mutter des Herrn

Samstag, 3. Juli

Fest des Apostels Thomas. Er bekannte sich zu Jesus als seinen Herrn, legte Zeugnis für ihn ab und kam der Überlieferung nach dabei bis nach Indien.

Joh 20,24–29. **Der Glaube des Thomas**

Heute feiern wir das Fest des Apostels Thomas, auch Didymus genannt. Das Johannesevangelium erwähnt ihn mehrmals im Zusammenhang mit einigen wichtigen Momenten im Leben Jesu. Thomas war kein schlechter Jünger, im Gegenteil, er war äußerst großzügig. Als Jesus zum kranken Lazarus gehen wollte und sich so selbst in Lebensgefahr brachte, sagte Thomas im Namen all seiner Jünger: „Lasst uns mit ihm gehen, um mit ihm zu sterben!“. Er war jedoch zu selbstsicher, zu überzeugt von seinen Empfindungen und seinen Ansichten. Dies wird am Abend des Ostertags deutlich. Den anderen Aposteln, die ihm davon berichten, den auferstandenen Herrn gesehen zu haben, antwortet er mit dem Satz, der heute zum Sinnbild für den Unglauben geworden ist: „Wenn ich nicht das Mal der Nägel an seinen Händen sehe ... und meine Hand nicht in seine Seite lege, glaube ich nicht.“ Es ist das Bekenntnis eines Menschen, der nicht über seine eigene Person hinaussieht, der nicht mehr anerkennt als seine eigenen Überzeugungen, als das, was er selbst sehen und berühren kann. Auch wir sind Thomas nah, die wir so selbstsicher sind, so überzeugt von unseren eigenen Empfindungen und Meinungen und dem, was wir sehen und berühren können. Thomas muss dem Herrn aufs Neue begegnen, ihm erneut zuhören, ihn sehen und auch berühren. Und da, acht Tage später, erscheint Jesus nochmals in der Mitte der Jünger. Er sagt zu Thomas: „Streck deinen Finger hierher aus und sieh meine Hände! Streck deine Hand aus und leg sie in meine Seite und sei nicht ungläubig, sondern gläubig!“ Diese Worte bewegen Thomas stark und er ruft im Angesicht des verwundeten Körpers Jesu aus: „Mein Herr und mein Gott!“. Auf diese Worte hin wendet sich Jesus an ihn und entgegnet, im Gedanken an all jene, die noch folgen sollten: „Weil du mich gesehen hast, glaubst du. Selig sind, die nicht sehen und doch glauben.“ Dies ist die letzte Seligpreisung des Evangeliums und sie gilt auch uns, denn auch wir sind dazu aufgerufen, zu glauben, ohne zu sehen. Der Glaube entspringt nach den Ostererscheinungen nicht daraus, dass man den Auferstandenen sieht, wie es den Aposteln zuteilwurde, sondern aus dem Hören auf das Wort Gottes, das durch die Verkündigung weitergegeben wird und durch das Sehen und Berühren der Wunden der Armen und derjenigen, die vom Bösen betroffen sind.

Gebet mit den Aposteln

Sonntag, 4. Juli: 14. Sonntag im Jahreskreis

Ez 1,28b–2,5; Ps 123; 2 Kor 12,7–10; Mk 6,1b–6

Das Evangelium dieses Sonntags führt uns mit Jesus zurück nach Nazaret. Sein Ruhm führt viele Einwohner von Nazaret in die Synagoge, um ihn zu hören. Alle sind über seine Worte erstaunt. Es ist ein Staunen über die Weisheit ihres Mitbürgers und über die Wunder, die er vollbringt. Nur wenig vorher hatte er die Tochter des Jairus geheilt. Nach der Predigt stellen sich die Nazarener auch die richtige Frage, eine Frage, die sich durch den Glauben von selbst beantworten sollte: „Woher hat er das alles?" Für die Einwohner Nazarets jedoch hat Jesus absolut nichts an sich, wodurch er sich von ihnen hätte unterscheiden können. Sicherlich gestehen sie ihm beträchtliche Weisheit und die Fähigkeit zu, Wunder bewirken zu können. Sie sprechen ihm aber nicht die Autorität zu, zu ihren Herzen zu sprechen und sie zu einer Veränderung ihres Lebens aufzufordern. Diese Ablehnung bewirkt, dass die anfängliche Bewunderung umschlägt und die Menschen Anstoß nehmen. Der Evangelist schreibt niedergeschlagen: „Und sie nahmen Anstoß an ihm." Der Stolz darüber, dass einer ihrer Mitbürger Ruhm erlangt hat, prallt auf die Autorität seiner Worte, die dazu auffordern, das eigene Leben zu verändern und die sie nicht annehmen wollen.

Dieser Skandal in Nazaret, liebe Schwestern und Brüder, ist der Skandal der Menschwerdung. Gott hat seinen Sohn auf die Erde geschickt, um die Menschen zu retten. „Er war Gott gleich, hielt aber nicht daran fest, Gott gleich zu sein" (Phil 2,6). Zwischen dem Evangelium der Liebe und der Einstellung der Menschen wird immer ein Abstand bestehen. Das erfährt Jesus in Nazaret am eigenen Leib. Verbittert merkt er an: „Nirgends hat ein Prophet so wenig Ansehen wie in seiner Heimat, bei seinen Verwandten und in seiner Familie." Wie oft kommt es vor, dass die Leute aus der Familie – und hier müssen wir selbst wachsam sein – das Evangelium an den Rand des Lebens drängen, damit es nicht spricht und nicht handelt. Die Männer Gottes, die Propheten, wissen das sehr gut – schon im Ersten Testament. Ezechiel wurde dasselbe tragische Schicksal angekündigt. Wir haben es in der Lesung am Anfang gehört: „Menschensohn, ich sende dich zu den Söhnen Israels,

zu abtrünnigen Völkern, die von mir abtrünnig wurden." Wie Jesus müssen auch die Propheten von früher und heute oft feststellen, dass ihre Worte vergeblich sind. Im Buch Ezechiel spricht der Herr weiter: „Mögen sie hören oder es lassen – denn sie sind ein Haus der Widerspenstigkeit – , sie werden erkennen müssen, dass mitten unter ihnen ein Prophet war." Gott ist bedingungslos treu.
Der Evangelist schreibt, dass Jesus in Nazaret keine Wunder tun konnte. Es ist nicht so, dass er nicht gewollt hätte, er „konnte" nicht. Das Wunder ist die Antwort, die Gott dem gibt, der seine Hand ausstreckt und um Hilfe bittet. Jesus kann in Nazaret nur einige Kranke heilen, nämlich die, die ihn um Hilfe bitten, als er vorübergeht. Begeben auch wir uns an die Seite der Kranken, die draußen sitzen und den jungen Propheten, der vorbeigeht, um Hilfe bitten. Wir werden mit ihnen geheilt werden.

Gebet am Tag des Herrn

Montag, 5. Juli

Mt 9,18–26. **Die Auferweckung der Tochter eines Synagogenvorstehers und die Heilung einer kranken Frau**

Noch während Jesus mit den Zöllnern und Sündern am Tisch sitzt, kommt ein Synagogenvorsteher zu Jesus, fällt vor ihm nieder und fleht ihn an: „Meine Tochter ist eben gestorben; komm doch, leg ihr deine Hand auf und sie wird leben!" In seinem Gebet finden sich viele Gebete der Verzweiflung über den vorzeitigen Tod von uns besonders lieben Menschen. In diesem Mann, der zu Jesus kommt, ist ein starker Glaube: Er glaubt, dass Jesus alles vermag. Das ist der Glaube, den der Herr uns lehrt, wenn er erklärt, dass bei Gott nichts unmöglich ist. Dass er diesem Mädchen das Leben wiederschenkt, ist nur ein Vorgeschmack auf Ostern und den endgültigen Sieg des Herrn über den Tod. Jesus erhört das Flehen dieses Vaters. In seinem Haus angekommen, nimmt er das Mädchen bei der Hand, erweckt es aus dem Schlaf des Todes und gibt ihm das Leben zurück. Vertrauen wir dem Herrn gläubig all diejenigen an, die schon als Kinder und Jugendliche ihr Leben verlieren, und lernen wir aus dem Evangelium, jenen nahe zu sein, die den Tod ihrer Lieben betrauern, damit der tröstende Glaube an die Auferstehung wächst. Unterwegs begegnet Jesus einer Frau, die schon seit zwölf Jahren an Blutungen leidet und nun denkt, sie müsse nur den Saum des Gewandes Jesu berühren, um geheilt zu werden. Wieder handelt es sich um ein schlichtes aber starkes Vertrauen, das sich in einer anscheinend noch schlichteren und überdies heimlichen Geste ausdrückt. Matthäus macht deutlich, dass es das Wort Jesu ist, das gemeinsam mit dem Glauben jener armen Frau die Heilung bewirkt hat. Es braucht eine persönliche Beziehung mit Jesus. Wir sollten uns fragen: Ist nicht der Jünger, ist nicht die Gemeinde der Christen für die vielen, die Trost und Heil suchen, der Saum des Gewandes Jesu? Im Haus des Synagogenvorstehers setzt Jesus jedem Kummer ein Ende: „Das Mädchen ist nicht gestorben, es schläft nur.“ Viele lachen über diese Worte. Jesus jedoch geht zu dem Mädchen, fasst es bei der Hand und hilft ihr, aus dem Bett aufzustehen. Sie ist geheilt. Wenn der Hauptmann von Kafarnaum nur um ein einziges Wort bat, reichte hier eine Geste. die Hand des Mädchens zu ergreifen. Dies ist ein wichtiger Hinweis auch für uns, die Jünger der heutigen Zeit.

Gebet für die Kranken

Dienstag, 6. Juli

Mt 9,32–38. **Die Ernte ist groß, aber es gibt nur wenig Arbeiter**

Die Wunder bestätigen nicht nur Jesu göttliche Kraft, sondern sind ein Zeichen dafür, dass das Leben sich ändern kann, dass es möglich ist, geheilt zu werden, das Böse zu besiegen und einen geheilten Körper und ein geheiltes Herz zu bekommen. In den Evangelien heißt es, dass Jesus predigte und heilte. Dieser Auftrag ergeht auch an die Jünger von damals und heute. Jesus hat die Kirche ausgesandt, das Evangelium zu predigen und die Menschen von jeder Krankheit zu heilen. Wir müssen wieder neu über diese Macht oder Wirkkraft nachdenken, die Jesus auch uns verliehen hat: mit der Verkündigung des Evangeliums das Herz der Menschen zu berühren und Heilungswunder zu vollbringen. Das Evangelium stellt uns einen Stummen vor Augen, der „von einem Dämon besessen war", einen Kranken, der nicht mehr sprechen konnte. Jesus vollbringt das Wunder: Er gibt ihm die Sprache zurück. Unsere heutigen Städte sind von Männern und Frauen bevölkert, die stumm sind, weil sie nicht wissen, mit wem sie sprechen sollen, weil sie niemanden haben, an den sie sich mit ihren Fragen, Ängsten und Forderungen wenden können. Man muss nur an die vielen alten Menschen denken, deren Leben mit zunehmendem Alter immer einsamer wird. Stumm und taub sind wir auch dann, wenn wir niemanden haben, der uns Fragen stellt, niemanden, der uns die Sprache zurückgeben kann, wie Jesus es mit jenem Mann getan hat. Ja, wir müssen auf das Evangelium hören, um die Sprache wiederzuerlangen. Jesus setzt seine Mission fort, und wir sind aufgerufen, mit ihm zusammen und mit demselben Mitleid wie er über die Straßen und Plätze unserer Städte zu gehen, um Wunder der Barmherzigkeit zu vollbringen. Das Mitleid Jesu öffnet uns die Augen, sodass wir vor allem die Armen und Schwachen sehen und uns zu den Menschenmengen dieser Welt herabbeugen, die „müde und erschöpft" sind „wie Schafe, die keinen Hirten haben". Jesus sagt uns auch heute noch: „Die Ernte ist groß, aber es gibt nur wenig Arbeiter." Wir müssen den Vater bitten, dass er uns Arbeiter sendet, die all jenen zu Hilfe kommen, die Opfer der Gewalt, der Einsamkeit, der Traurigkeit, des Krieges und der Armut sind.

Gebet mit Maria, der Mutter des Herrn

Mittwoch, 7. Juli

Gedenken an den Patriarchen Athenagoras von Konstantinopel († 1972), einen der Väter des ökumenischen Dialogs.

Mt 10,1–7. **Die Aussendung der Zwölf**

Aus dem Mitleid mit der müden und erschöpften Menge erwachsen die Berufung der Zwölf und die Erteilung des Verkündigungsauftrages. Matthäus geht von der Berufung aller zwölf Jünger aus und beginnt die Aussendungsrede. Er betont dabei die Macht, böse Geister auszutreiben und Kranke zu heilen, die Jesus auf die Zwölf überträgt. Die Ausgesandten sind zwölf, so viele, wie es Stämme Israels gibt – die Verkündigung des Evangeliums soll niemandem vorenthalten werden. Drei Mal innerhalb weniger Zeilen verwendet der Evangelist das Zahlwort „zwölf". Ihre Mission muss sofort beginnen, um die Herzen aller zu erreichen. Es geht nicht darum, eine Lehre zu verbreiten, sondern den Menschen zu einer persönlichen Begegnung mit Jesus zu verhelfen. Auf dieser persönlichen Ebene werden die Namen der zwölf Apostel genannt. Es sind Griechen und Juden, Männer aus dem Norden und Männer aus dem Süden, einfache Fischer und Mitglieder der revolutionären Bewegung der Zeloten (Simon Kananäus), Jünger des Täufers (Jakobus und Johannes) und Zöllner (Matthäus). Es ist eine heterogene Gruppe, in der geographische Herkunft, soziale Lage und ideologische Zugehörigkeit zweitrangig sind. Was zählt, sind die Bindung an Jesus und der Gehorsam gegenüber seinem Wort. Wie Simon erhalten sie alle einen neuen Namen, das heißt einen neuen Sendungsauftrag und eine neue Macht. Von nun an sind sie Zeugen des Evangeliums und haben die Kraft, die Herzen zu verwandeln, das Böse zu besiegen, den Schwachen beizustehen, die Verzweifelten zu lieben und das Kommen des Himmelreiches zu beschleunigen. Es ist eine reale Macht, eine echte Kraft zur Veränderung, die nicht durch Geld, Vorratstaschen oder Hemden bewirkt wird, sondern durch Gott selbst.

Gebet mit den Heiligen

Donnerstag, 8. Juli

Gedenken an Floribert Bwana Chui, einen jungen Kongolesen der Gemeinschaft Sant'Egidio, der im Jahr 2007 in Goma von Unbekannten getötet wurde, weil er sich der Bestechung widersetzte.

Mt 10,7–15. **Umsonst habt ihr empfangen, umsonst sollt ihr geben**

Nachdem Jesus die Zwölf erwählt und ihnen den Auftrag erteilt hat, Dämonen auszutreiben und Krankheiten zu heilen, fügt er hinzu, dass sie in den Häusern der Menschen den Frieden einkehren lassen sollen. Diese missionarische Perspektive muss die erste und wahre Sorge der Jünger sein. Jesus mahnt sie, sich nicht mit anderen Sorgen zu belasten, die er aufzählt: Gold, Silber, Kupfermünzen, Vorratstasche, ein zweites Hemd, Schuhe und Wanderstab. Allerdings scheinen diese Dinge nützlich, wenn nicht gar notwendig für die Mission. In Wirklichkeit aber lenken sie die Jünger oft auf heimtückische Weise vom absoluten Vorrang des Evangeliums ab. Wir müssen immer wieder über diesen Abschnitt des Evangeliums nachdenken, um den wahren Schatz zu begreifen, der unseren Händen anvertraut ist. Wie Matthäus klar ausdrückt, liegt unsere Kraft allein in Jesus – und ganz sicher nicht in unseren Organisationsstrukturen, unseren ausgearbeiteten Plänen, unseren Strategien. Jesus benennt den Frieden als die Gabe, die die Jünger in die Städte, in die Dörfer und in die Häuser der Menschen bringen sollen. Diese Gabe hat die Welt heute besonders nötig. Nach wie vor ist die Welt von Gewalt und Konflikten gezeichnet, die das Leben vieler Menschen vergiften, manchmal sogar ganzer Völker. Ganze Generationen von Jugendlichen haben in ihren jungen Jahren noch nichts anderes als den Krieg gesehen. Die Jünger Jesu sind in dieser Welt wie Schafe: schwache, doch friedfertige und friedenstiftende Männer und Frauen. Das geht nicht ohne Auseinandersetzungen und Widerstände. Die Wölfe stehlen immer wieder die Herzen und machen den Frieden zunichte. Das Evangelium warnt uns mit den Worten Jesu: „Wenn man euch aber … nicht aufnimmt …“. Doch Nichtaufnahme und Ablehnung können die Kraft und das Bewusstsein nicht mindern, dass die einzige Sendung der Kirche darin besteht, das Evangelium zu verkünden, den Frieden vorzubereiten und ihn allen Menschen zu bringen.

Gebet für die Kirche

Freitag, 9. Juli

Mt 10,16–23. **Weissagung über Verfolgungen**

Jesus sagt seinen Jüngern Verfolgungen voraus. Die Liebe des Evangeliums, die vollkommen unentgeltlich ist und keinerlei Gegenleistung verlangt, stört das Werk des Herrschers dieser Welt, das ein Werk der Spaltung ist. Darum sagt Jesus: „Ich sende euch wie Schafe mitten unter die Wölfe." Die Schafe sind immer schwächer als die Wölfe und scheinen zur Niederlage verdammt. Doch ebendies ist das Geheimnis der Sendung Jesu, das er am eigenen Leib erfahren und das er seiner Kirche anvertraut hat. Der römische Priester Andrea Santoro, der in der Türkei getötet wurde, sagte einmal: „Der Vorteil von uns Christen – dass wir nämlich an einen wehrlosen Gott glauben, an einen Christus, der dazu aufruft, seine Feinde zu lieben, zu dienen, um ‚Herr' des Hauses zu sein, der Letzte zu werden, wenn man der Erste sein will, dass wir an ein Evangelium glauben, das es uns verbietet, andere zu hassen, ihnen zu zürnen, sie zu verurteilen und zu beherrschen, dass wir an einen Gott glauben, der ein Lamm wird und sich treffen lässt, um in sich den Stolz und den Hass zu töten, an einen Gott, der mit Liebe anzieht und nicht mit Macht beherrscht –, das ist ein Vorteil, den wir nicht aus der Hand geben dürfen." Auch zitierte er den heiligen Johannes Chrysostomos: Christus weidet Schafe, keine Wölfe. Wenn wir Schafe werden, werden wir siegen, wenn wir Wölfe werden, werden wir verlieren. Bescheiden und „arglos wie die Tauben" stellen sich die Christen mit ihren Worten und ihrem Verhalten dem Egoismus entgegen und entlarven ihn. Angesichts gewisser Unrechtssituationen, angesichts des skandalösen Leids der Schwächsten, der Auslöschung des Lebens, der Wunden einer mehr und mehr in viele Arme und wenige Reiche gespaltenen Welt darf der Jünger, auch wenn er weiß, dass er auf Gegenwehr stoßen wird, nicht schweigen und es nicht unterlassen, mit seinem Leben zu verkündigen, dass er kein Kind dieser Welt, sondern Gottes Kind ist. Wir werden durch die Worte Jesu im heutigen Evangelium ermutigt und getröstet: „Wer aber bis zum Ende standhaft bleibt, der wird gerettet."

Gebet des heiligen Kreuzes

Samstag, 10. Juli

Mt 10,24–33. **Fürchtet euch nicht vor denen, die den Leib töten**

Als er diese Jesusworte überliefert, hat der Evangelist Matthäus wahrscheinlich die Erfahrung seiner Gemeinde vor Augen, die heftiger Kritik und Verfolgung ausgesetzt war, und will ihr Sicherheit geben. Der Herr lässt seine Jünger nicht im Stich, ja mehr noch: Wer immer sein Leben für das Evangelium hingibt, erhält die Tröstungen und den Zuspruch des Herrn, vor allem wenn er sich Schwierigkeiten und Prüfungen stellen muss. Es war für die christliche Gemeinde nie einfach und geradlinig, das Evangelium vom Kreuz und von der Auferstehung zu predigen. Das Streben nach Individualismus und das Verschließen der Herzen stellen eine ständige Bedrohung für das Evangelium dar. Ein anspruchsloses Christentum, das nicht mehr auf eine Welt in Frieden hofft, verliert an Kraft. Manche meinen, das Evangelium würde uns zu einem Leben auffordern, das nur aus Verzicht besteht, uns keine echten Vorteile bringt und damit auch für die Gesellschaft nutzlos ist. Doch so ist es nicht. Der Jünger, der dem Weg des Evangeliums folgt, geht nicht verloren. Wenn dies für die Vögel gilt, dann nicht auch für die Jünger? Jesus sagt: „Verkauft man nicht zwei Spatzen für einen Pfennig? Und doch fällt keiner von ihnen zur Erde ohne den Willen eures Vaters. Bei euch aber sind sogar die Haare auf dem Kopf alle gezählt.“ Das ist die eigentliche Gewissheit des Christen. Nicht, dass er unverwundbar oder unbesiegbar, sondern dass er immer von Gott geliebt ist. Nicht der kleinste Teil unseres Lebens wird verloren gehen, weil alles geliebt ist! Und die Liebe lässt nichts verloren gehen: „Fürchtet euch also nicht! Ihr seid mehr wert als viele Spatzen.“ Diese liebevolle Aufmerksamkeit des Herrn ist uns auch nahe im Kampf für die Verkündigung des Evangeliums bis an die Grenzen der Erde. Der Christ ist kein Eroberer, sondern ein geliebter Mensch, der durch die Liebe die gute Nachricht vom Sieg über das Böse verbreitet.

Gebet der Vigil

Sonntag, 11. Juli: 15. Sonntag im Jahreskreis

Fest des heiligen Benedikt († 547), des Vaters der westlichen Mönche. Er leitet sie mit der Mönchsregel, die seinen Namen trägt.

Am 7,12–15; Ps 85; Eph 1,3–14; Mk 6,7–13

„Jesus rief die Zwölf zu sich und sandte sie aus, jeweils zwei zusammen." So beginnt der Abschnitt aus dem Markusevangelium, den wir an diesem Sonntag hören. Jesus ruft sie und sendet sie aus. In diesen beiden Verben – rufen und senden – ist gleichsam die ganze Identität des Jüngers und jeder christlichen Gemeinschaft enthalten. Die ganze Überlieferung des ersten Testamentes, angefangen bei Abraham, verortet den Ursprung jeder Berufung in Gott. Die Geschichte des Amos ist in dieser Hinsicht beispielhaft. Er hat keine Entscheidung getroffen, sondern der Herr hat ihn ergriffen und in eine harsche Auseinandersetzung mit den Ungerechtigkeiten der politischen Macht hineingeworfen. „Ich bin kein Prophet und kein Prophetenschüler, sondern ich bin ein Viehhirte und veredle Maulbeerfeigen. Aber der Herr hat mich hinter meiner Herde weggenommen und zu mir gesagt: Geh und prophezeie meinem Volk Israel!" (Am 7,14–15).
Gott ruft Propheten, sein Wort weiter zu geben, sicherlich nicht zur Selbstverwirklichung. So geschieht es auch im Neuen Testament. Alle Berufungen des Herrn sind eine Einladung, seinem Wort zu dienen und somit über sich selbst hinauszugehen.
Jesus ruft seine Jünger dazu auf, sich nur mit dem Wanderstab des Evangeliums und den Sandalen der Barmherzigkeit auszurüsten. Sie sollen auf den Wegen der Menschen gehen, die Bekehrung der Herzen predigen und Krankheiten und Leiden heilen. Um in die Häuser der Menschen, in ihre innerste und zarteste Wohnung, nämlich ihr Herz, einzutreten, bedarf es keiner besonderen Werkzeuge. Sie brauchen für diese Aufgabe nur das Evangelium. Die Jünger, die einzig und allein das Evangelium besitzen, sollen zu zweit gehen, damit ihre erste Botschaft das Beispiel der gegenseitigen Liebe ist. Jesus hat ja gesagt: „Daran werden alle erkennen, dass ihr meine Jünger seid: wenn ihr einander liebt" (Joh 13,35). Daher werden die Christen, deren ein-

ziger Reichtum die Barmherzigkeit Gottes und des Evangeliums ist, die Mauern der Spaltung einreißen und die Herzen der Menschen von den Grenzen und Lasten befreien können, die sie niederdrücken.

Gebet am Tag des Herrn

Montag, 12. Juli

Mt 10,34–11,1. **Ich bin nicht gekommen, um Frieden zu bringen, sondern das Schwert**

Jesus sagt: „Ich bin nicht gekommen, um Frieden zu bringen, sondern das Schwert." Damit ist nicht der bewaffnete Konflikt oder die Ausübung von Gewalt gemeint. Jesus meint den Kampf gegen den Egoismus, gegen die eigene Verschlossenheit, der oft sehr hart ist. Die Liebe zu Jesus und zum Evangelium ist der wichtigste Bestandteil im Leben eines Jüngers. Sie ist bedeutender als alle anderen Beziehungen, die Familie eingeschlossen. Daraus ergeben sich die harschen Aussagen, die Jesus in diesem Abschnitt des Evangeliums über die Familie trifft. Wir können nur dann wirklich lernen, alle Menschen zu lieben, wenn wir Jesus und sein Wort mehr lieben als alles andere. Nur wer diese radikale Liebe hat, ist des Herrn „würdig". Dieses „ist meiner nicht würdig" wiederholt sich dreimal innerhalb weniger Zeilen. Wer aber kann sich für würdig halten, den Herrn aufzunehmen? Jeder von uns muss nur einen realistischen Blick auf sein Leben werfen, um zu erkennen, wie unbedeutend und sündig wir sind. Jünger Jesu zu sein ist weder leicht noch selbstverständlich, und es ist auch nicht angeboren oder Tradition. Christ ist man nur durch Entscheidung, nicht durch Geburt. Die Jünger Jesu sind dazu berufen, ihn über alles zu lieben. Nur so finden sie den Sinn des Lebens. Deshalb kann Jesus sagen: „Wer das Leben findet, wird es verlieren; wer aber das Leben um meinetwillen verliert, wird es finden." Dies ist eine menschliche Wahrheit – nur die Liebe, die wir verschenken, gehört uns wirklich! „Wer euch aufnimmt, der nimmt mich auf, und wer mich aufnimmt, nimmt den auf, der mich gesandt hat." Die Würde des Jüngers liegt in der Identifikation mit dem Meister, denn er bringt nicht sein Wort, sondern das Wort Gottes. Jesus bezeichnet die Jünger auch als „Kleine“. Der einzige Reichtum des Jüngers ist das Evangelium, dem gegenüber er klein und von dem er vollständig abhängig ist. Diesen Reichtum müssen wir aufnehmen und diesen Reichtum müssen wir weitergeben.

Gebet für die Armen

Dienstag, 13. Juli

Mt 11,20–24. **Vom Gericht über die galiläischen Städte**

Matthäus berichtet vom harten Tadel wegen der Hartherzigkeit jener, die das Evangelium nicht annehmen. Sein Vorwurf betrifft die Ablehnung, die beide Städte der Verkündigung Jesu entgegenbringen, obwohl er eine große Zahl von Wundern bei ihnen gewirkt hat. Jesus erinnert an zwei alte heidnische Städte, Tyrus und Sidon, die ganz sicher Buße getan und gefastet hätten, wenn sie dieselben Wunder mitangesehen hätten. Dieser Vorwurf ist Jesu Schrei der Niedergeschlagenheit. Die Verschlossenheit gegenüber dem Evangelium und, schlimmer noch, die Ablehnung des Wort Gottes, ist unerklärlich. Sie führt zu Einsamkeit, Ungerechtigkeit und Konflikten, die das Leben in den Städten überschatten. Wieder sind es die Schwächsten, die am meisten unter diesem Zustand leiden, deshalb das äußerst strenge Urteil Jesu über die beiden Städte. Jesus spricht auch Kafarnaum an, wo er sich mit seinen Jüngern niedergelassen hat, und verurteilt die Stadt aufs Härteste: „Nein, in die Unterwelt wirst du hinabgeworfen.“ Jesus vergleicht Kafarnaum mit der Stadt Sodom, die Symbol für die schwere Sünde der Ablehnung des Evangeliums ist. Am Tag des Jüngsten Gerichtes werden die Städte der Heiden ein milderes Urteil empfangen als die Städte Israels. Diese Worte Jesu sind von einer unleugbaren Härte. Sie erinnern daran, wie bedeutsam die Lebensgestaltung der Bewohner der Städte ist.
Jesus scheint sich nicht nur auf die Einwohner, sondern auf die Stadt selbst zu beziehen, denn es gibt eine Verbindung zwischen den Ein-

wohnern und der Stadt, in der sie leben. Das Zusammenleben in einer Stadt ist, so könnte man sagen, nur so gut wie die Lebensweise ihrer Einwohner. Wenn die Menschen sich nicht für das Zusammenleben interessieren und jeder nur an seine eigenen Angelegenheiten denkt, zerstört die Stadt sich selbst. Die Christen sind verantwortlich für die Städte, in denen sie leben. Sie müssen ihre Seele sein, damit der Stadt, den Männern und Frauen, die in ihr wohnen, geholfen wird, in Frieden und Eintracht zu leben.

Gebet mit Maria, der Mutter des Herrn

Mittwoch, 14. Juli

Mt 11,25–27. **Gott offenbart sich den einfachen Menschen**

Jesus preist den Vater und dankt ihm, weil er den „Kleinen“ das Evangelium vom Reich kundgetan hat. Denn nur den „Kleinen“ gehört das Reich, und „klein“ ist, wer die eigenen Grenzen und die eigene Zerbrechlichkeit anerkennt, wer das Bedürfnis nach Gott verspürt, wer ihn sucht und ihm sein ganzes Dasein anvertraut. Der Text des Evangeliums will jedoch nicht die Gebildeten und Intelligenten herabsetzen, wenn er diejenigen warnt, die wie die Schriftgelehrten und die Pharisäer denken, also die, die so aufgebläht und von sich selbst eingenommen sind, dass sie niemanden mehr brauchen, nicht einmal Gott. Dieses Gefühl der Selbstzufriedenheit führt nicht nur von Gott weg, sondern verleitet auch leicht dazu, die anderen gering zu schätzen. Der Jünger hingegen weiß, dass alles von Gott und von Jesus kommt, der es uns offenbart hat. Wir fühlen uns schwerlich angesprochen, wenn Jesus von den Weisen und den Klugen redet. In der Praxis sind wir aber genau das – weise in unseren Gewohnheiten und Urteilen, die nicht zulassen, dass wir noch über irgendetwas staunen, und so klug, dass wir niemandem mehr zuhören und meinen, auf die anderen verzichten zu können. Der Glaube ist vor allem die rückhaltlose Hingabe der Kleinen, die nicht alles verstanden haben, sich jedoch stark fühlen, weil sie von Gott geliebt sind. Deshalb hören sie auf das Evangelium.

Wir alle können klein sein. Das ist der Weg der Demut – jener Demut, die uns in Wirklichkeit wahrhaft groß macht.

Gebet mit den Heiligen

Donnerstag, 15. Juli

Mt 11,28–30. **Mein Joch drückt nicht**

Es sind nur wenige Verse, aber sie sind voll von jenem Mitleid, von dem wir zu Beginn des öffentlichen Wirkens Jesu gehört haben. Er ruft alle diejenigen zu sich, die die Last des Lebens ermüdet und niederdrückt. Niemand bleibt von diesem Ruf ausgeschlossen. Jesu Einladung reicht vom Zöllner, den er in seine Nachfolge gerufen hat, bis hin zu der kleinen Gruppe von Männern und Frauen, die ihn als ihren Meister gewählt haben, von den müden und erschöpften Menschenscharen, die endlich einen Hirten gefunden haben, bis hin zu jenen, die von der Übermacht der Reichen unterdrückt werden oder unter der Gewalt des Krieges, des Hungers und des Unrechts zu leiden haben. Für alle diese Menschen erklingen die Worte des Herrn, Worte voller Zärtlichkeit und Zartgefühl: „Kommt alle zu mir, die ihr mühselig und beladen seid! Ich will euch erquicken." Dieser Abschnitt des Evangeliums richtet sich direkt an die Jünger. Wir müssen die Stimme Jesu sein. Wir als einzelne sowie gemeinsam in seiner Kirche müssen den Scharen der Welt die Einladung Jesu zurufen, sich seiner Barmherzigkeit hinzugeben. Die Erquickung ist nichts anderes als Jesus selbst: sich an seiner Brust auszuruhen und sich von seinem Wort zu nähren. Jesus sagt: „Nehmt mein Joch auf euch". Das Joch, von dem Jesus spricht, ist das Evangelium, das, genau wie er, fordernd und sanft zugleich ist. Das wahre Joch ist die Bindung an ihn. Wir werden nur dann frei sein, wenn wir uns an ihn binden. Deshalb sagt er weiter: „Lernt von mir; denn ich bin gütig und von Herzen demütig". Das sind die beiden Eigenschaften, die Jesus allen zeigt: Güte und Demut. Denn die Gütigen und Demütigen machen den Menschen in ihrer Umgebung das Leben leichter – im Gegensatz zu den Hochmütigen, Jähzornigen, Überheblichen, Aggressiven, die böse leben und Böses tun. Lernt von mir, das heißt, werdet meine Jünger. Wir haben es nötig, und vor allem haben es die zahllosen Menschenscharen dieser Welt nötig, die noch immer darauf warten, die Einladung Jesu zu hören: „Kommt … Ich werde euch erquicken."

Gebet für die Kirche

Freitag, 16. Juli

Gedenktag Unserer Lieben Frau auf dem Berg Karmel.

Mt 12,1–8. **Der Menschensohn ist Herr über den Sabbat**

Als die Pharisäer sehen, dass die Jünger Jesu unterwegs am Sabbat einige Getreideähren abreißen, um ihren Hunger zu stillen, nähern sie sich Jesus und machen ihm Vorhaltungen. Er antwortet mit zwei Beispielen auf ihre Vorwürfe, die die Kleinlichkeit und Blindheit ihres Herzens deutlich machen. Gleichzeitig hebt er mit den Worten Hoseas die Weitherzigkeit Gottes hervor: „Liebe will ich, nicht Schlachtopfer" (Hos 6,6). Jesus gehört nicht zu denen, die die strenge und äußerliche Einhaltung von Vorschriften befürworten. Er möchte stattdessen, dass die Männer und Frauen ein Herz wie der himmlische Vater haben. Er verachtet die Regeln nicht, aber er betont, dass über jedem Gesetz das Mitleid und die grenzenlose Liebe Gottes stehen. In Wirklichkeit ist diese Dimension schon immer in der biblischen Offenbarung gegenwärtig. In einigen jüdischen Kommentaren heißt es zum Beispiel: „Der Sabbat wurde euch gegeben und nicht ihr dem Sabbat". Manche Kommentatoren erklären, die Rabbiner hätten gewusst, dass eine übertriebene Frömmigkeit Gefahr läuft, am Wesentlichen des Gesetzes vorbeizugehen: „Nach der Thora ist nichts wichtiger, als das menschliche Leben zu retten … Wenn es auch nur die geringste Wahrscheinlichkeit gibt, dass ein Leben auf dem Spiel steht, darf man jedes Verbot des Gesetzes beiseitelassen." Der Sabbat zeigt die liebevolle Gegenwart Gottes im menschlichen Schicksal, die Erfüllung der Schöpfung und des Glücks. Er ist keine Regel, die die Menschen in einer wörtlichen Befolgung fesseln will. Das Beispiel Davids gehört zu diesem weiten Horizont Gottes, der gekommen ist, um die Menschen von jeder Sklaverei zu befreien. So ist es auch mit dem zweiten Beispiel, das von Jesus angeführt wird. Es zeigt, dass selbst das Gesetz den Priestern erlaubt, die Sabbatgebote auszusetzen. Das Herz des Bundes liegt nicht im Gesetz, sondern in der Liebe, die sowohl Gott als auch das Volk in einem unauflöslichen Bund der Liebe miteinander verbindet.

Gebet des heiligen Kreuzes

Samstag, 17. Juli

Mt 12,14–21. **Jesus ist der Gottesknecht**

Soeben hat Jesus am Sabbat in der Synagoge einen Mann mit einer verkrüppelten Hand geheilt. Nun zögern die Pharisäer nicht mehr. Sie tun sich zusammen, um einen Plan zu fassen, Jesus zu töten. Er muss um jeden Preis zum Schweigen gebracht werden. Als Jesus davon erfährt, geht er weg und zieht sich an einen abgeschiedenen Ort zurück. Allerdings nicht, um seine Ruhe zu haben, denn er vollbringt weiter Heilungen und die Leute laufen ihm nach, bringen ihm die Kranken und er heilt sie. Der Evangelist merkt an, dass es die Leute sind, die ihm folgen, nicht die Pharisäer. So zeigt er, wer sich auf die Suche macht: nicht wer sich gerecht fühlt, sondern wer Beistand und Hilfe braucht. Jesus bittet aber die Menschen, die er heilt, dies nicht bekannt zu machen. Er ist nicht zu den Menschen gekommen, um gelobt und bewundert zu werden, wozu die Jünger manchmal versucht sind und darin der Haltung der Pharisäer folgen. Mit einem langen Jesaja-Zitat stellt Jesus sich selbst vor der Menge als Knecht dar; als guter, demütiger, sanftmütiger Knecht und nicht als starker Mann oder einer, der mächtig wäre wie die Großen dieser Welt. Die wahre Identität Jesu und mithin des Christen ist die, welche die Menschen meiden, weil sie denken, sie sei von Nachteil oder führe gar zum Versagen. Doch im

Sinne des Evangeliums macht sich der Größte zum Diener. Das ist die Garantie für eine stabile und dauerhafte Gesellschaft. Nur wenn wir lernen den anderen zu geben, unser Leben für die anderen auszugeben und wenn wir riskieren, alle zu lieben, werden wir die Erfahrung machen, dass unser Ich besser und bereichert ist. Jesus setzt keine politischen oder wirtschaftlichen Unternehmungen in Gang, um die Welt vor dem Bösen zu retten. Sein Einsatz greift viel tiefer, nämlich ins Herz der Menschen hinein. Hier werden das Gute und die Großzügigkeit gesät und das Böse mitsamt seinen Wurzeln ausgerissen. Der Weg des Dienens macht uns nützlich und besser. Er lässt uns in unseren Schwächen stärker werden und das Schöne entdecken, das immer in unserem Nächsten verborgen ist.

Gebet der Vigil

Sonntag, 18. Juli: 16. Sonntag im Jahreskreis

Gedenken an den heiligen Mönch Sergius von Radonesch, den Gründer des Klosters der heiligen Dreifaltigkeit in der Nähe von Moskau. Gedenken an den evangelischen Pastor Paul Schneider, der 1939 im Konzentrationslager Buchenwald starb.

Jer 23,1–6; Ps 23; Eph 2,13–18; Mk 6,30–34

Jesus sagt zu den Jüngern: „Kommt mit an einen einsamen Ort, wo wir allein sind, und ruht ein wenig aus." Die sonntägliche Begegnung mit dem Herrn löst uns nicht heraus aus dem alltäglichen Leben, sondern dient gleichsam als Scharnier zwischen der vergangenen und der beginnenden Woche. Wie ein Licht erhellt sie das Gestern, das Vergangene und das Morgen, um uns darin einen Weg aufzuzeigen. Der Beginn der kommenden Woche soll uns im Geist ermutigt und näher an den Gefühlen des Herrn vorfinden.
Als Jesus und die Jünger am anderen Ufer des Sees ankommen, wartet die Menge bereits auf sie. Vielleicht hatten die Leute das Boot losfahren gesehen und sich überlegt, wo es ankommen würde. Also liefen

sie voraus und kamen vor ihnen an. Kaum steigt Jesus aus dem Boot aus, wird er wiederum von der Menge umringt. Markus schreibt: „Als er ausstieg, sah er die vielen Menschen und hatte Mitleid mit ihnen; denn sie waren wie Schafe, die keinen Hirten haben." In diesen letzten Worten des Evangeliums klingt die ganze alttestamentliche Tradition des Volkes Israels an, das von seinen Anführern verlassen wird. Der Prophet Jeremia findet klare Worte, als er ausruft: „Ihr habt meine Schafe zerstreut und versprengt". Der Herr selbst wird sich seines Volkes annehmen: „Ich selbst aber sammle den Rest meiner Schafe aus allen Ländern, wohin ich sie versprengt habe. Ich bringe sie zurück auf ihre Weide." Das Geheimnis all dessen liegt im Mitleid des Herrn mit seinem Volk. Dasselbe Mitleid, das Jesus veranlasst hat, die Zwölf auszusenden, damit sie das Evangelium verkünden und den Armen dienen, drängt ihn auch dazu – kaum dass er aus dem Boot gestiegen ist – sich wieder an die „Arbeit" zu machen. Ebendies erwartet er nach wie vor und von seinen Jüngern zu allen Zeiten.

Gebet am Tag des Herrn

Montag, 19. Juli

Mt 12,38–42. **Das Zeichen des Jona**

Wie oft erbitten auch wir wie damals die Schriftgelehrten und Pharisäer ein Zeichen, das uns beruhigt und uns Gewissheit gibt. Das scheint eine vernünftige, im Grunde berechtigte Bitte zu sein. Doch dieses Ansinnen ist in Wirklichkeit voller Zweideutigkeit und offenbart ein nicht geringes Misstrauen. Wir halten Jesu Zeugnis durch Wort und Tat nicht für ausreichend. Der Grund dafür ist, dass wir keinerlei Risiko eingehen wollen. Jesus antwortet, dass er kein anderes Zeichen geben kann als das des Jona, das er mit dem Geheimnis seines Todes und seiner Auferstehung verbindet. Denn so wie Jona drei Tage im Bauch des Fisches festgehalten und dann herausgelassen und nach Ninive geschickt wurde, um zu predigen, so wird auch der Menschensohn drei Tage in der Erde bleiben und dann vom Vater auferweckt werden, um der Erlöser aller Menschen zu sein. Dieser Abschnitt des Evangeliums erklärt, warum gerade Jona so oft auf den Grabsteinen der Katakomben dargestellt wurde. Matthäus betont, dass Jesus das Zeichen ist, das Gott den Menschen gegeben hat, ein unendlich viel größeres Zeichen, als Jona es für Ninive war. Trotzdem fällt es uns schwer, an Jesus zu glauben, uns zu ihm zu bekehren, uns seinem Wort anzuvertrauen. Die Königin von Saba unternahm eine weite Reise, um die Weisheit Salomos zu hören. Uns aber fällt es schwer, das Evangelium auch nur aufzuschlagen und es zu lesen. Das Evangelium ist heute das Zeichen Gottes. Dieses kleine Buch ist den Glaubenden von Gott anvertraut, damit sie darauf hören, es in die Tat umsetzen und überall auf der Welt verkündigen. Das Evangelium, das in der sonntäglichen Liturgie einen wichtigen Teil einnimmt, soll auch im alltäglichen Leben einen wichtigen Platz erhalten. Die Menschen jeden Alters müssen sich davon nähren. Das ist die vielleicht wichtigste Aufgabe der Kirche in dieser Zeit.

Gebet für den Frieden

Dienstag, 20. Juli

Gedenken an den Propheten Elija, der in den Himmel entrückt wurde und Elischa seinen Mantel überließ.
Die Muslime feiern das Opferfest (Aid al-Adha)

Mt 12,46–50. **Das hier sind meine Mutter und meine Brüder**

Diese Episode wird von allen Synoptikern überliefert. Schon dies weist auf ihre Wichtigkeit für das Leben der Urgemeinde hin. Jesus spricht gerade zu der Menge, als seine Mutter und seine Brüder kommen und ihn treffen wollen. Doch die Menge ist so groß, dass sie seine Verwandten daran hindert, näher an ihn heranzukommen. Der Evangelist merkt an, dass die Verwandten „draußen“ stehen. Sie sind also nicht unter den Zuhörern. Dieser Hinweis bezieht sich nicht so sehr auf den Raum. Der Evangelist unterstreicht, dass der Glaube nicht über die

Blutsbande vermittelt wird, sondern durch das Hören auf das Wort Gottes. Zu denen, die ihm sagen, dass draußen seine Mutter und seine Brüder sind und auf ihn warten, antwortet Jesus, seine Mutter und seine Verwandten seien die, die ihm zuhören: die nämlich, die drinnen sind, um die Verkündigung des Evangeliums zu hören. Jesus möchte damit deutlich machen, dass seine wahre Familie aus seinen Jüngern besteht, aus denen, die ihm vertrauen und aus den Armen, die sich ihm anvertrauen. Das Wort Gottes verbessert die „natürlichen" Beziehungen und bringt durch das Wirken des Geistes, der in die Herzen ausgegossen ist, neue Beziehungen hervor. Aus dem Hören auf das Wort Gottes entsteht eine neue Familie, die viel größer und fester gefügt ist als die natürliche Familie. Die geschwisterlichen Bindungen, die Jesus zu schaffen gekommen ist, sind nicht auf uns selbst und unsere irdischen Beziehungen gegründet, sondern auf das Hören des Wortes Gottes. Die durch das Evangelium versammelte christliche Gemeinschaft ist ein Segen für die ganze Gesellschaft, besonders für die Einsamen, die Armen, die Verlassenen, die Betrübten und Verfolgten. Für diese Letzten ist die Gemeinschaft der Jünger oft die einzige Familie, die sie aufnimmt und behütet.

Gebet mit Maria, der Mutter des Herrn

Mittwoch, 21. Juli

Mt 13,1–9. **Das Gleichnis vom Sämann**

Das Evangelium schildert uns Jesus am Ufer des Sees von Galiläa. Da sich eine große Menschenmenge versammelt hatte, musste er in ein Boot steigen. Jesus erzählt ein Gleichnis, das er für besonders wichtig hält und deshalb danach seinen Jüngern erklärt. Der tiefere Sinn des Gleichnisses ist klar: Der Glaubende lebt vom Hören des Evangeliums und nicht aus seinem eigenen Stolz heraus. Jesus beginnt damit, dass der Sämann frühmorgens hinausgeht, um zu säen. Dieser Sämann ist kein kleinlicher Rechner. Er scheint auch dem Boden Vertrauen entgegenzubringen, der mehr einem Weg oder einem Steinhaufen gleicht

als einem gepflügten und bereiteten Boden. Trotzdem sät der Sämann den Samen auch dort aus in der Hoffnung, dass er Wurzeln treibt. Das Erdreich ist die ganze Menschheit, alle Männer und Frauen, wir eingeschlossen. In den verschiedenen Böden können wir ohne Schwierigkeiten die Vielfalt der Situationen der Welt und jedes Einzelnen erkennen. Jesus will die Männer und Frauen nicht in Kategorien einteilen: in diejenigen, die das gute Erdreich, und in diejenigen, die das schlechte Erdreich darstellen.
In den gesellschaftlichen Gruppen und in jedem von uns stecken diese verschiedenen Böden, von denen das Evangelium spricht. Manche Tage sind vielleicht etwas steiniger, andere weniger. Einmal nehmen wir das Evangelium auf, lassen uns dann aber von den Versuchungen überraschen. Ein andermal hören wir zu und bringen Frucht. Das Wort Gottes ist der Same, von dem Jesus in diesem Gleichnis spricht. Der Same ist immer ein Geschenk, das aber in der Erde, die wir sind, Wurzeln schlagen muss. Unsere Hände, die es vielleicht gewohnt sind, Dinge zu berühren, denen wir großen Wert zuschreiben, achten diesen Samen gering. Wie oft haben wir unsere Traditionen und Überzeugungen für wichtiger gehalten als das schwache und zerbrechliche Wort des Evangeliums! Doch wie im kleinen Samen die ganze Kraft enthalten ist, die später zu einer Pflanze wird, so enthält das Wort des Evangeliums die Energie, die unsere Zukunft und die Zukunft der Welt hervorbringt. Wichtig ist, sich ihm nicht zu widersetzen.

Gebet mit den Heiligen

Donnerstag, 22. Juli

Fest der heiligen Maria von Magdala. Sie verkündete den Jüngern die Auferstehung des Herrn.

Joh 20,1.11–18. **Das leere Grab**

Heute feiert die Liturgie das Gedenken an Maria Magdalena. Sie stammte aus Magdala und begegnete Jesus am Anfang seiner Sendung, der sie von sieben Dämonen befreite. Das Evangelium zeigt sie uns, wie sie am leeren Grab weint. Sie hatten ihren Herrn weggenommen. Der Verlust des einzigen Menschen, der sie in all den vergangenen Jahren verstanden hatte, ließ sie ihn suchen, obwohl er schon gestorben war. Alle – die beiden Engel und den „Gärtner" – fragt sie nach Jesus. Sie ist ganz mit der Suche nach dem Meister beschäftigt. Nichts anderes interessiert sie. Darin bleibt sie ein Beispiel einer echten Gläubigen, die den Herrn sucht. Sie fragt auch den „Gärtner". Sie sieht Jesus mit den Augen, doch sie erkennt ihn nicht. Sie muss zuerst beim Namen gerufen werden. So geht es auch uns mit dem Evangelium. Nicht die Augen lassen uns Jesus erkennen, sondern seine Stimme, das Evangelium. Dieser Tonfall und dieser Klang, mit denen er den Namen Marias liebevoll ausspricht und schon so oft ihr Herz berührt hatte, lösen ihre Blockade und – in diesem Gärtner – erkennt Maria ihren Meister. Ihn nur einmal zu hören, bedeutet ihn nie wieder zu verlassen. Die Stimme Christi, das Evangelium, vergisst man nicht. Jesus vertraut Maria als Erster die Botschaft von seiner Auferstehung an. Sie ist eine schwache Frau mit einer schwierigen Geschichte, doch Jesus macht aus ihr seine erste Zeugin. Sie hätte durchaus befürchten können, dass man ihr nicht glauben oder dass man sie beschimpfen würde. Auch uns scheint es oft unvernünftig, an eine Liebe zu glauben, die stärker ist als der Tod. Doch Maria hörte von Neuem auf die Stimme ihres Meisters und eilte umso glücklicher zurück zu den Jüngern, um allen zu verkünden: „Ich habe den Herrn gesehen." Die Begegnung mit dem auferstandenen Jesus setzt alles wieder in Bewegung. Das Ostern, das Jesus ihr verkündet hat, war nicht nur für sie und ist nicht nur für uns. Es ist für die ganze Welt. Sie, die Sünderin, ist zur ersten Verkünderin des Evangeliums geworden. Sie hat keine Angst, weil sie durch das Wort Jesu stark ist. Deshalb wird Maria in der byzantinischen Tradition als „Apostelin der Apostel" bezeichnet.

Gebet für die Kirche

Freitag, 23. Juli

Gedenken an die Heiligen Antonius und Theodosius († 1073), die Gründer des Kiewer Höhlenklosters und Väter des russischen und ukrainischen Mönchtums. Gedenken an die Christen in der Ukraine und in Russland.

Mt 13,18–23. **Der Sämann**

Das heutige Evangelium überliefert die Deutung des Gleichnisses vom Sämann so, wie Jesus selbst es seinen Jüngern ausgelegt hat. Der Sämann hat den Samen – „das Wort vom Reich“, wie Jesus erklärt – mit vollen Händen ausgestreut. Das Evangelium ist das Wort, das in den Herzen der Menschen und in der Geschichte das Himmelreich eröffnet. Wir wissen, dass die Verkündigung des Himmelreiches im Mittelpunkt der Predigt Jesu steht. Er beginnt die Erklärung, indem er die vier verschiedenen Arten des Bodens erläutert, auf die der Same vom Sämann gestreut wird. Die Samen, die auf den Weg fallen, werden vom Bösen geraubt. Das sind unsere Herzen, wenn sie undurchdringlich oder auf uns selbst konzentriert sind. Das Wort wird gesät, aber man ist so mit sich selbst beschäftigt, dass man das Geschenk, das man empfangen hat, nicht verstehen und nicht aufnehmen kann. Natürlich besteht die Hoffnung, dass es auf guten Boden fällt und Wurzeln schlagen kann, wenn der Sämann wiederkommt. Dann ist da der Same, der auf felsigen Boden fällt. Das ist bei jenen der Fall, die noch voll guter Absicht zuhören, dann aber das Wachstum durch die Schwierigkeiten, Anfechtungen und Mühen verhindern lassen. Dann ist da der Same, der in die Dornen fällt. Das ist das Herz dessen, der auf das Wort hört, bei dem dann aber die weltlichen Sorgen und vor allem der Reichtum so erdrückend sind, dass sie das Wachsen verhindern. Schließlich ist da der gute Boden, also das Herz dessen, der zuhört und zulässt, dass der Samen wächst und reif wird. Es kommt nicht auf die Menge der Ernte an, sondern dass es sie gibt. Frucht zu bringen bedeutet, dem Sämann helfen zu können, dass der Same in uns selbst wächst. Das ist der Sinn der Mahnung an die Jünger, dass sie den Herrn darum bitten sollen, Arbeiter für seine Ernte zu senden. Diese Arbeiter sind dazu gerufen, selbst Sämann zu sein. Sie müssen jeden Tag den Samen des Evangeliums aussäen, mit der gleichen Großzügigkeit wie der Sämann.

Gebet des heiligen Kreuzes

Samstag, 24. Juli

Mt 13,24–30. **Vom Unkraut unter dem Weizen**

Jesus beschreibt mit diesem Gleichnis die Heilsgeschichte bis zum Tag des Jüngsten Gerichts. Darüber könnte man viele Betrachtungen anstellen, doch eine scheint mir besonders wichtig. Von diesem Gleichnis geht in gewisser Weise die Geschichte der christlichen Toleranz aus. Diese Worte reißen das wahre Unkraut einer manichäischen Denkweise heraus, die stets eine klare Trennung zwischen Guten und Bösen, Gerechten und Ungerechten macht. In den Worten des Evangeliums gibt es nicht nur eine Einladung zu unbegrenzter Toleranz, sondern auch zum Respekt dem Feind gegenüber, sei er auch ein Feind der gerechtesten und heiligsten Sache oder gar Gottes, der Gerechtigkeit, des ganzen Volkes und der Freiheit. Sicherlich bleibt das Geheimnis dieses Feindes bestehen, der, während alle schliefen, mitten in den Weizen das Unkraut hineinsäte, welches das Gute zu ersticken drohte. Das ist das Geheimnis des Bösen selbst, auf das wir keine Antwort wissen. Sicherlich können wir nicht darauf antworten, indem wir ein anderes Böses ins Spiel bringen. Vielmehr müssen wir die Kraft der Hoffnung und der Toleranz hochhalten, um dem Wiedererscheinen des Bösen etwas entgegenzustellen. Vor uns haben wir dagegen die Herausforderung, nicht einzuschlafen, während der Herr der Trennung – der Teufel – in der Welt weiterhin sein Unkraut sät. Die Entscheidung des Gutsherrn, die unserer Logik und unserem Verhalten so fremd ist, stiftet eine Kultur des Friedens. Während überall tragische Konflikte um sich greifen, ist dieses Wort des Evangeliums eine Einladung zur Begegnung und zum Dialog. Diese Haltung ist kein Zeichen von Schwäche oder von

Nachgiebigkeit. Der Herr gibt jedem Menschen die Möglichkeit, in die Tiefe des eigenen Herzens hinabzusteigen, um dort die Spur Gottes und seiner Gerechtigkeit wiederzufinden und sein Leben zu ändern.

Gebet der Vigil

Sonntag, 25. Juli: 17. Sonntag im Jahreskreis

Fest des Apostels Jakobus, des Sohnes des Zebedäus. Er war der Erste der Zwölf, der das Martyrium erlitt. Seine sterblichen Überreste werden in Santiago de Compostela verehrt.

2 Kön 4,42–44; Ps 145; Eph 4,1–6; Joh 6,1–15

Jesus setzt sich mit der Menge auseinander und er weiß, dass die Menschen ihm folgen, nicht nur weil sie Hunger nach Brot haben, sondern auch nach Heilung, nach guten Worten, einem Sinn für das Leben und einer Hoffnung für die Zukunft. Somit wird das Brot, das Grundnahrungsmittel des Menschen, zum Zeichen der Fürsorge Gottes für die Menschen. Der erste Hunger, den alle verspüren, ist der Hunger nach Liebe. Dieser Hunger ist kein Unglück, sondern unsere Wahrheit, ein Zeichen unserer Begrenztheit und unserer Zerbrechlichkeit. Auch Jesus hatte Hunger in der Wüste. Diesem Hunger steht die Liebe Gottes gegenüber und seine Sehnsucht nach Kommunion, damit der Mensch das Leben im Überfluss hat.
Jesus nimmt diesen Hunger wahr und bittet seine Jünger, der Menge Essen zu geben. Er tut dies mit einer konkreten Frage, gleichsam um die Bereitschaft seiner Jünger zur Liebe auf die Probe zu stellen: „Wo sollen wir Brot kaufen, damit diese Leute zu essen haben?“ Wenn die Liebe konkret ist und kein Märchen oder eine Ideologie, setzt sie sich mit den wahren Problemen der Menschen auseinander. Man liebt nicht nur mit Worten, sondern mit Taten und in Wahrhaftigkeit. Philippus und Andreas stellen sich Fragen. Philippus überschlägt die vorhandenen Ressourcen und Andreas findet einen Jungen, der et-

was zu essen hat: fünf Gerstenbrote und zwei Fische. Das ist nichts für die Menge, aber alles für Jesus. Denn wenn man bereit ist zu geben, wird auch dieses Nichts zu sehr viel. Im Evangelium heißt es, dass diese fünf Gerstenbrote und die zwei Fische durch die Gesten und Worte Jesu fünftausend Personen sättigten und sogar noch etwas übrigblieb. Statt von Vermehrung sollte man besser vom Teilen und vom Schenken sprechen. Dieser Überfluss ist es, der bewirkt, dass das Brot auch uns erreicht, um unseren Hunger nach Liebe zu stillen. Von Jesus direkt geht die Initiative aus, die Menge zu sättigen. Diese seine Geste ist vollkommen unentgeltlich. Sie entsteht ausschließlich durch seinen Blick auf die Menge, aus seinem Mitleid, aus seiner Barmherzigkeit. „Dann nahm Jesus die Brote, sprach das Dankgebet und teilte an die Leute aus“. Diese Geste Jesu zeigt auch, was jeden Sonntag auf dem Altar geschieht, wenn Jesus sich als Brot des Lebens verschenkt. Die Eucharistie ist der Ort der Begegnung zwischen Gott und den Menschen und steht unter dem Zeichen der Unentgeltlichkeit, der großen und barmherzigen Liebe. Der Evangelist schreibt, die Menschen seien, nachdem sie gegessen haben, so erstaunt gewesen über das, was Jesus getan hatte, dass sie ihn zum König ausrufen wollten. Doch Jesus floh erneut auf den Berg. Er wollte die Dringlichkeit des Bedürfnisses nach dem unvergänglichen Brot, nach einer liebevollen und dauerhaften Beziehung zum Herrn nicht schmälern. Zusammen mit Jesus auf dem Berg beten wir weiter: „Unser tägliches Brot gib uns heute!“

Gebet am Tag des Herrn

Montag, 26. Juli

Gedenktag der Heiligen Joachim und Anna, Vorfahren des Herrn. Gedenken an alle alten Menschen, die mit großer Liebe ihren Glauben an die Jüngeren weitergeben.
Gedenken an Maria, eine psychisch kranke Frau, die 1992 in Rom gestorben ist. Mit ihr denken wir an alle psychisch Kranken.

Mt 13,31–35. **Das Senfkorn und der Sauerteig**

Oft achten wir die bescheidenen Anfänge des Evangeliums gering. Ohne Geduld zu haben wollen wir sichtbare Ergebnisse. Wir wünschen uns, dass alle Widrigkeiten und auch unsere Zerbrechlichkeit aufhören. Dieses Gleichnis lehrt uns, dass gerade aus dem kleinsten und unbedeutendsten Samenkorn – das aber wirklich aus dem Evangelium kommen muss – etwas sehr Großes entsteht! Diese Lektion wird im folgenden Gleichnis wieder aufgenommen. Eine Frau will Brot backen. Sie fügt dem Mehl eine kleine Menge Sauerteig hinzu, verknetet das Ganze zu einem Teig und lässt ihn, mit einem Tuch bedeckt, die ganze Nacht hindurch gehen. Am Morgen hat die kleine Handvoll Sauerteig den ganzen Teig durchsäuert. Auch hier macht der Evangelist auf das Missverhältnis zwischen der Bescheidenheit des Anfangs und der Größe des Ergebnisses aufmerksam. So ist es mit dem Evangelium. Diese Worte sagen uns, dass es nicht auf die geringe Menge und die Schwäche ankommt. Vor Gott kommt es darauf an, wirklich Sauerteig zu sein. Wenn es ein echter Sauerteig ist, durchsäuert er den Teig, wenn er einmal in ihn hineingemischt wurde, und er lässt ihn wachsen, bis er zum Backen bereit ist. Genauso ist es mit dem Samen, der nur dann Frucht bringen kann, wenn er in die Erde fällt und stirbt. Das ist das Geheimnis der Liebe: Nur wer sich verschenkt und für die anderen verliert, kann seine Kraft erweisen. Wer sein Leben bewahren will, wird es verlieren. Wer es aber für die anderen verliert, wird es bereichert wiederfinden. Das gilt auch für die Gemeinschaft der Gläubigen. Sie ist klein und schwach, doch wenn sie sich vom Geist des Herrn leiten lässt, wird sie zu einer Pflanze, die vielen Platz bietet und zu einem Sauerteig, der das Leben der Menschen durchwirkt.

Gebet für die Armen

Dienstag, 27. Juli

Mt 13,36–43. **Deutung des Gleichnisses vom Unkraut**

Als die Jünger zu Hause angekommen sind, bitten sie Jesus, ihnen das Gleichnis vom Unkraut zu erklären. In solchen Augenblicken der Nähe zwischen Jesus und den Jüngern fällt es leichter, Fragen zu stellen und sich ihm anzuvertrauen. Wir können sie mit jenen Momenten vergleichen, die jede Gemeinde erlebt, wenn sie sich zum gemeinsamen Gebet versammelt. Jesus ist dort gegenwärtig, wo zwei oder drei in seinem Namen versammelt sind. Das gemeinsame Hören auf das Wort Gottes hat eine ganz besondere Bedeutung und Gnade, die von seiner realen Gegenwart herrührt. Das ist der Sinn dieser freundschaftlichen Beziehung, die vor allem von Johannes betont wird, zum Beispiel wenn Jesus zu seinen Jüngern sagt: „Ich nenne euch nicht mehr Knechte, … denn ich habe euch alles mitgeteilt, was ich von meinem Vater gehört habe“ (Joh 15,15). Die Freundschaft mit Jesus ermöglicht es, tiefer in den Sinn des Evangeliums einzudringen. Er selbst erklärt den Jüngern, dass der gute Samen und das Unkraut gemeinsam wachsen. Die Geschichte der Menschen ist eine einzige. Gott ist gekommen, um sie zu seinem Himmelreich zu führen. Das Unkraut, das Böse, ist in der Welt und in den Herzen der Gläubigen wie auch in der Gemeinschaft der Jünger selbst gegenwärtig. In jedem Volk, in jeder Kultur, in jeder Gemeinde, in jedem Herzen wohnt Gutes wie Böses. Während es im Lauf der Geschichte, die wir leben, die Zeit der Geduld gibt, wird an ihrem Ende die Zeit der Ernte stehen, die Zeit des Urteils und der Scheidung. Im Herzen des Herrn aber findet sich immer die Hoffnung, dass auch das Unkraut sich in Weizen verwandeln kann, und dafür sind wir alle verantwortlich. Die Gläubigen müssen sich bemühen, das Unkraut zu verwandeln, das sie umgibt. Sie können dies tun, wenn sie jenen Anteil an Unkraut verwandeln, der in ihnen ist, wie auch im Herzen eines jeden von uns. Am Ende der Geschichte werden wir zusammen mit allen Gerechten wie die Sonne in seinem Reich strahlen können.

Gebet mit Maria, der Mutter des Herrn

Mittwoch, 28. Juli

Mt 13,44–46. **Die Gleichnisse vom Schatz und von der Perle**

Mit diesen beiden Gleichnissen will Jesus betonen, wie sich der Gläubige zur Chance, das Himmelreich zu erlangen, verhalten soll. Dies beschreibt Jesus zunächst durch die Entscheidung des Bauern, dann des Kaufmanns, die alles verkaufen, um den Schatz zu erwerben, den sie gefunden haben. In beiden Fällen wird der gleiche Satz wiederholt: Der Bauer „verkaufte alles, was er besaß, und kaufte den Acker". Der Kaufmann kaufte die Perle. Das ist das Herz der Predigt Jesu. Er ist auf die Erde gekommen, um das Reich Gottes aufzurichten. Es ist ein Reich der Barmherzigkeit, der Liebe, des Friedens und der Geschwisterlichkeit. Um das zu erlangen, kann man alles zurücklassen. Das ist nicht nur eine intelligente, sondern auch heilbringende Entscheidung. Cesare Baronio, ein Schüler des Heiligen Philipp Neri, kommentierte diese Gleichnisse mit einem wirksamen Bild: Es geht darum, wie Geschäftsleute zu sein, die nicht untätig sind, um das Himmelreich zu erobern. Oft meinen wir, das Evangelium würde uns Verzicht und schwere Opfer aufbürden. Aber das Gegenteil ist der Fall, denn die Entscheidung für das Himmelreich bedeutet, das Evangelium aufzunehmen, es zu hören und in die Tat umzusetzen. Es geht darum, am Plan Gottes für die Welt und dadurch an seinem Werk der Veränderung für eine geschwisterlichere, gerechtere und barmherzigere Welt Anteil zu nehmen. All das erfordert, jede Form von Egoismus und jede Verschlossenheit hinter sich zu lassen. Die Entscheidung Jesus nachzufolgen ist die Entscheidung für das Reich, in dem wir die Fülle des Lebens und der Freude erlangen werden.

Gebet mit den Heiligen

Donnerstag, 29. Juli

Gedenktag der heiligen Marta, die den Herrn in ihrem Haus aufnahm.

Lk 10,38–42. **Marta und Maria**

Heute gedenkt die Kirche Martas, der Schwester von Maria und Lazarus. Durch dieses Gedenken verstehen wir die Kraft des Evangeliums, die das Herz und das Leben von Marta veränderte. Sie ist die Frau, die gastfreundlich ist. Sie vollzieht sicherlich eine sehr schöne Geste der Gastfreundschaft für diejenigen, die die Botschaft Gottes verkünden. Sie macht sich daran, den Tisch für sie vorzubereiten. Dieser Dienst der Gastfreundschaft nimmt sie sehr in Anspruch. Der Evangelist merkt dies an und weist damit auf eine entscheidende Lehre für diejenigen hin, die Jesus nachfolgen wollen. Marta hat auch eine Schwester, Maria, die als Gegensatz zu ihr beschrieben wird. Während Marta so sehr beschäftigt ist, dass sie Jesus praktisch vergisst, wird Maria als diejenige beschrieben, die Jesus zu Füßen sitzt und auf seine Worte hört. Die Begriffe, die der Evangelist verwendet, sind charakteristisch für die Beschreibung der Haltung des Jüngers vor seinem Meister. Somit ist es eine beispielhafte Szene: Maria ist die Jüngerin, gerade weil sie auf den Meister hört. Angesichts von Marias Verhalten zeigt der Evangelist den Gegensatz zu Marta. Das Hören auf Jesus ist das Erste, was den Jünger ausmacht. Marta ist so sehr eingenommen von ihrer Arbeit, dass diese sie davon abhält, Jesus zuzuhören. Verärgert über die Haltung Marias, wendet sie sich an Jesus und wirft ihm Desinteresse ihr selbst gegenüber vor. Das ist das Anspruchsverhalten desjenigen, der sich nicht beachtet fühlt. Marta ist der Versuchung des Protagonismus erlegen und ist voller Neid gegenüber Maria, die zu den Füßen Jesu sitzt. Sie denkt vielleicht, dass es falsch sei, nichts für den Gast zu tun, doch tatsächlich hat sie Jesus nicht verstanden. Der gute Teil, der niemandem genommen werden kann, ist die Beziehung zu Jesus. Maria hat sich zu den Füßen des Meisters gesetzt und hört ihm zu. Sie hat die von Jesus erteilte Lektion verstanden und hat ihn in ihrem Haus aufgenommen, indem sie auch ihr Herz öffnete. Als Jesus kam und das Grab des verstorbenen Lazarus besuchen wollte, bemerkte sie als Erste den Meister und eilte ihm entgegen. Sie hatte gelernt, diesem Meister entgegenzueilen, der sie, ihre Schwester und Lazarus liebte wie niemand sonst. Heute bittet das Evangelium auch uns, uns nicht von unseren Sorgen aufzehren zu lassen, sondern aus dem Haus hinauszugehen und diesem Meister entgegenzueilen, der uns vom Tod erlösen kann.

Gebet für die Kirche

Freitag, 30. Juli

Gedenken an Nunzia, eine Frau mit geistiger Behinderung, die 1991 in Neapel gestorben ist, und mit ihr an alle Menschen mit geistiger Behinderung, die im Herrn entschlafen sind.

Mt 13,54–58. **Die Rückkehr nach Nazaret**

Jesus kehrt nach Nazaret zurück, in seine „Heimat", zu „seiner Familie". In der Synagoge spricht er wie nie zuvor, mit einer Weisheit, die man schwerlich haben kann, wenn man aus einer einfachen Familie stammt und auch keine besondere Schule besuchte oder bekannte Lehrmeister hatte. Darauf lässt die Erzählung des Evangeliums schließen, wenn sie die Reaktion seiner Landsleute wiedergibt. Die Lehre in der Synagoge bestand darin, einen Teil des Ersten Testamentes vorzutragen und zu erklären. So ist die Reaktion der Leute aus Nazaret auf Jesu Erklärung voller Erstaunen: „Woher hat er diese Weisheit und die Machttaten?" Die Reaktion auf die Predigt Jesu ist von der Herzenshärte derer geprägt, die denken, dass jeder immer so bleibt wie er ist und niemand sich wirklich verändern kann. Die Folge dieser resignierten Lebenseinstellung ist, dass man sich in seinem eigenen Dorf verschließt und nichts tut. Doch dies ist kein Realismus, sondern traurige Resignation. Im Grunde zeugt dies auch von Unkenntnis über das Leben. Wir sind nunmehr mit der ganzen Welt verbunden, erfahren live, was in der Welt geschieht, aber haben für niemanden Träume, keinen Ehrgeiz für eine andere Welt oder ein besseres Leben. So gelingt es uns nicht, Jesus kennenzulernen, weil uns sein Traum von der Rettung der Welt ganz fremd erscheint. Doch die Armen, die Sünder, die der Liebe dringend bedürfen, erwarten eine bessere Welt, erkennen Jesus und hoffen auf ihn. Jesus hat Recht, wenn er sagt: „Nirgends ist ein Prophet ohne Ansehen außer in seiner Heimat und in seiner Familie." Den Herrn lernt man nicht ein für alle Mal kennen! Wir haben es weiterhin nötig, ihm jeden Tag mit ganzem Herzen zuzuhören. So wird er uns in den verschiedenen Phasen unseres Lebens das immer neue Geheimnis seiner Liebe offenbaren.

Gebet des heiligen Kreuzes

Samstag, 31. Juli

Mt 14,1–12. **Das Martyrium des Täufers**

Der Tetrarch Herodes, von dem in diesem Abschnitt die Rede ist, gehört derselben Dynastie an wie die Königsfamilie in den Kindheitsevangelien. Wieder einmal fürchtet der amtierende Herodes, seine Macht zu verlieren. Seinen Vorgänger hatte die Nachricht in Angst versetzt, die die Sterndeuter ihm brachten und die von der Schrift bestätigt wurde. Denn das Wort Gottes lässt die Dinge nie, wie sie sind. Es ruft alle dazu auf, ihr Leben, ihre Einstellungen und die Gedanken ihres Herzens zu verändern. Nur um seine Macht zu erhalten befahl der Herodes aus der Kindheit Jesu jenes grausame Blutbad an den unschuldigen Kindern. Die Verteidigung des eigenen Ichs und der eigenen Interessen führt leicht dazu, dass man den beseitigt, den man für einen Feind hält. Deshalb ruft Jesus dazu auf, jeden bösen Gedanken mit der Wurzel auszureißen. Das Beispiel dieser Seite des Evangeliums ist vielsagend. Es genügt eine Laune, um eine todbringende Gewaltspirale in Gang zu setzen. Das Evangelium erzählt, dass Herodes von der Klarheit der Worte des Johannes betroffen war, die ihn wegen seines schlechten Verhaltens ermahnten. Er hatte Johannes gefangen nehmen lassen, weil er dachte, jene Stimme so zum Schweigen zu bringen. Das Böse zeigt sich auch in der Banalität einer Laune, um die Prophetie zum Schweigen zu bringen. So geschieht es auch, wenn wir unseren eigenen Launen nachgeben: Man hört nicht mehr auf das Wort, die Augen erblinden und das Böse gewinnt die Oberhand. Der Tod des Täufers war für Jesus eine bittere Nachricht und eine Warnung zugleich. Jesus aber blieb nicht stehen. Sicherlich zeigte sich der Weg deutlicher, der zum Kreuz führte. Doch dies ist der Weg des Evangeliums, wie uns dieser Abschnitt in Erinnerung ruft. Es gibt eine unauslöschliche Dimension des Evangeliums, nämlich das eigene Leben für das Himmelreich zu geben, auch um den Preis des Todes. Die vielen Märtyrer des Evangeliums, die auch heute noch ihr Leben geben, sind ein beispielhaftes Zeugnis für das Evangelium, das wir mit Sorgfalt und Bewunderung bewahren müssen.

Gebet der Vigil

Sonntag, 1. August: 18. Sonntag im Jahreskreis

Gedenken an den heiligen Seraphim von Sarow, russischer Mönch und Starez († 1833). Er hat durch sein Zeugnis von der Osterfreude und dem Wirken des Heiligen Geistes den Frieden weitergegeben.

Ex 16,2–4.12–15; Ps 78; Eph 4,17.20–24; Joh 6,24–35

„Rabbi, wann bist du hierhergekommen?“ Jesus weiß sehr wohl, dass die Menschen ihn aus Eigennutz suchen, doch er nimmt keinen Anstoß daran. Er ist gekommen, um ihnen das Heil zu bringen, und nicht, um ihre Zustimmung zu suchen. Es gibt eine höhere Lebensordnung, eine Ebene des Daseins, die über die Sorge um Nahrung, Kleidung und Karriere hinausgeht. Zwar sind sie Teil des Lebens, doch sie stehen nicht im Mittelpunkt. Jesus sagt zur Menschenmenge, die ihn suchte, weil sie das Wunder der Brotvermehrung erlebt hatte, dass es eine Speise gibt, die nicht verdirbt. Das ist unser eigentliches Bedürfnis. Darum sollte man sich in jeder erdenklichen Weise bemühen. Die Menschenmenge versteht diese Worte nicht und meint, Jesus verlange von ihr die Einhaltung weiterer Vorschriften, um die Fortsetzung jenes Wunders zu erwirken: „Was müssen wir tun, um die Werke Gottes zu vollbringen?“ In Wirklichkeit verlangt er von ihnen nur ein einziges Werk: dass sie an ihn glauben. An anderer Stelle im Evangelium sagt er: „Das ist das Werk Gottes, dass ihr an den glaubt, den er gesandt hat.“ Es geht weder um ein Gebot noch um eine weitere Vorschrift. Es geht allein um die persönliche und bereitwillige Zustimmung zu Jesus und seinem Evangelium. All das ist weder spontan noch natürlich. Der Glaube ist in gewisser Weise wirklich eine Arbeit. Natürlich ist er eine Gabe Gottes, doch zugleich wird er auch in unsere Hände gelegt und verlangt wie jede Arbeit Entschlossenheit, Ausdauer, Einsatz, Anstrengung, Entscheidungen und völlige Hingabe.
Die Menge scheint etwas davon zu ahnen und fragt: „Welches Zeichen tust du denn, damit wir es sehen und dir glauben?“ Ein anderes Brot ist notwendig. Das erklärt Jesus seinen Zuhörern und sagt ihnen, dass das wahre Brot „vom Himmel herab“ kommt und „der Welt das Leben“ gibt. Die Menge hat dies nicht vollständig verstanden und er-

widert: „Herr, gib uns immer dieses Brot!“ Das ist eine spontane und auf den ersten Blick auch schöne Bitte. Wenn doch nur jeder sie hätte! Doch sie muss vor allem aus dem Herzen kommen, nicht aus dem Magen. Jesus aber antwortet – wie immer in entscheidenden Momenten – mit aller Deutlichkeit: „Ich bin das Brot des Lebens; wer zu mir kommt, wird nie mehr hungern“. Jetzt erschließt sich der letzte Sinn des Mannas in der Wüste und auch dieses Brotes, das für die Fünftausend vermehrt worden ist. Es stammt zwar von Gott, ist uns aber nicht fern. Wir alle können es als Geschenk empfangen. Suchen wir, wie der Apostel Paulus sagt, das Brot des Lebens, und wir werden uns erneuern lassen durch den Geist in unserem Denken und den neuen Menschen anziehen.

Gebet am Tag des Herrn

Montag, 2. August

Gedenken an den Porajmos, den Völkermord der Nationalsozialisten an den Roma während des Zweiten Weltkriegs.
Gedenken an den seligen Ceferino Giménez Malla, einen Märtyrer aus dem Volk der Roma, der 1936 in Spanien getötet wurde.
Gedenken an Yaguine und Fodé, zwei Jugendliche aus Guinea Conakry, die im Jahr 1999 im Alter von 15 und 14 Jahren im Fahrwerk eines Flugzeugs versteckt erfroren. Sie hatten versucht, nach Europa zu kommen, um dort eine Ausbildung zu machen.

Mt 14,13–21. **Erste Brotvermehrung**

Die Episode der Brotvermehrung wird sechsmal in den Evangelien überliefert (zweimal bei Matthäus und Markus, je einmal bei Lukas und Johannes). Sicher war die Urgemeinde davon sehr beeindruckt, denn dieses Zeichen bringt in besonders deutlicher Weise die Sendung Jesu zum Ausdruck. Dem Mitleid mit der Menschenmenge kann das Herz Jesu nicht widerstehen: Er heilt zunächst die Kranken und spricht dann bis zum Abend mit den Menschen. Alle hören ihm zu. Dieser Menschenmenge fehlte es nicht in erster Linie an Brot, sondern an wahren Worten für das eigene Leben. Deshalb waren sie während des gesamten Tages dort, um Jesus zuzuhören. Der Mensch lebt wirklich „nicht nur von Brot, sondern von jedem Wort, das aus dem Mund Gottes hervorgeht". Zugleich ist dem Herrn auch bewusst, dass der Mensch auch von Brot lebt, wie geschrieben steht: „Sorgt euch nicht um euer Leben, was ihr essen oder trinken sollt… Sucht aber zuerst sein Reich und seine Gerechtigkeit; dann wird euch alles andere dazugegeben" (Mt 6,25–33). Das ereignet sich bei der Brotvermehrung. Während die Jünger meinen, sich größere Sorgen als Jesus zu machen, unterbrechen sie ihn: „Der Ort ist abgelegen und es ist schon spät geworden. Schick die Leute weg, damit sie in die Dörfer gehen und sich etwas zu essen kaufen!" Der Herr weiß, dass in den Händen der Jünger nur wenig vorhanden ist: eben nur fünf Brote und zwei Fische. Trotzdem sollen sie auf die Not der Menschen eine Antwort geben und sie nicht wegschicken. Gerade hier beginnt das Wunder: indem die Schwäche vertrauensvoll in die Hände des Herrn gelegt und in Reichtum verwandelt wird. Der Evangelist hebt die Fülle des Brotes hervor. Sie ist ein Zeichen für die überströmende Großzügigkeit Gottes. Unsere Armut wird in den Händen Gottes zum Überfluss. Er macht unsere Schwäche stark und unsere Armut reich. Das ist auch die Bedeutung der zwölf übrigen Körbe: Jeder der zwölf Jünger erhält einen dieser Körbe, damit er die schwere und gleichzeitig schöne Verantwortung spürt, dieses Brot zu verteilen, das die Barmherzigkeit Gottes in ihren Händen vermehrt hat.

Gebet für die Kranken

Dienstag, 3. August

Mt 14,22–36. **Jesus geht auf dem Wasser und Petrus mit ihm**

Nach der Vermehrung der Brote und der Fische bittet Jesus die Jünger, ins Boot zu steigen und ans andere Ufer vorauszufahren, während er die Menschenmenge verabschiedet. Als sich schließlich sowohl die Menge als auch die Jünger entfernt haben, steigt Jesus allein auf den Berg, um zu beten. Jesus verspürt gleichsam ein dringliches Bedürfnis, beim Vater im Himmel zu sein. Das hat auch uns etwas zu sagen: Es ist nötig, täglich Zeit zu finden, um die unmittelbare und direkte Beziehung zum Herrn zu leben. Aus der Verbundenheit mit dem Vater entspringt das gesamte Handeln Jesu, und somit auch unser Handeln. Der Glaube ist das Wesen dieser Verbundenheit. Währenddessen überquert das Boot mit den Jüngern den See. Da bricht ein Sturm los. Der Evangelist weist darauf hin, dass es Nacht ist. Die Nacht ist immer von Ängsten erfüllt. Dann aber bricht der Morgen an, und auch Jesus kommt herbei. Die Jünger sehen ihn über das Wasser kommen, erkennen ihn aber nicht. Die Angst verwirrt ihre Gedanken und ihren Blick, sodass sie ihn für ein Gespenst halten. Jesus spricht sie nun zuerst an: „Habt Vertrauen, ich bin es; fürchtet euch nicht!“ Petrus hat noch Zweifel und bittet Jesus, er solle ihm befehlen, zu ihm zu kommen. Jesus erhört sein Gebet: „Komm!“ Der Apostel erkennt seine Stimme und hört diesen vertrauten Auftrag wie bei der ersten Begegnung am Ufer desselben Sees. Wie damals verlässt er ohne Zögern das Boot und geht auf Jesus zu. Auch er geht über das Wasser. Die vertrauensvolle und umgehende Antwort auf den Ruf des Herrn lässt immer Wunder vollbringen. Doch die Winde toben, Petrus wird erneut von Angst erfüllt und beginnt unterzugehen. In dieser Verzweiflung entfährt ihm ein Hilfeschrei: „Herr, rette mich!“ Sofort fasst ihn Jesus an der Hand, und Petrus ist gerettet. Dieser Hilferuf ist die Grundlage für das Gebet, und dieses einfache Gebet vermittelt uns Petrus. „Warum hast du gezweifelt?“ Petrus hat begonnen, auf dem Wasser zu gehen, doch die Angst lässt ihn untergehen. „Warum hast du gezweifelt?“, fragt Jesus ihn liebevoll. Es handelt sich weniger um einen Tadel, als um einen Aufruf, ihm noch mehr zu vertrauen. Denn wir alle brauchen nicht den Mut der eigenen starken Überzeugung, sondern das demütige Vertrauen auf Jesus: Er lässt uns nicht allein und rettet uns aus der Gefahr. Nach wie vor nimmt uns der Herr an der Hand und steigt mit uns ins Boot, damit wir unseren Weg auf dem Meer des Lebens fortsetzen.

Gebet mit Maria, der Mutter des Herrn

Mittwoch, 4. August

Mt 15,21–28. **Die Heilung der Tochter der kanaanäischen Frau**

Jesus geht in heidnisches Gebiet. Dieses Überschreiten der Grenzen sagt viel über die universale Perspektive des Evangeliums aus: von Anfang an überquert es Grenzen. Diese Frau hatte wahrscheinlich gehört, dass gut über Jesus gesprochen wurde. Sie will die Gelegenheit nicht verpassen, Hilfe für ihre vom Dämon besessene Tochter zu suchen. Anfangs gibt Jesus ihr keine Antwort. Der Evangelist merkt ausdrücklich an: „Jesus aber gab ihr keine Antwort." Trotz dieses Schweigens Jesu gibt sie nicht auf. Jesus selbst hat einmal zu den Jüngern gesagt, sie sollen ohne Unterlass und unermüdlich beten. Diese Frau handelt schon danach. Sie spricht auch die Jünger an, damit sie sich für sie einsetzen. Nun folgt ein wichtiger Hinweis über die Bedeutung der Fürbitte der Gläubigen für die Bedürftigen, wie es auch bei dieser Frau ist. Die Jünger sagen zu Jesus: Tu etwas, und „schick sie fort". Die Antwort Jesu an die Jünger scheint hart zu sein. Weit davon entfernt zu resignieren, bittet die Frau weiter. Sie kommt zu Jesus und wirft sich vor ihm nieder, dann ruft sie nur wenige Worte: „Herr, hilf mir!" Jesus antwortet ihr: „Es ist nicht recht, das Brot den Kindern wegzunehmen und den kleinen Hunden vorzuwerfen". Diese Frau hört zu und beginnt ein Gespräch mit Jesus. Sie versteht nicht, dass die Anrede „Hund" in der biblischen Tradition für Feinde, Sünder und Götzen dienende Heidenvölker verwendet wurde. Doch sie macht sich genau diese Formulierung Jesu in ihrem buchstäblichen Sinn zunutze und wagt es, Jesus Widerstand entgegenzusetzen. Sie beginnt ein Ringen mit ihm. Das Gebet ist eben auch Kampf. Ihr Vertrauen auf diesen Propheten ist in gewisser Weise größer als dessen eigener Widerstand. Daher antwortet Jesus mit einer für die Evangelien unüblichen Aussage: dieser Glaube ist groß, es handelt sich nicht um Kleingläubigkeit. Einem solchen Glauben kann nicht einmal Gott widerstehen.

Gebet mit den Heiligen

Donnerstag, 5. August

Mt 16,13–23. **Glaubensbekenntnis und Primat des Petrus**

Jesus führt die Jünger nach Cäsarea Philippi. Vielleicht will er sich für eine Weile mit den Jüngern zurückziehen. Jede Gemeinschaft braucht solche Zeiten, um in der Erkenntnis des Herrn und in der Liebe zu ihm zu wachsen. Nun fragt Jesus die Jünger, was die Leute über ihn sagen. Die Meinungen über ihn sind denkbar unterschiedlich. Am Hof des Herodes dachte so mancher, er sei der wiedererstandene Täufer, andere glaubten, er sei Elija, während wieder andere sagten, er sei Jeremia, von dem es damals hieß, dass er die in der Zeit des Exils auf dem Berg Nebo versteckte Bundeslade und die heiligen Geräte zurückholen werde. Nachdem Jesus diese Antworten gehört hat, fragt er die Jünger: „Ihr aber, für wen haltet ihr mich?" Jesus ist darauf angewiesen, dass die Jünger in Eintracht mit ihm leben und ein gemeinsames Empfinden da ist, dass sie auch seine wahre Identität als von Gott gesandter Messias kennen. Petrus ergreift das Wort und bekennt stellvertretend für alle den Glauben an ihn als den Messias. Diese bescheidene Jüngergruppe gehört zu den „Kleinen", denen der Vater offenbart hat, was seit Anbeginn der Welt verborgen ist. Als Mensch aus „Fleisch und Blut" wie wir alle erhält Petrus bei dieser Begegnung eine neue Berufung, eine neue Aufgabe und Verpflichtung: Er soll „Fels" sein, das heißt den anderen Halt geben mit der Vollmacht, neue Freundschaften zu schließen und die vielen Bande der Knechtschaft zu lösen, die in der Nachfolge des Evangeliums hinderlich sind. Die im Namen aller gegebene Antwort des Petrus bestärkt Jesus darin, ihnen sein Herz zu öffnen und ihnen zu offenbaren, welches Ende ihn in Jerusalem erwartet: Entgegen der Erwartungen und Auffassungen aller ist der Messias nicht mächtig, sondern ein schwacher und hilfloser Mensch und wird sogar getötet werden. Doch am dritten Tag wird er auferweckt werden. Petrus versteht nicht, was Jesus da sagt, und glaubt sogar, er rede im Wahn. Gedrängt von seinem Instinkt und gewiss nicht vom Glauben, in dem er zuvor das Wort ergriffen hat, will er Jesus von seiner Mission und vom Weg nach Jerusalem abbringen. Wie auch jeder von uns muss er doch noch einen weiten

Weg zurücklegen, bis er den Herrn versteht. Jesus sagt zu ihm: „Tritt hinter mich, du Satan!“, um ihn aufzufordern, wieder den Weg der Nachfolge des Evangeliums einzuschlagen.

Gebet für die Kirche

Freitag, 6. August

Fest der Verklärung des Herrn auf dem Berg Tabor.
Gedenken an Hiroshima in Japan, wo im Jahr 1945 die erste Atombombe abgeworfen wurde.

Dan 7,9–10.13–14; Ps 97; 2 Petr 1,16–19; Mk 9,2–9

Der Berg der Verklärung, den die spätere Tradition mit dem Berg Tabor identifiziert, ist ein Bild für jeden spirituellen Weg. Wir können uns vorstellen, dass Jesus auch uns ruft, um uns mit auf den Berg zu nehmen wie die drei Jünger, die ihm am nächsten standen, damit wir bei ihm die Erfahrung der innigen Gemeinschaft mit dem Vater erleben. Manche Kommentatoren meinen, die Erzählung handle von einer spirituellen Erfahrung, die vor allem Jesus machte, von einer himmlischen Vision, die eine Verklärung in ihm bewirkte. Diese Annahme hilft uns, das spirituelle Leben Jesu in seiner tieferen Bedeutung auszuloten. Teilweise wird vergessen, dass auch er eine spirituelle Entwicklung durchmachte, wie das Evangelium selbst bestätigt: „Jesus wuchs heran und seine Weisheit nahm zu.“ Auch er erfuhr die Mühe und die Freude einer fortschreitenden Entwicklung. Auch er hatte wie schon Abraham und dann Mose und Elija und wie jeder Gläubige einen Aufstieg auf den Berg zu bewältigen. Jesus empfand selbst ebenso das Bedürfnis, zum Vater „hinaufzusteigen“ und ihm zu begegnen. Zwar ist die Gemeinschaft mit dem Vater sein ureigenstes Sein, sein ganzes Leben und sein tägliches Brot, sie ist das Wesen seiner Sendung und das Herzstück all dessen, was er ist und tut. Doch auch er brauchte wohl Momente, in denen die Fülle dieser vertrauten Beziehung in Fülle zum Ausdruck kommt. Die Jünger jedenfalls brauchen solche Momente ganz sicher. Der Tabor war ein solch einzigartiger Moment der Gemeinschaft, den das Evangelium auf die gesamte Geschichte des Volkes Israel ausdehnt, wie die Anwesenheit von Mose und Elija belegt, die „mit Jesus redeten". Jesus erlebte diese Erfahrung nicht allein. Er ließ seine drei engsten Freunde daran teilhaben. Es war einer der bedeutendsten Momente im persönlichen Leben Jesu, und dies galt auch für die drei Jünger und alle, die sich auf diesen Aufstieg einlassen. In der kirchlichen Tradition gibt es zahlreiche Interpretationen für dieses Evangelium. Sehr häufig wird gesagt, das monastische Leben sei ein Abglanz der Verklärung, da es eine radikale Entscheidung erfordert. Doch auch im Alltagsleben mit dem Herrn, beim Gebet und beim Hören auf die Schrift sind wir immer gerufen, unser Leben zu verklären wie auch die Welt, die uns umgibt.

Gebet des heiligen Kreuzes

Samstag, 7. August

Mt 17,14–20. **Wenn ihr glaubt, wird euch nichts unmöglich sein**

Ein Mann tritt an Jesus heran und bittet ihn um Erbarmen mit seinem Sohn. Das Leid wird oft zu einer Bitte um Erbarmen, weil es sowohl für den, der es erduldet, als auch für den, der seinen von ihm betroffenen Lieben beisteht, unerträglich ist. Der Junge ist nicht Herr seiner selbst, wie so viele junge Menschen, die oft in Abhängigkeiten geraten und dadurch die Kontrolle verlieren. Um den Meister nicht zu belästigen, hatte der Vater seinen Sohn zu den Jüngern gebracht und gehofft, dass sie ihn heilen können. Doch es ist ihnen nicht gelungen. Jesus äußert zunächst eine laute Klage: „O du ungläubige und verkehrte Generation! Wie lange muss ich noch bei euch sein? Wie lange muss ich euch noch ertragen?" Diese Worte klingen wie der Tadel einer Generation, die von ihm Heilungen fordert, sich aber nicht für den Plan der Liebe des Vaters gewinnen lassen will. Sofort lässt Jesus den Jungen herbringen. Ein Wort genügt, „Jesus drohte ihm", und „der Dämon fuhr von ihm aus". Als die Jünger das Wunder erleben, sind sie verunsichert und zugleich erstaunt. Als sie mit Jesus allein sind, bitten sie ihn um Erklärungen, weshalb sie nicht in der Lage gewesen sind, den Jungen zu heilen. Jesus antwortet sehr deutlich und sagt, Ursache hierfür sei ihr kleiner Glaube. Weder Worte noch Techniken befreien die Menschen von unreinen Geistern, sondern die Liebe Gottes als einzig wahre Stärke der Jünger. Jesu Worte offenbaren, dass die Jünger keinen Glauben hatten und anderswo Kraft gesucht hatten. Wie leicht verlassen auch wir uns auf persönliche Fähigkeiten oder auf die Macht dieser Welt! Das alles kann unser Leben und das der Welt nicht verändern. Jesus erklärt, dass die Stärke der Jünger allein ihr Glaube ist, und sei er auch nur klein: „Wenn ihr Glauben habt wie ein Senfkorn, dann werdet ihr zu diesem Berg sagen: Rück von hier nach dort! und er wird wegrücken." Ausgehend von diesem Scheitern weist Jesus den Jüngern eine hoffnungsvolle Zukunft: „Nichts wird euch unmöglich sein." Der Herr wird weiter auch durch seine Jünger in der Welt und in der Geschichte handeln.

Gebet der Vigil

Sonntag, 8. August: 19. Sonntag im Jahreskreis

1 Kön 19,4–8; Ps 34; Eph 4,30–5,2; Joh 6,41–51

Bei der Rede in der Synagoge von Kafarnaum bezieht Jesus die Bibelstelle vom Manna in der Wüste für das Volk Israel auf sich selbst: „Ich bin das Brot des Lebens. Eure Väter haben in der Wüste das Manna gegessen und sind gestorben. So aber ist es mit dem Brot, das vom Himmel herabkommt: Wenn jemand davon isst, wird er nicht sterben." Das Problem bei diesen Worten besteht für uns vielleicht darin, dass sie uns zu vertraut sind. Deshalb laufen wir Gefahr, ihre Sprengkraft gar nicht mehr zu erfassen. Wie das Manna in der Wüste die Rettung für das Volk Israel war, so ist Jesus die Rettung für die Menschen. „Ich bin das lebendige Brot, das vom Himmel herabgekommen ist. Wer von diesem Brot isst, wird in Ewigkeit leben. Das Brot, das ich geben werde, ist mein Fleisch für das Leben der Welt." Wer sich an

Jesus bindet, wer also sein Fleisch isst, der hat das ewige Leben. Das Evangelium sagt nicht „wird das ewige Leben haben“, sondern „hat“ es schon jetzt. Denn er erhält das Leben, das nicht endet, als Geschenk. Im vierten Evangelium ist „ewiges Leben“ gleichbedeutend mit „göttlichem Leben“.

Das Leben der Kirche wird wie das Leben des einzelnen Gläubigen von diesem Brot genährt, „das vom Himmel herabgekommen ist“. Der heilige Johannes Paul II. sagt in der Enzyklika über die Eucharistie: „Die Eucharistie ist die Heil bringende Gegenwart Jesu in der Gemeinschaft der Gläubigen und ihre geistliche Nahrung, sie ist das wertvollste Gut, das die Kirche auf ihrem Weg durch die Geschichte haben kann“ (Nr. 9). Dieses Geheimnis ist schon im Leben des Elija angedeutet. Der Prophet musste fliehen, weil er von der Königin Isebel verfolgt wurde. Nach einer beschwerlichen Flucht sank er müde und traurig zu Boden und sehnte nur noch den Tod herbei. Während seine Kräfte – vor allem die des Geistes – schwinden, kommt ein Engel des Herrn vom Himmel herab, weckt ihn aus der Niedergeschlagenheit, die ihn überkommen hat, und sagt: „Steh auf und iss!“ Da sieht Elija neben seinem Kopf Brot und isst davon. Danach aber legt er sich wieder hin. Noch einmal muss der Engel zu ihm kommen und ihn wecken. Damit wird deutlich gemacht, dass man gleichsam immer wieder von einem Engel geweckt werden muss und dass man die Nahrung des lebendigen Brotes immer wieder zu sich nehmen muss. Denn niemand darf glauben, sich selbst zu genügen. Alle sind immer auf Nahrung angewiesen. „Da stand er auf, aß und trank und wanderte, durch diese Speise gestärkt, vierzig Tage und vierzig Nächte bis zum Gottesberg Horeb.“ Der Prophet ging denselben Weg, den das Volk Israel zurückgelegt hatte, und durchquerte die gesamte Wüste bis zu jenem Berg, an dem Mose Gott begegnet war. Das ist ein Bild für die Pilgerschaft einer jeden christlichen Gemeinschaft und eines jeden Gläubigen. Der Herr Jesus ist das lebendige Brot, das vom Himmel herabgekommen ist. Er wird zur Speise für uns, um uns auf dem Weg zum Berg unserer Gottesbegegnung zu stärken.

Gebet am Tag des Herrn

Montag, 9. August

Mt 17,22–27. **Die Tempelsteuer**

Zum zweiten Mal sagt Jesus den Jüngern, was ihn in Jerusalem erwartet: Er wird den Führern des Volkes ausgeliefert und getötet werden, dann aber wird er auferstehen. Wieder sind die Jünger bestürzt. Es bereitet ihnen wirklich Mühe, die Vorstellung von einem leidenden Messias anzunehmen, obwohl die Prophezeiung auch die Ankündigung der Auferstehung enthält. Auch wir kennen diese Mühe gut, denn wir hören nur, was wir hören wollen, ohne uns auf das Wort einzulassen, das uns verkündet wird! Als die Jünger nach Kafarnaum kommen, treten einige Steuereintreiber an Petrus heran und fragen ihn, ob Jesus die Absicht habe, die vorgeschriebene Tempelsteuer zu zahlen oder nicht. Dies nimmt Jesus zum Anlass, um die Königsherrschaft Gottes über die Menschen und die Freiheit seiner Kinder hervorzuheben. Denn Gott ist ein Vater, und der benötigt deshalb keine Pflichtabgaben von Untergebenen, sondern die Liebe seiner Kinder. Die Grundfrage ist für Jesus die Verkündigung des Reiches. Seine wichtigste und zentrale Sorge besteht immer darin, die ihm vom Vater Anvertrauen zu versammeln und zu behüten. Daher will er unbedingt all das vermeiden, was nutzlosen Anstoß erregen könnte. Damit gibt er uns auch heute ein Beispiel, vor allem den Verantwortungsträgern in der Pastoral. Diese menschliche Weisheit erfordert eine große innere Disziplin, sich verantwortlich für die anderen zu fühlen. Alle Instinkte eines impulsiven und gedankenlosen Handelns müssen abgewehrt werden. Als Petrus ihn fragt, was er den Anklägern sagen soll, antwortet Jesus: „Damit wir aber bei ihnen keinen Anstoß erregen, geh an den See, wirf die Angel aus und den ersten Fisch, den du heraufholst, nimm, öffne ihm das Maul und du wirst ein Vierdrachmenstück finden. Das gib ihnen als Steuer für mich und für dich.“ In seiner Weisheit zeigt uns der Herr, dass die wahre Weisheit mit beharrlicher Geduld den geistlichen Tempel der christlichen Gemeinschaft aufbaut.

Gebet für die Armen

Dienstag, 10. August

Fest des heiligen Diakons und Märtyrers Laurentius († 258). Er zeigte, dass die Armen der wahre Schatz der Kirche sind. Gedenken an alle, die ihnen im Namen des Evangeliums dienen.

Mt 18,1–5.10.12–14. **Wer ist der Größte?**

Jesus macht sich auf den Weg nach Jerusalem. Es ist sein letzter Weg. Der Evangelist gibt die vierte große Rede seines Evangeliums wieder, in der Jesus über die christliche Geschwisterlichkeit spricht. Daher beginnt der Abschnitt mit der Anmerkung, dass „die Jünger zu Jesus" kamen und ihn fragten: „Wer ist denn im Himmelreich der Größte?" Diese Frage zeigt, wie weit sie von einem Meister wie Jesus entfernt sind, der zum Diener aller geworden war. Mit großer Geduld und pastoralem Gespür ruft er ein Kind herbei und stellt es „in ihre Mitte", in den Mittelpunkt des Geschehens, und sagt zu den Jüngern: „Wenn ihr nicht umkehrt und werdet wie die Kinder, werdet ihr nicht in das Himmelreich hineinkommen." Mit diesen Worten beginnt die Rede Jesu über das Leben der christlichen Gemeinschaft. Der Jünger ist ein kleines Kind, da er immer Hilfe, Schutz und Begleitung benötigt. Nur wer Kind ist, kann in der Gemeinschaft der Gläubigen auch Vater werden, unter der Bedingung, dass er immer Kind bleibt. Im Reich Gottes bleiben wir immer Kinder. Jesus warnt davor, die Jünger und die Kleinen zu verachten, denn ihre Engel sehen stets das Angesicht Gottes, der sie beschützt. So ist auch das folgende Gleichnis vom verlorenen Schaf zu verstehen. Jesus erzählt es, um Gottes Liebe zu seinen Kindern zu erläutern. Er tut Unmögliches, damit niemand von seinen Kleinen verloren geht. In dieser Hinsicht spricht Papst Franziskus unermüdlich von einer Kirche, die hinausgeht. Eine christliche Gemeinde muss die Versuchung meiden, sich innerhalb ihrer Grenzen abzuschotten mit der Absicht, damit ihr Leben und besonders ihr religiöses Leben zu schützen, während sie sich nicht darum sorgt, hinauszugehen und das verlorene Schaf zu suchen.

Gebet mit Maria, der Mutter des Herrn

Mittwoch, 11. August

Gedenktag der heiligen Klara von Assisi († 1253). Sie folgte dem heiligen Franziskus auf dem Weg der Armut und der Einfachheit des Evangeliums.

Mt 18,15–20. **Die geschwisterliche Zurechtweisung**

Dieser Abschnitt des Evangeliums behandelt das dritte Thema der Rede Jesu über die christliche Geschwisterlichkeit. Es geht um die geschwisterliche Zurechtweisung und Vergebung. Jesus betont ihre Bedeutung im Leben der christlichen Gemeinschaft. Sie erfordern große Aufmerksamkeit und Sensibilität. Es gibt nämlich eine Art, Dinge bei den anderen nicht anzusprechen, die nichts mit Respekt zu tun hat, sondern mit Gleichgültigkeit. Es gibt aber auch arrogante und selbstsichere Verhaltensweisen, die zerstören und nicht aufbauen. Das Ziel der Zurechtweisung ist eine gestärkte Geschwisterlichkeit auf der Grundlage des Evangeliums. Jeder Gläubige hat die Pflicht, seinen Bruder zurechtzuweisen, wenn er Fehler macht, wie auch jeder das Recht auf Vergebung hat, wenn er Fehler gemacht hat. Die Jünger Jesu sollen in dieser individualistischen und vom Konkurrenzdenken geprägten Welt die Kraft der gegenseitigen Liebe bezeugen, die allein frei machen und eine menschliche Gesellschaft aufbauen kann. Die von Jesus angeführten konkreten Hinweise beschreiben einen Weg auf der Grundlage der Liebe, um die Einheit der Gemeinschaft zu bewahren. Denn sie ist das höchste Gut, das alle Jünger schützen sollen. Das deutlichste Bild für diesen Kreislauf der Liebe ist die Einheit der Jünger beim gemeinsamen Gebet. Jesus sagt zu den Jüngern: „Weiter sage ich euch: Was auch immer zwei von euch auf Erden einmütig erbitten, werden sie von meinem himmlischen Vater erhalten“. Die Eintracht unter den Jüngern beim gemeinsamen Beten, worum auch immer sie bitten, nimmt Gott in die Pflicht, diese Bitte zu gewähren. Das ist der Sinn der Worte Jesu: Die Eintracht im Gebet und die Übereinstimmung in einem einzigen Willen stellen eine unermessliche Kraft in den Händen der Jünger dar. Wenn unsere Gebete keine Erhörung finden, müssen wir darüber nachdenken, wie wir beten. Vielleicht ist unser Beten von Grund auf durch Individualismus und Gleichgültigkeit verdorben. Wie oft ist unser Gebet geprägt von Faulheit und Lieblosigkeit gegenüber der Gemeinschaft und der Welt! Wie viele auf der Welt warten auf den Dienst der Nächstenliebe durch ein Gebet, den ihnen niemand tut; denken wir an die Völker, die unter Krieg und Konflikten leiden! Mit spiritueller Weisheit sprach Johannes Paul II. über sein mit der „Geografie" der Welt verbundenes christliches Gebet, das die Nöte der Länder aufgreift, die er besucht hatte. Das Herz des christlichen Gebetes muss so groß sein wie die Welt. Die Aufgabe der Christen ist ein fürbittendes Gebet für alle.

Gebet mit den Heiligen

Donnerstag, 12. August

Mt 18,21–19,1. **Der erbarmungslose Knecht**

„Herr, wie oft muss ich meinem Bruder vergeben, wenn er gegen mich sündigt? Bis zu siebenmal?" Welches Maß braucht die Vergebung? Jesus beseitigt jegliches Maß. Die Vergebung ist grenzenlos wie die Liebe. Zur Erklärung erzählt Jesus ein Gleichnis, mit dem er der Logik der Berechnung und der Rache die Logik der Liebe und der Vergebung entgegenstellt. Eindeutig zeigt das Evangelium die Überzeugung, dass nur auf diesem Weg der Mechanismus ausgehebelt werden kann, der fortlaufend Sünde, Spaltung und Rache unter den Menschen verbreitet. Die abartige Macht des Bösen, des Hasses und des Krieges, verführt nicht nur Gewalttäter, sie knechtet alle, die sich auf sie einlassen. Jesus spricht über einen König, der Abrechnung hält mit den Knechten. Einer von ihnen hat eine riesige Schuld: zehntausend Talente. Wir alle vergeuden Güter, die uns nicht gehören. Wie dieser Knecht sind wir daher Schuldner und haben gegenüber dem Herrn eine riesige Schuld angehäuft. Wie? Vor allem, indem wir uns als Herren über das ansehen, was uns lediglich anvertraut ist. Ein weiterer Grund ist unser unreifer und leichtfertiger Hang zum Risiko, mit dem wir am Ende nichts mehr einen Wert beimessen. Oder wir leben im Rausch des Überflusses, der nur dazu führt, dass man die Dinge wie eine Droge konsumiert und von der Logik der Befriedung geleitet wird. Jesus erinnert daran, dass wir alle Schuldner sind und nur das Mitleid des Herrn die Schuld tilgen kann. Wenn dieses Bewusstsein zur persönlichen Haltung wird, können wir auch den anderen Barmherzigkeit erweisen. Wenn wir jedoch wieder zu Gefangenen derselben Mentalität werden, die zur Anhäufung einer riesigen Schuld führt, dann blicken wir mit Härte auf die anderen, die um etwas bitten. Wir sind schnell bereit, uns selbst zu verteidigen und sind fordernd und unflexibel gegenüber den Anfragen der anderen. Das Urteil über diesen Diener ist äußerst hart. Aber in Wahrheit hat er sich selbst von der Barmherzigkeit ausgeschlossen. Durch sein Verhalten verhindert er, dass Gott ihm wirklich helfen kann. Darum bitten wir nämlich den Vater beim Gebet, das Jesus uns gelehrt hat: dass er uns vergibt, wie auch wir den anderen vergeben.

Gebet für die Kirche

Freitag, 13. August

Mt 19,3–12. **Was Gott verbunden hat, darf der Mensch nicht trennen**

Die Pharisäer stellen Jesus eine in ihren Schulen vielfach diskutierte Frage. Sie bezieht sich auf die Interpretation des Abschnittes aus dem Buch Deuteronomium (Dtn 24,1), der im Gesetz die Möglichkeit der Scheidung vorsieht. Die Schule von Rabbi Schammai erlaubte sie nur im Fall von Ehebruch, während die Schule von Rabbi Hillel sie auch bei weniger schlimmen Gründen für möglich hielt. Jesus möchte nicht direkt auf die Frage eingehen und wendet sich lieber dem ursprünglichen Willen Gottes über die Verbindung von Mann und Frau zu: die Familie muss auf eine unauflösliche Liebe gegründet sein. Jesus akzeptiert die Interpretationen der beiden Rabbiner nicht und verurteilt auch die Scheidungspraxis, die von den Pharisäern auf mehr oder weniger breiter Ebene vertreten wurde. Er wendet sich der Lehre des Mose zu.

Zwar hatte dieser in der Folgezeit die Scheidung im Vergleich zum anfänglichen Gebot zugelassen, doch tat er dies nur wegen der Hartherzigkeit des Menschen. Jesus fordert den Vorrang der Liebe in den menschlichen Beziehungen und daher auch bei der ehelichen Vereinigung von Mann und Frau. Ihre Verbundenheit ist unauflöslich. Schon damals wurde diese Unwiderruflichkeit anscheinend als schwere Last empfunden. In einem kulturellen Klima, in dem jede Form von Beständigkeit unerfüllbar erscheint, gilt dies umso mehr. Ohne das Ideal der Ehe anzuzweifeln, hat Papst Franziskus dazu aufgerufen, niemanden allein zu lassen und auftretenden Schwächen mit Barmherzigkeit zu begegnen. Dies ist möglich, wenn der Vorrang des Evangeliums der Liebe zum Leitfaden wird, die allen zusteht, alle begleitet und allen hilft, um in der Liebe zum Herrn und zu seinem Reich zu wachsen. Eben deshalb hebt Jesus den Vorrang des Himmelreichs im Leben des Jüngers und aller Jünger hervor. Das Ideal des Reiches ist so bedeutend, dass einige nicht heiraten „um des Himmelreiches willen". Der Zölibat um des Reiches willen ist nicht deshalb von hervorragender Bedeutung, weil damit die Fähigkeit gezeigt wird sich aufzuopfern, sondern weil die radikale Entscheidung für den Herrn zum Ausdruck gebracht wird. Es bedeutet, auch mit dem Leben zu sagen: Gott allein genügt.

Gebet des heiligen Kreuzes

Samstag, 14. August

Gedenktag des heiligen Priesters und Märtyrers der Liebe Maximilian Kolbe. Im Konzentrationslager Auschwitz nahm er im Jahr 1941 den Tod auf sich, um einem anderen Mann das Leben zu retten.

Mt 19,13–15. **Lasst die Kinder zu mir kommen**

Es ist ein schönes und zärtliches Bild, wie Jesus von Kindern umgeben ist. Obwohl die Jünger doch gesehen hatten, dass ganze Scharen von Kranken zu Jesus gebracht wurden, verstehen sie das nicht und versuchen die Kinder wegzuschicken. Offenbar meinen sie, es störe

Jesus, wenn die Kinder sicherlich für ein wenig Durcheinander sorgen, während sie zu Jesus kommen. Doch Jesus hält die Jünger auf, ja er tadelt sie, als er sieht, dass sie mit den Kindern schimpfen: „Lasst die Kinder und hindert sie nicht, zu mir zu kommen! Denn Menschen wie ihnen gehört das Himmelreich." Dann legt er ihnen die Hände auf. Dies ist ein deutliches Zeichen von Schutz, wie es Jesus auch bei den Armen, Schwachen, Kranken und Hilflosen wirkt. Während wir diese Begebenheit betrachten, denken wir an die Millionen verlassener Kinder, die an Hunger oder im Krieg sterben, die ausgebeutet und missbraucht werden. Diese Kinder sind oft allein und verlassen und haben niemanden, der sich ihrer annimmt und sie beschützt. Teilweise werden sie sogar bewaffnet und in den Kampf geschickt. Leider werden sie zuweilen sogar von jenen schwer an Leib und Seele verletzt, die sie doch lieben und behüten sollten. Für Jesus sind Kinder dazu da, geliebt und umsorgt zu werden und mit großer Fürsorge aufzuwachsen. Jesus will nicht, dass die Jünger überhaupt jemanden wegschicken. Sie sollen nicht wie die Menschen der Welt sein, die den Schwachen gegenüber stark und den Mächtigen gegenüber feige sind. Jesus will, dass die Kinder mit großer Aufmerksamkeit geachtet werden, denn „Menschen wie ihnen gehört das Himmelreich". Die Erwachsenen müssen von den Kindern jene Einfachheit und Offenheit des Herzens lernen, die notwendig sind, um das Himmelreich anzunehmen. Dieses Evangelium ruft uns alle dazu auf, dass wir mit der Bereitschaft von Kindern das Evangelium aufnehmen und uns wie Jesus damals um die zahllosen Kinder unserer Zeit sorgen, damit sie nicht in der Schule der Gewalt und der Liebe nur zu sich selbst aufwachsen, sondern in der Schule des Evangeliums der Liebe. Der Weg der Kinder ist der Weg der Demut, der Einfachheit, des Sich-helfen-Lassens, der Abhängigkeit vom Vater und des Vertrauens in die Mutter. Wie groß ist doch auch bei den Jüngern die leichtfertige Vermessenheit, die letztlich zulässt, dass die Kleinen verwundet werden. Es genügt wirklich wenig, um sie zu demütigen. Fangen wir immer wieder neu bei denen an, die Schutz und Liebe brauchen, um wie die Kinder zu sein.

Gebet der Vigil

Sonntag, 15. August: Hochfest Maria Himmelfahrt

Offb 11,19a; 12,1.3–6a.10a,b; Ps 45; 1 Kor 15,20–27a; Lk 1,39–56

Mitten im August feiern die Kirchen des Ostens und des Westens gemeinsam das Fest der Aufnahme Mariens in den Himmel. Die Liturgie der Kirche verkündet das Evangelium von Marias Besuch bei Elisabet. Der Evangelist schreibt, dass sich Maria sofort nach der Verkündigung des Engels „auf den Weg" machte und „in eine Stadt im Bergland von Judäa" eilte. Sie eilte aus Galiläa in eine kleine Stadt in der Nähe von Jerusalem, um ihre Verwandte Elisabet zu besuchen. Am heutigen Fest im Kirchenjahr führt der Weg Marias nicht zum Haus der Elisabet, sondern in den Himmel, um endlich das Antlitz des Vaters zu schauen und ihrem Sohn zu begegnen. Maria hat sich auf den Wegen ihres Erdenlebens nie von ihrem Sohn getrennt. Sie ist mit ihm nach Ägypten geflohen, hat den Heranwachsenden später nach Jerusalem begleitet, ihn in Nazaret dreißig Jahre lang Tag für Tag voll Liebe begleitet und alles in ihrem Herzen bewahrt, was sie mit ihrem Sohn erlebte. Dann ist sie ihm in den drei Jahren seines öffentlichen Lebens bis unter das Kreuz nachgefolgt.
Heute sehen wir sie in den Himmel eingehen, „mit der Sonne bekleidet; der Mond war unter ihren Füßen und ein Kranz von zwölf Sternen auf ihrem Haupt". Als Erste hatte sie das Wort Gottes angenommen, nun ist sie die Erste, die in den Himmel aufgenommen wird. Als Erste hatte sie Jesus in den Armen gehalten, als er noch ein Kind war, nun ist sie die Erste, die von ihrem Sohn in die Arme genommen und in den Himmel aufgenommen wird. Weil sie das Evangelium aufgenommen hat, wird dieses einfache Mädchen aus einem entlegenen Dorf irgendwo am Rand des Römischen Reiches nun am Thron ihres Sohnes von Gott als erste Bürgerin des Himmels aufgenommen. Der Herr stürzt wirklich die Mächtigen vom Thron und erhöht die Niedrigen. Was wir heute feiern, ist ein großes Geheimnis. Es ist vor allem das Geheimnis Marias, aber in gewisser Weise auch das Geheimnis der Bestimmung von uns allen und sogar der gesamten Menschheit. Denn auf dem Weg, der durch die Aufnahme Marias begonnen wurde, gehen all jene, die ihr Leben mit dem Sohn verbinden, wie Maria es getan hat.

Maria und Christus sind im tiefen Vertrauen vereint und stehen vor uns als erhabenes Zeichen des Guten und des Heils, die immer gegen das Böse kämpfen, gegen den im Buch der Apokalypse beschriebenen Drachen. Am Anfang der Geschichte wurden Adam und Eva vom Bösen besiegt. In der Fülle der Zeiten haben der neue Adam und die neue Eva den endgültigen Sieg über den Feind errungen. Denn durch den Sieg Jesu über das Böse ist auch der Tod von Leib und Seele besiegt. Am Horizont der Geschichte zeichnen sich die Auferstehung des Sohnes und die Aufnahme der Mutter in den Himmel ab.

Gebet mit Maria, der Mutter des Herrn

Montag, 16. August

Gedenktag des heiligen Stephan, König von Ungarn († 1038). Er bekehrte sich zum Evangelium und förderte die Evangelisierung in seinem Land.

Mt 19,16–22. **Der reiche junge Mann**

Matthäus schreibt, dass ein Mann – und später ergänzt er, dass dieser jung war – mit der Frage zu Jesus kommt, was er Gutes tun müsse, um das ewige Leben zu gewinnen. Ihm ist bewusst, dass das ewige Leben das anzustrebende Ziel ist. Doch er fragt nach dem Weg, um es zu erlangen und darin zu leben. Matthäus verändert die Frage und richtet den Blick darauf, was der gute Weg ist, dem man folgen muss, um ins Himmelreich zu gelangen. Diese Frage entspricht der biblischen Tradition: gut ist, was im Gesetz geschrieben steht. Wie schon in den Parallelstellen bei Markus und Lukas erwidert Jesus, dass nur einer der Gute ist. Ohne es zu sagen, meint Jesus damit den Vater im Himmel. Dann sagt er dem jungen Mann, dass das Einhalten der Gebote der gute Weg zum Leben ist. Dieser antwortet, dass er die Gebote schon immer befolgt habe. Vielleicht spürt er eine innere Unruhe. Doch über den Weg der Regeln kommt er nicht hinaus, auch wenn er erkennt, dass dies nicht ausreicht. Vielleicht sucht er andere Regeln oder will sich nur absichern. In Wirklichkeit erlangt man das ewige Leben nicht durch eigene Verdienste. Vor allem geht es darum, Jesus nachzufolgen und nicht sich selbst und dem Reichtum, wenn man das ewige Leben gewinnen will. Jesus fügt in seiner Antwort kein elftes Gebot hinzu, er sagt nur: „Wenn du vollkommen sein willst, geh, verkauf deinen Besitz und gib ihn den Armen; und du wirst einen Schatz im Himmel haben; und komm, folge mir nach!“ Damit wird ein hohes Ideal vorgeschlagen: „Wenn du vollkommen sein willst.“ Die Vollkommenheit ist für alle möglich, jeder kann sie erwerben, denn sie bezieht sich auf das Herz. Das Herz ist vollkommen, wenn es liebt und sich vom Herrn lieben lässt. Die vorrangige Liebe zu Gott bedeutet, die eigenen Reichtümer an die Armen zu verteilen. Der heilige Franziskus ist dafür ein hervorragendes Beispiel: Als Jüngling schämte er sich nicht, dem irdischen Vater aus Liebe zum himmlischen Vater alles zurückzugeben, um arm an allem zu sein und das Leben zu gewinnen. Der junge Mann aus dem Evangelium ging traurig weg, denn er wollte seine Reichtümer nicht hergeben. Franziskus von Assisi hatte alles verlassen und lebte erfüllt von der Heiterkeit des Evangeliums, das ohne Zusätze gelebt wird.

Gebet für den Frieden

Dienstag, 17. August

Mt 19,23–30. **Gefahren des Reichtums. Lohn der Nachfolge**

Gerade ist der reiche junge Mann traurig weggegangen wegen der Entscheidung, die er ja getroffen hatte. Er will lieber bei seinem Reichtum bleiben und hat Jesus verlassen. Seine Güter liegen ihm mehr am Herzen als dieser Meister. Der Evangelist möchte die Aufmerksamkeit der Jünger auf die Gefahr des Reichtums lenken. Unvermittelt berichtet er, dass sich Jesus an die Jünger wendet und sagt, dass es für einen Reichen wirklich schwierig ist, in das Himmelreich zu kommen. Man kann sich die Traurigkeit Jesu vorstellen, als er den Jüngling weggehen sieht, obwohl er doch die wichtigste Frage des

Lebens gestellt hatte. Jesus sagt nicht, dass es unmöglich ist. Doch der Besitz von Reichtümern erleichtert die Habgier, fördert den Geiz, stärkt die Gleichgültigkeit und macht das Herz hart gegenüber den Armen. Um zu erläutern, wie hinderlich die Anhänglichkeit am Reichtum ist, fügt Jesus ein paradoxes Bild als Beispiel an: „Leichter geht ein Kamel durch ein Nadelöhr, als dass ein Reicher in das Reich Gottes gelangt." Dieser Vergleich soll zum Nachdenken anregen. Tatsächlich zeigen die Jünger eine sofortige Reaktion: „Wer kann dann noch gerettet werden?" Diese Frage ist aktuell in einer Welt, in der Geld, Güter oder Luxus zu Götzen geworden sind, die vollkommene Hingabe einfordern. Auf ihren Altären wird leichtfertig sogar das Leben geopfert. Doch Jesus sagt: „Für Menschen ist das unmöglich, für Gott aber ist alles möglich." Glaube und Vertrauen auf Gott bringen das menschliche Herz weg vom Besitz der Dinge und hin zur Hingabe an Gott. Petrus beginnt, dies zu verstehen, und fragt Jesus, was diejenigen zurückbekommen, die alles verlassen und auf Gott vertrauen. In einer außergewöhnlichen Antwort zeigt Jesus, wie großzügig Gott sich dem erweist, der auf ihn vertraut. Er wird schon in diesem Leben das Hundertfache von dem erhalten, was er aufgegeben hat. Er wird von Brüdern und Schwestern umgeben sein, und ihre Geschwisterlichkeit wird ihn überreich mit Liebe erfüllen. Und nach dem Tod wird er das ewige Leben erben. Das ist das Gegenteil von dem, was man normalerweise annimmt: das Evangelium nimmt nichts weg, sondern bereichert das Leben sowohl auf Erden als auch danach.

Gebet mit Maria, der Mutter des Herrn

Mittwoch, 18. August

Mt 20,1–16. **Das Gleichnis vom großzügigen Gutsbesitzer**

Das von Matthäus überlieferte Gleichnis musste den Zuhörern Jesu sehr eigenartig erscheinen, da es Gott scheinbar als ungerechten Herrn beschreibt. Seine Sorge richtet sich auf die vielen Arbeitslosen, sodass er sein Ackerland einsetzt, um allen eine Arbeit zu geben. Daher lädt er zu jeder Stunde des Tages und des Lebens zum Arbeiten ein und gibt dann allen denselben Lohn. Hier zeigt sich die Distanz zwischen dem Denken Jesu und dem der Menschen, zwischen seiner Güte und unseren berechnenden Interessen. Bei diesem Gleichnis geht es Jesus nicht um eine Unterweisung über soziale Gerechtigkeit, er möchte vielmehr über einen außergewöhnlichen Vater und seine Güte, seine Langmut und seine Barmherzigkeit sprechen, die das gewöhnliche Empfinden der Menschen übersteigen. Dieser Unterschied ist so groß wie der Abstand zwischen Himmel und Erde, wie Jesaja schreibt. Güte und Barmherzigkeit rufen leider auch heute immer wieder Murren und Anstoß hervor. Dabei verteilt Gott seinen Lohn nicht nach Lust und Laune, indem er ohne irgendwelche Maßstäbe dem einem mehr und dem anderen weniger gibt. Gott handelt nicht ungerecht – es ist seine Barmherzigkeit, die keine Grenzen kennt. Allen gibt er nach ihrem Bedürfnis und nicht nach geleisteter Arbeit. Die Gerechtigkeit Gottes handelt nicht nach einem abstrakten Gleichheitsprinzip, sie orientiert sich am Bedürfnis seiner Kinder und vor allem an seinem alle Maße übersteigendem Mitleid. Darin liegt eine tiefe Weisheit. Der Lohn für alle Arbeiter kann nicht in Quantität berechnet werden, sie bemisst sich vielmehr nach seiner Liebe zu allen. Der Lohn ist für alle gleich: Er bedeutet, in seinem Weinberg arbeiten zu können, egal ob seit längerer oder kürzerer Zeit.

Gebet mit den Heiligen

Donnerstag, 19. August

Mt 22,1–14. **Das Gleichnis vom Hochzeitsmahl**

Der Herr lehrt weiterhin in Form von Gleichnissen. Dies tut er häufig, denn durch konkrete Bilder aus dem Alltagsleben sollen die Menschen das Geheimnis der göttlichen Liebe deutlicher erkennen. Jesus spricht über einen König, der die Hochzeit seines Sohnes feiert.

Eigentlich möchte er über die letzte Bestimmung aller Völker der Erde sprechen. Er beschreibt Gott, wie er für alle seine Kinder ein Fest vorbereitet. Alle sollen gemeinsam mit ihm an einem Tisch sitzen und sich auf ewig an einem Leben in Fülle erfreuen. Wahrscheinlich war dies eines der Bilder, die Jesus bevorzugte, wenn er die Fülle des Reiches beschreiben wollte. Dabei brachte er dies nicht nur durch Worte zum Ausdruck. Er setzte sich auch mit allen zu Tisch und brach das Brot, um ein konkretes Zeichen für die Liebe Gottes zu setzen. Diese Einladung richtet der König weiterhin an alle Völker und an jeden Menschen. Leider schlagen auch heute viele diese Einladung aus. Doch der König gibt nicht auf und klopft weiter an die Tür unserer Herzen. Er schickt weitere Diener. Die Geschichte aus dem Gleichnis wiederholt sich, wenn viele sich weigern, ob gläubig oder nichtgläubig, sich am Aufbau einer gerechteren und geschwisterlichen Welt zu beteiligen. Der König gibt jedoch immer noch nicht auf und sendet seine Diener „an die Kreuzungen der Straßen“, um die Armen und alle einzuladen, die niemand zu sich einladen würde. Nun wird die Einladung angenommen, der Saal fühlt sich mit Gästen. Wir haben den Höhepunkt der Menschheitsgeschichte erreicht. Der Evangelist merkt an, dass diese Einladung an die Guten und auch an die Schlechten erging. Scheinbar interessiert es Gott nicht, wie wir sind. An anderen Stellen des Evangeliums heißt es, dass die Armen und Sünder, die Dirnen und Zöllner vor den Gerechten ins Reich Gottes kommen. Im Saal kann man auf den ersten Blick nicht unterscheiden, wer heilig und wer Sünder ist, wer rein und unrein ist. Der König kennt aber das Herz der Menschen und sieht, ob wir das Hochzeitsgewand, das Gewand der Barmherzigkeit tragen. Alle müssen sich mit diesem Gewand bekleiden und daran denken, dass die Barmherzigkeit viele Sünden zudeckt. Der Herr selbst schenkt uns dieses Gewand, oder vielmehr bekleidet er uns damit, wenn wir ankommen. Wer das Gewand nicht trägt, lehnt die Liebe Gottes ab, und das macht das Leben schon jetzt zur Hölle. Dagegen öffnen Liebe und Barmherzigkeit schon hier auf Erden die Türen zum Himmel.

Gebet für die Kirche

Freitag, 20. August

Mt 22,34–40. **Welches Gebot im Gesetz ist das Wichtigste?**

Ein Gesetzeslehrer und Experte der Bibel kommt zu Jesus und fragt: „Meister, welches Gebot im Gesetz ist das wichtigste?“ Die Frage nimmt Bezug auf einige damalige Debatten der religiösen Gruppierungen im Judentum, die bei den Geboten weniger wichtige und wichtige unterschieden. 613 Vorschriften waren festgesetzt worden, 365 Verbote und 248 Gebote. Es war eine Unmenge von Anweisungen. Allerdings waren nicht alle von gleicher Bedeutung. Für das Leben eines normalen Gläubigen war das jedoch keine Hilfe. Jesus erinnert an das Buch Deuteronomium und zitiert zunächst das Liebesgebot: „Höre, Israel! Der Herr, unser Gott, der Herr ist einzig. Darum sollst du den Herrn, deinen Gott, lieben mit ganzem Herzen, mit ganzer Seele und mit ganzer Kraft“ (Dtn 6,4–5). Er betont den absoluten Vorrang der Gottesliebe vor allem anderen. Zu diesem ersten Gebot fügt er ein weiteres aus dem Buch Levitikus (Lev 19,18) hinzu: „Ebenso wichtig ist das zweite: Du sollst deinen Nächsten lieben wie dich selbst.“ Die Originalität der Antwort Jesu besteht nicht darin, einfach an beide Gebote zu erinnern, sondern sie so eng miteinander in Verbindung zu bringen, dass sie eine Einheit bilden. Mit der Vollmacht des Gottessohnes stellt Jesus das Gebot der Nächstenliebe auf dieselbe Ebene wie das erste und wichtigste Gebot über die ganzheitliche und vollkommene Gottesliebe. Mit dieser Antwort an den Pharisäer weist Jesus darauf hin, dass der Weg zu Gott unbedingt über den Weg zum Menschen führt. In gewisser Weise hat Jesus als Erster dieses Doppelgebot gelebt. Er ist in dieser Hinsicht das wichtigste Vorbild, auf das wir schauen müssen. Der Liebe zum Vater hat Jesus nichts vorgezogen, nicht einmal sein eigenes Leben. Alles hat er aus Liebe zu den Menschen hingeben, auch sein Leben. Johannes, der Lieblingsjünger, geht sogar so weit, dass er sagt, dass „wir aus dem Tod in das Leben hinübergegangen sind, weil wir die Brüder lieben“ (1 Joh 3,14). Gott scheint auch nicht mit der Liebe zu den Menschen wetteifern zu wollen. Jesus fordert nicht: „Liebt mich, wie ich euch geliebt habe“, sondern: „Liebt einander, wie ich euch geliebt habe“.

Gebet des heiligen Kreuzes

Samstag, 21. August

Mt 23,1–12. **Sie tun nicht, was sie sagen**

Jesus ist im Tempel, wo er zum letzten Mal zur Menge spricht. Einerseits weist er die Schriftgelehrten und die Pharisäer harsch zurecht und andererseits mahnt er die Menschen, sich nicht von ihrer Predigt täuschen zu lassen. Jesus stellt ihre Lehre nicht infrage, denn er sagt sogar, dass sie richtig ist und eingehalten werden muss. Dagegen lehnt er ihr von einer leeren und kalten Religiosität geprägtes Verhalten ab, das nur aus äußerlichen Praktiken besteht und sich vom Wesen des Bundes mit Gott, der auf die Barmherzigkeit gegründet ist, entfernt hat. „Denn sie reden nur, tun es aber nicht“, während sie den Menschen Lasten von Verhaltensregeln auf die Schultern legen. Die zur Schau gestellte Äußerlichkeit macht die innere Bedeutung der Worte zunichte, die auf die Offenbarung Gottes verweisen. Ähnliche Erwägungen sind über die Unsitte anzustellen, bei Festmählern die Ehrenplätze und in den Synagogen die vordersten Sitze zu beanspruchen. Direkt an die Jünger gewandt lehnt Jesus schließlich akademische und offizielle Titel ab, mit denen sich Schriftgelehrte und Priester vom Volk und von ihren Schülern ansprechen ließen. Jesus stellt den bekanntesten dieser Titel heraus: Rabbi, das heißt Meister. Auch in diesem Fall lehnt Jesus die Sendung zur Lehre nicht ab. Doch er betont die Einzigartigkeit seines Wortes. Der einzige Meister ist der Herr: Unser Glaube ist die Frucht seines Wortes. Das Evangelium und nicht unsere eigenen Worte oder Pläne besitzt Vollmacht über unser Leben. Die Versuchung der Schriftgelehrten und Pharisäer besteht darin, auch das Wort Gottes so zurechtzubiegen, dass es ihren Absichten und Denkweisen entspricht. Darin liegt die Versuchung, das Evangelium auf unsere Gewohnheiten und die Traditionen der Welt zu reduzieren. Wenn die einzige Vollmacht in der Gemeinde der Herr und sein Wort sind, wird der Schlusssatz dieses Evangeliums verständlich: „Der Größte von euch soll euer Diener sein." Die Vollmacht gehört zum Leben der Gemeinde. Sie ist jedoch als Dienst am Evangelium zu verstehen. Wer in der Gemeinde groß sein will, muss als Erster auf das Evangelium hören und danach leben.

Gebet der Vigil

Sonntag, 22. August: 21. Sonntag im Jahreskreis

Gedenktag Maria Königin

Jos 24,1–2a.15–17.18b; Ps 34; Eph 5,21–32; Joh 6,60–69

„Diese Rede ist hart. Wer kann sie hören?" Die Rede Jesu forderte die Zuhörer zu einer Entscheidung auf: ob sie bei Jesus bleiben wollen oder nicht. In der Synagoge von Kafarnaum wiederholt sich aufs Neue und auf ebenso radikale Weise das, was mit dem Volk Israel geschah, als es nach Sichem, mitten in das gelobte Land, kam, wo sich ein dem Gedenken an die Patriarchen gewidmetes Nationalheiligtum befand. Josua versammelte alle Stämme und sagte zu ihnen: „Entscheidet euch heute, wem ihr dienen wollt", den Göttern der Heiden oder dem Gott, der euch aus dem Sklavenhaus Ägypten herausgeführt hat. Es ging hier für Israel um eine grundlegende Entscheidung, während es sich anschickte, das ihm von Gott geschenkte Land einzunehmen.
Anders verhielten sich die Jünger Jesu in der Synagoge von Kafarnaum: „Daraufhin zogen sich viele seiner Jünger zurück und gingen nicht mehr mit ihm umher", stellt der Evangelist traurig fest. Als Jesus sieht, dass sich die Zuhörerschaft verringert, wendet er sich an die Zwölf – diesen Begriff verwendet das vierte Evangelium hier zum ersten Mal – und fragt sie: „Wollt auch ihr weggehen?" Es ist eine Frage voller Liebe, auf die wir eine Antwort geben müssen. Jesus fürchtet sich nicht, allein zu bleiben, auch wenn er leidet, denn er vertraut auf das Wort, das der Vater an ihn gerichtet hat, auf die Verheißung

Gottes, die nicht zurückgenommen wird. Die Zahl der anderen kann abnehmen, doch Gott bleibt treu! Jesus sucht keinen Erfolg. Er sucht Liebe im Herzen eines jeden, sei es auch nur ein wenig Liebe, doch diese kann das ganze Leben verwandeln. „Wollt auch ihr weggehen?“ – diese Frage stellt uns Jesus, während er uns die Hand reicht in einem Armen, einem Kranken, einem alten Menschen, einem Flüchtling, in einer Person, von der man sich leichtfertig abwendet. „Wollt auch ihr weggehen?“ Diese Frage müssen wir uns immer stellen, wenn wir das Evangelium hören. Im Namen aller ergreift Petrus das Wort: „Herr, zu wem sollen wir gehen? Du hast Worte des ewigen Lebens.“ Wenn wir uns der Eucharistie nähern, kommen wir zu Jesus, zu diesem Brot, das sein Leib, und zu diesem Wein, der sein Blut ist, das für uns und alle vergossen wurde. Dieses sonntägliche Gedenken, bei dem wir immer zum Altar hintreten, lässt uns seine Liebe leben, damit wir nicht nur für uns selbst leben. Bleiben deshalb auch wir heute bei ihm und folgen wir ihm nach. Vielleicht haben wir wie auch diese Jünger nicht alles verstanden, doch das eine haben wir erkannt, dass seine Liebe einzigartig ist. Petrus und die anderen Elf sind ihm weiter nachgefolgt, haben auf ihn gehört und ihn geliebt, wie es in ihren Kräften stand. Ihre Schwächen und ihre Hartherzigkeit sind nicht verschwunden. Denn das Heil des Jüngers liegt nie darin, keine Fehler und keine Schuld zu haben, sondern allein in der Nachfolge Jesu. Daher antworten auch wir wie Petrus: „Herr, zu wem sollen wir gehen? Du hast Worte des ewigen Lebens.“

Gebet am Tag des Herrn

Montag, 23. August

Mt 23,13–22. **Sieben Weherufe gegen die Schriftgelehrten und Pharisäer**

Dieser Abschnitt gehört zu den letzten Reden Jesu im Evangelium vor der Leidensgeschichte und überliefert einige Schmähworte gegen die Pharisäer. Was hat es zu bedeuten, dass Jesus jemanden schmäht?

Diese Worte wenden sich nicht gegen Personen, sondern gegen ihr Verhalten. Als guter Hirte, der das Heil der Schafe sucht, wendet sich Jesus auch mit eindringlichen Worten an die Pharisäer, um ihnen zu helfen, ihr Leben zu ändern. Die strengen Mahnworte sind Teil seines pastoralen Einsatzes. Das „Weh euch“ ist daher nicht so sehr als Drohung anzusehen, sondern vielmehr als Mahnruf, damit sie nicht im Irrtum verharren. Siebenmal heißt es „Weh euch!“ Man könnte das so verstehen: „Achtet darauf, wie ihr lebt!“ Jesus ist ganz anders als die Meister, die streng und unversöhnlich ermahnen, verurteilen und richten und die jeden kleinen Splitter finden, dabei jedoch den anderen unerträgliche Lasten auferlegen, ohne selbst auch nur einen Finger rühren zu wollen. Durch ihre Urteilssprüche legen sie die Sünde offen, helfen den Menschen aber nicht, ihr Leben und Verhalten zu verändern. Es interessiert sie auch gar nicht, dass dies geschieht. Die Pharisäer aller Zeiten und Generationen lieben Gesetze, Regeln und Gewohnheiten, aber nicht den Menschen. Die wahre Liebe zum Menschen vermeidet Berechnungen, fordert Barmherzigkeit und schafft eine Verbundenheit der Liebe und eines gemeinsamen Schicksals mit ihnen. Jesus spricht harte Worte gegenüber denen aus, die sich gerecht fühlen, in der Hoffnung ihnen endlich helfen zu können, damit sie diejenigen sehen und denen zuhören, die Hilfe und Unterstützung brauchen. Das „Weh euch!“ ist der äußerste Versuch Jesu, denen dieses Verhalten bewusst zu machen, die misstrauisch sind, die sich verschließen und meinen, das Böse sei bei den anderen zu finden und nicht auch bei sich selbst. Wir alle sollten diese Mahnungen Jesu ernst nehmen und vor allem als seinen äußersten Versuch begreifen, dass wir zur Besinnung kommen! Wir müssen mithelfen, dass diese mahnenden Worte Jesu die Herzen derer berühren, die sich für gerecht halten und mit sich im Reinen sind in der Überzeugung, saubere Hände zu haben, während sie doch wie getünchte Gräber den Tod in ihrem Inneren verbergen. Jesus möchte, dass wir vom Bösen befreit werden. Allein eine starke und leidenschaftliche Liebe kann das Böse erkennen und seine Fesseln lösen, damit wir auf dem Weg des Evangeliums gehen.

Gebet für die Armen

Dienstag, 24. August

Fest des Apostels Bartholomäus aus Kana in Galiläa. Sein Grab befindet sich in Rom in der Basilika San Bartolomeo auf der Tiberinsel, die zum Ort des Gedenkens an die „neuen Märtyrer" geworden ist. Gedenken an Jerry Essan Masslo, der als Flüchtling aus Südafrika nach Italien kam, bei der Gemeinschaft Sant'Egidio Aufnahme fand und 1989 von Verbrechern ermordet wurde. Mit ihm denken wir an alle Flüchtlinge.

Joh 1,45–51. **Die Berufung Natanaëls**

Die Kirche feiert heute das Fest des Apostels Bartholomäus, dessen sterbliche Überreste in Rom in der ihm geweihten Kirche auf der Tiberinsel aufbewahrt werden, die zur Gedenkstätte für die neuen Märtyrer des 20. und 21. Jahrhunderts geworden ist und der Obhut der Gemeinschaft Sant'Egidio anvertraut wurde. In dieser Basilika wird das Gedenken des Apostels gemeinsam mit dem Gedenken an die vielen Glaubenszeugen gepflegt, die in unserer Zeit in allen Teilen der Welt weiterhin ihr Leben für das Evangelium hingeben. Die Überlieferung will, dass Bartholomäus das Evangelium bis nach Armenien gebracht und dabei das Gebiet Syriens und des heutigen Iraks durchquert hat, das auch in unseren Tagen vom Leid vieler um ihres Glaubens willen verfolgten Christen geprägt ist. Jetzt verstehen wir besser, was Jesus zu Bartholomäus sagte, den die Tradition mit dem Natanaël aus diesem ersten Kapitel des Johannesevangeliums identifiziert: „Du wirst noch Größeres als dieses sehen." Es gibt immer die größere Liebe, die der Herr uns erweist und lehrt, indem er zuerst sein eigenes Leben hingibt. Wir sind Zeugen dieser Liebe. Dieses Zeugnis wird von Herz zu Herz weitergegeben. So hat es damals Philippus mit Natanaël getan und ihm erzählt, dass er den gefunden hat, „über den Mose im Gesetz und auch die Propheten geschrieben haben: Jesus, den Sohn Josefs, aus Nazaret." Natanaël antwortet ihm mit einem recht schlimmen Vorurteil: „Kann aus Nazaret etwas Gutes kommen?" Das ist ein Vorbehalt gegen alles, was von außen kommt, was nicht von mir handelt, was nicht mein eigenes „Ich" in den Mittelpunkt von allem stellt. Wie oft sind auch wir durch Vorurteile verhärtet. Wir klammern uns an beschränkte Sichtweisen und erfassen nicht den großen Plan Gottes für die Welt. Als Jesus Natanaël kommen sieht, ruft er aus: „Sieh, ein echter Israelit, an dem kein Falsch ist." Diese Worte berühren Natanaël-Bartholomäus, er fühlt sich geliebt und erkennt Jesus als den Herrn des Lebens und der Geschichte an. Dieses Bekenntnis hat Natanaël veranlasst, Jesus sein Leben lang nachzufolgen. Wenn wir das Wort hören und darauf vertrauen, werden wir zu Zeugen eines größeren Lebens und der Vision von einem Himmel, der sich über der Erde öffnet und aus dem die Engel Gottes auf- und niedersteigen, um die Menschen zu begleiten.

Gebet mit den Aposteln

Mittwoch, 25. August

Mt 23,27–32. **Übertünchte Gräber**

Mit dem sechsten und siebten „Weh euch" kommt der heftige Protest Jesu gegen die Schriftgelehrten und Pharisäer zum Abschluss. Er vergleicht sie mit Gräbern, die außen weiß angestrichen, „innen aber voll sind von Knochen der Toten und aller Unreinheit". Das Bild ändert sich, das allerdings realistisch ist, da die Gräber im Orient noch heute mit Kalk weiß angestrichen werden. Doch die Anklage gegen die Heuchelei geht weiter, die die innerliche Verderbtheit verstärkt, die Matthäus als Unreinheit bezeichnet. Das pharisäische Denken führt dazu, äußerliche Praktiken, Rituale und Traditionen äußerst genau einzuhalten, doch im Herzen ohne Mitleid und Barmherzigkeit zu leben. Heuchelei entfernt von Gott. Krass ist der Gegensatz zwischen einer übertriebenen Befolgung der rituellen Vorschriften und einer vollkommenen Vernachlässigung der moralischen und solidarischen Pflichten, die das Leben des Gläubigen kennzeichnen sollten. Diese mahnenden Worte wenden sich an alle, nicht nur an die Pharisäer. Das siebte Wehe bezieht sich auf die Verehrung der Propheten und der Gerechten, die die Schriftgelehrten und Pharisäer zum Ausdruck bringen, indem sie für diese Gräber und Denkmäler bauen. Doch diese Propheten wurden in Wahrheit von denen getötet, die dieselben Verhaltensweisen wie die Pharisäer an den Tag legten. In dieser Hinsicht sind sie Söhne ihrer Väter: durch ihr Verhalten töten sie die Prophetie. Es wird nicht verurteilt, dass die Gräber verehrt werden, sondern dass diejenigen nachgeahmt werden, die die Propheten getötet haben. Der Evangelist macht die Christen darauf aufmerksam, damit sie sich vor diesem pharisäischen Denken hüten, das Wert legt auf äußerliche und organisatorische oder jedenfalls oberflächliche Aspekte, während das Zentrum des Glaubens vergessen und die prophetische Dimension der Kirche beseitigt wird. Dadurch kann das Evangelium der Liebe nicht zum Herzen des Menschen gelangen. So wird Jesus nochmals draußen vor der Stadt, außerhalb von Jerusalem zu Tode gebracht.

Gebet mit den Heiligen

Donnerstag, 26. August

Mt 24,42–51. **Darum haltet auch ihr euch bereit**

„Seid also wachsam! Denn ihr wisst nicht, an welchem Tag euer Herr kommt." Das ist ein deutlicher Aufruf. Wachsamkeit ist auch nötig, um die Zeichen der Zeit zu erkennen, die uns der Herr sendet. Wachsamkeit ist eine tägliche Haltung und ein zentraler Bestandteil des Glaubens, denn der Herr kommt auch weiterhin auf vielerlei Weise zu uns. Wachsamkeit bedeutet für den Jünger, dass er das Verhalten des Hausherrn nachahmt, der nicht weiß, wann der Dieb kommt, und der deshalb aufmerksam darauf achtet, dass sein Haus nicht unbewacht bleibt. Jeder Christ ist aufgerufen, für das Leben des „Hauses" Verantwortung zu übernehmen, für die Gemeinschaft des Herrn. Um dies noch mehr zu verdeutlichen, führt Jesus das Gleichnis vom „treuen und klugen Knecht" an. So soll sich jeder Jünger verhalten, denn ihm ist die Aufgabe anvertraut, über das Haus und seine Bewohner zu wachen. Jeder Jünger ist auch der Hüter des Hauses. Die Wachsamkeit, von der Jesus spricht, ist die aufmerksame und tatkräftige Treue zur Berufung, die der Herr uns anvertraut hat. Es geht darum, das ganze Haus zu bewachen und sowohl die Haltung von jemandem zu vermeiden, der die Rolle des Hausherrn einnehmen will, als auch die Haltung desjenigen, der sich der Faulheit und der Verantwortungslosigkeit hingibt in der Überzeugung, dass sich immer jemand anderes kümmern muss. Jeder Gläubige ist immer auch Hüter aller anderen. Diese Sendung vertraut Jesus allen Jüngern an; sie muss zur persönlichen Verantwortung werden. Selig sind wir, wenn wir unser Herz für die wachsame Liebe öffnen, die alle aufnimmt, behütet und beschützt.

Gebet für die Kirche

Freitag, 27. August

Die syrische Kirche feiert das Gedenken an Zachäus, der auf einen Baum stieg, um den Herrn zu sehen und dem die Bekehrung des Herzens geschenkt wurde.

Lk 19,1–10. **Zachäus**

Heute gedenkt die Kirche des Zöllners Zachäus, der Jesus in seinem Haus aufnahm. Als Jesus durch die Straßen von Jericho ging, so schreibt der Evangelist Lukas, sah er nach oben und erblickte Zachäus, der auf einen Baum geklettert war, weil er klein von Gestalt war. Als Jesus ihn sieht, ruft er ihn sofort beim Namen. Er ist wirklich der gute Hirte, der gekommen ist, um die Menschen aus einem traurigen und gewalttätigen Leben zu befreien. In unserer anonymen Massengesellschaft ist dieses pastorale und direkte Verhalten Jesu für uns eine wichtige Lehre. Stellen wir uns das Staunen des Zachäus vor, als Jesus ihn ruft. Er war ein Zöllner, also ein Sünder, und doch spricht Jesus ihn persönlich mit seinem Namen an. Er war es, der Jesus sehen wollte. Doch Jesus will ihn nicht nur sehen, er will noch mehr, er will ihn lieben, besuchen und sein Herz und sein Leben verwandeln. Auf Jesu Aufforderung hin steigt Zachäus eilig herab und nimmt ihn voll Freude in seinem Haus auf. Dieses Mal geht der reiche Mann – Zachäus – bei der Einladung Jesu nicht traurig weg wie der Jüngling, der an seinem Reichtum hing und deshalb lieber wegging. Die Begegnung verwandelt Zachäus. Er ist jetzt ein glücklicher Mensch mit einem neuen Herzen. Denn am Ende der Begegnung mit Jesus beschließt Zachäus, alles zurückzugeben, was er gestohlen hatte, und die Hälfte seines Vermögens den Armen zu schenken. Damit beginnt seine Bekehrung. Er ist nicht mehr derselbe wie vorher. Zachäus legt seinen eigenen Maßstab fest und handelt danach. Er sagt nämlich nicht: „Ich gebe alles", sondern: „Ich gebe die Hälfte". Heute lädt uns Zachäus ein, die Entscheidungen, die wir treffen müssen, nicht aufzuschieben, nicht in Resignation zu verfallen und nicht zu denken, dass sich die Welt ohnehin niemals ändern wird.

Gebet des heiligen Kreuzes

Samstag, 28. August

Gedenktag des heiligen Augustinus († 430); er war Bischof von Hippo im heutigen Algerien und Kirchenlehrer.

Mt 25,14–30. **Das Gleichnis von den Talenten**

Jesus vergleicht das Himmelreich mit einem Herrn, der seinen Dienern sein Vermögen anvertraut, dem ersten fünf Talente, dem zweiten zwei und dem dritten eines. Zwischen Abreise und Rückkehr des Herrn sollen die Diener diese Talente verwalten. Dabei sind sie nicht deren Besitzer, sondern eben Verwalter. Daher sollen sie die Talente nicht einfach nur aufbewahren, sondern mit ihnen wirtschaften. Dieses Gleichnis geht über das vom treuen Knecht hinaus. Es genügt nicht, eine klar umrissene, vom Herrn anvertraute Aufgabe auszuführen. Vielmehr soll man sich anstrengen, damit das anvertraute Vermögen vermehrt wird. Der erste Diener mit den fünf Talenten beginnt mit der Arbeit und verdoppelt das Guthaben, indem er damit „wirtschaftet". Ebenso handelt der zweite mit den zwei erhaltenen Talenten. Der dritte gräbt dagegen ein Loch in den Boden und versteckt darin das einzige Talent, das er bekommen hat. Dieses Talent oder diese Talente sind das Evangelium: Es wurde unserer Verantwortung anvertraut, damit es Frucht bringt. Es wird „jedem nach seinen Fähigkeiten" gegeben, schreibt der Evangelist. Kein Jünger kann Entschuldigungen vorbringen (beispielsweise die Mentalität, den Charakter, die körperliche Verfassung) für die Unfähigkeit, das Evangelium weiterzugeben. Denn das tun wir nicht aufgrund eigener Initiative. Der Herr hat es uns geschenkt gemeinsam mit der Kraft, es weiterzugeben. Wenn man das Evangelium im Boden versteckt, dann verschließt man es im Grunde genommen im kleinen Loch unseres Egoismus und beschränkt es auf unsere kleinen Sichtweisen. Die Angst vor dem Herrn verbirgt in Wahrheit die Furcht davor, die eigene Ruhe zu verlieren. Dadurch wird die missionarische Kraft vergraben, die im Evangelium enthalten ist. Jesus deckt diese Doppeldeutigkeit auf. Jenem Diener fehlt es nicht am Talent, vielmehr fehlt ihm das Vertrauen, dass dieses Talent, das Evangelium, Frucht bringen kann. Die ersten beiden Diener haben trotz ihrer verschiedenen Fähigkeiten den gerechten Lohn für ihren großzügigen Gehorsam erhalten.

Gebet der Vigil

Sonntag, 29. August: 22. Sonntag im Jahreskreis

Gedenktag des Martyriums von Johannes dem Täufer, der dem Herrn auf seinem Weg voranging.

Dtn 4,1–2.6–8; Ps 15; Jak 1,17–18.21b–22.27; Mk 7,1–8.14–15.21–23

„Ein reiner und makelloser Gottesdienst ist es vor Gott, dem Vater: für Waisen und Witwen in ihrer Not zu sorgen und sich unbefleckt von der Welt zu bewahren." Diese Worte aus dem Brief des Apostels Jakobus, dessen fortlaufende Lektüre heute beginnt, führen uns in das Evangelium ein, das am heutigen Sonntag verkündet wird. Einige Schriftgelehrte und Pharisäer sehen, dass die Jünger Jesu die Reinigungsvor-

schriften vor dem Essen nicht einhalten und fühlen sich berechtigt, Kritik an ihnen zu üben.
Jesus greift die Worte des Propheten Jesaja auf (Jes 29,13), weist auf den Sinn des Gesetzes hin und geht auf die Kritik an den fehlenden Reinigungsritualen ein. Er verdeutlicht, was wirklich unrein und somit vor Gott nicht angemessen ist. Die Unreinheit bezieht sich nicht auf Dinge, sondern auf das Herz des Menschen: „Denn von innen, aus dem Herzen der Menschen, kommen die bösen Gedanken, Unzucht, Diebstahl, Mord, Ehebruch, Habgier, Bosheit, Hinterlist, Ausschweifung, Neid, Lästerung, Hochmut und Unvernunft." Damit stellt Jesus klar, dass das Böse nicht zufällig entsteht. Es besitzt einen Nährboden, nämlich das Herz, und Arbeiter, die diesen Boden bestellen, nämlich die Menschen.
Wir Männer und Frauen sind für die Bitterkeit dieser Welt verantwortlich, der eine mehr, der andere weniger – niemand kann sich davon freisprechen. Zu oft wird das Herz vernachlässigt in der Überzeugung, es käme vor allem darauf an, Strukturen oder Gesetze zu verändern. Natürlich muss auch das getan werden. Doch der Schauplatz des Kampfes gegen das Böse ist das Herz. Hier werden die Schlachten geschlagen, die die Welt wirklich verändern. Mithin ist das Herz immer der Ort, an dem der gute Same des Evangeliums ausgesät werden muss und aus dem die Früchte der Solidarität, der Freundschaft, der Geduld, der Demut, des Mitleids, der Barmherzigkeit und der Vergebung hervorgehen. Denken wir an das bekannte Gleichnis vom Sämann, der früh am Morgen hinausging, um zu säen. Noch heute geht jener Sämann treu und großzügig hinaus und streut sein Saatgut im Überfluss in die Herzen der Menschen. Wir haben die Aufgabe, dieses Wort aufzunehmen und wachsen zu lassen, damit es nicht durch unsere Schwerfälligkeit erstickt wird, sondern Frucht bringen kann. Gleichsam um die Worte Jesu zu kommentieren, erklärt der Apostel Jakobus: „Nehmt in Sanftmut das Wort an, das in euch eingepflanzt worden ist und die Macht hat, euch zu retten! Werdet aber Täter des Wortes und nicht nur Hörer, sonst betrügt ihr euch selbst!"

Gebet am Tag des Herrn

Montag, 30. August

Lk 4,16–30. **Jesus in Nazaret**

Mit diesem Abschnitt des Evangeliums beginnt die fortlaufende Lektüre des Lukasevangeliums, die uns bis zum Ende des Kirchenjahrs begleiten wird. Er handelt von der ersten öffentlichen Predigt Jesu in Nazaret. Mit vielen Details beschreibt Lukas das gesamte Geschehen in der Synagoge, damit wir die Szene gleichsam selbst erleben können. Es ist Sabbat, und Jesus kommt zum Gebet in die Synagoge. Nicht zum ersten Mal kommt er hierher. Der Evangelist weist darauf hin, dass er dies „wie gewohnt" tat. Er liest den Abschnitt aus dem Buch des Propheten Jesaja, in dem von der Befreiung der Gefangenen, vom Augenlicht für die Blinden und von der Evangelisierung der Armen die Rede ist. Diese frohe Botschaft hatte Jesaja verkündet. Nachdem Jesus die Buchrolle geschlossen hat, beginnt er seine erste Predigt mit einem Adverb: „Heute hat sich das Schriftwort, das ihr eben gehört habt, erfüllt." Jesus interpretiert das Prophetenwort in der Geschichte, im „Heute". Gottes Wort ist keine abstrakte Rede, kein auswendig zu lernendes Lehrgebäude, keine moralische Norm, die umzusetzen wäre. Es ist viel mehr. Dieses Wort tritt in die Menschheitsgeschichte ein, um sie mit seiner Kraft zu formen. Das Wort ist schöpferisch, wie zu Beginn bei der Schöpfung. Es aufzunehmen bedeutet, sich Fragen stellen zu lassen, sich beunruhigen und verwandeln zu lassen. Jesus sagt, dass sich dieses Wort des Jesaja endlich in ihrer Mitte erfüllt hat. Als die Zuhörer die Predigt Jesu hören, ist ihre Reaktion anfangs zustimmend: „Sie staunten" über seine Weisheit. Doch dieses Staunen erwuchs mehr aus einem ethnischen Denken als aus einer wahren Bewunderung. Das Evangelium verlangt im übrigen auch weder Staunen noch Bewunderung. Es fordert die Veränderung des Herzens. Traurig sagt Jesus dazu: „Kein Prophet wird in seiner Heimat anerkannt." Der Unglaube der Menschen besteht in der Weigerung, Gott sprechen und auf menschliche Weise im Alltag wirken zu lassen. Sie wollen nicht glauben, dass sich die Welt und das Leben verändern können. Jesus hat ein „Gnadenjahr" ausgerufen, den Beginn einer neuen Zeit. Es ist die

Zeit Gottes, die heute schon im Herzen eines jeden Menschen anfängt, der sein Wort aufnimmt.

Gebet für die Armen

Dienstag, 31. August

Gedenken an Josef von Arimathäa und an Nikodemus, einen Jünger Jesu, der „auf das Reich Gottes wartete".

Mt 27,57–61. **Das Begräbnis**

Heute erinnert die Kirche an Josef von Arimathäa, ein „vornehmes Mitglied des Hohen Rats, der auch auf das Reich Gottes wartete" (Mk 15,43). Er wird bei allen vier Evangelisten am Ende der Leidensgeschichte erwähnt. Sie alle betonen, dass er ein Jünger Jesu geworden war, aber aus Furcht vor den anderen Ratsmitgliedern nur heimlich. Doch es kam der Augenblick, sich öffentlich zu zeigen, und zwar im Moment des Todes Jesu, als alle Jünger ihren Meister allein gelassen hatten. In jenem Moment, in dem mit dem Tod Jesu alles zu Ende zu sein scheint, findet Josef hingegen den Mut, zu Pilatus zu gehen und um den Leichnam Jesu zu bitten. Pilatus überließ Josef den Leichnam – merkt Matthäus an – und er „hüllte ihn in ein reines Leinentuch. Dann legte er ihn in ein neues Grab". Wir können uns fragen, woher Josef diesen Mut nahm. Wir kennen die Antwort nicht. Was jedoch deutlich wird, ist die Tatsache, dass das Böse, das bisher ungehindert seinen Lauf genommen hat, nun auf einen guten Menschen trifft, der sich seiner unangefochtenen Macht widersetzt. Die Barmherzigkeit des Josef von Arimathäa steht im Gegensatz zur Flucht und zum Rückzug der Jünger. Der Tod Jesu war nicht vergebens: In Josef trug er erste Früchte. Ein guter Mensch fand den Mut, sich dem Bösen in den Weg zu stellen und bewies die Kraft der Barmherzigkeit, die auch die Herzen der Ängstlichsten bewegt. An diesem Freitagabend, als die Nacht alles zu verschlingen schien, zeigte Josef die Kraft der Liebe. Er nahm den Leichnam Jesu und legte ihn in ein neues Grab, das gerade auf Golgota gegraben worden war. Es war ein neues Grab, um gleichsam darauf hinzuweisen, dass Jesus, der als Erster in dieses neue Grab hinabstieg, zum Erstgeborenen der Toten und zum Erstgeborenen der Auferstehung wurde.

Gebet mit Maria, der Mutter des Herrn

Mittwoch, 1. September

Gedenktag des heiligen Ägidius. Er war ein Mönch aus dem Osten, der in den Westen kam, in Frankreich lebte und Vater vieler Mönche wurde. Der Name der Gemeinschaft Sant'Egidio geht auf die ihm geweihte Kirche in Rom zurück.
Gedenken an den Ausbruch des Zweiten Weltkriegs und Gebet für das Ende aller Kriege.
Für die orthodoxe Kirche beginnt das Kirchenjahr.
Weltgebetstag für die Bewahrung der Schöpfung.

Lk 4,38–44. **Zahlreiche Heilungen Jesu**

Heute gedenken wir des heiligen Ägidius, eines Mönchs, der von Griechenland auszog, um sich in Südfrankreich niederzulassen. Der Überlieferung zufolge lebte er im 9. Jahrhundert, als die Kirche noch ungeteilt war und zwischen Ost und West ein intensiver Austausch stattfand. Dieses Zeichen wollen wir am heutigen Tag – dem Beginn des orthodoxen Kirchenjahres – aufgreifen, um für die Einheit der Kirche zu beten. Der heilige Mönch Ägidius erinnert daran, dass im Leben aller Jünger Gott den ersten Platz einnehmen muss. Dies hat er getan und ist durch seine Entscheidung nicht allein geblieben. Er wurde zum Vater einer Gemeinschaft von Brüdern und zum Anwalt der Schwachen. Seine von einem Pfeil getroffene Hand, mit dem der König eine Hirschkuh töten wollte, erinnert daran. Der Ort seines Todes liegt am Weg nach Santiago de Compostela, sodass sein Gedenken sich in ganz Europa ausbreiten konnte. Jahrhundertelang wurde sein Name angerufen, um Heilung von vielerlei Formen von Übeln zu erwirken. Die Gemeinschaft Sant'Egidio, die die ihm geweihte Kirche mitten im römischen Viertel Trastevere betreut, ist nach ihm benannt. 1973 wurde diese kleine Kirche zur ersten Niederlassung der Gemeinschaft, wo bis heute das Herz dieser Gemeinschaft schlägt. Das Evangelium des heutigen Tages berichtet vom Beginn des öffentlichen Wirkens Jesu, das von zahlreichen Heilungen gekennzeichnet war. Das Haus in Kafarnaum ist ein Vorbild für jede Gemeinschaft. Jesus bleibt bis zum Ende des Tages im Haus; dann stellt er fest, dass alle ihre Kranken zur Tür dieses Hauses bringen. Das Haus des Petrus war für Jesus zum Zuhause geworden und ist nun ein Ort, zu dem alle hinströmen, denn sie wissen, dass sie Aufnahme dort finden. Das ist die Berufung der Kirche und aller christlichen Gemeinschaften. Diese Erfahrung macht die Gemeinschaft Sant'Egidio seit ihren Anfängen immer wieder: Die Erfahrung einer Tür, wo man anklopfen kann und Trost erhält. So beginnt das öffentliche Wirken Jesu. Der Evangelist gibt auch einen Hinweis auf den Ursprung für die Heilungen: Es ist das Gebet Jesu. „Bei Tagesanbruch", schreibt Lukas, verließ Jesus „die Stadt und ging an einen einsamen Ort", um zu beten. Hieraus erwuchs seine Kraft. Das ist eine große Lehre für jede christliche Gemeinschaft und für jeden von uns. Wenn wir uns im Gebet an den Herrn wenden, empfangen wir von Gott die verwandelnde und heilende Kraft der Liebe. Jesus befreit uns von der Trägheit unserer Gewohnheiten und nimmt uns mit, damit wir überall auf der Welt das Evangelium verkünden und sämtliche Krankheiten und Gebrechen heilen.

Gebet mit den Heiligen

Donnerstag, 2. September

Lk 5,1–11. **Sie ließen alles zurück und folgten ihm nach**

Jesus ist von dem Ort zurückgekehrt, an den er sich zum Gebet zurückgezogen hatte, und steht nun am Ufer des Sees Gennesaret inmitten einer Volksmenge, die ihn von allen Seiten bedrängt, da sie unbedingt seine Lehren hören will und auf eine bessere Zukunft hofft. Das Gedränge ist groß. Um nicht erdrückt zu werden, bittet Jesus Simon, ihn in sein Boot steigen zu lassen und etwas vom Ufer wegzufahren. Vom Boot des Petrus aus lehrt Jesus die Menge. Diese Entscheidung ist natürlich nicht zufällig. Der Evangelist will deutlich machen, dass die Kirche und jede christliche Gemeinschaft durch die Jahrhunderte hindurch die Aufgabe hat, in der Einheit mit Petrus jeder Generation die Lehre Jesu immer wieder neu vorzulegen, damit sie zuhört und umkehrt. Als er seine Rede an die Menschenmenge beendet hat, bittet Jesus Simon, hinaus auf den See zu fahren und die Netze auszuwerfen. Simon und die anderen bei ihm, sind vollkommen überrascht, als sie das hören. Simon gibt zu bedenken: „Meister, wir haben die ganze Nacht gearbeitet und nichts gefangen." Simon war ganz erschöpft. Allerdings war es unvermeidlich, dass der Fischfang erfolglos blieb, solange Jesus nicht bei ihnen war. Das wird Jesus in seiner Rede beim Letzten Abendmahl in aller Deutlichkeit sagen: „Wer in mir bleibt und in wem ich bleibe, der bringt reiche Frucht; denn getrennt von mir könnt ihr nichts vollbringen" (Joh 15,5). Simon hat jedoch schon Vertrauen zu Jesus gefasst und akzeptiert die Aufforderung Jesu. Sogleich fügt er hinzu: „Doch auf dein Wort hin werde ich die Netze auswerfen." So kam es zu dem wunderbaren Fischfang. „Das taten sie", schreibt der Evangelist. Weil sie gehorchen, fangen sie eine große Menge Fische. Die Fische im Netz sind derart zahlreich, dass sie die anderen zu Hilfe rufen müssen. Angesichts dieses Wunders fällt Simon Petrus – der Evangelist fügt hier den neuen Namen „Petrus" hinzu – vor Jesus auf die Knie. Diese Geste ist eine Folge des Staunens, aber vor allem der vertrauensvollen Hingabe. Auch die anderen drei Fischer, Mitarbeiter des Petrus, sind vom Staunen über das Geschehene erfasst. Jesus wendet sich an Simon und sagt, dass er ein Menschenfischer werden wird. Alle vier Fischer lassen die Netze liegen und folgen ihm nach.

Gebet für die Kirche

Freitag, 3. September

Gedenktag des heiligen Gregor des Großen († 604), Papst und Kirchenlehrer.

Lk 5,33–39. **Neuen Wein in neue Schläuche**

Es nähern sich einige Schriftgelehrte und Pharisäer, die Jesus in Verruf bringen wollen: Er hält sich nicht an die vorgesehenen Praktiken und distanziert sich von der Bewegung, die der Täufer ins Leben gerufen hat. Dieser ruft zur Buße, Jesus dagegen zu Festmählern auf. Jesus antwortet mit einer rhetorischen Frage: „Könnt ihr denn die Hochzeitsgäste fasten lassen, solange der Bräutigam bei ihnen ist?" Anlässlich eines Hochzeitsfestes hatten die Menschen nicht nur die Erlaubnis, sondern sogar die Pflicht, das Fasten zu unterbrechen. Bei den Juden hatte eine Hochzeit symbolische Bedeutung, weil sie an die Geschichte Israels mit seinem Volk erinnert, wie einige Propheten erklären. Mit diesem Verweis, den die Zuhörer genau verstehen, vergleicht Jesus seine Zeit auf Erden mit den Festtagen des Bräutigams. Allerdings fügt er in seiner Antwort hinzu, dass eine Zeit kommen wird, da ihnen „der Bräutigam weggenommen sein" wird – hier spielt der Evangelist zum ersten Mal auf Jesu gewaltsamen Tod an. Dann werden seine Jünger schwierige und schmerzliche Zeiten erleben und fasten; dann werden sie gewiss nicht feiern können. Mit zwei weiteren Bildern erläutert er die Neuheit der Frohen Botschaft noch anschaulicher: Die Liebe Jesu beinhaltet eine durchdringende Kraft, die sich nicht durch unsere ichbezogenen und trägen Verhaltensweisen, durch rein äußerliche Denkweisen und Formeln eindämmen lässt, durch die wir zuweilen sogar dem Geist zuwiderhandeln. Gottes Geschenk erfordert immer ein neues Herz, nämlich ein Herz, das umkehrt, und einen Geist, der zuhört und sich von seinem Wort leiten lässt.

Gebet des heiligen Kreuzes

Samstag, 4. September

Gedenken an Mose, der von Gott berufen wurde, das Volk Israel aus der Knechtschaft Ägyptens zu befreien und in das Land der Verheißung zu führen.

Lk 6,1–5. **Die Jünger reißen am Sabbat Ähren ab**

Die jüdischen Bestimmungen erlaubten es nicht, am Sabbat Kornähren zu pflücken und zu essen. Die Pharisäer, die zwar das Gesetz peinlich genau beachten, dabei aber oft das Herz und das Leben der Menschen vergessen, sehen, dass die Jünger Jesu durch ein Getreidefeld gehen und dabei Ähren pflücken, um die Körner zu essen. Daher werfen sie ihnen vor, die Sabbatruhe nicht einzuhalten. Die Antwort Jesu verweist auf eine Episode aus der Geschichte Davids: Als Saul David töten wollte, versteckte sich David auf der Flucht im Tempel. Der Priester erlaubte dem Flüchtigen, die Opferbrote zu essen, um zu überleben. Der eigentliche Sinn der Ruhe am „Tag der Ruhe" besteht darin, sich voll und ganz in den Dienst des Herrn und seiner Kinder zu stellen. Es geht nicht um Beachtung rein äußerlicher Rituale. Der Herr fordert uns auf, die Arbeit ruhen zu lassen, damit wir zum einen die heilige Liturgie mitfeiern können, in der wir zu einer einzigen Familie Gottes auferbaut werden, und damit wir zum anderen allen und vor allem den Ärmsten, Schwachen und Kranken helfen, Anteil zu erhalten am Fest der Liebe Gottes und damit an der Freude des geschwisterlichen Miteinanders. Jesus ist auch Herr über den Sabbat: Er hat ihn aus der jüdischen Enge herausgeholt, um daraus im Gedenken an die Schöpfung und in Vorwegnahme des Himmelreiches eine Zeit zu machen, die dem Wohl, der Befreiung und der Heilung des Menschen geweiht ist. Die Frage nach dem „Sabbat" stellt sich dem heutigen Christen natürlich in anderer Weise. Wir können ihn jedoch der jüdischen Sensibilität gemäß achten und den Sonntag als „den Tag nach dem Sabbat", als den Tag der Auferstehung Jesu und unserer Auferstehung feiern. Außerdem können wir uns fragen, ob die Christen in einer scheinbar dem Gesetz des Marktes und des Konsums unterworfenen Welt heute nicht die dringende Aufgabe haben, wieder neu auf den Tag der Ruhe und dessen Bedeutung als Tag des Sieges des Lebens über den Tod, des Gotteslobes, der Geschwisterlichkeit und der Zuwendung zu den Armen hinzuweisen.

Gebet der Vigil

Sonntag, 5. September: 23. Sonntag im Jahreskreis

Gedenktag der heiligen Mutter Teresa von Kalkutta, gestorben im Jahr 1997.

Jes 35,4–7a; Ps 146; Jak 2,1–5; Mk 7,31–37

Das heutige Evangelium berichtet von der Heilung eines Taubstummen, genauer gesagt eines Mannes, der an schwerem Stottern leidet, denn seine Heilung wird als richtiges Reden geschildert. Jesus wirkt diese Heilung in der Region der Dekapolis, einem heidnischen Gebiet. Markus deutet an, dass das Evangelium nicht nur für die Angehörigen des Volkes Israel bestimmt ist. Alle haben ein Recht, Gottes Barmherzigkeit zu begegnen, auch dieser Taubstumme. Jesus nimmt ihn auf und führt ihn beiseite, weg von der Menge. Das Wunder geschieht im Umfeld einer persönlichen, unmittelbaren, vertrauten Beziehung zwischen ihm und dem Kranken.
Jesus blickt zum Himmel auf und sagt zu dem Taubstummen: „Effata!, das heißt: Öffne dich!" Es ist nur ein einziges Wort. Ein einziges Wort des Evangeliums genügt, um den Menschen zu verändern, um das Leben zu verwandeln. Es muss nur, wie bei Jesus, aus einem leidenschaftlichen Herzen kommen und wie bei dem Taubstummen von einem bedürftigen Herzen aufgenommen werden. Jesus wendet sich gleichsam nicht nur dem Ohr und dem Mund, sondern der ganzen Person zu. Sein „Öffne dich!" gilt nicht dem Ohr, sondern dem Taubstummen selbst. Indem er sich Gott und der Welt öffnet, wird der ganze Mensch geheilt. Zwischen Taubheit und Stummheit besteht bekanntlich ein enger Zusammenhang. Die Heilung erfordert, dass beide Organe gesund werden. Das gilt auch im Bereich des christlichen Glaubens. Zunächst

muss sich das Ohr – der Mensch – öffnen und auf das Wort Gottes hören, und dann löst sich auch die Zunge, um zu sprechen. Das Hören auf das Wort und die Fähigkeit, es weiterzugeben, hängen eng miteinander zusammen. Wer nicht hört, bleibt stumm, auch im Glauben. Außerdem lässt uns dieses Wunder über den Zusammenhang zwischen unseren Worten und dem Wort Gottes nachdenken. Oft schenken wir dem Gewicht unserer Worte zu wenig Aufmerksamkeit. Dabei sagen die Worte viel mehr über uns aus, als wir meinen. Nicht selten vergeuden wir unsere Worte oder schlimmer noch, gebrauchen sie schlecht. Der Apostel Jakobus mahnt: „Aus ein und demselben Mund kommen Segen und Fluch. Meine Brüder und Schwestern, so darf es nicht sein" (Jak 3,10). Auch wir Tauben und Stummen müssen zuhören, um sprechen oder besser „richtig" sprechen zu können. Es ist das Wunder eines guten Sprechens, das nämlich von einem gespaltenen und bösen Sprechen heilt, wie Jakobus es anprangert. Oft vergessen wir die aufbauende oder zerstörerische Kraft unserer Zunge. Deshalb ist es vor allem nötig, auf das Wort Gottes zu hören, damit es unsere Worte, unsere Sprache und unsere Ausdrucksweise läutert und fruchtbar macht.

Gebet am Tag des Herrn

Montag, 6. September

Lk 6,6–11. **Der Mann mit der verdorrten Hand**

Das Lukasevangelium führt das Streitgespräch über den Sabbat fort. Jesus ist noch in der Synagoge und beginnt wie üblich zu lehren. Unter den Anwesenden ist auch ein Mann mit einer gelähmten Hand. Der Evangelist sagt nichts über die Absichten dieses Mannes. Scheinbar ist er nicht gekommen, weil er um die Heilung seiner Hand bitten will. Man kann sich gut vorstellen, dass er mit einer gelähmten rechten Hand kaum arbeiten konnte. Dieser Mann steht für alle, die aus gesundheitlichen Gründen oder durch Arbeitslosigkeit vom Arbeitsleben ausgeschlossen sind. Heute ist ihre Zahl leider gestiegen und dennoch geraten sie leicht in Vergessenheit. In der Synagoge sind auch einige Pharisäer, die die

Anwesenheit des Mannes bemerken. Der Evangelist deutet an, dass sie insgeheim auf das Geschehen eines Wunders warten; aber nicht, um sich zu freuen, sondern um Jesus beschuldigen zu können. Die pharisäische Ideologie führt zu einer unmenschlichen Verzerrung. Solche Gefühle sind auch aus unserem Herzen noch immer nicht verschwunden, wie wir leider allzu oft feststellen müssen. Solche Regungen verleiten dazu, nicht der Würde des arbeitenden Menschen, sondern dem Gewinn und dem Profit oberste Priorität einzuräumen. Jesus erforscht die Herzen und erkennt die Heimtücke der Pharisäer. So ruft er diesen Mann und fordert ihn auf, sich in die Mitte der Versammlung zu stellen. Wir könnten diese Geste als Aufforderung Jesu verstehen, immer und überall den Menschen ins Zentrum unserer Aufmerksamkeit zu stellen, vor allem wenn er schwach, krank oder arm ist. Jesus wendet sich an den Mann mit der gelähmten Hand und sagt zu ihm: „Streck deine Hand aus!“ Der Mann gehorcht und wird geheilt. Es ist wie ein Nachhall der Worte Gottes in den Schöpfungstagen, als die Welt nach den Worten des Schöpfers Gestalt annahm. An diesem Sabbat führt Jesus das Werk der Schöpfung fort, indem er dem Mann seine Arbeitskraft wieder schenkt.

Gebet für die Kranken

Dienstag, 7. September

Lk 6,12–19. **Er wählte zwölf aus und nannte sie Apostel**

Das Evangelium beginnt mit dem Hinweis „in diesen Tagen“. Am Beginn des öffentlichen Wirkens Jesu wird von der Auswahl der ersten Jünger, aber auch vom aufkommenden Widerstand der Schriftgelehrten und Pharisäer berichtet. Jesus will gerade wichtige Entscheidungen für die Weiterführung seines missionarischen Wirkens treffen. Er steigt auf den Berg, um zu beten, und er betet die ganze Nacht hindurch, bevor er die auswählt, die seine engsten Mitarbeiter bei der Verkündigung des Evangeliums vom Reich sein sollen. „Als es Tag wurde“, so schreibt der Evangelist, rief Jesus alle herbei, die er bei sich haben wollte, und zwar jeden einzeln, Name für Name. Es handelt sich um die Zwölf, die er „Apostel“, das heißt „Gesandte“, nennt. Sie werden zu allen zwölf Stämmen Israels gesandt, keiner soll außen vor bleiben. Wie immer bei den Jüngern Jesu und in jeder christlichen Gemeinschaft sind die Zwölf keine anonyme Gruppe, keine beliebige Ansammlung von namenlosen Menschen. Der Name soll auf die sie verbindende Liebe, Freundschaft und Geschwisterlichkeit hinweisen. Die Grundlage für die Gemeinschaft unter den Zwölfen ist der Ruf Jesu, der Gehorsam gegenüber seinem Wort. Sie erhalten nicht die früheren Namen. Jesus selbst gibt ihnen die Namen, um auf die neue Beauftragung und auf die neue Geschichte hinzuweisen, die sie bald beginnen werden. Simon wird Petrus genannt, das heißt Fels, Fundament. Das Evangelium schenkt jedem Jünger eine neue Berufung, um eine neue Welt aufzubauen. Mit der nun gebildeten Gruppe der Zwölf steigt Jesus vom Berg herab und steht sogleich vor einer großen Menschenmenge, die von überallher herbei geströmt ist. Vor den Augen jeder Glaubensgemeinschaft steht diese Menge. Viele sind müde, krank, bedürftig und oft vergessen. Sie müssten zu uns laufen, wie sie zu Jesus gelaufen sind. Das heutige Evangelium ist eine einzige große Anfrage an unser Leben und unsere Sendung.

Gebet mit den Heiligen

Mittwoch, 8. September

Fest der Geburt Mariens, der Mutter des Herrn.
Die franziskanische Familie gedenkt heute des friedlichen Besuchs von Franziskus bei Sultan Malek al-Kamel in Damiette. Gebet um neue Arbeiter des Friedens und des Dialogs.

Mt 1,1–16.18–23. **Der Stammbaum Jesu**

Am 8. September wird die Kirchweihe der St. Anna-Basilika in Jerusalem gefeiert, die nach einer alten Überlieferung an der Stelle errichtet wurde, an der Joachim und Anna, die Eltern Marias, gewohnt haben sollen. In den byzantinischen Kirchen heißt es, Maria sei der „Erdboden des Himmels“, das heißt der Schoß, den die Menschheit dem Herrn darbietet. Der Stammbaum Jesu – eine in der Bibel wie auch im Hellenismus häufige literarische Gattung – steht zusammenfassend für die Erwartung der ganzen Menschheit, dass Gottes Sohn aus dem Schoß Marias geboren wird. Jesus lebt nicht außerhalb der Geschichte der Männer und Frauen, und nicht von ungefähr zählt der Evangelist auch Vertreter des Heidentums und einige Frauen auf, die alles andere als vorbildlich waren. Jesus ist Teil der Menschheitsgeschichte. Er ist Teil unserer Generationenfolge. Der Evangelist listet den gesamten Stammbaum „Jesu Christi" auf, das heißt des Messias und Erlösers Jesus. Der Text fügt hinzu, dass Jesus der Sohn „Davids, des Sohnes Abrahams" ist. In ihm erfüllt sich die biblische Offenbarung, die mit Abraham begann. Er ist zugleich davidischer Abstammung, die ins Zentrum des Stammbaums gerückt wird, um Jesu königliche Abkunft zu betonen. Jesus wird nämlich von einer jüdischen Frau geboren, von Maria, die Gott als Mutter seines Sohnes erwählt hat. Weiter betont das Evangelium, dass die Ankunft dieses Sohnes sich auf außergewöhnliche Weise und nicht im Rahmen einer normalen Zeugung vollzieht. Das ist die jungfräuliche Geburt Jesu durch Maria. Josefs Reaktion, die aus menschlicher Sicht völlig gerechtfertigt ist, zeigt seine Bestürzung. Doch das hindert ihn nicht daran, auf den Engel zu hören und sich von seinen Worten leiten zu lassen. Der Engel – das Wort Gottes – enthüllt Josef das Geheimnis, an dem Gott ihn teilhaben lässt. Weil sich Josef auf Gottes Plan einlässt und sein Leben danach ausrichtet, darf er die Freude der Nähe von Gottes eigenem Sohn erfahren, dem er auf die Anweisung des Engels hin auch seinen Namen gegeben hat.

Gebet mit Maria, der Mutter des Herrn

Donnerstag, 9. September

Gedenken an Pater Aleksandr Men. Er war ein orthodoxer Priester aus Moskau und wurde 1990 grausam ermordet.

Lk 6,27–38. **Von der Liebe zu den Feinden**

Mit dem heutigen Evangelium beginnt derjenige Teil der Feldrede, der an eine Schar aus ganz unterschiedlichen Menschen gerichtet ist, die sich jedoch alle nach einem Wort des Trostes sehnen. Jesus schaut sie an und ahnt ihre Fragen, ihr Bedürfnis nach Liebe. Doch die Worte, die er zu jener Menschenmenge spricht, sind keine Worte der Wehklage oder einer bloß oberflächlichen Aufmerksamkeit. Jesus ermahnt alle, eine Liebe zu leben, die alle Berechnungen übersteigt: „Liebt eure Feinde; tut denen Gutes, die euch hassen." Einen solchen Appell hatte man noch nie vernommen. Solche Worte sind der Kultur dieser Menge wie auch der Kultur unserer Welt des 21. Jahrhunderts wahrhaft fremd. Dennoch kann die Welt, unsere heutige Welt, nur in diesen Worten Heil finden. Nur in dieser Sichtweise lassen sich Gründe finden, um die Kriege zu beenden, und nur darin entdeckt man vor allem starke Impulse, um Frieden und ein gutes Miteinander zwischen den Menschen und Völkern aufzubauen. Diesen Worten Jesu zufolge gibt es keine Feinde mehr, die man hassen und bekämpfen müsste. Das seinen Zuhörern vor Augen gestellte Ideal Jesu ist hoch wie der Himmel. Es ist so hoch, dass er sich nicht scheut, zu dieser Menschenmenge zu sagen: „Seid barmherzig, wie auch euer Vater barmherzig ist!" Dabei handelt es sich nicht bloß um eine moralische Ermahnung. Für Jesus geht es hier um einen zu verwirklichenden Lebensstil. Dem fügt Jesus sodann jenen Satz hinzu, der die goldene Regel genannt wird: „Wie ihr wollt, dass euch die Menschen tun sollen, das tut auch ihr ihnen!" Diese Regel findet sich in allen großen Weltreligionen und kann wahrhaftig als ein roter, oder besser ein goldener Faden betrachtet werden, der die Beziehungen zwischen den Menschen und Völkern in der Tiefe zusammenhält.

Gebet für die Kirche

Freitag, 10. September

Lk 6,39–42. **Der Balken im eigenen Auge**

In einfachen Bildern legt uns Jesus eine konkrete Deutung des Wortes Gottes vor. Er beginnt mit dem Gleichnis vom Blinden, der einen anderen Blinden führt. Es leuchtet allen ein, dass sie nicht weit kommen und schon bald ins Straucheln geraten. Es handelt sich um zwei Personen, die einander begleiten. Hier lässt sich schon eine erste Lehre festhalten. Jesus deutet an, dass wir aufeinander angewiesen sind. Niemand ist allein. Doch wir müssen uns dafür entscheiden. Wir müssen uns also dafür verantwortlich fühlen, einander zu helfen. In der Konsequenz bedeutet das, dass wir uns dafür entscheiden müssen, die Augen offen zu halten und somit unseren Blick fest auf Jesus zu richten. Das Licht, das unsere Schritte lenkt, ist das Evangelium. Wenn wir darauf hören und es in die Tat umsetzen, werden wir einander helfen, voranzukommen und jede „Grube" zu umgehen. Das zweite Gleichnis hängt mit diesem zusammen. Wer sich von sich selbst, seinem eigenen Stolz und Egoismus führen lässt, dessen Blick wird in die Irre gehen. Er wird sich auf den Splitter im Auge der anderen konzentrieren und nicht auf den Balken in seinem eigenen Auge achten, der ihm völlig die Sicht verstellt. Es ist das uralte und uns allen wohlbekannte Laster, dass man sich selbst gegenüber sehr nachsichtig und den anderen gegenüber reichlich streng ist. Das Evangelium ruft uns dazu auf, eine andere Haltung einzunehmen. Unser Urteil soll auf der Grundlage der Liebe gefällt werden, statt die anderen zu verurteilen. Die Liebe des Evangeliums wirkt wie starke Augentropfen: Sie schwemmt die blindmachenden Balken aus unseren Augen fort und schenkt uns einen barmherzigen und verständnisvollen Blick, wenn es darum geht, auch die Splitter aus den Augen der anderen zu entfernen. Das alles geschieht natürlich nicht von jetzt auf gleich. Es erfordert eine regelrechte Arbeit am eigenen Herzen durch das beständige Hören auf das Wort Gottes und eine starke Verbundenheit mit der Gemeinschaft der Schwestern und Brüder.

Gebet des heiligen Kreuzes

Samstag, 11. September

Gedenken an die Terroranschläge von 2001 in den USA. Gedenken an die Opfer von Terrorismus und Gewalt und Gebet für den Frieden.

Lk 6,43–49. **Wovon das Herz voll ist, davon spricht der Mund**

Jesus setzt seine Rede an die Menge mit dem Gleichnis vom guten Baum fort, der gute Früchte hervorbringt. Diese Worte fordern jeden von uns zu einer ernsthaften Gewissenserforschung auf, und zwar vor allem dann, wenn wir uns darüber beklagen, dass unser Umfeld nur so spärliche Früchte hervorbringt. Uns muss jedoch bewusst sein, dass Güte oder Bosheit keine Dimensionen sind, die von äußeren Umständen oder vom jeweiligen Charakter des Einzelnen abhängen. Güte oder Bosheit hängen vom Herzen ab. Der schwierige Kampf zwischen Gut und Böse, zwischen Glauben und Stolz, der Kampf also, der darüber entscheidet, ob wir „gut" oder „böse" sind, wird im Herzen ausgetragen. Jesus verlangt, dass wir auf unser Herz achtgeben. Vom Herzen nämlich hängt unser Verhalten und die ganze Richtung ab, die unser Leben nimmt. Jesus sagt: „Der gute Mensch bringt aus dem guten Schatz seines Herzens das Gute hervor und der böse Mensch bringt aus dem bösen das Böse hervor." Wir sollen uns davor hüten, zu viele Worte in den Mund zu nehmen. Jesus warnt: „Was sagt ihr zu mir: Herr! Herr! und tut nicht, was ich sage?" Jesus beendet seine Rede an die Menge mit dem Gleichnis vom Haus, das auf einen Felsen gebaut ist. Wenn man die Worte des Evangeliums täglich aufnimmt und in die Tat umsetzt, werden sie zum Fundament des Hauses. Doch dieses Fundament wird nicht ein für alle Mal gelegt. Unser Leben, unsere Gedanken, Entscheidungen und Taten müssen jeden Tag neu nach den Worten des Evangeliums ausgerichtet werden. Es genügt nicht, sie ein für alle Mal zu hören und dann beiseite zu legen oder gar zu vergessen, wie es häufig geschieht. Unser Leben ist wie ein lebendiges Haus und muss auf das Halt gebende Fundament gegründet werden, nämlich auf das Wort Gottes.

Gebet der Vigil

Sonntag, 12. September: 24. Sonntag im Jahreskreis

Jes 50,5–9a; Ps 116; Jak 2,14–18; Mk 8,27–35

„Wer ist dieser Jesus von Nazaret?" – das ist ohne Zweifel eine grundlegende Frage. Sie war es zu Lebzeiten Jesu und ist es auch heute noch. Im Markusevangelium nimmt diese Frage sogar die „räumliche" Mitte der Erzählung ein. Wir sind im achten der 16 Kapitel angekommen, aus denen das Markusevangelium besteht. Der Evangelist will andeuten, dass hier Jesu Weg in die heilige Stadt beginnt. Von diesem Moment an spricht Jesus den Jüngern gegenüber „mit Freimut", ohne dass ihn noch irgendetwas zurückhält. Deshalb lässt Jesus das, was die Leute sagen, beiseite und wendet sich direkt an die Jünger: „Ihr aber, für wen haltet ihr mich?" Petrus antwortet offen und eindeutig: „Du bist der Christus". „Christus" ist die griechische Übersetzung des hebräischen „Messias" und bedeutet „der Gesalbte".

Auf diese Worte hin, die ihn als den Messias anerkennen, beginnt Jesus von seinem Leiden zu sprechen. Er sagt, der Menschensohn werde vieles erleiden müssen und von den Ältesten des Volkes, den Hohepriestern und den Schriftgelehrten verworfen werden; dann werde er getötet werden und am dritten Tage auferstehen. Petrus konnte das „Ende", das Jesus ihnen ankündigt, nicht akzeptieren. Hier prallen zwei Messiasvorstellungen aufeinander: Die Auffassung des Petrus, die mit Stärke, überlegener Macht und der Errichtung eines politischen Reiches verbunden ist, und die Vorstellung Jesu, die von der Erniedrigung bis in den Tod gekennzeichnet ist und doch mit der Auferstehung enden wird.

Derselbe Jünger, der Jesus im Namen der anderen als Messias anerkannt hat, wird jetzt zum Gegner. Jesus kann nicht umhin, ihn im Beisein aller zurechtzuweisen. Mit schockierender Härte sagt er zu ihm: „Tritt hinter mich, du Satan!" Ähnliche Worte finden sich im Matthäusevangelium am Ende der Versuchungen in der Wüste. Jesus ruft die Menge, die ihm folgte, zu sich und erklärt, dass jeder, der sein Jünger sein will, sich selbst verleugnen, sein Kreuz auf sich nehmen und ihm nachfolgen muss. Dann fügt er hinzu: Wer sein Leben auf diese Weise verliert, wird es in Wirklichkeit retten. All das wird am Tag der Auferstehung Jesu klar zutage treten. Doch schon jetzt sind der Dienst am Evangelium und am Herrn ein Weg, auf dem auch wir ein erfülltes, gottgemäßes Leben führen können.

Gebet am Tag des Herrn

Montag, 13. September

Gedenktag des heiligen Bischofs und Kirchenlehrers Johannes Chrysostomus („Goldmund“, † 407). Die bekannteste Liturgie der byzantinischen Kirche trägt seinen Namen.

Lk 7,1–10. **Sprich nur ein Wort, dann wird mein Diener gesund**

Die tiefe Spiritualität und Menschlichkeit dieses Hauptmanns sind erstaunlich. Die Ältesten, die zu Jesus gehen und ihm seine Bitte vortragen, sind des Lobes voll. „Er liebt unser Volk“, sagen sie zu Jesus – hier steht das griechische Wort „agapáo“, das die Verfasser des Neuen Testaments auch für die Liebe Gottes verwenden. Sie fügen hinzu, dass er sogar so großzügig war, den Bau der Synagoge in ihrer Stadt zu finanzieren. Die Liebe zu seinem Diener ist vorbildlich. Er behandelt ihn wie einen Sohn. Jesus ist nicht zuletzt von dieser tiefen Zuneigung beeindruckt. Während Jesus noch unterwegs ist, schickt der Hauptmann weitere Freunde, die ihm sagen sollen, dass er nicht in sein Haus zu kommen braucht. Er ist davon überzeugt, dass Jesus seinen Diener mit einem einzigen Wort heilen kann. Überdies fühlt er sich unwürdig, Jesus in seinem Haus zu empfangen: Diese Demut macht ihn zu einem Vorbild für uns alle. Der Glaube an Jesus lässt diesen Hauptmann jene Worte aussprechen, die alle Christen bis auf den heutigen Tag während der Eucharistiefeier wiederholen: „Herr, ich bin es nicht wert, dass du unter mein Dach einkehrst… Aber sprich nur ein Wort, dann wird mein Diener gesund.“ Diesen heidnischen Hauptmann stellt uns Jesus als leuchtendes Glaubensvorbild vor Augen: „Ich sage euch: Einen solchen Glauben habe ich in Israel nicht gefunden.“ Jesus hatte gesagt, dass schon ein Glaube genügt, der so klein ist wie ein Senfkorn. Nun staunt er über einen solchen Glauben bei diesem Heiden. Für den Hauptmann genügt ein einziges Wort Jesu, um die Heilung zu bewirken. Jesus ist das Wort des Vaters. Er heilt und rettet. In den Worten, die aus dem Mund Jesu kommen, wohnt die Kraft Gottes und seiner grenzenlosen Liebe. Selig sind wir, wenn wir zumindest ein wenig auf das Wort Gottes vertrauen, an dem es uns niemals fehlen wird.

Gebet für die Armen

Dienstag, 14. September

Fest der Kreuzerhöhung, das an die Wiederauffindung des Kreuzes Jesu durch die heilige Helena erinnert.

Num 21,4–9; Ps 78; Phil 2,6–11; Joh 3,13–17

Dieses Fest wird sowohl im Osten als auch im Westen gefeiert. In der lateinischen Kirche heißt es „Kreuzerhöhung“. In der byzantinischen Kirche trägt es die ausführlichere Bezeichnung „universale Erhöhung des kostbaren und Leben spendenden Kreuzes“ und wird mit dem Osterfest verglichen. Der 14. September erinnert an den Weihetag der von Konstantin neu erbauten Grabeskirche, die an ebendiesem Tag des Jahres 335 geweiht wurde. Bei dieser Feier wird auch der Auffindung des Kreuzesholzes durch Kaiserin Helena und Bischof Makarios gedacht. In der byzantinischen Liturgie hebt der zelebrierende Priester das Kreuz empor und dreht es nach allen vier Himmelsrichtungen, um auf die Universalität des Heils hinzuweisen. Mit dem heiligen Kreuz erhöht und zeigt uns die Kirche die unsagbare Liebe Jesu zur ganzen Menschheit. In der Präfation der Messe heißt es: „Denn du hast das Heil der Welt auf das Holz des Kreuzes gegründet. Vom Baum des Paradieses kam der Tod, vom Baum des Kreuzes erstand das Leben.“ An jenem Holz ist die Eigenliebe ein für alle Mal besiegt worden und es triumphiert endgültig die göttliche Liebe zu den anderen. Am Kreuz erreicht die Liebe Jesu ihren Höhepunkt. Der Hymnus des Apostels Paulus im Philipperbrief beschreibt den Beginn des Kreuzweges Jesu so: Er hielt „nicht daran fest, Gott gleich zu sein, sondern er entäußerte sich und wurde wie ein Sklave“, „er erniedrigte sich“ aus Liebe „und war gehorsam bis zum Tod, bis zum Tod am Kreuz.“ Der Vater selbst ließ sich durch diese so große Liebe des Sohnes anrühren und hat ihn „über alle erhöht und ihm den Namen verliehen, der größer ist als alle Namen“. Am Kreuz treffen Tod und Leben zur letzten und entscheidenden Schlacht aufeinander, und diese Schlacht wird an Jesu eigenem Leib ausgetragen. Er stirbt. Doch mit ihm stirbt auch die Eigenliebe. Unter dem Kreuz und von der Seite rufen ihm alle zu: „Rette dich selbst“ (Mk 15,30). Jesus trug die Sündenlast der Menschen bis ans

Ende. Er, der gekommen war, um die anderen zu retten, wollte sich nicht selbst retten, wie er selbst gesagt hat: „Wie der Menschensohn nicht gekommen ist, um sich dienen zu lassen, sondern um zu dienen" (Mt 20,28). Indem er auf diese Weise stirbt, erhöht Jesus die Liebe. Endlich können wir jemanden finden, der die anderen mehr liebt als sich selbst und der bereit ist, sein ganzes Leben hinzuschenken, ja es zu verlieren – für jeden von uns.

Gebet des heiligen Kreuzes

Mittwoch, 15. September

Gedächtnis der Schmerzen Mariens, die unter dem Kreuz mitgelitten hat. Gedenken an alle, die Mitleid zeigen mit den Gekreuzigten, Verlassenen und Verurteilten.

Joh 19,25–27. **Jesus und seine Mutter**

Gleich nach dem Fest der Kreuzerhöhung begeht die Liturgie das Fest der Schmerzensmutter. Der Titel der schmerzensreichen Muttergottes erlebte in den vergangenen Jahrhunderten eine enorme Verbreitung und hat die christliche Frömmigkeit zutiefst beeinflusst. In knappen Zeilen erzählt uns das Johannesevangelium das außergewöhnliche Geheimnis der Anwesenheit Marias, die im Moment seines Kreuzestodes an der Seite ihres Sohnes bleibt und von ihm ausgerechnet am Kreuz einen neuen Sendungsauftrag empfängt. Das Leiden Jesu ist zweifellos von Gewalt und Verrat gekennzeichnet – aber nicht nur. Leiden und Kreuz haben auch ein Loblied auf das neu entstehende Leben hervorgebracht. Denn Jesus bittet vom Kreuz herab nicht um Trost für sich selbst, wie wir es mit Fug und Recht getan hätten. Trotz jenes dramatischen an den Vater gerichteten Schreis der Gottverlassenheit, bittet er auch nicht darum, von dieser Qual erlöst zu werden. Der ans Kreuz genagelte und sterbende Jesus sorgt sich vielmehr um dieses kleine Grüppchen, das er unter seinem Kreuz versammelt sieht: vor allem um seine Mutter und den jugendlichen Jünger, der nun unter dem Kreuz wieder bei ihm ist, nachdem er zunächst geflohen war. In diesem Jünger erkennt Jesus das Antlitz der Jünger aller Zeiten und auch unser Antlitz. Durch jenen Jünger vertraut Jesus uns alle seiner Mutter Maria und damit der Kirche, der Gemeinschaft der Glaubenden an. Umgekehrt macht er seine Mutter Maria der Kirche und jedem von uns zum Geschenk. Beim Kreuz ist eine neue Familie entstanden. Wir sind einer oftmals stiefmütterlichen Gesellschaft nicht hilflos ausgeliefert. Jesus bittet Maria, auch unsere Mutter zu sein. Sterbend vertraut er ihr eine neue Aufgabe, eine neue Sendung an: Die Mutter aller zu sein. Bei den Kirchenvätern findet sich das Wort, dass man „nie genug sprechen" könne über Maria, über diese Mutter. Das ist in gewisser Hinsicht sehr wahr, denn Maria ist die Erste der Glaubenden, die Erste, deren Herz dem Herzen des Sohnes gleicht. Die vielen Darstellungen der Schmerzensmutter, die überall im gläubigen Volk verbreitet sind, zeigen, dass wir alle eine Mutter wie Maria brauchen. Jesus hat sie uns geschenkt. Heute sind wir in ihrer Nähe, damit sie uns zur Seite steht, wie sie Jesus zur Seite stand, und uns beschützt.

Gebet mit Maria, der Mutter des Herrn

Donnerstag, 16. September

Die Juden feiern Jom Kippur, den Tag der Versöhnung

Lk 7,36–50. **Die Begegnung mit der Sünderin**

Während Jesus als Gast eines Pharisäers namens Simon zu Tisch liegt, nähert sich eine Dirne, setzt sich vor ihm zu Boden und salbt ihm unter Tränen die Füße mit einem überaus kostbaren Duftöl. Die Szene ist zweifellos in jeder Hinsicht außergewöhnlich. Lukas spricht nicht einfach von einer Frau, sondern von einer Sünderin, daher ist die Reaktion der Anwesenden verständlich. In Wahrheit verstehen sie weder jene Frau und ihre Sehnsucht nach Vergebung noch die Liebe Jesu, der sie aufnimmt und ihr vergibt. Jesus hat bis zu diesem Moment schweigend geduldet, dass die Frau ihm dauernd die Füße küsst, und ergreift nun die Initiative. An Simon gewandt erzählt er ihm das kurze Gleichnis von den beiden Schuldnern. Keiner von beiden konnte die Schuld begleichen, doch beiden wird die Schuld erlassen. Dann fragt Jesus Simon, wer von beiden den Herrn wohl mehr liebt. Die Antwort ist eindeutig: der, dem mehr erlassen wurde! Das Gleichnis setzt voraus, dass beide, sowohl der Pharisäer als auch die Sünderin, etwas von Jesus bekommen haben. Jesus fordert jeden von uns auf, sich nicht für gerecht und die eigene Schuld nicht für gering zu halten. Stattdessen sollen wir unseren Sünden ins Auge sehen und wie jene Sünderin das Bedürfnis nach Vergebung empfinden. Wir alle haben es nötig, diese Worte zu hören: „Deine Sünden sind dir vergeben." Dann werden wir auch die anderen Worte noch besser verstehen, die Jesus bei dieser Gelegenheit gesprochen hat: „Ihr sind ihre vielen Sünden vergeben, weil sie viel geliebt hat." Denn die Liebe deckt die Sünden zu und verändert das Leben.

Gebet für die Kirche

Freitag, 17. September

Lk 8,1–3. **Frauen in der Nachfolge Jesu**

Jesus will nicht nur die Zwölf, sondern auch einige Frauen bei sich haben. Diese Entscheidung trägt Modellcharakter für den neuen, von Jesus eingeführten Verkündigungsstil. Lukas weist als Einziger darauf hin. Der Evangelist erwähnt, dass Jesus diese Frauen „von bösen Geistern und von Krankheiten geheilt" hatte, und sie sich dann entschlossen hatten, Jesus nachzufolgen und ihm und den Jüngern ihren Besitz zur Verfügung zu stellen. Sie waren vollwertige Mitglieder jener neuen von Jesus ins Leben gerufenen Gemeinschaft, die er an seinem Sendungsauftrag teilhaben ließ. Es ist ein wichtiger Hinweis und zeigt, wie weit Jesus über die Gepflogenheiten seiner Zeit hinausging. Nach damaliger rabbinischer Sitte war es nämlich undenkbar, auch Frauen in einen Jüngerkreis aufzunehmen. Jesus dagegen bezieht sie in seine Sendung mit ein, wie auch an anderen Stellen des

Evangeliums deutlich wird. Lukas erwähnt drei von ihnen: Maria Magdalena, aus der „sieben Dämonen", also eine beträchtliche Zahl böser Geister ausgefahren waren; Johanna aus dem Kreis um König Herodes, die uns in der Auferstehungserzählung wieder begegnen wird; und Susanna, über die ansonsten nichts bekannt ist. Wahrscheinlich waren sie wohlhabend und fühlten sich von der Verkündigung Jesu angezogen. Sie wollten diesem außergewöhnlichen Meister dienen und stellten seiner neuen religiösen Bewegung ihr Vermögen zur Verfügung. Schon in diesen wenigen Zeilen wird die vorrangige Bedeutung der Jüngerschaft deutlich, in der sämtliche und sogar scheinbar unüberwindliche Schranken, wie die damals verbreitete Geringschätzung von Frauen, aufgehoben werden. Für Jesus zählt allein das Leben als Jünger. Für ihn gibt es – wie Paulus später sagen wird – nicht mehr „männlich und weiblich" (Gal 3,28), sondern nur Jünger, die Liebe benötigen, die ausgesandt und behütet werden sollen. Ein Leben als Jünger ist die eigentliche und wichtigste Würde, die uns angeboten und geschenkt wird.

Gebet des heiligen Kreuzes

Samstag, 18. September

Lk 8,4–15. **Das Gleichnis vom Sämann**

Der Evangelist Lukas betont das Herbeiströmen der Menge, die sich um Jesus versammelt. Diese Menge ist bunt zusammengewürfelt. Es eint sie, dass sie sich um Jesus schart. Sie glauben, endlich einen Hirten gefunden zu haben, der sich um sie sorgt und ihnen helfen kann. Jesus sieht die Not dieser Menschenmenge und will sie dazu erziehen, das Wort des Heils aufzunehmen. Zu diesem Zweck erzählt er ihnen das Gleichnis vom Sämann. Jesus verleiht diesem Gleichnis dadurch besondere Bedeutung, dass er es den Jüngern später noch einmal erklärt, als sie unter sich sind, da sie es beim ersten Mal nicht verstanden haben. Denn es kommt darauf an, dass alle dessen Sinn verstehen. Denn im Gleichnis vom Sämann tritt deutlich zutage, welche Haltung die Menge damals und die Menschen zu allen Zeiten einnehmen müssen, wenn sie das Wort Gottes hören. Die Aussaat war in der Antike und auch im Judentum eine verbreitete Metapher für das Hören auf das Wort. Jesus greift diese Metapher auf, um seine Sendung zu veranschaulichen. Für Jesus als dem ersten Sämann gibt es keinen Boden, der nicht geeignet wäre, das Evangelium aufzunehmen. Der Boden ist das Leben oder besser das Herz der Männer und Frauen ganz gleich, in welcher Kultur und Situation sie leben. Auch wenn manche Herzen hart sind wie Stein oder der Boden sich gegen jede Aussaat sperrt, sät Jesus doch immer weiter und hofft, dass früher oder später irgendeine Furche diesen guten Samen aufnimmt, damit er Frucht bringen kann. Das Gleichnis will die Menschen jedoch nicht in dem Sinne in unterschiedliche Böden aufteilen, dass die einen gute und die anderen weniger gute oder gar nicht aufnahmebereite Böden wären. Es ist vielmehr so und entspricht auch unserer Erfahrung, dass wir selbst von Zeit zu Zeit unterschiedliche Böden darstellen. Diese Unterschiedlichkeit hängt von den Entscheidungen ab, die wir treffen. Niemand ist von Natur aus gut oder böse. Wenn wir unser Leben betrachten, erkennen wir, dass unser Herz zuweilen einem steinigen Boden gleicht und zuweilen von Dornen überwuchert ist. Manchmal lassen wir uns von Sorgen überwältigen und manchmal sind wir gutes Erdreich. Durch dieses Gleichnis lädt uns der Herr ein, das Wort Gottes mit offenem Herzen aufzunehmen und uns beharrlich darum zu sorgen.

Gebet der Vigil

Sonntag, 19. September: 25. Sonntag im Jahreskreis

Weish 2,1a.12.17–20; Ps 54; Jak 3,16–4,3; Mk 9,30–37

Jesus und seine Jünger „gingen von dort weg und zogen durch Galiläa“. Diese Worte des Markusevangeliums nehmen uns mit auf die Reise von Galiläa nach Jerusalem, die Jesus gerade angetreten hat. Diese gemeinsam mit seinen Jüngern angetretene Reise symbolisiert

den Lebensweg, den Weg des spirituellen Wachstums sowie den Weg von Sonntag zu Sonntag, den wir in jedem Kirchenjahr gemeinsam mit dem Herrn zurücklegen. Unterwegs spricht Jesus mit den Jüngern. Dieses Mal tritt er jedoch nicht als Meister, sondern als Freund auf, der seinen engsten Freunden sein Herz öffnet. Jesus ist kein einsamer Held, denn er verspürt das Bedürfnis, den Jüngern die sein Herz beunruhigenden Gedanken anzuvertrauen. Er sagt zu ihnen: „Der Menschensohn wird in die Hände von Menschen ausgeliefert und sie werden ihn töten." Zum zweiten Mal spricht er mit ihnen darüber. Trotzdem versteht wieder keiner der Jünger, was in Jesu Herz und in seinen Gedanken vor sich geht.
Denn als sie nach Hause kommen, fragt Jesus sie, worüber sie unterwegs gesprochen haben. Doch „sie schwiegen", schreibt der Evangelist. Ihr Schweigen verrät ihre Scham darüber, dass sie sich gestritten haben. Es war gut, dass sie sich schämten, denn das ist der erste Schritt zur Umkehr: Es ist das Bewusstsein, wie weit wir von Jesus und vom Evangelium entfernt sind. Der Sonntag ist der Tag der Vergebung, damit wir erneut zum Herrn hintreten können, der zu uns spricht, der uns Fragen stellt und Gelegenheit gibt, uns unserer Armseligkeit und unserer Sünde bewusst zu werden.
„Da setzte er sich", schreibt der Evangelist, „rief die Zwölf" und begann ihnen ein weiteres Mal das Evangelium zu erklären. Jede Gemeinschaft muss sich beim Evangelium versammeln und dem Herrn zuhören: Wir werden zurechtgewiesen und bereitgemacht, uns mit den Gefühlen und Gedanken Jesu beschenken zu lassen. „Wer der Erste sein will, soll der Letzte von allen und der Diener aller sein", sagt uns Jesus und stellt damit die Logik der Welt auf den Kopf. Erster ist der, der dient, nicht der, der befiehlt. Damit wir diese Sichtweise richtig verstehen, nimmt Jesus ein Kind, umarmt es und stellt es in die Mitte der Jüngergruppe: nicht nur im physischen Sinne, sondern auch ins Zentrum der Aufmerksamkeit, der Sorge, des Herzens. Dieses Kind – und mit ihm die Kleinen, Schwachen und Armen – müssen im Mittelpunkt der Sorge der christlichen Gemeinden stehen, denn „wer ein solches Kind in meinem Namen aufnimmt, der nimmt mich auf." In den Kleinen, Wehrlosen, Schwachen, Armen und Kranken, in allen, die die Gesell-

schaft ablehnt und zurückstößt, ist Jesus, ja ist der Vater selbst wirklich gegenwärtig.

Gebet am Tag des Herrn

Montag, 20. September

Lk 8,16–18. **Das Licht auf dem Leuchter**

Jesus erklärt das Geheimnis des Wortes Gottes am Beispiel des Leuchters. Wie das Licht des Leuchters nicht sich selbst, sondern alles um sich herum erleuchten soll, so soll das Wort Gottes das Herz und das Leben aller Jünger erleuchten. Kein Mann und keine Frau dürfen im Dunkel bleiben. Alle haben ein Recht auf das Licht. Die Gläubigen haben die Aufgabe, den Männern und Frauen jeder Generation das Licht Gottes zu zeigen. Das ist der Grund, weshalb die Christen nicht für sich selbst leben dürfen. Der Jünger ist von Jesus ausgesandt, allen Menschen das Licht des Evangeliums zu zeigen. Das setzt natürlich voraus, dass der Jünger das Wort Gottes zunächst im eigenen Herzen aufnimmt. Jesus warnt: „Achtet darauf, genau hinzuhören!“ Hören allein genügt nicht. Jesus verlangt ein genaues Hinhören, damit Gottes Wort tief eindringen und schließlich das Herz erreichen kann. Vom Herzen aus muss es sodann mit wahrem Leben in der Gemeinschaft der Menschen erfüllt werden. Wir wissen nämlich genau, dass jemand, der nicht zuhört, nichts von Gott, sondern allenfalls etwas von sich selbst weitergeben kann. Dann ist sein Leben wie ein erloschenes, lebloses Licht. Wer dagegen sein Herz vom Wort Gottes erleuchten lässt, wird von göttlicher Weisheit erfüllt und für sich selbst wie für andere gute Früchte bringen. Das ist der Sinn der Jesusworte „Denn wer hat, dem wird gegeben“: Wer das Evangelium im Herzen aufnimmt, wird Weisheit im Überfluss erhalten. „Die Schrift wächst mit dem, der sie liest“, hat Gregor der Große gesagt und damit das Wachstum des Wortes mit dem Wachstum des Herzens des Jüngers in Beziehung gebracht.

Gebet für den Frieden

Dienstag, 21. September

Fest des heiligen Apostels und Evangelisten Matthäus

Mt 9,9–13. **Berufung des Matthäus**

Die Kirche feiert heute den heiligen Apostel und Evangelisten Matthäus. Das erste der vier Evangelien trägt seinen Namen: Matthäus. Er war Zöllner von Beruf, was beim jüdischen Volk als unehrenhaft galt, weil er im Auftrag der römischen Besatzungsmacht die Steuern eintrieb. Jesus geht durch die Straßen von Kafarnaum und sieht ihn. Statt wie alle anderen mit verächtlichem Blick an ihm vorbeizugehen, bleibt er stehen und ruft ihm zu: „Folge mir nach!" Diese wenigen, aber mit großer Vollmacht gesprochenen Worte genügen, und Matthäus „stand auf und folgte ihm nach." Die Initiative geht ganz und ausschließlich von Jesus aus. Die Lebensumstände der angehenden Jünger scheinen für Jesus keine Rolle zu spielen, wenn man bedenkt, wie schlecht die Zöllner angesehen waren. Dieser Ruf Jesu beinhaltet das Geheimnis einer absolut ungeschuldeten Liebe. Da Matthäus eine derartige Liebe erahnt, steht er von seinem Hocker auf, um jenem Meister nachzufolgen. Von da an änderte sich sein Leben. Papst Franziskus hat einen Satz zu seinem Wahlspruch gemacht, den der Kirchenvater Beda Venerabilis geprägt hat, um die Vollmacht dieses Rufes zu beschreiben: „Miserando atque eligendo", „indem er ihn voll Barmherzigkeit ansah, erwählte er ihn". Diese Berufung war eine Folge der Barmherzigkeit. Matthäus sitzt jetzt nicht mehr da, um Steuern einzutreiben. Nun ist er ein Jünger und lädt Sünder ein, damit sie mit Jesus in ihrer Mitte gemeinsam feiern. Die Welt versteht nicht, was da geschieht, man denke nur an die harsche Reaktion der Pharisäer. Doch eben das ist die Neuheit des Evangeliums, die für die Mehrheit so befremdlich ist: Ausnahmslos alle können im Herzen berührt werden und ihr Leben verändern, angefangen bei den Sündern. Jesus selbst antwortet auf die den Jüngern gemachten Vorwürfe: „Nicht die Gesunden bedürfen des Arztes, sondern die Kranken", und in Anlehnung an den Propheten Hosea fügt er hinzu: „Barmherzigkeit will ich, nicht Opfer!" Matthäus setzt das Evangelium mit seinem Namen damit fort, dass er an den Vorrang des Wortes Gottes in unserem Leben erinnert. Hören wir darauf, wie es Matthäus und die anderen Jünger zu allen Zeiten getan haben. Folgen auch wir Jesus nach, um schon jetzt in unseren Städten an der Verwirklichung des Reiches Gottes teilzuhaben.

Gebet mit den Aposteln

Mittwoch, 22. September

Lk 9,1–6. **Die Aussendung der zwölf Jünger**

Das heutige Evangelium berichtet von der Aussendung der Zwölf. Jetzt sendet Jesus sie aus, damit sie wie er den Sendungsauftrag erfüllen. Er verleiht ihnen dieselbe Kraft und Vollmacht, wie auch er sie besitzt: Er „gab ihnen Kraft und Vollmacht über alle Dämonen und um Krankheiten zu heilen." Die Zwölf sollen denselben Auftrag erfüllen wie Jesus: die Verkündigung des Reiches, also der neuen Welt, die Gott durch das Wirken Jesu begonnen hat, und die Heilung der Kranken zum Zeichen ihrer konkreten Verwirklichung. Wer einen solchen Sendungsauftrag übernimmt, darf sich nicht selbst in den Mittelpunkt stellen, sondern muss in allem ein Diener des Evangeliums sein und denselben missionarischen Eifer verspüren wie diese ersten Zwölf, sodass sie begeistert von Haus zu Haus, von Dorf zu Dorf und von Stadt zu Stadt gingen. Die Botschaft des Evangeliums darf niemandem vorenthalten werden. Ihr einziger Reichtum war das Evangelium, das in seiner Reinform und ohne Zusätze oder Hintergedanken verkündet werden muss; und das gilt auch für die Jünger von heute. Den Jüngern Jesu muss bewusst sein, dass das Evangelium sich selbst genügt. Es ist Sauerteig und Licht, das verwandelt. Deshalb weist Jesus die Zwölf an: „Nehmt nichts mit auf den Weg, keinen Wanderstab und keine Vorratstasche, kein Brot, kein Geld und kein zweites Hemd!" Ihr einziger Reichtum und ihre einzige Kraft ist das Evangelium. Allerdings kann es geschehen, dass das Evangelium nicht akzeptiert wird. Dennoch darf die Verkündigung niemals aufhören, sondern muss „von Dorf zu Dorf" getragen werden. Das Evangelium ist Gottes Geschenk an alle Völker, und die Jünger sind seine Zeugen.

Gebet mit den Heiligen

Donnerstag, 23. September

Lk 9,7–9. **Herodes Antipas fragt sich, wer Jesus ist**

Der Ruf des Meisters war sogar bis zum Hof des Herodes Antipas gedrungen. Doch die widersprüchlichen Gerüchte über Jesus beunruhigten und verwirrten den Tetrarchen. Einige sagten, der junge Rabbi sei der auferstandene Johannes der Täufer, andere hingegen hielten ihn für den wiedererschienenen Elija. Herodes verspürte eine psychische Anspannung vermischt mit Rastlosigkeit und Furcht und wollte ihn jedenfalls gerne sehen. Dahinter stand aber nicht der Wunsch, die neue prophetische Botschaft, die die Herzen so vieler Menschen berührte, zu hören und zu verstehen. Herodes wusste es noch nicht, aber der Moment sollte kommen, da er diesem jungen Propheten begegnet. Es sollte der Tag des Prozesses sein, als Pilatus beschloss, ihn als Gefangenen zu ihm zu schicken. Bei Herodes war der Wunsch, Jesus zu begegnen, anders als bei Zachäus, der auf den Baum stieg, oder bei den Griechen, die sich an Philippus und Andreas wandten und um eine Begegnung mit dem Meister baten. Sie wollten die Worte und Taten dieses jungen Propheten verstehen. Daher machten sie sich auf den Weg, um nach ihm zu suchen. Herodes dagegen wartet darauf, dass Jesus zu ihm kommen würde. Doch man begegnet dem Herrn nicht, wenn man nicht aus sich herausgeht und den eigenen Stolz aufgibt. Die Begegnung mit Jesus zum Aufbau einer Beziehung ist persönlich und unmittelbar und auch von einfacher Natur, wie viele Episoden des Evangeliums zeigen. Es genügt schon, sich ihm mit bereitem Herzen zu nähern und mit ihm zu sprechen oder auch die Stimme zu erheben und um Hilfe zu bitten oder sogar nur den Saum seines Gewandes zu berühren, um die Vollmacht seiner Gegenwart zu erfahren. Herodes hingegen lässt sich nur von der Neugier leiten, ohne dass er irgendeine Absicht hätte, sein Leben zu ändern, ohne irgendwelche Bereitschaft im Herzen, sich lieben und helfen zu lassen. Herodes verschanzte sich in seiner Burg, hinter den Mauern seines Individualismus und war außerstande, Jesus zu begegnen. Er wird allein bleiben.

Gebet für die Kirche

Freitag, 24. September

Lk 9,18–22. **Du bist der Messias Gottes**

Jesus fragt die Jünger, was die Leute über ihn denken. Die Jünger berichten ihm in einer Art betender Zwiesprache von den landläufigen Auffassungen, die auch Herodes zu Ohren gekommen waren. Doch eigentlich wollte Jesus eher wissen, was sie selbst über ihn denken, die sie ja nun schon seit geraumer Zeit mit ihm zusammen waren. Jesus empfand diese Gruppe von Jüngern als seine Familie, die seine Verkündigung konkret verwirklichte. Deshalb wollte er ihr Herz kennenlernen und wissen, für wen sie ihn wirklich halten. Petrus antwortet im Namen aller: „Für den Christus Gottes." Das ist ein feierliches Bekenntnis und noch eindeutiger als in der Parallelstelle bei Markus, weil das Wort „Christus" hier durch das Attribut „Gottes" ergänzt wird. Petrus ist wirklich der Erste, der im Namen aller den wahren Glauben bekennt. Er geht uns voran, damit jeder von uns mit denselben Worten auf die Frage antwortet, die Jesus nach wie vor auch an uns richtet: „Ihr aber, für wen haltet ihr mich?" Jesus selbst fordert unseren Verstand und unser Herz auf, ihn als den Erlöser und den zu begreifen und zu lieben, der auch uns von Sünde und Tod befreit. Das Schweigen über seine Person, das Jesus den Jüngern auferlegt, dient nicht dem Zweck, sich zu verstecken, im Gegenteil: Er will nicht, dass seine Sendung auf weltliche und trügerische Weise aufgefasst und dadurch verfälscht wird. Die Schwierigkeit, seine Sendung in ihrer ganzen Tiefe zu verstehen, tritt sofort zutage, als er hinzufügt, welches Schicksal ihn in Jerusalem erwartet. Die Botschaft Jesu ist eindeutig: Der Weg zur Auferstehung führt über das Kreuz. Das ist das Geheimnis des Lebens Jesu, der Kirche und der Jünger zu allen Zeiten. Der Sieg des Guten über das Böse führt immer über den Weg des Kreuzes.

Gebet des heiligen Kreuzes

Samstag, 25. September

Lk 9,43b–45. **Sie scheuten sich, Jesus zu fragen**

„Behaltet diese Worte in euren Ohren: Der Menschensohn wird nämlich in die Hände von Menschen ausgeliefert werden.“ Dieses Mal weist Jesus mit keinem Wort auf seine Auferstehung hin. „In die Hände von Menschen ausgeliefert werden“ steht in der Sprache der Bibel für das schmerzliche und grausame Schicksal eines von Gott Verlassenen, der der Macht der Menschen preisgegeben wird. Doch trotz dieser Deutlichkeit begreifen die Jünger nicht. Wie oft sind auch wir wie die Jünger damals weit von den Gedanken und Anliegen Jesu und besonders von dem Bewusstsein entfernt, das er von sich selbst und von seiner Sendung hatte! Dabei geht es nicht nur um das Unverständnis der Jünger, sondern um die Herzensverhärtung, die dem droht, der sich weigert, die Wirklichkeit der Schwäche und des Leidens zu akzeptieren. Der Apostel Paulus bringt das im ersten Brief an die Korinther treffend auf den Punkt: „Wir dagegen verkünden Christus als den Gekreuzigten: für Juden ein Ärgernis, für Heiden eine Torheit, für die Berufenen aber, Juden wie Griechen, Christus, Gottes Kraft und Gottes Weisheit“ (1 Kor 1,23–24). Der Kreuzweg ist und bleibt auch für uns und für die in der Welt so weit verbreitete Kultur des Individualismus ein Ärgernis. Dennoch ist das Kreuz der Ursprung des Heils, diese grenzenlose Liebe Jesu bewirkt die Erlösung der Menschen von der Knechtschaft der Sünde. Lukas merkt an, dass die Jünger die Worte Jesu noch immer nicht verstehen und schweigen, ohne nach weiteren Erklärungen zu fragen. Es ist eine Haltung des Misstrauens gegenüber Jesus und des Vertrauens auf ihre eigene Unwissenheit. Sie wollen lieber im Dunkel bleiben. Es ist nötig, sich weiterhin Tag für Tag vom Wort Gottes leiten und belehren zu lassen. Im Zuhören werden wir die Weisheit des Evangeliums finden.

Gebet der Vigil

Sonntag, 26. September: 26. Sonntag im Jahreskreis

Gedenktag der beiden syrischen Märtyrer und Heiligen Kosmas und Damian († um 303). Nach der Überlieferung waren sie Ärzte, die Kranke unentgeltlich behandelten. Besonderes Gedenken an alle, die sich der Pflege und Betreuung von Kranken widmen.

Num 11,25–29; Ps 19; Jak 5,1–6; Mk 9,38–43.45.47–48

Im heutigen Sonntagsevangelium tritt Johannes, einer der Zwölf, der geschwiegen hatte, diesmal vor und sagt in überzeugtem Ton: „Meister, wir haben gesehen, wie jemand in deinem Namen Dämonen austrieb; und wir versuchten, ihn daran zu hindern, weil er uns nicht nachfolgt." Nicht selten denken auch wir genau wie Johannes. Doch Mose sagt: „Wenn nur das ganze Volk des Herrn zu Propheten würde, wenn nur der Herr seinen Geist auf sie alle legte!" Ebendies ist die Weisheit Gottes, die nicht müde wird, zu jeder Zeit und in jeder Generation nach Propheten zu suchen. Deshalb gibt Jesus Johannes und den anderen eine entschlossene Antwort: „Hindert ihn nicht! Keiner, der in meinem Namen eine Machttat vollbringt, kann so leicht schlecht von mir reden. Denn wer nicht gegen uns ist, der ist für uns." Das Gute stammt immer von Gott, wo und durch wen es auch vollbracht wird. Wer Bedürftigen hilft, Schwachen beisteht, Verzweifelte tröstet, Gastfreundschaft übt, Freundschaft pflegt, sich für den Frieden einsetzt und zur Vergebung bereit ist, der stammt immer von Gott.
Wir brauchen einen weiten Blick, der uns ein Gespür dafür vermittelt, wo in der Welt der Geist Gottes am Werk ist. Wir sollen nicht

traurig werden wie der Apostel Johannes, wenn wir sehen, dass andere, die nicht zur eigenen Gruppe gehören, Dämonen austreiben. Jesus freute sich, als er sah, dass viele geheilt wurden und gesund zurückkamen. Es steht geschrieben: Die Freude des Herrn ist der Mensch, der lebt. Deshalb findet Jesus harsche Worte gegen die, die „Ärgernis“ geben. „Ärgernis geben“ heißt, die Schwachen und Trostbedürftigen zum Straucheln und Fallen zu bringen oder ihnen zumindest nicht zu helfen. Die Liebe zu den anderen erfordert immer den einen oder anderen Schnitt, verlangt immer den einen oder anderen Verzicht. Natürlich geht es hier nicht um Selbstverstümmelung, sondern um an unserem Verhalten und an unserem Herzen zu ändernde Dinge. Denn in der Regel sind unsere Augen nur auf uns selbst gerichtet, unsere Hände werden nur fleißig, wenn es um unsere eigenen Angelegenheiten geht, unsere Füße laufen nur im eigenen Interesse. Blicken wir doch wenigstens mit einem Auge einmal nicht nur auf uns selbst, dann werden wir gewiss glücklicher sein. Benutzen wir wenigstens eine unserer Hände, um Leidenden zu helfen, dann werden wir dieselbe Freude verspüren wie Jesus. Lenken wir unsere Schritte auf den Weg des Evangeliums, dann werden wir Zeugen der Liebe Gottes sein, dann werden wir die Worte Jesu verstehen: „Denn wer sein Leben retten will, wird es verlieren; wer aber sein Leben um meinetwillen und um des Evangeliums willen verliert, wird es retten“ (Mk 8,35).

Gebet am Tag des Herrn

Montag, 27. September

Lk 9,46–50. **Wer ist der Größte?**

„Unter ihnen kam der Gedanke auf, wer von ihnen der Größte sei.“ Die Diskussion und die Frage der Jünger zielten nicht etwa darauf ab, die Worte Jesu über seinen Tod zu verstehen. Die Sorge um ihre eigene Zukunft war viel wichtiger. Die Jünger waren Gefangene der weltlichen Mentalität, die tief in allen Generationen steckt. Jesus aber ist gekommen, um ausgehend von sich selbst diese Mentalität auf den Kopf zu stellen: durch seinen Gehorsam „bis zum Tod, bis zum Tod am Kreuz", wie der Apostel Paulus schreibt (Phil 2,8). Auf dieser Grundlage fordert er seine Jünger auf, Beziehungen aufzubauen, die von Geschwisterlichkeit und Dienst und nicht von Konkurrenz oder Machtansprüchen über andere geprägt sind. An dieser Stelle unterstreicht Jesus seine Worte mit einer Geste, die seine Denkweise veranschaulichen soll. Jesus nimmt ein Kind und stellt es neben sich, um sich mit ihm zu identifizieren: „Wer dieses Kind in meinem Namen aufnimmt, der nimmt mich auf; und wer mich aufnimmt, der nimmt den auf, der mich gesandt hat." Im Himmelreich und damit auch in der Gemeinschaft der Jünger Jesu ist derjenige groß, der sich klein macht, der ein Kind des Evangeliums ist, der seine Schwäche erkennt und in allem auf den Herrn vertraut. Kindschaft und Jüngerschaft sind identisch. Deshalb will Jesus sagen, dass der Jünger wie ein Kind das Verhalten des Vaters erkennen soll. Er soll die „Zeichen der Zeit" deuten und das Wirken Gottes überall dort erkennen, wo das Gute vollbracht wird, auch wenn der, der es vollbringt, nicht zur Gruppe der Jünger gehört. An Johannes und an alle Christen gewandt, die nicht anerkennen oder die sogar noch verhindern wollen, dass jemand Gutes tut, der nicht zum Kreis der Jünger gehört, wiederholt Jesus: „Hindert ihn nicht! Denn wer nicht gegen euch ist, der ist für euch." Diese Aussage vermittelt eine tiefe – auch menschliche – Weisheit, um die Jünger Jesu zu befähigen, das Wirken des Geistes in der Geschichte der Menschen zu erkennen.

Gebet für die Armen

Dienstag, 28. September

Gedenktag des heiligen Wenzel († 929), der in Böhmen als Märtyrer verehrt wird.

Gedenken an William Quijano, einen jungen Mann der Gemeinschaft Sant'Egidio in El Salvador, der im Jahr 2009 der Gewalt der Maras zum Opfer fiel.

Lk 9,51–56. **Jesus entschließt sich, nach Jerusalem zu gehen**

Mit diesem Abschnitt berichtet Lukas vom Beginn des Weges Jesu mit den Jüngern nach Jerusalem. Jesus wusste, dass das Evangelium auch in Jerusalem, am zentralen Ort des Volkes Israel, verkündet werden musste, selbst wenn es ihn das Leben kosten sollte. Die Jünger wollten ihn aufhalten, aber Jesus „fasste … den festen Entschluss", in die heilige Stadt zu ziehen; mit dieser Formulierung verdeutlicht der Evangelist den unerschütterlichen Willen des Meisters. Der Gehorsam gegenüber dem Vater und die dringende Notwendigkeit, das Evangelium der Liebe zu verkünden, haben in seinem Leben absolute Priorität. Deshalb macht sich Jesus fest entschlossen, das heißt mit bereitwilligem und radikalem Gehorsam gegenüber dem Willen des Vaters, auf den Weg nach Jerusalem. Der Evangelist erwähnt, dass er einige Jünger vorausschickte, die „eine Unterkunft für ihn besorgen" sollten. Diese kurze Notiz beinhaltet im Grunde genommen die eigentliche Mission der Kirche, nämlich die Herzen auf die direkte Begegnung mit Jesus vorzubereiten. Die erste Etappe ist ein Dorf in Samarien. Kaum, dass die Jünger dort eintreffen, erteilen ihnen jene Samariter eine klare Absage. Vermutlich wollten sie die Galiläer daran hindern, durch Samarien nach Jerusalem zu gehen. Es handelte sich um einen typisch ethnischen Konflikt, der auch religiöse Züge trug. Über die harte Haltung jener Samariter verärgert, reagieren Jakobus und Johannes mit derselben Härte: Zu Jesus zurückgekehrt äußern sie ihm gegenüber die Absicht, Feuer vom Himmel herabfallen zu lassen und sie zu vernichten. Doch Jesus reagiert mit Liebe auf die Kälte derer, die ihn nicht aufnehmen wollen. Der Evangelist Lukas erwähnt, dass Jesus beide Jünger für ihren gewaltbereiten Eifer streng zurechtweist. Wieder tritt die von Jesus im Evangelium vertretene Sichtweise vom Leben deutlich zutage: Es geht darum, das Böse durch das Gute zu besiegen.

Gebet mit Maria, der Mutter des Herrn

Mittwoch, 29. September

Fest der heiligen Erzengel Michael, Gabriel und Raphael. Die äthiopische Kirche, eine der ältesten in Afrika, verehrt den heiligen Michael als Schutzpatron.

Lk 9,57–62. **Drei Berufungen**

Jesus hat gerade seinen Weg von Galiläa nach Jerusalem angetreten, und sogleich stellt sich das Problem der Nachfolge. Kaum war er in Samarien angekommen, kommen einige Menschen zu ihm. Der Evangelist überliefert Begegnungen mit drei Personen. Sie sprechen mit Jesus über die Nachfolge. Die erste und die dritte bitten, Jesus nachfolgen zu dürfen, während bei der zweiten Person die Berufung von Jesus ausgeht. Jedenfalls will der Evangelist die drei Antworten Jesu herausstellen, die zeigen, unter welchen Bedingungen man ihm nachfolgen soll und sein Jünger werden kann. Es fällt auf, dass Jesus in allen drei Antworten irgendwie auf die Familie Bezug nimmt, die in ihrer schützenden Dimension als Zufluchtsort thematisiert wird. Dem Ersten, der ihn bittet, ihm nachfolgen und mithin sein Schicksal teilen zu dürfen, antwortet Jesus, dass der Menschensohn nicht einmal einen Ort hat, wo er sein Haupt hinlegen kann. Der Jünger muss in derselben Armut leben wie der Meister. Der Zweite wird direkt von Jesus berufen. Als er jedoch entgegnet, dass ihm erlaubt sein solle, zuvor seinen Vater zu begraben, verweist Jesus auf den Vorrang der Nachfolge und der Verkündigung des Evangeliums, selbst gegenüber so sensiblen Familienangelegenheiten wie eben dem Begräbnis des Vaters. Das Evangelium des Lebens hat Vorrang vor dem was tot ist. Der Dritte, der auf Jesus zukommt, muss sich von ihm sagen lassen, dass niemand, der ihm nachfolgen will, dem zurückgelassenen Leben noch in irgendeiner Weise nachtrauern darf. Das Leben, das man in der Nachfolge Jesu erhält, duldet kein Bedauern und keinen Blick zurück. Das Evangelium verlangt, dass man den eigenen Egoismus, eigene Sicherheiten und Traditionen aufgibt, um sich für Jesus als den einzigen Herrn über das eigene Leben zu entscheiden. Die Nachfolge Jesu ist zweifellos eine radikale und auch paradoxe Entscheidung. Doch das liegt daran, dass die Liebe Jesu zu uns allumfassend, radikal, paradox und einzigartig ist. Jesus lebt diesen radikalen Gehorsam gegenüber dem Vater und seinem Plan als Erster. Der Jünger lebt von derselben Liebe, die Jesus mit dem Vater verbindet. Eine solche Liebe brauchen wir, damit wir selbst und die Welt befreit werden, nämlich eine Liebe, die auch den Tod besiegt.

Gebet mit den Heiligen

Donnerstag, 30. September

Gedenktag des heiligen Kirchenvaters Hieronymus, der 420 in Betlehem starb. Er übersetzte die Bibel ins Lateinische. Gebet in dem Anliegen, dass die Stimme der Schrift in jeder Sprache gehört werde.

Lk 10,1–12. **Die Aussendung der Zweiundsiebzig**

Das Evangelium überliefert heute die zweite Aussendungsrede Jesu im Lukasevangelium. Während die erste, um gleichsam das ganze Volk Israel zu versammeln, an die Zwölf gerichtet war (Lk 9,1–6), geht es nun um die Aussendung der zweiundsiebzig Jünger, deren Anzahl alle Völker der Erde symbolisiert (vgl. Gen 10). Lukas stellt diese Rede an den Beginn des Weges Jesu nach Jerusalem. Die Universalität der Verkündigung ist kein zusätzlicher Aspekt in der Botschaft des Evangeliums. Vielmehr ist sie ein wesentlicher Bestandteil der Sendung, die Jesus seinen Jüngern von Anfang an anvertraut. Er selbst weist nämlich darauf hin, dass die Ernte groß ist, dass es aber „nur wenig Arbeiter“ gibt. Es besteht ein Missverhältnis zwischen der gewaltigen Arbeit der Evangelisierung der Welt und der kleinen Zahl der Jünger. Dessen ist sich Jesus durchaus bewusst. Das Problem betrifft jedoch nicht nur die Zahl der Arbeiter, sondern auch ihre Qualität. Denn Jesus ermahnt die Jünger nicht nur darum zu beten, dass der Vater Arbeiter schickt, sondern auch, dass ihre Arbeit erfolgreich ist. „Ich sende euch wie Schafe mitten unter die Wölfe.“ Die Weitergabe des Evangeliums bedeutet auch Kampf. Das

Bild von den Schafen und den Wölfen unterstreicht das Wesen der Sendung. Sie ist nicht von einem Geist der Gewalt und des Zwangs, sondern von der Sanftmut und Demut der Schafe gekennzeichnet. Diese Sanftmut ist kein Kommunikationsstil, vielmehr gehört sie zum Wesen des Evangeliums. Denn mit der Kraft der Sanftmut überwinden wir die Schwäche der Gewalt. Die Ausrüstung der Jünger besteht nur aus dem Evangelium. Sie brauchen weder Geldbeutel noch Vorratstasche oder Schuhe. Überallhin sind sie gesandt, das Evangelium zu verkünden. Die Aussendung „zu zweit" hat Gregor den Großen zu einem schönen Kommentar veranlasst. Jesus habe die Jünger zu zweit ausgesandt, weil die Liebe untereinander ihre allererste Botschaft sein soll. Denn damals wie heute besteht die Kraft der Jünger in der Liebe. Die Liebe des Herrn ist stark und besiegt die „Wölfe" dieser Welt.

Gebet für die Kirche

Freitag, 1. Oktober

Gedenktag der heiligen Therese von Lisieux († 1897), einer Karmelitin mit einem tiefen Gespür für die Sendung der Kirche.

Lk 10,13–16. **Wer aber mich ablehnt …**

Jesus hat die Zweiundsiebzig gerade aufgefordert, in jede Stadt und in jedes Dorf zu gehen und dort das Evangelium zu verkünden. Wenn allerdings – so fügt er hinzu – irgendeine dieser Städte ihre Verkündigung nicht aufnimmt, dann sollen die Jünger sie verlassen und sogar den Staub abschütteln, der noch an ihren Sandalen haftet. Das sind harte Worte, die auch uns dazu bringen müssten, die Organisation des Lebens in den Städten unserer Zeit zu überdenken. Zudem wirft die Corona-Pandemie, die wir erlebt haben, Fragen auf, die sich unmittelbar darauf beziehen wie die Städte der Gegenwart bewohnt, gebaut und organisiert werden. Wir alle wissen um ihre großen Probleme und die enormen Herausforderungen, denen sie sich werden stellen müssen. Deshalb muss die Verkündigung des Evangeliums noch klarer und kreativer sein. Außerdem müssen die Jünger und Jüngerinnen Jesu sich fragen wie sie das Evangelium verkünden können, damit es das Herz unserer Städte und unserer Bevölkerungen erreicht. Denn wir laufen oft Gefahr, unverständliche Lehrsätze und Rituale stur zu wiederholen, die über die Köpfe der Menschen hinweggehen und weder im persönlichen noch im gesellschaftlichen Leben irgendeine Veränderung bewirken. Dass Jesus sich auf den Weg nach Jerusalem macht, erinnert uns daran, dass wir als Christen die Verantwortung haben, in unsere Städte zu gehen, um uns zum Primat Jesu zu bekennen und sie von den zahllosen Mächten zu befreien, die in den heutigen Mega-Cities das Leben der Armen und Schwachen mit Füßen treten. Jesus geht nach Jerusalem, um sein Leben hinzugeben, um selbst der erste Sauerteig, das erste Licht und das erste Samenkorn einer neuen, dem Menschen angemessenen Stadt zu sein. Wer ihn nicht aufnimmt oder ihn sogar ablehnt, führt seinen eigenen Untergang herbei. Selbst Tyrus und Sidon hätten sich bekehrt, warnt Jesus eindringlich, wenn sie die Worte gehört und die Taten gesehen hätten, die in jenen Tagen vollbracht wurden. Lassen wir nicht zu, dass das Evangelium vergeblich gepredigt wird! Wir müssen uns der Verantwortung bewusst sein, die der Herr uns mit Blick auf die heutigen Großstädte anvertraut: „Wer euch hört, der hört mich, und wer euch ablehnt, der lehnt mich ab". Jedes verkündete Wort wird uns von oben geschenkt. Das ist eine Verantwortung: Wer das Wort verkündigt, ist dafür verantwortlich, es weiterzugeben, und wer das Wort hört, ist dafür verantwortlich, es aufzunehmen.

Gebet des heiligen Kreuzes

Samstag, 2. Oktober

Lk 10,17–24. **Die Rückkehr der Zweiundsiebzig**

Die zweiundsiebzig Jünger haben auf ihrer Missionsreise die verwandelnde Kraft des Evangeliums der Liebe erleben dürfen, das Jesus ihnen geschenkt hatte. Als sie am Abend zurückkehren, versammeln sie sich um Jesus. Voller Freude erzählen sie ihm von den Wundern, die sie unter den Menschen vollbringen konnten. Jesus hört ihnen zu, freut sich und bestätigt sie in ihren Erfahrungen: „Ich sah den Satan wie einen Blitz aus dem Himmel fallen." Das ist die Freude, die jedes Mal in der christlichen Gemeinschaft entsteht, wenn sie das Evangelium verkündet und sieht, wie das Böse zurückgedrängt und von der schwachen Kraft der Liebe besiegt wird. Jesus bestätigt den Jüngern die Vollmacht, die er ihnen verliehen hat: „Siehe, ich habe euch die Vollmacht gegeben, auf Schlangen und Skorpione zu treten und über die ganze Macht des Feindes. Nichts wird euch schaden können." Das sind Worte, die wir nie vergessen sollten, obwohl wir es oft tun. Das ist unverantwortlich. Sich ihrer nicht zu erinnern heißt, nicht an die Kraft des Evangeliums zu glauben und mithin die Wirksamkeit des Zeugnisses zu mindern, das wir mitten unter den Menschen zu geben berufen sind. Sodann fügt Jesus hinzu, dass die wahre Freude, die den Jüngern niemand mehr wird nehmen können, darin besteht, dass ihre Namen im Himmel, das heißt im Herzen Gottes selbst verzeichnet sind. Heute und in Zukunft besteht das Leben des Jüngers in der Gemeinschaft mit Jesus, dem Vater und dem Heiligen Geist. Aus dieser Gemeinschaft entspringt seine Kraft und auch seine Freude. Danach erhebt Jesus noch unter dem Eindruck dessen, was an jenem Tag geschehen war, die Augen zum Himmel und dankt dem Vater, weil er diesen unmündigen Jüngern, die sich auf ihn verlassen haben, das Geheimnis seiner Liebe hat anvertrauen wollen. Es ist ein zärtliches Gebet, das aus der tiefen Liebe Jesu zum Vater und zu den Jüngern und nun auch zu uns, den Jüngern der letzten Stunde, erwächst. Nach dem Gebet wendet er sich an die Zweiundsiebzig und preist sie selig, und diese Seligpreisung gilt über die Jahrhunderte hinweg für alle Gläubigen: „Selig sind die Augen, die sehen, was ihr seht." Auch uns wird durch die Teilhabe am Leben der Gemeinschaft der Gläubigen die Gnade geschenkt, Jesus zu sehen, zu hören und in seiner unmittelbaren Nähe zu leben.

Gebet der Vigil

Sonntag, 3. Oktober: 27. Sonntag im Jahreskreis

Gen 2,18–24; Ps 128; Hebr 2,9–11; Mk 10,2–16

„Es ist nicht gut, dass der Mensch allein ist." Mit diesen Worten, die Gott am Anfang der Menschheitsgeschichte spricht, wird die Berufung eines jeden Mannes und einer jeden Frau in die Tiefe seines und ihres Seins hinein- und festgeschrieben: Wir alle sind zur Gemeinschaft, zur Geschwisterlichkeit und dazu bestimmt und berufen, einander zu helfen. Nach dem Bild Gottes geschaffen zu sein bedeutet, zu ihm zu gehören, von seinem Leben, das heißt, von jener Liebe zu leben, die den Vater mit dem Sohn und dem Heiligen Geist verbindet. Das Geheimnis ihrer Gemeinschaft wird uns auf den Seiten der Bibel geoffenbart. Die Kommunion unter ihnen zeigt sich wirklich deutlich. Nie finden wir den Vater ohne den Sohn und ohne den Geist. Daher können wir sagen, dass so, wie sie nicht alleine leben, auch die Männer und Frauen nicht alleine, getrennt und fern voneinander leben können. Die Dimension der Gemeinschaft ist das Leben Gottes und der Menschen. Vor diesem Hintergrund können wir auch den zweiten Teil des eben gehörten Evangeliums lesen. Es ist eine herzergreifende Szene: Eltern, die ihre Kinder zu Jesus bringen, damit er sie berührt. Sie bitten jenen guten Meister um eine Geste der Liebe und des Segens, wie Markus zum Ende hin schreibt: „Und er nahm die Kinder in seine Arme; dann legte er ihnen die Hände auf und segnete sie." Die Jünger, die die Gedanken des Meisters so oft nicht verstehen, werden ungehalten, als sie diesen Andrang der Kinder sehen. Während die Jünger den Unwillen Jesu erregen, erweichen die Kinder sein Herz. Es ist nur eine kurze Episode, doch man ahnt ihre Bedeutung für die christliche Gemeinschaft. Bis heute hat der Appell Jesu nichts von seiner Eindringlichkeit verloren: „Lasst die Kinder zu mir kommen; hindert sie nicht daran!" In den Augen Jesu sind jene Kinder ein Vorbild für uns alle: Dass sie zu ihm hinlaufen, ist eine Lehre für uns Erwachsene, die wir so auf uns selbst fixiert sind. In jenen Kindern war keine Spur von Angst, Voreingenommenheit oder Misstrauen. Jesus, der in den Herzen liest, weiß das genau. Deshalb reagiert er so unwillig auf das Verhalten der Jünger. Hinter jenen Kleinen stehen die vielen Kinder dieser Welt, die Opfer von Krieg, Hunger, Gewalt und

Krankheit sind. Wir bringen sie zum Herrn, damit er sie segnet und damit sie Liebe und Hilfe zum Wachstum finden können.
Die Sorge um die Kleinen ist auch eine Gnade, weil der Herr uns in ihnen beispielhaft zeigt, wie wir seine Jünger sein sollen. Schon einige Verse zuvor hatte der Evangelist Markus erzählt, wie Jesus ein Kind in die Mitte stellt, es umarmt und sagt: „Wer ein solches Kind in meinem Namen aufnimmt, der nimmt mich auf" (Mk 9,37). Zuerst ruft Jesus dazu auf, die Kleinen aufzunehmen, sich ihrer anzunehmen – dann stellt er sie als ein Vorbild dar: „Denn solchen wie ihnen gehört das Reich Gottes." Und er fügt hinzu: „Wer das Reich Gottes nicht so annimmt wie ein Kind, der wird nicht hineinkommen." Das Himmelreich gehört denjenigen unter den Jüngern, die imstande sind, wie Kinder zu sein, das heißt, auf den Herrn zu vertrauen. Das Evangelium ruft uns auf, unser Leben neu auf das Maß eines Kindes zuzuschneiden: Lassen wir uns von Jesus in die Arme nehmen, damit auch wir die zärtliche Berührung seiner Liebe erfahren und seinen Segen empfangen. Seine Hände lassen uns nicht fallen: Sie bewahren uns vor dem Bösen und schenken uns Frieden.

Gebet am Tag des Herrn

Montag, 4. Oktober

Gedenktag des heiligen Franziskus von Assisi († 1226).
Gedenken an die Weihe der kleinen Kapelle von Primavalle, des ersten Gebetsortes der Gemeinschaft Sant'Egidio am Stadtrand von Rom.
Am 4. Oktober 1992 wurde in Rom der Friedensvertrag unterzeichnet, der den Krieg in Mosambik beendete. Gebet für alle Arbeiter für den Frieden.

Mt 11,25–30. **Das Evangelium wird den Unmündigen offenbart**

Heute feiern wir den Gedenktag des heiligen Franziskus von Assisi und erinnern an seinen Tod in der Nacht des 3. Oktober 1226. Noch immer bewegt sein Zeugnis die Herzen vieler Männer und Frauen und führt sie dem Herrn entgegen. Die Begegnung mit dem Aussätzigen, den Franziskus umarmte und küsste, und die Stimme des Gekreuzigten von San Damiano, die er hörte, markieren seine Bekehrung. Von diesem Moment an begann der junge Franziskus, das Evangelium „ohne Zusätze“ zu leben und wurde nicht nur innerhalb der katholischen Kirche und der gesamten Christenheit, sondern auch über ihre Grenzen hinaus ein bedeutender Zeuge der Frohen Botschaft. Die Friedenssehnsucht trieb ihn, der in der Zeit der Kreuzzüge lebte, nach Damiette zu gehen, um den Sultan zu treffen: Er wählte nicht das Schwert, sondern den Dialog. Er scharte viele Anhänger um sich, die er Brüder nannte. Er wollte, dass sie bei den *Minores* lebten, den Armen am Rand der mittelalterlichen Städte. In ihm ist das Evangelium zum Sauerteig einer weltumspannenden Geschwisterlichkeit geworden. Das Evangelium, das uns die Liturgie am heutigen Gedenktag vorlegt, überliefert eines der Gebete Jesu. Es ist ein Dank an den Vater, weil er sich zu den Unmündigen herabgebeugt und ihnen das Geheimnis seiner rettenden Liebe geoffenbart hat – ein Geheimnis, das seit Jahrhunderten verborgen war und das nicht einmal die Weisen hätten begreifen können, wenn nicht Gott selbst es ihnen geoffenbart hätte: dass Gott die Welt so sehr geliebt hat, dass er seinen eigenen Sohn sandte, um alle Menschen von der Macht des Bösen und des Todes zu erlösen. Es hat dem Vater gefallen, mit der Erlösung der Menschen bei den Kleinsten und Schwächsten zu beginnen. Das ist das Vorrecht der Armen, das schon in den ersten Anfängen des biblischen Geschehens und im Leben der Jünger Jesu bis heute präsent ist. Papst Franziskus wird nicht müde, uns durch sein eigenes Beispiel daran zu erinnern. Ebendeshalb hat er den Namen des Heiligen von Assisi gewählt, der bis heute durch sein Vorbild dazu aufruft, dass auch wir uns unter die Unmündigen einreihen, die diese Liebe angenommen und gelebt haben. Der heilige Franziskus ist ein Teil jener langen Schar von Gläubigen, die die 20 Jahrhunderte der christlichen Geschichte wie ein roter Faden durchzieht und Gottes Vorliebe für die Armen und Schwachen zeigt. Bei ihnen beginnt Gott mit der Erlösung der Welt. Franziskus hat die alte Geschichte der Jünger Jesu neu erlebt. Sie waren einfache und verachtete Menschen und wurden von Jesus zu Aposteln des Reiches erwählt. Durch die Jünger unserer Zeit spricht Jesus noch heute zu den erschöpften Menschenmengen dieser Welt und sagt ihnen: „Kommt alle zu mir, die ihr mühselig und beladen seid! Ich will euch erquicken.“

Gebet mit den Heiligen

Dienstag, 5. Oktober

Lk 10,38–42. **Marta und Maria**

Auf das Gleichnis vom barmherzigen Samariter lässt der Evangelist Lukas sofort die Episode von Marta und Maria folgen. Fast scheint es, als wolle er die beiden grundlegenden Verhaltensweisen des Christen – die Armen zu lieben wie der barmherzige Samariter und auf das Wort Jesu zu hören wie Maria – in einen engen Zusammenhang bringen. Die Kirche teilt sich nicht auf in Experten für die Nächstenliebe auf der einen und Experten für das Gebet auf der anderen Seite. Jeder Christ ist aufgerufen, die Armen zu lieben und zum Herrn zu beten. Man kann Gebet und Nächstenliebe nicht voneinander trennen. Deshalb hat Jesus die Haltung des Priesters und des Leviten getadelt, denn man kann nicht am Altar Dienst tun, ohne auch den Armen zu dienen. Beide Dienste sind untrennbar miteinander verbunden. Die Episode aus dem Lukasevangelium macht uns verständlich, dass beten vor allem heißt, zu den Füßen Jesu zu sitzen, um seinem Wort zu lauschen. Maria ist für jeden Jünger ein Vorbild des Gebetes. Sie erinnert uns daran, dass Christsein vor allem heißt, auf das Wort des Meisters zu hören und es im Herzen zu bewahren. Beten ist das erste Werk des Christen. Deshalb muss er auf Maria und nicht in erster Linie auf Marta schauen. Dabei tut Marta durchaus nichts Verwerfliches, ganz im Gegenteil. Aber sie hat ihre Prioritäten nicht geklärt. Marta nämlich lässt sich von einem Aktionismus hinreißen, der es ihr nicht erlaubt, innezuhalten und auf das Wort zu hören. Deshalb wird ihr Herz nur wenig vom Wort durchtränkt: Es verhärtet sich, und schließlich ist sie so erbost, dass sie sogar Jesus mangelnde Sensibilität vorwirft. Natürlich ist der Christ Apostel und Bote des Evangeliums. Doch er bleibt vor allem ein Jünger des Herrn. Das ist die tiefste Definition des Christseins. Denn aus dem Hören auf das Wort Gottes erwachsen das Sein und das Handeln des Christen.

Gebet mit Maria, der Mutter des Herrn

Mittwoch, 6. Oktober

Lk 11,1–4. **Herr, lehre uns beten**

Mehrere Male wird im Lukasevangelium davon erzählt, dass Jesus sich, häufig des Nachts, zum Beten an abgelegene Orte zurückzieht. Für die Jünger war es eine absolut einmalige Erfahrung, dabei sein zu dürfen, wenn Jesus betete. Auch nur zusehen zu dürfen, wie Jesus betete, war auch für die Jünger zweifellos außergewöhnlich. Wen von uns hätte das nicht beeindruckt? Vor ebendiesem Hintergrund können wir uns die Szene vorstellen, die im Lukasevangelium erzählt wird. Jesus hat sein Gebet soeben beendet. Einer der Jünger tritt an ihn heran und bittet ihn im Namen aller: „Herr, lehre uns beten". Wir alle haben es nötig, zu beten, beten zu lernen, ja mehr noch: so beten zu lernen wie Jesus, mit demselben Vertrauen und Zutrauen zum Vater im Himmel. Es ist gut, diese Bitte oft zu wiederholen, denn Jesus ist der wahre Meister des Gebetes. Jesus sprach zum Vater als der Sohn, der er war. Absolut überraschend ist, dass Jesus auf die Bitte jenes Jüngers mit dem Geschenk des Vaterunser-Gebetes reagiert, das in der ganzen christlichen Welt gebetet wird: ein Gebet, wie es erhabener, zärtlicher und inniger nicht sein könnte. Das gilt schon für das allererste Wort: „Vater", genauer gesagt, „Papa" („*Abba*"), eine Gottesanrede, die für das religiöse Empfinden des Judentums – wo man nicht einmal den Namen „Gott" aussprechen darf – völlig undenkbar war. Jesus nimmt uns in sein eigenes Beten und Sohn-Sein hinein. Natürlich auf eine andere, aber deshalb nicht weniger wahre Weise. Dann stellt er klar, dass es sich um einen Vater handelt, der uns allen gemeinsam, der eben „unser" Vater ist, der Vater einer Familie von Schwestern und Brüdern. Jesus will, dass die Jünger sich zu einer einzigen Familie zusammenfinden, der Familie Gottes, die denselben Vater hat wie er. Sich als Söhne und Töchter, ja als Kinder zu erkennen, die sich ganz und gar auf ihren gemeinsamen Vater verlassen – darin besteht der Sinn des ganzen Gebetes. Beten heißt nicht, viele Worte zu machen, sondern ist vor allem ein Akt des Vertrauens und der Hingabe an Gott. Jesus öffnet unsere Lippen für den Lobpreis und die Anrufung des väterlichen Namens, damit sein Reich bald kommen möge. Dann folgt die

Bitte um das Brot für unser tägliches Leben und um die gegenseitige Vergebung. Brot und Vergebung sind zwei wesentliche Dimensionen unseres Lebens, und das vor allem in dieser Zeit, da die Armut zuzunehmen und der Geist des Konfliktes und der Gewalt immer stärker zu werden scheint. Dieses Gebet, das seit Jahrhunderten die Herzen der Christen durchzieht, ist ein kostbarer Schatz und soll auch in Zukunft den Rhythmus der Stunden und Tage der Jünger bestimmen.

Gebet mit den Heiligen

Donnerstag, 7. Oktober

Lk 11,5–13. **Bittet, dann wird euch gegeben**

Für Jesus ist das Gebet so wichtig, dass er die Jünger nicht in Ungewissheit oder, schlimmer noch, Unwissenheit belassen kann. Ohne das Gebet gibt es keine Rettung. Die Jünger müssen die Gewissheit haben, dass der Vater im Himmel sie hört und erhört. Deshalb ermahnt Jesus im heutigen Evangelium dazu, gläubig und inständig zu beten. Zu diesem Zweck erzählt er zwei Gleichnisse. Das erste ist das Gleichnis vom bittenden Freund und gleichsam ein Kommentar zur vierten Vaterunser-Bitte „Unser tägliches Brot gib uns heute“. Damit will Jesus die Jünger offenbar auffordern, mit derselben „Zudringlichkeit“ wie der Freund zum Vater zu beten. Die Jünger sollen inständig bitten: „Darum sage ich euch: Bittet und es wird euch gegeben; sucht und ihr werdet finden; klopft an und es wird euch geöffnet.“ Jesus versichert ihnen, dass das, was im Gleichnis geschieht, auch ihnen widerfahren wird. Das inständige Gebet zwingt Gott offenbar dazu, „aufzustehen“ und unsere Bitte zu erhören. Gott aber wird, so macht es Jesus anschließend mit dem zweiten Gleichnis deutlich, nicht nur reagieren, sondern seinen Kindern überdies immer nur Gutes geben. Die, die sich vertrauensvoll an ihn wenden, erhört er immer. Das Gebet – das Gebet eines Kindes, das sich in allem auf den Vater verlässt – hat wahrhaftig eine unglaubliche Macht, ja, es vermag Gott gleichsam zu „zwingen“. Deshalb zählt das beharrliche Gebet in der gesamten Tradition der Kirche zu den unverzichtbaren Eckpfeilern des spirituellen Lebens. Lassen wir uns vom heutigen Evangelium im Herzen berühren, dann werden wir die Kraft und die Wirksamkeit des Gebetes in unserem Leben und im Leben derer entdecken, für die wir beten. Das Gebet rettet das Leben. Deshalb ist es entscheidend, dass wir die Zeit finden, uns täglich an Gott zu wenden und uns selbst und die Welt vor ihn hinzutragen, damit er eingreift und alle vom Bösen errettet.

Gebet für die Kirche

Freitag, 8. Oktober

Lk 11,14–26. **Wer nicht für mich ist, der ist gegen mich**

Das ganze Leben Jesu und der Jünger zu allen Zeiten ist eine Geschichte der Gegenwehr und des Kampfes gegen das Böse, das das Wort der Frohen Botschaft aufhalten will. Im Abschnitt des heutigen Evangeliums wird ein Mann von der Stummheit befreit, von der Unfähigkeit, mit anderen zu kommunizieren. Wie sollte uns das nicht an die traurige Lage so großer Teile der Menschheit denken lassen, die auf die eine oder andere Weise nicht kommunikationsfähig, das heißt nicht in der Lage sind, einander zu verstehen oder auch, sich Gehör zu verschaffen? Auch wenn es heute einerseits immer einfacher wird, Nachrichten auszutauschen und in Echtzeit zu empfangen, heißt dies doch andererseits nicht, dass eine wirkliche Kommunikation zwischen Menschen, Ethnien, Völkern und Nationen einfach wäre. Der Fürst des Bösen ist am Werk, damit Spaltung und Feindschaft immer weiter um sich greifen. Zuweilen äußert sich die Stummheit darin, dass man „Fake News“, falsche Nachrichten und Verleumdungen verbreitet, die den guten Ruf von Menschen zerstören und sogar zum Tod führen können. Das Evangelium ruft die Jünger unablässig dazu auf, aufmerksam und wachsam zu sein, sich nicht hinter Lügen zu verschanzen und dem Dämon der Sprachlosigkeit und Verleumdung nicht das Feld zu überlassen. Immer wieder mahnt Jesus, auf die Früchte seiner Sendung und, wie wir hinzufügen dürfen, auch auf jene Früchte zu achten, die

die Jünger und die Kirche im Lauf der Jahrhunderte hervorgebracht haben. Das sind die Werke der Liebe, die Zeugnis davon geben, dass der „Finger Gottes“ in der Geschichte der Menschen gegenwärtig ist. Jesus ist Gottes eigene Gegenwart in den Geschicken des Menschen. Er ist der „Stärkere“, der in das Haus des „starken“ Bösen eindringt, ihn besiegt und entwaffnet. Das Haus, von dem das Evangelium spricht, ist das Herz eines jeden, ist die christliche Gemeinschaft und auch unsere Gesellschaft, in der die Liebe die Oberhand über das Böse gewinnen muss. Jeder, der für diese Liebe blind ist, wird leicht zum Komplizen des Feindes und zu seinem törichten Knecht. Das ist der Sinn des unerbittlichen Jesuswortes: „Wer nicht mit mir ist, der ist gegen mich; wer nicht mit mir sammelt, der zerstreut.“ Es gilt, wachsam zu sein. Der Kampf gegen das Böse wird uns unser Leben lang begleiten. In diesem Sinne können wir von der „agonischen“ Dimension des Christentums, das heißt vom Christentum als einem permanenten Zustand des Kampfes sprechen. „Ein unreiner Geist“, sagt Jesus, wird, auch wenn er aus dem Menschen ausgefahren ist, versuchen zurückzukehren. Tragisch ist das Ende eines Menschen, der, weil er faul ist und sich um eitle Dinge sorgt, zulässt, dass das Böse wieder in die Herzen zurückkehrt. Dann, fügt Jesus hinzu, werden „sieben andere Geister“ im Herzen Einzug halten. Der neue Zustand ist schlimmer als der vorige.

Gebet des heiligen Kreuzes

Samstag, 9. Oktober

Gedenken an den Patriarchen Abraham. Voll Glauben zog er in ein ihm unbekanntes Land, das Gott ihm verheißen hatte. Aufgrund dieses Glaubens wird er von Juden, Christen und Muslimen „Vater der Gläubigen“ genannt.

Gen 12,1–9. **Abrahams Berufung**

Inmitten der Verwirrung und Zerstreuung der Völker verlässt der Herr den Menschen nie. Jedes Volk hatte sich ein Land mit festen

Grenzen und einer eigenen Sprache geschaffen, doch Abraham wird von Gott aufgefordert, sein Land, seine Heimat und sein Haus zu verlassen. Die Heilsgeschichte, die Gott mit Abraham beginnen lässt, fängt mit einem Exodus, einer radikalen Abkehr an. Jede persönliche und gemeinschaftliche christliche Geschichte verläuft nach diesem Muster. Am Anfang jeder religiösen Erfahrung steht immer das entschiedene Gebot Gottes: „Geh fort aus deinem Land … in das Land, das ich dir zeigen werde!" Dieses entschiedene und harte Gebot legt den Gedanken nahe, dass wir dieser Aufforderung Gottes Folge leisten müssen, wenn wir den Segen Gottes, das heißt seinen Schutz empfangen und unsererseits zum Segen für andere werden wollen, wie Gott es dem Abraham verheißen hatte. Das Herzstück der Berufung Abrahams ist der Gehorsam gegenüber Gottes Ruf. Vor allem muss Abraham darauf verzichten, nur auf sich selbst zu hören und sein Leben von sich selbst her in den Blick zu nehmen. Gottes Ruf stellt ihm einen weltumspannenden Traum vor Augen, den Gott ihm als Sendung anvertraut, die er erfüllen soll. Abraham gehorcht dem Wort Gottes und macht sich Gottes Traum von der Welt und ihren Völkern zu eigen. Er verlässt sein Heimatland und wird, wie Gott selbst es ihm gesagt hat, zum Grundstein der Einheit und des Lebens für alle Völker. Juden, Christen und Muslime nennen ihn den Vater aller Gläubigen, all derer, die sich entscheiden, auf Gott zu hören und sich auf den Weg zu machen, den der Herr selbst ihnen gewiesen hat. Es ist der Weg eines Volkes, zu dem man gehört, der Weg der Begegnungen, die man erleben, und der Etappen, die man durchlaufen muss, bis man das Land der Verheißung erreicht. Gottes Gesellschaft ist Segen, Leben und Gedeihen. Abraham darf nicht vergessen, dass Gott immer mit ihm ist. Diese Erinnerung, die für das Leben der Gläubigen grundlegend ist, befreit Abraham und jeden Gläubigen aus der Knechtschaft der Götzen. Es gibt nur einen Altar, neben dem man sein Zelt aufstellen soll. Abraham entscheidet sich, in der Nähe seines Herrn zu leben. Er will sich nicht trennen von der Stätte seiner Gegenwart. Er weiß, dass der Herr ihn auf seinem Lebensweg begleitet, ja dass er vor ihm hergehen wird, um ihm den Weg zu weisen. Abraham ist ein Vorbild für alle Gläubigen, denn er hat seine Bleibe nicht bei sich selbst, sondern beim Herrn, der ihn und sein Volk auf den Wegen der Welt begleitet.

Gebet mit den Heiligen

Sonntag, 10. Oktober: 28. Sonntag im Jahreskreis

Weish 7,7–11; Ps 90; Hebr 4,12–13; Mk 10,17–30

Das Evangelium zeigt uns Jesus, der den Weg nach Jerusalem wiederaufnimmt. Das ist eine Einladung, die auch an uns gerichtet ist: uns mitnehmen zu lassen auf den Weg des spirituellen Wachstums. Der Mann, von dem das Markusevangelium spricht, „lief" auf Jesus zu. Er hat es eilig, ihm zu begegnen. In dieser Hinsicht verhält er sich wirklich vorbildlich, wenn man bedenkt, wie träge wir selbst dem Herrn nachfolgen. Als er Jesus erreicht hat, wirft sich der Mann zu seinen Füßen nieder und stellt ihm eine Frage, die im Leben wirklich von zentraler Bedeutung ist: „Guter Meister, was muss ich tun, um das ewige Leben zu erben?" Dieser Mann läuft zu Jesus hin, und es entspinnt sich ein Dialog. Jesus fragt ihn, ob er die Gebote kennt, und erhält zur Antwort, dass der Mann sie von Jugend an befolgt hat. Er ist alles andere als ein lauer Gläubiger. Ich weiß nicht, wie viele von uns auf die Frage Jesu dieselbe Antwort geben könnten.
„Da sah ihn Jesus an, umarmte ihn und sagte …", schreibt der Evangelist weiter. Das Wort Jesu ist immer ein sehendes Wort, das liebevoll auf das Leben der Menschen blickt. Auch zu uns heute sagt Jesus mit derselben, eindringlichen Liebe: „Geh, verkaufe, was du hast, gib es den Armen und du wirst einen Schatz im Himmel haben; dann komm und folge mir nach!" Das Evangelium verlangt immer einen Einsatz, eine Entscheidung und eine Antwort. Als der reiche Mann das hörte, ließ er den Kopf hängen und ging mit traurigem Herzen weg, „denn er hatte ein großes Vermögen", so die bittere Begründung, mit der der Evangelist endet. Jesus wurde ebenfalls wirklich traurig, sehr traurig. Er hatte einen Freund, einen Jünger verloren;

und verloren war dieser junge Mann auch für alle die, denen er die Freude des Evangeliums hätte verkünden können.
Jesus fordert uns auf, Gott über alles andere und auch über unseren Besitz zu stellen und die Armen als unsere Brüder und Schwestern zu betrachten, denen wir Liebe und Hilfe schulden. Was der Herr verlangt, gleicht einem Verzicht und ist es zum Teil auch. Vor allem aber ist es eine große Lebensweisheit. Die Antwort Jesu auf die Frage, die Petrus im Namen der Jünger gestellt hat, erklärt ganz konkret, wie sich diese Weisheit des Evangeliums auswirkt: Wer alles aufgibt, um Jesus nachzufolgen, wird in diesem Leben „das Hundertfache“ und nach dem Tod das ewige Leben erhalten. Zuweilen meint man, ein Leben im Sinne des Evangeliums bedeute ausschließlich Entbehrung. Das dachte auch der reiche Mann. Doch in Wirklichkeit ist die Entscheidung, dem Herrn nachzufolgen und ihn über alle anderen Dinge zu stellen, überaus lohnend – nicht nur, weil man so in Zukunft seine Seele rettet, sondern auch, weil man das Leben auf dieser Erde hundertfach auskostet. Wer Gott in seinem Leben an den ersten Platz stellt, wird Teil seiner Familie und findet Brüder und Schwestern, die er lieben, Väter und Mütter, die er ehren, und Besitz, den er bearbeiten kann.

Gebet am Tag des Herrn

Montag, 11. Oktober

Gedenktag des heiligen Papstes Johannes XXIII. († 1963) und Gedenken an die Eröffnung des II. Vatikanischen Konzils (1962–1965).

Lk 11,29–32. **Das Zeichen des Jona**

Der Glaube ist keine Folge wundersamer Zeichen, sondern allenfalls die Voraussetzung dafür, dass sie geschehen. Noch heute suchen viele Menschen nach Wunderzeichen, um ihren Glauben zu stärken, und kommen herbeigeeilt, wenn sich etwas Außergewöhnliches begibt. Gewiss sind solche „Zeichen“, wenn sie sich ereignen, Gaben des Herrn, und wir müssen ihm für diese Hilfe danken. Doch wir müssen dem Zeichen schlechthin, das der Herr allen gegeben hat, sehr viel mehr Aufmerksamkeit schenken, als wir es normalerweise tun: dem „Zeichen des Jona“. Ohne dieses „Zeichen“ werden die anderen zu Äußerlichkeiten, die bisweilen sogar trügerisch sind. Die Urgemeinde hat diese Worte Jesu im Licht der Auferstehung gelesen. Wie sich die Einwohner von Ninive bekehrten, als sie die Predigt des Jona hörten, ohne dass er irgendein Wunder vollbracht hätte, so muss es auch heute geschehen – allerdings in dem Wissen, dass Jesus „mehr als Jona“ ist. Es geht also darum, der Welt das Ostergeheimnis, das heißt den Übergang Jesu vom Tod zur Auferstehung und damit den Sieg des Guten über das Böse, des Lebens über den Tod, der Liebe über den Hass zu verkünden. Dieses Geheimnis ist der eigentliche Kern der Geschichte Jesu. Er ist auf die Erde gekommen, um sein Leben bis zum Kreuzestod für unser Heil hinzugeben, und der Vater hat ihn von den Toten auferweckt. Dieses Evangelium ist weitaus kostbarer als die Weisheit Salomos und weitaus stärker als die Predigt des Jona. Das Evangelium ist keine unverbindliche Ergänzung zur Geschichte der Völker. Es ist ihr Heil. Das heutige Evangelium ruft die Kirche und die Jünger dazu auf, sich dessen bewusst und gleichzeitig seine demütigen Zeugen zu sein.

Gebet für die Kranken

Dienstag, 12. Oktober

Lk 11,37–41. **Ihr haltet Becher außen sauber**

Das heutige Evangelium stellt uns einen Pharisäer vor, der Jesus zum Essen in sein Haus einlädt. Für Jesus sind solche Essenseinladungen eine kostbare Gelegenheit, den Wert der Aufnahme und Gastfreundschaft zu zeigen. Solche Gastmähler sind wie ein Bild vom Reich, wo es auf die Großzügigkeit der Aufnahme und die Freude der Gemeinschaft, aber ganz sicher nicht auf das Befolgen ritueller Vorschriften ankommt. Jesus hat die bösen Absichten des Pharisäers erkannt, ohne dass dieser den Mund aufmacht. Jesus antwortet ihm, noch ehe er überhaupt etwas gesagt hat und er geht dabei nicht auf die rituelle Frage ein, die dem Pharisäer Sorgen machte. Er verlagert die Frage auf eine andere Ebene: die des Herzens. Seine Worte sind ausgesprochen hart. Jesus macht dem Pharisäer sofort klar, dass es im Leben nicht auf das Erscheinungsbild ankommt, und wäre es auch noch so korrekt, sondern darauf, ein Mann oder eine Frau mit einem gütigen Herzen zu sein. Auch in unserer Gesellschaft, wo, wie wir zugeben müssen, der Schein mehr zählt als das Sein und die Barmherzigkeit, lenkt diese kurze Episode aus dem Evangelium die Aufmerksamkeit wieder auf die eigentliche Mitte des Lebens. Im Herzen nämlich, im Inneren wird über das Leben des Menschen, über sein Glück und über sein Heil entschieden. Ist das Herz voller Bosheit, wird auch das Handeln dementsprechend sein. Es bringt gar nichts, eine Vielzahl von Gesten und Werken zu vollbringen, wenn das Herz voller „Raffsucht und Bosheit" ist. „Gebt lieber als Almosen, was ihr habt", sagt Jesus und meint damit die Liebe in unseren Herzen. Die eigentliche Reinheit ist die Liebe, die jeder Gläubige von Gott empfängt, und nicht die Vielzahl der Riten, die er praktiziert. Die gesamte biblische Tradition, die im Evangelium gipfelt, ruft die Christen zum Almosengeben auf – nicht, um die sozialen Probleme zu lösen, sondern weil es der erste Schritt der Liebe ist. Das Almosengeben zwingt dazu, über sich selbst hinaus und auf die Bedürftigen zu sehen und ihnen etwas zu geben, und wäre es auch nur eine Kleinigkeit. Weh uns, wenn wir unser Herz daran hindern, diesen ersten Schritt über sich selbst hinaus zu tun – wir blieben in unserem Egoismus eingesperrt.

Gebet mit Maria, der Mutter des Herrn

Mittwoch, 13. Oktober

Lk 11,42–46. **Ihr vergesst das Wichtigste**

Ein Gesetzeslehrer, der die harten Worte Jesu gegen den Ritualismus der Pharisäer hört, hält ihm vor, dass er damit auch ihn und seine

Gruppe beleidigt. Das ist die Reaktion eines Menschen, der keinerlei Bedürfnis verspürt, sich zu ändern und das Anliegen der Verkündigung Jesu gründlicher zu verstehen. Solche Menschen begnügen sich mit dem Buchstaben und den äußerlichen Praktiken, ohne das Wesen und den Geist des Bundes zu erfassen, den Gott und Israel miteinander geschlossen hatten. „Denn der Buchstabe tötet, der Geist aber macht lebendig“, wird der Apostel Paulus später an die Korinther schreiben (2 Kor 3,6). Das Wort Gottes, so heißt es im Hebräerbrief (Hebr 4,12), ist wie ein zweischneidiges Schwert: Es dringt bis ins Mark und lässt nicht gleichgültig, segnet unsere menschlichen Verhaltensweisen nicht einfach ab, ohne sie anzutasten, senkt sich nicht ins Herz, ohne wegzuschneiden, was stört oder, schlimmer noch, zerstört. Das Wort ist eine heilsame und gute Kraft, die das Herz verändert. Jesus entlarvt die Sünde der Pharisäer und Schriftgelehrten. Die Menschen blicken respektvoll auf sie, weil sie sich von ihnen Führung und Orientierung erhoffen, doch in Wahrheit ist ihr Verhalten falsch und irreführend. Daher rührt die Strenge, mit der Jesus urteilt. Vertrauensvoll suchen die Menschen Rat und Hilfe bei diesen scheinbaren Anführern, die doch das Wesentliche, nämlich das „Recht“ und die „Liebe Gottes“ vernachlässigen. Sie zahlen zwar ihre Abgaben für den Tempel und lassen sich die Ehrungen in den Synagogen gefallen, doch in Wirklichkeit sind sie „wie Gräber“, das heißt leere und innerlich tote Menschen. Mit ihrer kalten Strenge laden sie anderen schwere Lasten auf die Schultern, die sie selbst jedoch weder tragen wollen noch können. Diese Falschheit, dieses doppelte und lügnerische Spiel prangert Jesus mit aller Strenge an. Die drei Weherufe, die er an die Pharisäer richtet, sind eine Mahnung an alle, auch an uns, wenn wir uns zu unbarmherzigen Richtern, zu kleinen Herren ohne Skrupel und Selbstzweifel aufwerfen und von der Gutgläubigkeit derer profitieren, die auf der Suche nach Brüdern und Schwestern sind, denen sie sich anvertrauen können, um im spirituellen Leben zu wachsen. Die Barmherzigkeit ist das Maß ohne jede Grenze, das der Herr von all seinen Jüngern fordert.

Gebet mit den Heiligen

Donnerstag, 14. Oktober

Gedenktag des heiligen Papstes Kallistus († 222). Er war ein Freund der Armen und gründete ein Gebetshaus, an dessen Stelle später die Basilika Santa Maria in Trastevere errichtet werden sollte.

Lk 11,47–54. **Von dieser Generation wird Rechenschaft gefordert werden**

Wir müssen diese Worte Jesu aufmerksam hören, wohl wissend, dass jeder dazu berufen ist, sich für den anderen verantwortlich zu fühlen. Die Pflicht der einen ist das Recht der anderen. In diesem Sinne sind alle innerhalb ihrer Generation mitverantwortlich, denn niemand kann sagen, er hätte mit dem, was zu seinen Lebzeiten geschieht, nichts zu tun. Das Evangelium muss in unserer gegenwärtigen Geschichte gelebt werden, um sie mit dem Sauerteig der Geschwisterlichkeit zu durchdringen und sie mit dem Salz der Barmherzigkeit klug und weise zu machen. Die Kirche und die einzelnen Gläubigen sind mitverantwortlich dafür, das überlieferte Evangelium in einer Sprache zu verkünden, die unsere heutige Generation versteht. Jeder ist daher auf seine Weise für die Menschen in seiner Umgebung und für das Wachstum der Liebe in der Gesellschaft verantwortlich, in der er lebt. Die Jünger Jesu müssen sich auch für das Wachstum des Bösen in der Welt mitverantwortlich fühlen. Das Erste, wofür man sie verantwortlich machen kann, ist, dass sie das Wort Gottes nicht aufmerksam hören und dass sie die Propheten gering schätzen, die der Herr auch heute noch in die Welt sendet. Wir werden für die Schwächung der Prophetie und für die Missachtung der Propheten, die der Herr uns gesandt hat, zur Rechenschaft gezogen werden. Wir könnten sogar Gefahr laufen, eine noch größere Schuld auf uns zu laden als die Schriftgelehrten und die Pharisäer: Wie viele Propheten und Märtyrer haben ihr Bekenntnis zum Primat Gottes im vergangenen Jahrhundert mit dem Leben bezahlt! Und gibt es sie nicht auch in unseren Tagen? Wir haben viele Zeugnisse erhalten, wir sind reich beschenkt worden und viele Brüder und Schwestern haben uns ihre Liebe und Güte erwiesen. Sie haben uns den Weg des Evangeliums der Liebe gebahnt. Der Herr verlangt, dass wir nicht in der Konzentration auf uns selbst verharren, sondern uns auf den Weg der Herzens- und Weltveränderung führen lassen.

Gebet für die Kirche

Freitag, 15. Oktober

Lk 12,1–7. **Ehrlich und furchtlos reden**

„Tausende von Menschen“, so heißt es im heutigen Evangelium, scharten sich um Jesus, „sodass es ein gefährliches Gedränge gab“. Es waren Männer und Frauen, die Trost brauchten und ein besseres Leben suchten. Jesus, der wirklich ein guter Hirte ist, warnt sie sofort vor jenen, die sie umringen, vor den falschen Hirten, genauer gesagt, vor dem Sauerteig der Heuchelei, der die Führung der Pharisäer unerträglich und gefährlich machte. Der Moment wird kommen, sagt Jesus feierlich, da all das zutage tritt und die Leere und Traurigkeit derer sichtbar wird, die sich mit einem lieblosen und unbarmherzigen Herzen, aber voller Stolz und Eigenliebe ihr Dasein aufgebaut haben. Die Jünger, die dem wahren Hirten und Meister zuhören und nachfolgen, müssen sich anders verhalten. Jesus führt hier eine kostbare Unterscheidung ein. Der Leib kann sterben, aber es gibt ein „Danach“. Über dieses Danach soll der Jünger nachdenken. Das Danach, so deutet Jesus an, ist an das Herz gebunden, das heißt an das innere Leben, an den Ort der Gottesbegegnung oder – und das wäre eine tragische Entscheidung – der Begegnung mit dem, der uns „in die Hölle zu werfen“ vermag. In den Worten Jesu liegt keinerlei Verachtung des Leibes – wie viele Heilungen hat er vollbracht! Doch es steht außer Frage, dass wir uns weniger um die Bekehrung des Herzens als um unseren Leib und unser individuelles Wohlergehen sorgen. Jesus erinnert uns daran, dass der Vater im Himmel sich weit mehr um uns sorgt als um die Spatzen und jedes einzelne Haar unseres Kopfes kennt. Kümmern wir uns um das Herz und sein Wachstum in der Liebe. Diesen Drang müssen die Christen auch im Hinblick auf ihr eigenes Heil verspüren. Zugleich aber können wir damit einer Welt, die das individuelle und materielle

Wohlergehen über alles andere stellt, ein überaus kostbares Zeugnis vor Augen führen.

Gebet des heiligen Kreuzes

Samstag, 16. Oktober

Gedenken an die Deportation der jüdischen Einwohner von Rom während des Zweiten Weltkrieges.

Lk 12,8–12. **Der Heilige Geist wird es euch eingeben**

Das Urteil über die Jünger wird schon dadurch gesprochen, dass wir Jesus anhängen oder nicht, ja, man kann sogar sagen, dass unsere Treue zu ihm Jesus selbst noch fester an uns bindet. Wer dem Evangelium folgt und auch in den Zeiten der Prüfung auf dem Weg ausharrt, den es uns weist, der wird gerettet, weil der Herr bei ihm ist. Wer sich dagegen von der Angst überwältigen lässt und das Evangelium und die Schwestern und Brüder verleugnet, führt seinen Untergang selbst herbei. Jesus hat dies schon zu anderen Gelegenheiten gesagt: „Wer sein Leben retten will, wird es verlieren" (Lk 9,24). Gleichwohl kennt er unsere Schwäche und weiß genau, dass wir den Lockungen der Versuchung erliegen und in Sünde fallen können. Jesus ist immer bereit zur Vergebung, wie er selbst andeutet: „Jedem, der ein Wort gegen den Menschensohn sagt, wird vergeben werden". Es scheint, als könne Jesus es tolerieren, wenn jemand ihn selbst nicht versteht und dies anschließend bereut. Was er aber nicht tolerieren kann, ist, wenn jemand den Plan der Liebe Gottes falsch auslegt, das heißt, seine Barmherzigkeit nicht anerkennt. Das ist eine echte Gotteslästerung. Denn er fügt hinzu: „Wer aber den Heiligen Geist lästert, dem wird nicht vergeben werden." Auch der Evangelist Markus zitiert diese strengen Worte und ergänzt: „Sie hatten nämlich gesagt: Er hat einen unreinen Geist" (Mk 3,30). Die Sünde gegen den Heiligen Geist besteht darin, nicht anzuerkennen, dass Gott selbst in Jesus gegenwärtig ist und auch nicht anzuerkennen, dass in der Kirche, in der christlichen Gemeinschaft der Heilige Geist am Werk ist, der tröstet und vergibt. Wenn bestritten wird, dass die Gegenwart Gottes in Jesus ist und auch in der Kirche gleichsam einen Vorrat an Barmherzigkeit bildet, lästert man Gott und schließt sich vom Weg des Heiles aus, weil man die barmherzige Liebe Gottes leugnet. Die Worte Jesu sind streng für den, der Verrat begeht, aber tröstlich für den, der ausharrt. Der Herr versteht unsere Schwäche und kommt uns immer und besonders in den schwierigen Momenten entgegen: „Macht euch keine Sorgen“, sagt er zu uns, „denn der Heilige Geist wird euch in derselben Stunde lehren, was ihr sagen müsst.“ Der Beistand des Herrn ist unsere Stärke.

Gebet der Vigil

Sonntag, 17. Oktober: 29. Sonntag im Jahreskreis

Gedenktag des heiligen Ignatius, Bischof von Antiochien. Er wurde zum Tod verurteilt und nach Rom gebracht, wo er den Märtyrertod starb († 107).

Jes 53,10–11; Ps 33; Hebr 4,14–16; Mk 10,35–45

Markus gibt ein Gespräch zwischen Jesus und den beiden Zebedäussöhnen Jakobus und Johannes wieder. Wir sind noch immer auf dem Weg nach Jerusalem, und zum dritten Mal hatte sich Jesus seinen Jüngern anvertraut und von dem tödlichen Schicksal gesprochen, das ihn am Ende seiner Reise in die heilige Stadt erwartete. Völlig unberührt von den Worten des Meisters treten die beiden Jünger vor und verlangen von Jesus die besten Plätze an seiner Seite, sobald er sein Reich errichten werde. Sie kümmern sich um sich selbst und streben jene besten Plätze an. Im Grunde folgen sie einer sehr menschlichen und aktuellen Logik: Zuerst komme ich, dann kommen die anderen. Dass man versucht, sich die besten Plätze zu sichern, ist auch heute noch für viele ein Thema. Man hat Angst, zurückzubleiben, nicht wichtig zu sein. Diese Sorge schnürt vielen das Herz ein. Sie sehen

die anderen als Feinde und Rivalen und denken nicht mehr an die Menschen in ihrer Umgebung, die in Not sind.
„Ihr wisst nicht, um was ihr bittet. Könnt ihr den Kelch trinken, den ich trinke, oder die Taufe auf euch nehmen, mit der ich getauft werde?“ Erneut erklärt Jesus ihnen, worin der Sinn seines Lebens besteht, und verwendet zwei wichtige Symbole, den Kelch und die Taufe. Beide Bilder werden von Jesus im Hinblick auf seinen Tod interpretiert. Der Kelch ist das Zeichen für Gottes Zorn, wie Jesaja schreibt: „Steh auf, Jerusalem! Du hast aus dem Becher des Zorns getrunken, den der Herr in der Hand hielt. Du hast aus dem betäubenden Becher getrunken“ (Jes 51,17). Mit dieser Metapher weist Jesus darauf hin, dass er Gottes Urteil über das in der Welt begangene Böse auch um den Preis seines Todes auf sich nehmen wird. Dasselbe gilt für das Symbol der Taufe: „All deine Wellen und Wogen zogen über mich hin“ (Ps 42,8). Jesus zeigt also anhand der beiden Symbole, dass sein Weg keine auf Macht ausgerichtete Karriere ist, sondern dass er das Böse der Menschen auf sich nimmt, wie der Täufer gesagt hatte: „Seht, das Lamm Gottes, das die Sünde der Welt hinwegnimmt!“ (Joh 1,29).
Das Anliegen der beiden Zebedäussöhne erregt den Neid und die Eifersucht der anderen Jünger, doch Jesus ruft sie alle zu sich, um sie zu belehren: „Ihr wisst, dass die, die als Herrscher gelten, ihre Völker unterdrücken und ihre Großen ihre Macht gegen sie gebrauchen. Bei euch aber soll es nicht so sein“.
Bis heute sagt Jesus zu seinen Jüngern und zu uns allen: „Bei euch soll es nicht so sein“. Jesus besitzt eine Macht, die er seinen Jüngern gibt: die Macht der Liebe, die Macht, das Böse mit dem Guten zu besiegen. Diese Macht ist keine Herrschaft, sondern ein Dienst: „Denn auch der Menschensohn ist nicht gekommen, um sich dienen zu lassen, sondern um zu dienen und sein Leben hinzugeben als Lösegeld für viele.“ Wer nicht lebt, um zu dienen, so hat es uns Papst Franziskus in Erinnerung gerufen, dient nicht zum Leben. So muss es bei jedem seiner Jünger sein. Liebe Brüder und liebe Schwestern, folgen wir dem Herrn, um uns selbst ein bisschen weniger und die anderen mehr zu lieben und so von heute an zu seiner Rechten und zu seiner Linken über die Straßen dieser Welt zu gehen, und versammeln wir uns um

seinen Altar, um das Dienen zu lernen und von ihm zu leben, der gelebt hat, um zu dienen.

Gebet am Tag des Herrn

Montag, 18. Oktober

Fest des heiligen Evangelisten Lukas, der auch die Apostelgeschichte verfasst hat. Der Überlieferung nach war er Arzt und Maler.

Lk 12,13–21. **Das Gleichnis vom törichten Reichen**

Einer seiner Zuhörer stellte Jesus eine Frage, damit er in einer Erbschaftsangelegenheit intervenierte. Jesus aber ist kein Meister des Aufteilens von Dingen, sondern ein Meister der Belange, die Gott und das Herz der Menschen betreffen. Daher zielt sein Eingreifen nicht auf das Erbe, sondern auf das Herz der beiden Brüder. Denn ihr Herz ist es, in dem der Geiz, die Habgier und der Eigennutz nisten. Besitztümer sind nicht per se von Übel. Doch auf den Herzen dieser beiden Brüder lasten – wie oft auch auf unseren Herzen – die Geldgier und die Lust am Besitz. Auf solchem Boden können nur Zwietracht und Streit gedeihen, wie Paulus Timotheus in Erinnerung ruft: „Denn die Wurzel aller Übel ist die Habsucht“ (1 Tim 6,10). Jesus erklärt diese Haltung mit dem Gleichnis vom törichten Reichen, der glaubte, man werde glücklich, indem man Besitztümer anhäufte. Wie soll man da nicht an die Mentalität denken, die heute in unserer Welt so verbreitet ist und die es zur Lebensregel erhoben hat, Dinge zu konsumieren? Es gibt eine Diktatur des Materialismus, die mit Macht dazu drängt, das Leben mit Besitz und Konsum zu vergeuden. Jesus erzählt, dass im Leben jenes reichen Mannes – doch ebendies ist die gnadenlose Logik der Habgier – kein Platz für die anderen ist. Seine Sorge richtet sich allein darauf, für sich selbst Besitztümer anzuhäufen. Dieser Mann hat jedoch das Wesentliche vergessen: dass nämlich niemand Herr seines Lebens ist. Wir können Reichtümer besitzen, aber wir sind nicht Herren über das Leben. Das Glück besteht nicht darin, Dinge zu besitzen, sondern

Gott und die Mitmenschen zu lieben. Es gibt eine grundlegende Wahrheit, die für alle gilt: Wir sind nicht geschaffen, um Reichtümer anzuhäufen, sondern um zu lieben und geliebt zu werden. Im Unterschied zu den irdischen Besitztümern, die verloren gehen können, besteht bei der Liebe, diesem außergewöhnlichen himmlischen Schatz, keine Gefahr, dass sie uns geraubt wird. Die Früchte der Liebe bleiben für immer. Jesus greift eine biblische Tradition auf und vergleicht die guten Werke mit den Schätzen, die im Himmel aufbewahrt werden, wie es in einem alten jüdischen Sprichwort hieß: „Meine Väter haben Schätze für unten angehäuft, ich habe Schätze angehäuft, die Zinsen bringen." Das Evangelium ruft uns dazu auf, weniger Besitz und stattdessen mehr Liebe anzuhäufen, und versichert uns, dass die Liebe uns rettet.

Gebet für den Frieden

Dienstag, 19. Oktober

Lk 12,35–38. **Die Wachsamkeit**

Dem törichten Reichen, der vom Tod überrascht wird, stellt Jesus den Jünger gegenüber, der seinen Herrn erwartet. Die Wachsamkeit wird zu einer der grundlegenden spirituellen Dimensionen des christlichen Lebens. Wer um sich selbst kreist und über der Sicherheit seines eigenen, umgrenzten Bezirks einschläft, wird aufgerufen, aufzublicken und die Rückkehr des Herrn zu erwarten. Jesus sagt: „Eure Hüften sollen gegürtet sein und eure Lampen brennen!" Gegürtet zu sein bedeutete in der damaligen Umgangssprache, dass man die Tunika oder den Überwurf, die zu lang waren, um mit der nötigen Gewandtheit und Schnelligkeit auf etwas Unvorhergesehenes zu reagieren, mit einem Gürtel gerafft hatte. Den Gürtel aufzuschnüren hieß dagegen, dass man sich entspannte und ausruhte. Die Israeliten, die sich in der Nacht vor ihrer Flucht aus Ägypten bereithielten, hatten ihre Gewänder gegürtet (Ex 12,11). Die brennende Lampe hatte dieselbe Bedeutung, nämlich auch des Nachts zur Tat bereit zu sein. Jesus verlangt von den Jüngern, in der soeben beschriebenen Weise bereit zu sein. In dem Wissen, dass das Warten auf die Begegnung mit dem Herrn die Glückseligkeit des Jüngers und sein größtes Bestreben ist. Der Evangelist bezieht diese Aussagen Jesu auf den eschatologischen Horizont. Doch für das christliche Leben gilt auch, dass der Herr tagtäglich an die Tür unseres Herzens kommt und anklopft, wie im Buch der Offenbarung geschrieben steht (Offb 3,20). Selig, wer ihm öffnet, denn sein Lohn wird die Begegnung mit Jesus sein. Er wird Jesus nicht nur als jemanden erkennen, der dient, sondern er wird sehen, wie Jesus sich gürten wird, ihn Platz nehmen lässt und ihm selbst zum Diener wird. Die Rollen sind vertauscht, scheinen völlig unvermutet – doch ebendies ist das Paradox der Gnade, die wir empfangen. Jesus selbst tritt als der auf, der dient. Beim Letzten Abendmahl verhielt er sich buchstäblich wie ein Diener. Nachdem er eine Schüssel genommen hatte, umgürtete er sich mit einem Leinentuch und beugte sich herab, um den Jüngern, einem nach dem anderen und Judas eingeschlossen, die Füße zu waschen. Jetzt können wir den Sinn der Seligpreisung, die Jesus in dieser Episode ausspricht, besser verstehen. Die Seligkeit besteht darin, dem Herrn zu begegnen, sich seiner unverdienten Liebe zu erfreuen und von ihm bedient zu werden.

Gebet mit Maria, der Mutter des Herrn

Mittwoch, 20. Oktober

Lk 12,39–48. **Das Gleichnis vom treuen Knecht**

„Bedenkt", sagt Jesus. Die Jünger sollen niemals aufhören, den Meister zu hören und zu verstehen. Das Gebet selbst ist ein herzinneres Verstehen der Worte Jesu. In Wirklichkeit beschreibt Jesus, wenn er vom zerstreuten Herrn oder vom brutalen Verwalter spricht, Situationen, die auch heute eher häufig sind. Die unzähligen kleinen Ungerechtigkeiten und die tausenden kleinen Alltagsbosheiten, die vielen das Leben schwermachen, erwachsen aus derselben Grundeinstellung, die auch den gewalttätigen Verwalter im Gleichnis charakterisiert. Leider benehmen sich viele Menschen wie kleine Herren über das Leben der anderen, weil sie davon überzeugt sind, dass sie niemandem Rechenschaft schulden. Jesus ruft dazu auf, wachsam zu sein und sich wie ein redlicher Diener zu verhalten: „Selig der Knecht, den der Herr damit beschäftigt findet, wenn er kommt.“ Wach bleibt der, für den das Leben nicht an der Grenze der Eigeninteressen oder seines Könnens und Nichtkönnens endet, an den Grenzen, die ihm das eigene Denken, die eigene Physis oder das eigene Empfinden steckt. Die Jünger Jesu sind aufgerufen, sich Tag für Tag von einem tätigen Warten und arbeitsamen Hoffen auf die Zukunft Gottes zu nähren. Das Leben eines jeden ist ein Geschenk, ein Talent, über das er wird Rechenschaft ablegen müssen, wie geschrieben steht: „Wem viel gegeben wurde, von dem wird viel zurückgefordert werden“. Den Christen ist sehr viel gegeben worden. Wir haben die Kirche als Mutter und Lehrmeisterin, als eine Familie zum Geschenk erhalten, in der der Herr uns täglich ernährt, uns leben lässt und uns seinen Geist mitteilt. Das Geschenk ist Gnade und Verantwortung zugleich. Deshalb gilt: „Wem man viel anvertraut hat, von dem wird man umso mehr verlangen.“ Viele Heilige haben im Gedanken an die Wachsamkeit gesagt: „Ich muss jeden Tag leben, als ob es der letzte wäre.“ Wenn wir alle jeden Tag so lebten, als sei es der letzte, dann hätte unser Leben eine andere Färbung. Es wäre viel menschlicher und schöner, erfüllter und reicher, wahrhaftiger, weniger langweilig, weniger verzweifelt, kurzum: Es wäre mehr Leben.

Gebet mit den Heiligen

Donnerstag, 21. Oktober

Gedenktag des seligen Giuseppe Puglisi, Priester der Kirche von Palermo, der 1993 von der Mafia ermordet wurde.

Lk 12,49–53. **Nicht um Frieden zu bringen, bin ich gekommen, sondern Spaltung**

Während Jesus die Jünger zur Wachsamkeit mahnt, spricht er davon, dass der Moment der Entscheidung gekommen ist. Denn mit ihm ist die Endzeit angebrochen, sodass die Entscheidung für das Evangelium nicht mehr aufgeschoben werden kann. Um den Jüngern sein Anliegen begreiflich zu machen, gebraucht er das Bild vom Feuer, das er selbst auf die Erde bringt: „Ich bin gekommen, um Feuer auf die Erde zu werfen. Wie froh wäre ich, es würde schon brennen!" Das Buch der Offenbarung wird dieses Bild im Zusammenhang mit dem Engel wiederaufgreifen, der am Ende der Zeiten Feuer auf die Erde wirft (Offb 8,5). Jesus will, dass die Jünger jedwede Haltung der Trägheit, Zögerlichkeit, Kälte und Verschlossenheit ablegen und sich dieselbe Sorge und Unruhe zu eigen machen, die auch ihn umtreibt. Er wird so lange unruhig sein, bis die Flammen der Liebe in den Herzen der Menschen auflodern. Deshalb ist der Jünger nicht zu einem engherzigen und geruhsamen Leben berufen, das auf das persönliche oder auch auf das Wohlergehen der eigenen Gemeinschaft ausgerichtet ist. Der Jünger ist von Jesus dazu berufen, in das Evangelium einzutauchen, gleichsam darin getauft – eben eingetaucht – zu werden und selbst zum Evangelium, zur guten Nachricht für die Stadt und für die Welt zu werden. Das meinte der Apostel Paulus, als er sagte: „Nicht mehr ich lebe, sondern Christus lebt in mir" (Gal 2,20). Die Nachfolge Jesu erfordert eine Trennung vom alten Leben, das von weltlichen – auch verwandtschaftlichen – Bindungen gehalten wird. Einzig das Evangelium ist das Feuer, das rettet und, ausgehend vom Herzen des je Einzelnen, die Welt verändert. Christus „ist unser Friede", wird Paulus später sagen (Eph 2,14), und der Herr selbst hat gesagt: „Selig, die Frieden stiften" (Mt 5,9). Auf dieser spirituellen Ebene besteht kein Widerspruch zwischen Frieden und Schwert. Der Friede, den Jesus bringt, ist nicht wie der, den die Welt gibt (vgl. Joh 14,27). Weder ist er eine engherzige Ruhe noch die Sicherheit der eigenen Traditionen. Damit man sich des Friedens erfreuen kann, der vom Evangelium kommt, braucht es eine Läuterung durch das Feuer, eine Scheidung des Guten vom Bösen, eine Unterscheidung zwischen dem Licht, das Jesus in die Welt bringt, und der Finsternis des Bösen.

Gebet für die Kirche

Freitag, 22. Oktober

Gedenktag des heiligen Johannes Paul II., der im Jahr 2005 verstorben ist.
Gedenken an Maria Salome, die Mutter von Jakobus und Johannes, die dem Herrn bis unter das Kreuz nachfolgte und ihn ins Grab legte.

Lk 12,54–59. **Die Zeichen der Zeit deuten**

Warum gelingt es uns so oft nicht, die Zeichen des Herrn zu sehen, selbst wenn sie vor unseren Augen geschehen? Die Antwort ist einfach: weil wir so sehr um uns selbst und unsere Angelegenheiten kreisen, dass wir nichts anderes mehr sehen können. Dabei sind wir, wie Jesus sagt, sehr geschickt, wenn es darum geht, zu erkennen, ob es kalt oder warm wird. Dann blicken wir auf, um die Wolken anzuschauen, oder gehen aus dem Haus, um den Wind zu spüren. Jesus macht uns darauf aufmerksam, dass wir aufblicken sollten, um die Zeit des Heils zu verstehen. Das erste große Zeichen ist das Evangelium. Es ist das Zeichen aller Zeichen. „Warum könnt ihr dann die Zeichen dieser Zeit nicht deuten?" fragt Jesus mahnend. Es ist dringend notwendig, die Welt, in der wir leben, zu verstehen, eine Welt, die von der Tragödie der Pandemie und all ihren Folgen gekennzeichnet und, wie nun deutlich wird, im Guten wie im Bösen verbunden ist. Ein objektives Urteil, ein echtes, für die Hoffnung offenes Geschichtsverständnis erwächst aus dem Umgang mit der Schrift, aus dem Hören auf Gottes Wort, das uns den Verstand erleuchtet und das Herz öffnet, damit wir die Zeichen Gottes in der Geschichte der Menschen verstehen. Deshalb hat einer der bekanntesten Theologen des 20. Jahrhunderts, Karl Barth, gerne gesagt, dass der Christ in der einen Hand die Bibel und in der anderen die Zeitung hält. Die Heilige Schrift ist ein Licht für unsere Schritte. Genau wie in dem Beispiel, das Jesus anführt, muss man noch auf dem Weg zum Gericht, ehe das Urteil gesprochen wird, zu einer Einigung mit dem Gegner gelangen, denn sonst ist es zu spät. Das Wort Gottes hilft uns, die Zeichen der Gegenwart

Gottes wahrzunehmen und zu erkennen, wie dringend diese unsere Zeit das Evangelium der Liebe braucht.

Gebet des heiligen Kreuzes

Samstag, 23. Oktober

Lk 13,1–9. **Der unfruchtbare Feigenbaum**

Jesus hat gerade aufgehört, zu der Menge zu sprechen, als ihm jemand von einem Blutbad berichtet, das auf Befehl des Pilatus unter einigen Galiläern angerichtet worden ist, die möglicherweise versucht hatten, einen Aufstand anzuzetteln. Dieses Ereignis gibt Jesus Gelegenheit, darzulegen, dass das Böse oder das Unglück, das uns widerfährt, nicht direkt aus der Schuld des Einzelnen folgt. Um seinen Gedanken zu erläutern, fügt er noch ein weiteres Ereignis hinzu, das eher einer Naturkatastrophe ähnelt, nämlich die Todesopfer, die der Einsturz des Turmes von Schiloach gefordert hatte. Der Herr fordert alle Menschen und besonders die Jünger des Evangeliums auf, sich an diesem schweren Kampf gegen die Bosheit und gegen den Fürsten des Bösen zu beteiligen, der die Völker unablässig drängt, sich zu entzweien und zu bekämpfen und ihr gemeinsames Haus – die Schöpfung – zu zerstören, bis es unbewohnbar wird. Das erklärt auch den Aufruf zur Umkehr, einer Umkehr zum Evangelium der Liebe, mithin zur weltumspannenden Geschwisterlichkeit und zu der ökologischen Umkehr für das gemeinsame Haus. Das Gleichnis vom Feigenbaum, das Jesus hinzufügt, soll an die Bedeutung des Fürbittgebetes erinnern. So oft stoßen wir uns an Situationen, die anscheinend schwer zu ändern sind oder trotz all unserer Bemühungen mehr oder weniger gleich bleiben. Sie ähneln jenem Feigenbaum aus dem Evangelium, der keine Früchte trägt. Drei Jahre lang hat der Besitzer dieses Baumes versucht, Früchte zu ernten, aber nie welche gefunden. Nun ist seine Geduld erschöpft, und er wendet sich an den Weingärtner, der den Baum fällen soll, damit er wenigstens nicht noch grundlos den Boden auslaugt. Der Weingärtner, der die Pflanze gehegt und dabei auch liebgewonnen hat, bittet den

Besitzer, den Boden noch einmal umgraben und düngen zu dürfen. Er ist sicher, dass der Feigenbaum Früchte tragen wird. Jesus mahnt uns, geduldig zu sein, jenen Feigenbaum weiterhin zu hegen und zu pflegen, damit er zu seiner Zeit Frucht bringt. Wir müssen von Gott Geduld erlernen, Gottes Geduld, die für alle zu hoffen vermag, die den glimmenden Docht nicht auslöscht und den Schwachen begleitet und umsorgt, damit er zu Kräften kommt und seinerseits einen Beitrag der Liebe leisten kann. Die Fürbitte, an die das heutige Evangelium erinnert, fordert die Christen zu diesem priesterlichen Dienst auf, nämlich unermüdlich zu beten, damit der Friede in die Welt kommt und die Menschen die Gotteskindschaft und die Geschwisterlichkeit untereinander wiederentdecken.

Gebet der Vigil

Sonntag, 24. Oktober: 30. Sonntag im Jahreskreis

Jer 31,7–9; Ps 126; Hebr 5,1–6; Mk 10,46–52

Das gläubig vorgetragene Bittgebet öffnet das Herz immer für eine andere Lebensweise. Man lernt es aber nur, wenn man sich seiner Schwäche und mithin seiner Hilfsbedürftigkeit bewusst ist. Bartimäus, der am Tor von Jericho bettelte, hatte das verstanden. Wie alle Blinden ist auch er von Schwäche umkleidet. In jener Zeit blieb den Blinden nichts anderes übrig, als zu betteln. Sie waren also nicht nur blind, sondern überdies völlig von den anderen abhängig. In den Evangelien sind sie der Inbegriff von Armut und Schwäche. Bartimäus liegt – wie Lazarus und viele andere Arme in unserer Nähe und weit von uns entfernt – an der Türschwelle des Lebens und wartet auf ein bisschen Trost. Auf die Neuigkeit hin, dass Jesus vorübergeht, fängt er an zu schreien: „Sohn Davids, Jesus, hab Erbarmen mit mir!“ Das ist eine denkbar schlichte Anrufung. Rufen ist seine einzige Chance, das Dunkel und die Distanz zu überwinden, die er im Übrigen auch gar nicht abschätzen kann. Doch sein Rufen missfiel der Menge, und alle versuchten, ihn zum Schweigen zu bringen. Es war ein ungebührliches Geschrei, das so-

gar jene glückliche Begegnung zwischen Jesus und den Menschen der Stadt zu stören drohte. Trotz all ihrer vermeintlichen Vernunft war dies eine grausame Logik. Sie beschimpften ihn nicht nur, sie wollten ihn zum Schweigen bringen. Dieser Blinde hatte mit dem Leben ihrer Stadt nichts zu tun. Mochte er betteln – aber nur, solange er die geregelten und gewohnten Rhythmen der Stadt nicht störte.
Doch die Gegenwart Jesu ließ diesen Mann sämtliche Scheu überwinden. Bartimäus spürte, dass diese Begegnung sein Leben völlig verändern konnte, und schrie noch lauter: „Sohn Davids, hab Erbarmen mit mir!" Das ist das Gebet der Kleinen, der Armen, die sich Tag und Nacht unablässig an den Herrn wenden, weil sie pausenlos bedürftig sind. Kaum hatte Bartimäus gehört, dass Jesus ihn sehen wollte, warf er den Mantel weg und lief auf ihn zu. Er warf den Mantel weg, der ihn seit Jahren bedeckte. Er sprang auf und rannte Jesus entgegen. Er lief, auch ohne zu sehen. In Wirklichkeit sah er viel tiefer als all die vielen Menschen. Er hörte die Stimme Jesu und ging auf diese Stimme zu. Diese Stimme war anders als das Raunen, das er Tag für Tag hörte und als die groben Worte der Menge, die ihn zum Schweigen bringen wollte. Bartimäus folgte dieser Stimme und begegnete dem Herrn. So ergeht es jedem, der das Wort Gottes hört und in die Tat umsetzt. Jesus fragt ihn: „Was soll ich dir tun?" Genauso schlicht wie bei seiner vorherigen Bitte sagt Bartimäus zu ihm: „Rabbuni, ich möchte wieder sehen können." Bartimäus hat das Licht erkannt, ohne es zu sehen. Deshalb hat er sein Augenlicht sofort zurückerhalten. „Geh! Dein Glaube hat dir geholfen", sagt Jesus zu ihm.

Gebet am Tag des Herrn

Montag, 25. Oktober

Lk 13,10–17. **Die Heilung einer verkrümmten Frau**

Das Evangelium zeigt uns Jesus bei seiner üblichen Lehrtätigkeit am Sabbat in einer Synagoge. Unter den Anwesenden war eine Frau, die infolge einer schweren Arthrose einen gekrümmten Rücken hatte.

Achtzehn Jahre waren es inzwischen, die sie an dieser sehr schmerzhaften Krankheit litt. Sie war so gebeugt, dass sie den Menschen nicht einmal ins Gesicht sehen konnte. Umgekehrt beugte sich aber auch niemand zu ihr herab, um ihr ins Gesicht zu sehen. Wie viele Frauen können sich in ihr wiedererkennen! Nicht nur, aber natürlich auch all die Frauen, die in der Familie und durch häusliche Gewalt unterdrückt werden. In jener Frau erkennen wir die schier unendliche Menge von Frauen, die durch das Gewicht des Machismos, der Ungerechtigkeit, der Gewalt und der Demütigung zu Boden gedrückt werden. Die Frau – und mit ihr all die anderen, die sich auch heute noch in derselben Lage befinden – steht da, vor Jesus. Sie kann nicht einmal aufsehen, und sie wagt es auch nicht, ihn um Hilfe zu bitten, wie es andere Frauen getan haben. Doch Jesus sieht sie, wird von Mitleid ergriffen und ruft sie zu sich. Er macht nicht viele Worte, sondern sagt sofort zu ihr: „Frau, du bist von deinem Leiden erlöst." Dabei legt er ihr die Hände auf. „Im gleichen Augenblick", schreibt der Evangelist, „richtete sie sich auf und pries Gott." Die ganze Szene umfasst nur vier Zeilen. Doch die Geste Jesu, der sich zu ihr hinabbeugt, macht deutlich, wie wir die Schwachen, Kranken und Einsamen ansehen und ihre Nächsten werden sollen. Das heutige Evangelium lehrt uns, dass Jesus den Jüngern seine eigene Kraft verliehen hat. Worte, die die Jünger mit demselben Herzen und demselben Mitleid wie Jesus sprechen, sind wirksam, lassen den gekrümmten Rücken wieder gerade werden und geben den Angesprochenen ihre Würde zurück, sodass sie wie alle anderen aufrecht stehen können, wie es jener Frau widerfahren ist. Die Augenzeugen jener Szene ließen sich von dem, was sie mitangesehen hatten, nicht im Herzen berühren. Statt sich über die Frau zu freuen, die ihre Würde wiedergefunden hatte, zogen sie es vor, ein Urteil zu fällen. Der Synagogenvorsteher entrüstete sich sogar über dieses Wunder. Wenn das Herz vom eigenen Ich und den eigenen Überzeugungen angefüllt ist, kann nicht einmal ein Wunder an seiner harten Oberfläche kratzen. Jesus antwortet auf die Vorwürfe des Synagogenvorstehers mit der Weite an Barmherzigkeit, die von der Knechtschaft des Satan befreit, wie Jesus den Fürsten des Bösen nennt. Während die Pharisäer mit ihrem harten Herzen Anstoß nahmen, brachen die Menschen in festlichen Jubel aus: „Das ganze Volk aber freute sich über all die großen

Taten, die er vollbrachte.“ Selig die Jünger, die sich vom Geheimnis der Barmherzigkeit des Herrn umfangen lassen, denn sie werden jubeln wie die Menge in jener Synagoge.

Gebet für die Armen

Dienstag, 26. Oktober

Lk 13,18–21. **Das Senfkorn und der Sauerteig**

Die beiden sehr kurzen Gleichnisse im heutigen Evangelium sind besser zu verstehen, wenn man sie im Kontext der zunehmend feindseligen Haltung liest, mit der die Anführer des Volkes Jesus begegneten. In Wirklichkeit ist das, was Jesus widerfuhr, ein Schicksal, das zur gesamten christlichen Geschichte dazugehört. In jeder Generation, die im Lauf der Geschichte auf die andere folgt, stößt das Evangelium auf Widerstand. Die Frage, die dieser massive Widerstand gegen das Evangelium aufwirft, betrifft die Bedeutungslosigkeit des Evangeliums, seine Schwäche, wenn es darum geht, die Welt zu verändern. Vielleicht haben sich die ersten christlichen Gemeinden gefragt, ob es wirklich möglich sei, das Reich Gottes allein mit Sanftmut und mit Worten herbeizuführen, nachdem diese Gleichnisse bei den Synoptikern überliefert sind. Tatsächlich kann es vorkommen, dass auch wir uns fragen, ob das Evangelium nicht zu schwach ist, um eine Welt zu verändern, die doch so viel stärker zu sein scheint. Auf diese uralten und doch so aktuellen Fragen antwortet Jesus mit den beiden kleinen Gleichnissen vom Senfkorn und vom Sauerteig im Mehl. Das Reich Gottes ist das Herzstück der Verkündigung Jesu, wie wir von den Synoptikern wissen. Einerseits ist da diese dem Satan unterworfene Welt, und andererseits das neue Reich, das Reich Gottes, das zu errichten Jesus gekommen ist. Das ist der Sinn der beiden Gleichnisse. Das Reich, für dessen Errichtung Jesus gekommen ist, beginnt nicht machtvoll und lautstark, sondern wie ein kleines Samenkorn, wie eine Handvoll Sauerteig. Allerdings ist es wichtig, dass der Same in die Erde fällt und dass der Sauerteig sich mit der übrigen Masse vermischt. Lukas betont im Gleichnis die Vorstellung einer Entwicklung, eines kontinuierlichen Wachstums. Das Samenkorn, das heißt die Verkündigung des Evangeliums und die Praxis der Liebe, wird einen großen Baum hervorbringen, und der Sauerteig wird die Masse der Gesellschaft und der Welt durchsäuern. Viele werden im Schatten des Baumes der Liebe Schutz finden, und viele werden mit dem Brot der Barmherzigkeit ihren Hunger stillen können.

Gebet mit Maria, der Mutter des Herrn

Mittwoch, 27. Oktober

Gedenken an das historische Treffen von Assisi 1986, zu dem Papst Johannes Paul II. Vertreter aller christlichen Konfessionen und der großen Weltreligionen eingeladen hatte, um für den Frieden zu beten. Gedenken an Dominique Green, einen jungen Afroamerikaner, der 2004 hingerichtet wurde. Gebet für die zum Tode Verurteilten und für die Abschaffung der Todesstrafe.

Lk 13,22–30. **Manche von den Letzten werden die Ersten sein**

Jesus, der unter den Menschen wandelt, sieht die Menschen an, denen er begegnet, hört die, die nach ihm rufen, tröstet, heilt, ermahnt und verkündet das bevorstehende Gottesreich. Sein Ziel ist Jerusalem, und er geht nicht aus persönlichen Gründen dorthin. Er geht in den Tod, um alle zu retten. Vor diesem Hintergrund wird die Frage eines Anwesenden nach der Zahl derer, die gerettet werden, bedeutsam. Offenbar drückte sich darin ein Zweifel an der Rettung des ganzen Volkes Israel aus. In einem jüdischen Apokryph heißt es zum Beispiel: „Der Höchste hat dieses Zeitalter für viele gemacht, das künftige jedoch für wenige“ (4. Buch Esra). Jesus eröffnet eine andere Perspektive: Man kommt nicht einfach deshalb in das Reich Gottes, weil man zum Volk Israel, zu einer Nation, Ethnie, Kultur oder dergleichen gehört. Der Glaube ist es, der rettet. Das Heil wird dem zuteil, der sich entscheidet, zum Reich Gottes zu gehören. Darum wird es beim Gericht gehen. An jenem Tag wird es nichts nützen, Ansprüche auf eine ethnische oder religiöse Zugehörigkeit zu erheben. Heilskriterium ist die Treue zum Evangelium der Liebe. „Sie werden", stellt Jesus weiterhin klar, „von Osten und Westen und von Norden und Süden kommen und im Reich Gottes zu Tisch sitzen." Was zählt, ist der Entschluss, dem Herrn nachzufolgen – und zwar jetzt, ehe es zu spät ist. Das ist der Sinn des Bildes von der engen Tür. Dort, wo es um die Verkündigung des Evangeliums geht, darf man das Zuhören nicht aufschieben und die Entscheidung nicht vertagen. Das Evangelium abzulehnen heißt, dass man das Haus, von dem im heutigen Evangelium die Rede ist, erst erreicht, wenn der Hausherr die Tür bereits verschlossen hat. Wer draußen bleibt, wer nicht zuhört, bleibt dem Fürsten des Bösen und seiner Willkür preisgegeben und wird die beißende Kälte der Traurigkeit und die Bitternis der Einsamkeit erfahren. Die Aussage Jesu über jene „Letzten", die die Ersten sein werden – der Text bezieht sich auf die Heiden – betont den Vorrang des Hörens. Wer das Evangelium im Herzen aufnimmt und in die Tat umsetzt, wird im Himmelreich der Erste sein.

Gebet mit den Heiligen

Donnerstag, 28. Oktober

Fest der Apostel Simon Kananäus, genannt der Zelot, und Judas mit dem Beinamen Thaddäus.

Lk 6,12–19. **Die Wahl der Zwölf**

Heute gedenkt die Kirche der Apostel Simon und Judas. Simon wird „der Zelot" genannt, vielleicht, weil er Mitglied der antirömischen Bewegung der Zeloten war, die auch Gewalt anwendeten. Der Überlieferung nach soll er das Evangelium in Samarien und Mesopotamien verkündet haben und in Persien gestorben sein. Judas mit dem Beinamen Thaddäus, „der Mutige", ist der Apostel, der Jesus beim

Letzten Abendmahl fragte, warum er sich nur den Jüngern und nicht der Welt offenbare. In den Apostellisten erscheint sein Name an letzter Stelle. Die Tradition sieht in ihm den Verfasser des gleichnamigen Briefes an die Judenchristen. Über das Leben dieser beiden Apostel ist fast nichts bekannt. Das heißt aber nicht, dass sie weniger wichtig wären als die anderen. In der Kirche zählt nicht der Bekanntheitsgrad, sondern die Gemeinschaft mit dem Herrn und den Schwestern und Brüdern. Das heutige Evangelium betont nicht die Unterschiedlichkeit ihrer Aufgaben, sondern die entscheidende Tatsache, dass alle an der Seite Jesu sind. Es scheint sehr unangebracht, herausfinden zu wollen, wer unter ihnen der Erste ist. Leider kommt es auch in der christlichen Gemeinschaft häufig vor, dass man der Erste sein will – und zwar nicht, wenn es ums Dienen, sondern wenn es darum geht, etwas zu gelten oder im Mittelpunkt zu stehen. Wenn überhaupt ein Primat angestrebt werden soll, dann ist dies der Primat der Liebe, des großzügigen, selbstlosen Dienens. Der Evangelist hebt die Aufzählung der Namen hervor. Jesus nennt alle beim Namen, auch Simon und Judas. Seine direkte – namentliche – Berufung macht sie zu Jüngern und dann zu Aposteln, zu Gesandten des Evangeliums. Aus dieser gemeinsamen Berufung erwächst auch die Brüderlichkeit unter ihnen. Deshalb wird Jesus später sagen können, dass man seine Jünger daran erkennt, dass sie einander lieben. Nach biblischem Verständnis ist der Name nicht nur ein nützliches Hilfsmittel, um jemanden zu rufen – er ist weit mehr. Er steht für die Geschichte, das Herz und das Leben eines jeden. Wir alle wissen aus Erfahrung, dass es – selbst rein menschlich gesprochen – zu den Schätzen unseres Lebens gehört, sich mit Namen zu kennen. Beim Herrn aber erhält diese Dimension der Vertrautheit eine noch größere Bedeutung: Uns gegenseitig mit Namen zu kennen und beim Namen zu rufen ist das Zeichen einer Liebe, die das Siegel Gottes trägt. Deshalb ist der Lebensstil der Jünger von dieser Dimension der Vertrautheit gekennzeichnet, die dazu führt, dass man auch die anderen Mitglieder der Gemeinschaft einschließlich der Armen mit Namen kennt. Es ist schwer, die Armen beim Namen zu nennen. So schwierig sogar, dass es niemand tut. Sie beim Namen zu rufen, ist eine Geste großer Zuneigung und Wertschätzung. Sie selbst staunen darüber. Auf diese

Weise besiegt man jene Anonymität, die zu den traurigsten Merkmalen unserer Gesellschaften gehört.

Gebet mit den Aposteln

Freitag, 29. Oktober

Lk 14,1–6. **Die Heilung eines Wassersüchtigen**

Jesus ist an einem Sabbat bei einem der Pharisäer zu Hause zum Essen eingeladen. Man könnte angesichts der vielen Lehren, die Jesus bei seinen Mahlzeiten mit den Sündern, Zöllnern, Pharisäern, Jüngern und mit der Menge seiner Zuhörer formuliert, geradezu von einem „Lehramt der Gastmähler“ sprechen. Jesus machte das gemeinsame Mahl zum vielleicht ausdrucksstärksten Sinnbild eines neuen Volkes, das die Lebensfülle Gottes aufnimmt und lebt. Es handelte sich um eine provozierende, von Jesus bewusst so gewollte Geste. Tatsächlich riefen seine Gastmähler – besser gesagt das, was er daraus machte – eine unmittelbare Gegenreaktion hervor. Auch jenes Essen im Haus eines Pharisäers. Gleich zu Beginn erwähnt der Evangelist die feindselige Haltung der Anwesenden – mit Ausnahme eines Wassersüchtigen, der das Haus betritt, sofort zu Jesus geht und sich vor ihn hinstellt. Er wartet darauf, geheilt zu werden. Die Wassersucht war in der Antike besonders gefürchtet und galt im Judentum als ein Fluch infolge begangener Verfehlungen. Sobald Jesus den Mann vor sich stehen sieht, fragt er die anwesenden Gesetzeslehrer und Pharisäer, ob es am Sabbat erlaubt sei, einen Kranken zu heilen, oder nicht. Das ist natürlich eine rhetorische Frage. Jedenfalls bekommt er von niemandem eine Antwort: „Sie schwiegen“, schreibt der Evangelist. Da verlor Jesus keine Zeit, nahm ihn bei der Hand und heilte ihn von seiner Krankheit. Die Armen können es sich nicht leisten, das Ende unserer Diskussionen und Debatten abzuwarten. Die Liebe und das Mitleid mit den Schwachen dulden keinen Aufschub – der aber leider oft vorkommt – und lassen sich nicht von Einwänden aufhalten. Nach den Heilungen des Mannes mit der verdorrten Hand und der verkrümmten Frau ist dies das dritte Wunder, das Jesus an einem Sabbat wirkt. Für ihn ist der Sabbat wahrhaftig ein Festtag: der Tag, da die Güte und Liebe Gottes zu den Menschen und besonders zu den Schwächsten vollends offenbar werden.

Gebet des heiligen Kreuzes

Samstag, 30. Oktober

Lk 14,1.7–11. **Die Auswahl der Ehrenplätze**

Jesus ist noch im Haus des Pharisäers, der ihn zum Essen eingeladen hatte. Soeben hat er den Wassersüchtigen geheilt. Jetzt fährt er damit fort, die Anwesenden zu lehren, und knüpft daran an, wie die Gäste, kaum, dass sie eingetreten waren, versuchten, die besten Plätze zu belegen. Das ist eigentlich nichts Neues. Auch im heutigen Leben ist ein solches Verhalten sehr verbreitet, und das nicht nur bei Tisch. Jeder will immer den besten Platz für sich, und ginge es auch nur darum, Aufmerksamkeit zu erregen und von den anderen beachtet zu werden. Statt den Geist der Solidarität zu stärken, treiben uns die Probleme des Lebens nicht selten dazu, uns umso verbissener um unseren eigenen Platz zu kümmern. Jesus legt den Anwesenden eine Haltung der Demut und Aufmerksamkeit gegenüber den anderen nahe. Er mahnt, nicht nach dem besten Platz zu streben. Der Evangelist hat den Platz im Sinn, den jeder vor Gott, im Reich Gottes innehat. Niemand soll sich für etwas Besseres halten. Denken wir an die Einstellung Jesu selbst: Er hielt „nicht daran fest, Gott gleich zu sein, sondern er entäußerte sich und wurde wie ein Sklave" (Phil 2,6–7). Und er stellt klar, dass der Herr derjenige ist, der jedem die ihm gebührende Würde und Ehre zumisst. Nicht wir selbst suchen uns – womöglich noch unter Hinweis auf unsere Verdienste – den Platz aus, den wir besetzen wollen, sondern der Herr zeigt uns, an welchem Ort wir Zeugnis von der Liebe geben sollen, die er uns geschenkt hat. In jedem Fall aber sollte es eine Lebensregel sein, nicht zuerst auf sich selbst, sondern auf die anderen und vor allem auf die Schwächeren zu achten. Die Letztgenannten blickt der Herr mit besonderer Aufmerksamkeit an. Dass die Urteilskriterien dieser Welt auf den Kopf gestellt werden, ist so etwas wie ein biblisches Gesetz: Wer sich als sündig und niedrig erkennt, wird von Gott erhöht, wer dagegen Anerkennungen und Ehrenplätze beansprucht, der läuft Gefahr, sich selbst vom Festmahl auszuschließen. Deshalb erklärt Jesus: „Denn wer sich selbst erhöht, wird erniedrigt, und wer sich selbst erniedrigt, wird erhöht werden“. Das ist nicht nur eine christliche Regel, sondern auch eine Haltung von ausgesuchter menschlicher Weisheit.

Gebet der Vigil

Sonntag, 31. Oktober: 31. Sonntag im Jahreskreis

Dtn 6,2–6; Ps 18; Hebr 7,23–28; Mk 12,28b–34

„Du bist nicht fern vom Reich Gottes“, sagt Jesus zu jenem weisen Schriftgelehrten. Die Übereinstimmung zwischen Jesus und seinem Gesprächspartner betrifft das doppelte Gebot der Gottes- und Nächstenliebe. Diese beiden Gebote sind so eng miteinander verbunden, dass sie ein und dasselbe sind. Jesus ist derjenige, der mehr und besser als alle zu lieben vermag. Jesus liebt den Vater über alles. Überall im Evangelium tritt die ganz besondere Beziehung zwischen Jesus und dem Vater zutage. Sie ist der eigentliche Sinn seines Lebens. Die Apostel lernen aus diesem einzigartigen Vertrauen, das er in den Vater setzte und das in der zärtlichen Anrede „Abba“, „Papa“, gipfelt. Wie oft haben sie ihn sagen hören, dass es das einzige Ziel seines Lebens sei, den Willen des Vaters zu tun: „Meine Speise ist es, den Willen dessen zu tun, der mich gesandt hat …“ (Joh 4,34). Jesus ist wirklich das erhabenste Beispiel dafür, wie man Gott über alles liebt, und mit derselben Innigkeit hat er auch die Menschen geliebt. Dazu ist er „Fleisch geworden“. In der Schrift lesen wir, dass Jesus die Menschen so sehr geliebt hat, dass er den Himmel, also die Fülle an Leben, Glückseligkeit, Überfluss und Frieden verlassen hat, um mitten unter uns zu sein. Sein Leben war wie

ein Crescendo der Liebe und Leidenschaft für die Menschen, das im Opfer seines eigenen Lebens gipfelte.
Was aber heißt es, jemanden „zu lieben wie sich selbst“? Um das verstehen zu können, muss man Jesus ansehen, denn er kann uns zeigen, was es wirklich bedeutet, sich selbst zu lieben. Jesus, der diese Worte als Erster und von Grund auf gelebt hat, deutet an, dass das Glück darin besteht, die anderen mehr zu lieben als sich selbst. Das ist eine schwierige Aussage. Wer kann danach handeln? Die Antwort muss lauten, dass für Gott nichts unmöglich ist. Eine solche Liebe lernt man nicht von allein oder auf den Schulbänken der Menschen, im Gegenteil: An diesen Orten lernt man von klein auf, vor allem sich selbst und die eigenen Angelegenheiten zu lieben und sich gegen die anderen aufzustellen. Die Liebe, von der Jesus spricht, kommt von oben. Sie ist ein Gottesgeschenk, ja, sie ist Gott selbst, der kommt, um in den Herzen der Menschen zu wohnen. Die Sonntagsliturgie ist der günstigste Zeitpunkt, dieses große Geschenk der Liebe zu empfangen. Deshalb treten wir am Tag des Herrn mit froher Dankbarkeit zum Altar. Dann werden wir hören, dass, wie zu jenem Schriftgelehrten, auch zu uns wieder gesagt wird: „Du bist nicht fern vom Reich Gottes.“

Gebet am Tag des Herrn

Montag, 1. November: Hochfest Allerheiligen

Gedenken an alle Heiligen, deren Namen im Himmel verzeichnet sind. In Gemeinschaft mit ihnen beten wir zum Herrn in dem Wissen, dass wir seine Kinder sind.

Offb 7,2–4.9–14; Ps 24; 1 Joh 3,1–3; Mt 5,1–12a

Heute ist das Fest aller Heiligen. Das Buch der Offenbarung will sie uns gleichsam alle gemeinsam vor Augen führen: „Siehe, eine große Schar aus allen Nationen und Stämmen, Völkern und Sprachen; niemand konnte sie zählen. Sie standen vor dem Thron und vor dem Lamm, gekleidet in weiße Gewänder, und trugen Palmzweige in den

Händen." Es sind Männer und Frauen aus allen Nationen und Völkern, jeder und jede mit einer anderen Geschichte und Zugehörigkeit, doch sie haben das Erbarmen Gottes angenommen und auf dem Weg des Evangeliums ausgeharrt. Es ist ein großes, ein grenzenloses Volk, das nun in jenem Haus des Vaters mit den vielen Wohnungen wohnt, in das der auferstandene Jesus gegangen ist, um allen den Platz zu bereiten. Es ist kein Volk, das sich getrennt von uns in einer fernen und unerreichbaren Welt befindet. Dieses Fest hilft uns zu begreifen, dass die Heiligkeit nicht erst nach, sondern schon vor dem Tod beginnt: dann nämlich, wenn wir ein Teil der *Familia Dei* werden, wenn wir abgegrenzt – genau das bedeutet das lateinische Wort für heilig, *sanctus* – werden gegen das von Sünde und Tod bestimmte Schicksal dieser Welt und teilhaben an Gottes heiligem Volk. Der Apostel Johannes erinnert die Jünger in seinem ersten Brief an diese oft vergessene, außerordentliche Gabe, die sie aus reiner Gnade vom Herrn empfangen haben: „Seht, welche Liebe uns der Vater geschenkt hat: Wir heißen Kinder Gottes und wir sind es… Geliebte, jetzt sind wir Kinder Gottes. Doch ist noch nicht offenbar geworden, was wir sein werden."

Wenn wir das Antlitz der Kirche betrachten, die noch als Pilgerin auf dieser Erde unterwegs ist, aber bereits unzählige Kinder im Himmel hat, dann sehen wir die Gesichter der Brüder und Schwestern, die uns geschenkt worden sind, und unser Blick kreuzt sich mit dem der Armen und der Schwachen, die wir nach dem Willen des Herrn lieben und denen wir als Brüder und Schwestern dienen sollen. Ja, diese Mutter – die Kirche – und die Armen sind das auf Erden sichtbare Antlitz jenes heiligen Volkes, das schon in den Himmel gekommen ist. In diese Vision schreiben wir unsere Gedanken, unsere Taten, unsere Entscheidungen und unsere Pläne hinein, weil dies das heilige Volk Gottes ist. Mit diesem Volk unterwegs zu sein bedeutet, auf dem Weg der Heiligkeit zu gehen. Nicht der ist heilig, der niemals sündigt. Nicht der ist heilig, der sich für gerecht hält. Heilig ist, wer nicht aufhört, bei dieser Mutter zu sein, von der Liebe Zeugnis zu geben, für die Gerechtigkeit und für den Frieden zu arbeiten und die Armen und Schwachen mit barmherzigen und mitleidigen Augen anzusehen. Heilig ist auch der Sünder, der vor dem Herrn niederkniet und über seine Sünden weint. Deshalb können wir alle, wirklich alle, heilig sein.

Gebet mit den Heiligen

Dienstag, 2. November: Allerseelen

Gedenken an alle im Herrn Entschlafenen. Wir denken besonders an diejenigen Verstorbenen, an die sich niemand erinnert, und an alle, die unserem Herzen besonders lieb sind.

Jes 25,6a.7–9; Ps 23; Röm 8,14–23; Mt 25,31–46

Der Apostel Paulus lädt uns ein, die Zukunft zu betrachten, die den Kindern Gottes vorbehalten ist: „Ich bin nämlich überzeugt, dass die Leiden der gegenwärtigen Zeit nichts bedeuten im Vergleich zu der Herrlichkeit, die an uns offenbar werden soll." Das heutige Gedenken lässt uns einen Blick auf diese zukünftige Herrlichkeit erhaschen. Für uns, die wir noch auf der Erde sind, muss diese Herrlichkeit erst noch kommen, doch den Verstorbenen, die an den Herrn geglaubt haben, ist sie bereits enthüllt worden. Sie wohnen auf jenem hohen Berg, auf dem der Herr allen Völkern ein Festmahl bereitet hat. Für sie ist auf jenem Berg der Schleier, der das Gesicht verhüllt, das heißt die Gleichgültigkeit, die uns nur um uns selbst kreisen lässt, zerrissen worden, und ihre Augen schauen das Antlitz Gottes. Niemand von ihnen vergießt mehr Tränen der Traurigkeit, wie im Buch der Offenbarung geschrieben steht. Heute denken wir mit den Augen des Herzens an unsere Lieben, die wir im Herzen tragen, und an die vielen, die in diesen Zeiten an COVID-19 gestorben sind und deren Namen wir oft nicht einmal kennen. Gott kennt den Namen und die Geschichte jedes und jeder Einzelnen. Er nimmt sie alle auf in seiner Liebe und Barmherzigkeit und identifiziert sich gerade mit den Einsamsten und Verlassensten: „Ich war krank und ihr habt mich besucht".
Diese Liebe Gottes ist die Substanz des Lebens. Alles vergeht, auch der Glaube und die Hoffnung. Nur die Liebe bleibt.

Das sagt uns Jesus, der Herr, in der Bildrede vom Weltgericht. Das Einzige, was von all unseren Worten und Taten, Gedanken und Plänen übrigbleibt, ist die Liebe. Die Liebe ist immer groß, auch wenn sie sich in kleinen Gesten wie einem Glas Wasser, einem Stück Brot, einem Besuch, einem tröstenden Wort oder einem Händedruck äußert. Die Liebe ist unwiderstehlich, weil sie ein Funke Gottes ist, der die Erde entzündet und rettet. Selig werden wir sein, wenn wir den Worten des Evangeliums folgen, das wir gehört haben. Dann wird am Ende unserer Tage zu uns gesagt werden: „Kommt her, die ihr von meinem Vater gesegnet seid, empfangt das Reich als Erbe, das seit der Erschaffung der Welt für euch bestimmt ist", und unsere Freude wird vollkommen sein.

Gebet des heiligen Kreuzes

Mittwoch, 3. November

Lk 14,25–33. **Die Nachfolge Jesu**

Jesus nimmt seinen Weg nach Jerusalem wieder auf. Eine große Menschenmenge folgt ihm, schreibt der Evangelist, und deshalb hält er es für nötig, klarzustellen, was es bedeutet, mit dem Herrn unterwegs zu sein. Jesus verlangt eine ausschließliche Bindung, die sogar stärker ist als die Bindung an die Mitglieder der eigenen Familie. Er zählt die Angehörigen auf, von denen man sich trennen muss. Die Absicht Jesu ist klar: Die Liebe zu ihm bringt eine Grundsatzentscheidung mit sich. Das heißt, dass Jesus vor jedem Gefühl und Geschäft Vorrang hat. Jesus gebraucht das Wort „gering achten" in dem Sinne, dass man niemand anderen ihm vorziehen darf. Geringachtung meint also in diesem Kontext kein Gefühl, sondern eine Geste – einen Schnitt oder eine Ablösung –, die vollzogen werden muss. Kurzum, gering achten bedeutet hier, alles aufzugeben, was dem Primat der Jesusnachfolge im Wege steht: von den familiären Bindungen bis hin zu den bösen Instinkten und schlechten Gedanken. Die ausschließliche Liebe zu Jesus ist das einzige Fundament, das dem Leben des Jüngers zugrunde liegt. Wer sich dafür entscheidet, Jesus mit ausschließlicher Liebe zu lieben, der wird auch seine Nächsten einschließlich seiner Familie zu lieben wissen. Vergessen wir nicht, dass Jesus das, was er von seinen Jüngern verlangt, zuallererst von sich selbst verlangt hat, um seinerseits den Vater mit ausschließlicher Liebe zu lieben. Wenn Jesus eine Liebe bis in den Tod verlangt, dann deshalb, weil auch er uns bis in den Tod hinein liebt; und wenn er dazu aufruft, sein Kreuz auf sich zu nehmen, dann deshalb, weil er es zuerst auf sich genommen hat. Er nimmt es auf seine Schultern, um uns zu retten. Es ist unmöglich, das Evangelium zu verstehen, wenn man nicht begreift, mit welcher Liebe Jesus uns liebt. Auch er liebt uns mit einer ausschließlichen Liebe und nimmt sogar den Tod auf sich, um uns nicht im Stich zu lassen. Für diese Liebe sind die Jünger der Welt gegenüber verantwortlich. Mit zwei sehr einleuchtenden Beispielen – von einem Turm, der gebaut, und von einem Feldzug, der unternommen werden soll – mahnt Jesus die, die ihm nachfolgen wollen, wachsam zu sein und sich nicht von leeren Sentimentalitäten hinreißen zu lassen. Die Nachfolge Jesu ist im wahrsten Sinne des Wortes Arbeit: Arbeit an sich selbst, am eigenen Herzen, an den eigenen Verhaltensweisen, den eigenen Entscheidungen – eben genau wie der Bau eines stabilen Turms oder ein siegreicher Feldzug gegen das Böse. Diese Arbeit, so scheint Jesus abschließend sagen zu wollen, kann gelingen, wenn man dem Reichtum den Rücken kehrt und sich für das Evangelium entscheidet.

Gebet mit den Heiligen

Donnerstag, 4. November

Gedenktag des heiligen Karl Borromäus († 1584), Bischof von Mailand.

Lk 15,1–10. **Das verlorene Schaf und die verlorene Drachme**

In den ersten zehn Versen, mit denen das Kapitel beginnt, werden zwei der Gleichnisse der Barmherzigkeit erzählt: das vom verlorenen Schaf und das von der verlorenen Drachme. Im ersten Gleichnis stellt Jesus den Vater als Hirten dar, der eines seiner hundert Schafe verloren hat. Daraufhin lässt er die neunundneunzig anderen im Stall zurück und geht das eine suchen, das verloren gegangen ist. Jesus scheint hier ein Vorrecht des Sünders geltend zu machen: das Recht, zuerst, vor dem Gerechten, Hilfe zu erhalten. Das ist die religiöse Revolution des Evangeliums – zur Zeit Jesu und auch heute noch. In einer Welt, in der die Gesellschaftsordnung sich am Ideal der Meritokratie orientiert – die ganz ohne Zweifel überdacht werden muss –, stellt uns das Evangelium ein Paradox vor Augen: den Primat der Barmherzigkeit und der Vergebung. Im zweiten Gleichnis wird der Vater mit einer Hausfrau verglichen, die eine Drachme verloren hat und so lange danach sucht, bis sie sie findet. Wieder wird hier das Privileg der Liebe erkennbar, das Gott für die Kleinen einfordert. Beide, der Hirte und die Frau, rufen ihre Nachbarn zu einem Fest zusammen, nachdem sie das verlorene Schaf und das verlorene Geldstück wiedergefunden haben. Gott will nicht den Tod der Sünder, sondern dass sie umkehren, das heißt, dass sie ihr Leben ändern und zu ihm zurückkehren. Die Jünger müssen barmherzig und zu einer Liebe fähig sein, die der Liebe Gottes ähnelt. Jesus schließt mit den Worten: „Ebenso, sage ich euch, herrscht bei den Engeln Gottes Freude über einen einzigen Sünder, der umkehrt.“ Das ist Gottes größte Festfreude. Deshalb macht er sich auf, um nach Liebe zu suchen, ja darum zu betteln. Das tut er auch mit uns. Lassen wir uns also von ihm finden.

Gebet für die Kirche

Freitag, 5. November

Gedenken an Zacharias und an Elisabet, die noch im hohen Alter Johannes den Täufer gebar.

Lk 16,1–8. **Gleichnis vom untreuen Verwalter**

Jesus geht von einer realen Situation aus: Ein Verwalter wird der Misswirtschaft beschuldigt und zu seinem Herrn gerufen, damit er diesem die Geschäftsbücher vorlegt, ehe er entlassen wird. Jesus beschreibt die Geschicklichkeit, mit der der Verwalter sich daraufhin für die Zukunft absichert. Ohne Zweifel wird dies seine letzte Amtshandlung sein, und er will sie zu seinen Gunsten nutzen. Also denkt er nach, ruft dann die Schuldner seines Herrn einen nach dem anderen zu sich und korrigiert den geschuldeten Betrag bei jedem beträchtlich nach unten. Er ist davon überzeugt, dass alle, denen er jetzt einen Vorteil verschafft, sich erkenntlich zeigen werden, wenn sein Herr ihn erst einmal entlassen hat. Es steht außer Frage, dass dieser Verwalter die Unehrlichkeit seiner bisherigen Verwaltung auf diese Weise sogar noch schlimmer macht. Jesus aber – und damit löst er wahrscheinlich allgemeines Erstaunen aus – lobt den unehrlichen Verwalter und schließt mit den Worten: „Die Kinder dieser Welt sind im Umgang mit ihresgleichen klüger als die Kinder des Lichtes." Die Jünger sollen sich in jeder nur möglichen Weise und mit derselben Schläue wie jener Verwalter darum bemühen, das Reich Gottes zu gewinnen. Leider aber lassen sich die Jünger angesichts der Ereignisse des Lebens nicht selten von Resignation ergreifen, statt sich mit derselben Energie, die den unehrlichen Verwalter antrieb, für die Verwirklichung einer gerechteren Welt einzusetzen. Jesus weist darauf hin, dass die, die so denken, wie es der Mentalität dieser Welt entspricht, alles tun, um sich eine problemlose Zukunft zu sichern. Dagegen legen die „Kinder des Lichtes" oft nicht dieselbe Aufmerksamkeit und Leidenschaft an den Tag, um die Verwirklichung des Himmelreichs voranzutreiben. Der Evangelist mahnt auch uns zur Kreativität der Liebe und dazu, bei Schwierigkeiten nicht zu resignieren, geschweige denn, uns angesichts unserer Gesellschaft mit ihren unzähligen Widersprüchlichkeiten, Ungerechtigkeiten und Konflikten bequem zurückzulehnen. Der Herr erwartet von seinen Jüngern einen tatkräftigen Einsatz, damit die Liebe und der Friede unter allen Menschen wachsen können.

Gebet des heiligen Kreuzes

Samstag, 6. November

Lk 16,9–13. **Das Geld richtig gebrauchen**

Jesus sagt: „Macht euch Freunde mit dem ungerechten Mammon, damit ihr in die ewigen Wohnungen aufgenommen werdet, wenn es zu Ende geht!“ Es geht nicht bloß darum, den Armen Almosen zu geben – was schon für sich genommen hohe Wertschätzung verdient –, sondern darum, ihr Freund zu sein. Sich zu ihnen hinabzubeugen, sie mit unseren Händen zu berühren, sie beim Namen zu rufen bedeutet, den tiefen Sinn dieser Worte des Evangeliums und der ganzen biblischen Lehre von der Barmherzigkeit und Gerechtigkeit zu erfassen. Die Liebe zu den Armen ist ein Geschenk, das wir von Gott erbitten müssen. Leider nimmt das Misstrauen den Armen gegenüber zu, während die Solidarität mit ihnen abnimmt. Zu Nächsten der Ärmsten zu werden, Freundschaft mit ihnen zu schließen heißt, sich Jesus selbst zu nähern, wie es in der Bildrede vom Weltgericht im 25. Kapitel des Matthäusevangeliums unmissverständlich gesagt wird. Der Götzendienst am Reichtum, also die Habsucht, entfernt uns von den Armen und entfernt uns damit auch von Gott. Und nicht nur das. Er hindert uns auch daran, den Reichtum redlich zu gebrauchen. In jedem Herzen, das sich ihm auch nur einen Spaltbreit öffnet, errichtet das Geld eine gnadenlose Diktatur. Jesu Worte sind von kristallener Klarheit: Man kann nicht gleichzeitig Gott und dem Geld dienen. Denn man ist entweder Sklave des einen oder des anderen. Leider aber drängt uns die heutige Kultur zu dem hin, was wir schon mehrfach als die Diktatur des Materialismus bezeichnet haben: Wer den Reichtum zum Ideal seines Lebens macht, wird von ihm versklavt. Die Geschichte des Christentums wird es nicht müde, uns immer wieder vorbildliche Zeugen jener Freiheit vor Augen zu stellen, die man gewinnt, wenn man den Reichtum aufgibt und sich von der Liebe anziehen lässt. Ein Beispiel für sie alle ist Franziskus von Assisi, der sogar seine Kleider ablegte, um sich ganz dem Evangelium anheimzugeben. Bis heute ist er ein außergewöhnlicher Zeuge der Kraft der Liebe, der uns durch Papst Franziskus noch nähergebracht wird. Doch der Pharisäergeist liegt immer auf der Lauer und verleitet dazu, das Evangelium zu verhöhnen, wie Jesus sagt. Wer sich aber selbst für gerecht hält, der wird vor Gott erniedrigt werden.

Gebet der Vigil

Sonntag, 7. November: 32. Sonntag im Jahreskreis

1 Kön 17,10–16; Ps 146; Hebr 9,24–28; Mk 12,38–44

Die „große Menschenmenge … hörte ihm mit Freude zu" (Mk 12,37), heißt es im Evangelium. Warum? Dem Evangelium zuzuhören und ihm mit Freude zuzuhören, ist heilsentscheidend. „Höre gern zu, wenn von Gott gesprochen wird", riet schon das alte Buch Jesus Sirach dem weisen Mann (Sir 6,35).
Wir sind am Ende der Reise Jesu nach Jerusalem, und die Auseinandersetzung mit den Schriftgelehrten und Pharisäern hat ihren Höhepunkt erreicht. Schriftgelehrte und Pharisäer sind diejenigen, die vorschreiben, was Glück und was Unglück ist, und über das Gewissen herrschen. Schon durch die bloße Verkündigung des Evangeliums prangert Jesus ihr Verhalten an: „Sie fressen die Häuser der Witwen auf und verrichten in ihrer Scheinheiligkeit lange Gebete." Die Häuser der Witwen sind die Häuser derer, die niemanden haben, der für sie eintritt. Noch heute gibt es viele Häuser – zuweilen sind es ganze Länder – von schutzlosen Witwen und Waisen. Ja, es gibt viele wie die Witwe von Sarepta, von der wir in der Lesung aus dem ersten Buch der Könige gehört haben. In vielen Häusern und in vielen Ländern gibt es kein Essen für den nächsten Tag. Es gibt keine Zukunft. Wer wird diese Witwen ansehen? Wer wird sich ihrer annehmen? Jesus sieht sie an und tritt für sie ein. Er richtet seinen Blick auf sie, genau wie auf die Witwe, die ihr Opfer für den Tempel bringt. Jesus sieht, wie sie zwei kleine Münzen in den Opferkasten wirft. Natürlich beachtet sie niemand. Sie stammt nicht aus einer vornehmen Familie, sodass sie die Aufmerksamkeit auf sich zöge; sie gehört nicht zur Welt der Reichen und Berühmten, sodass man Notiz von ihr nähme. Von Jesus aber wird diese Frau liebevoll und bewundernd angesehen. Nur er bemerkt

sie. Den Jüngern, die abgelenkt sind oder nur auf das achten, was Eindruck macht, bringt Jesus bei, auch die kleinsten Dinge liebevoll und aufmerksam anzusehen.
Es ist kein Zufall, dass der Evangelist eine so unbedeutende oder zumindest unauffällige Begebenheit an das Ende des öffentlichen Lebens Jesu und seiner Lehrtätigkeit im Jerusalemer Tempel stellt. Im Gegensatz zum reichen Jüngling, der traurig wegging, weil er ein großes Vermögen besaß und es für sich behalten wollte (Mk 10,22), lehrt uns diese arme Witwe, die alles verschenkt, wie wir Gott und das Evangelium lieben sollen. Sie ging glücklich davon. In den Augen der Menschen, so könnte man sagen, war sie verwitwet, doch von Jesus, dessen Blick auf ihr geruht hatte, wurde sie geliebt. Dieses Glück erleben die Jünger – uns eingeschlossen – jedes Mal, wenn sie sich dem Herrn und seiner Barmherzigkeit anvertrauen. Es spielt keine Rolle, wenn unser Glaube nur so viel wert zu sein scheint wie zwei kleine Münzen: Wenn er aufrichtig ist, ist er alles.

Gebet am Tag des Herrn

Montag, 8. November

Lk 17,1–6. **Herr, stärke unseren Glauben**

Jesus warnt die Jünger davor, zum „Ärgernis“, das heißt zum Stein des Anstoßes zu werden. Er hält das Ärgernis für so schlimm, dass er sagt, für den, der es herbeiführt, sei es besser, mit einem Mühlstein um den Hals ins Meer geworfen zu werden. Das erste Ärgernis, das die Jünger vermeiden müssen, ist vielleicht das, dass sie mit ihrem Leben in Widerspruch zum Evangelium geraten. Wenn unsere Verhaltensweisen dem Evangelium fern oder sogar entgegengesetzt sind, verraten wir nicht nur den Herrn, sondern werden zu Komplizen des Fürsten dieser Welt, weil wir ein trauriges und gewalttätiges Leben begünstigen. Deshalb fordert Jesus die Jünger auf: „Seht euch vor!“ Auch der Apostel Paulus, der sich dieser Gefahr bewusst war, warnte die Ältesten von Ephesus: „Gebt Acht auf euch und auf die ganze

Herde“ (Apg 20,28). Auf sich selbst, auf das eigene Verhalten, auf die eigene Treue zum Evangelium achtzugeben ist eine vorrangige Aufgabe für jeden Jünger. Jesus fügt hinzu, dass zur spirituellen Weisheit auch Vergebungsbereitschaft gehört. Jeder von uns kennt ja die eigene Anfälligkeit und die Leichtigkeit, mit der man in Sünde gerät. Jesus schenkt uns eigens die Kraft zur Vergebung, einem Schritt, der keineswegs selbstverständlich ist. „Siebzigmal siebenmal“ zu vergeben, wie es Jesus verlangt (Mt 18,22), bedeutet, dass man immer vergeben muss. Barmherzigkeit zu üben ist ein deutliches Zeichen der Gegenwart Gottes unter den Menschen. An diesem Punkt begreifen die Jünger, dass die Barmherzigkeit nicht aus ihnen selbst hervorgeht. Sie begreifen, dass der Instinkt, im Hass oder zumindest in der Gleichgültigkeit zu verharren, auch in ihnen stark ist. Deshalb bitten sie den Herrn: „Stärke unseren Glauben!“ Jesus antwortet – vielleicht auch zu unserer Überraschung –, dass schon ein kleines Maß an Glauben genügt, ein Glaube, so groß wie ein Senfkorn. Dieser kleine Glaube, dieses kleine Gottvertrauen kann Wunder wirken. Bitten wir den Herrn darum, und wir werden in der Lage sein, die bitteren Kräuter aus den Herzen der Menschen auszureißen und in die Tiefen des Meeres zu werfen.

Gebet für die Kranken

Dienstag, 9. November

Fest des Weihetages der Kathedrale von Rom, der Basilika des heiligen Johannes des Täufers und des heiligen Johannes des Evangelisten im Lateran. Gebet für die Kirche von Rom.
Gedenken an die Pogromnacht im Jahr 1938 und den Beginn der nationalsozialistischen Judenverfolgung.

Joh 2,13–22. **Die Tempelreinigung**

Heute begeht die Kirche das Weihefest der Basilika des heiligen Johannes des Täufers und des heiligen Johannes des Evangelisten im

Lateran in Rom, die auch die Mutter aller Kirchen der Welt genannt wird. Dieses Fest führt uns zurück an die Ursprünge der Kirche und erinnert uns an die Bedeutung und den Sinn jeder heiligen Stätte als einer Stätte des Gebetes und der Begegnung mit dem Herrn. In der Liturgie werden die Kirchen dem Herrn geweiht, das heißt, es sind Orte, die wir nicht uns selbst oder unserem Geltungsdrang widmen und die ebendeshalb Orte der Freiheit und der Menschlichkeit in der Welt bleiben. In der Stadt stellen die Kirchen einen Raum dar, der dem Himmel, der Hoffnung offensteht – und zwar nicht nur für die Gläubigen. Wie wichtig war es, dass die Kirchen auch in den Zeiten der Pandemie geöffnet geblieben sind! Sie waren inmitten der Verwirrung und Verödung so vieler Städte ein Ort des Gebetes und der Solidarität. Auch für Jesus war die Bedeutung des Tempels ganz klar. Es verstand sich von selbst, dass der Jerusalemer Tempel einen gottgeweihten Raum darstellte. Leider aber war er zu einem Ort nicht des Gebetes, sondern des menschlichen Handels geworden. Jesus wollte diesen Raum schützen, und er tat dies so kraftvoll und entschlossen, dass sich die Jünger, als sie sahen, wie er die Händler und Geldwechsler fortscheuchte, an das Psalmwort erinnert fühlten: „Der Eifer für dein Haus hat mich verzehrt“ (Ps 69,10). Das heutige Fest erinnert uns daran, dass der Herr auch aus uns, aus unserem Leben, einen Tempel gemacht hat, der nicht durch die Logik des Marktes und des An- und Verkaufs entweiht werden darf. Die einzige Logik, die im Haus Gottes wohnen darf, ist die der unentgeltlichen Liebe, und die Bewohner des Hauses Gottes sind – genau wie das Gebäude selbst – dazu bestimmt, ihr Leben nicht für die Rettung ihrer selbst, sondern für die Rettung der anderen einzusetzen. Diese Sichtweise legt Jesus uns nahe, wenn er sagt: „Reißt diesen Tempel nieder und in drei Tagen werde ich ihn wieder aufrichten.“ Jesus sprach von seinem Leib, der auferstehen würde. Mit diesen Worten weiht Jesus jeden Leib zu einem Tempel Gottes. Er mag schwach und hinfällig sein, doch wenn die Liebe Gottes darin wohnt, kann nichts ihn zerstören.

Gebet für die Kirche

Mittwoch, 10. November

Gedenktag des heiligen Leo des Großen († 461), der als Bischof von Rom die Kirche in schwierigen Zeiten führte.

Lk 17,11–19. **Heilung der zehn Aussätzigen**

Als er gerade in ein Dorf hineingehen will, kommen Jesus zehn Aussätzige entgegen. Zum zweiten Mal erzählt Lukas, wie jemand vom Aussatz geheilt wird. Im Unterschied zu der früheren Episode (Lk 5,12–14) bleiben die Aussätzigen diesmal jedoch in der Ferne stehen und schreien ihr Bedürfnis nach Heilung heraus. Dieser Schrei ähnelt dem Schrei um Hilfe und Beistand, der sich in vielen, auch fernen Ländern erhebt und leider so oft ungehört verhallt. Wir können ihn auch mit dem gemeinsamen Gebet für sich selbst und für die Welt assoziieren, das die Christen zu Gott emporsteigen lassen. Es besteht tatsächlich so etwas wie ein Einklang zwischen dem Schrei der Armen und dem Gebet der Kirche. In beiden Fällen sind das Volk der Armen und das der Jünger vereint in ihrem Rufen um eine Welt der Gerechtigkeit und des Friedens, der Geschwisterlichkeit und der Liebe. Der Schrei dieser zehn Aussätzigen ist ein Appell an uns, damit auch wir lauter und kühner beten. Jesus ist, genau wie der Vater im Himmel, nicht taub für das Gebet der Armen. Sobald er ihren Schrei vernimmt, sieht Jesus sie an. Er sieht ihnen in die Augen und trägt ihnen auf, sich den Priestern zu zeigen. Unterwegs werden alle zehn vom Aussatz geheilt. Doch nur einer von ihnen geht zurück, um dem Herrn zu danken. Er ist ein Samariter, ein Fremder, der einen anderen Glauben hat als die Juden. Wieder einmal stellt der Evangelist einen Fremden als vorbildlichen Jünger dar. Als er sieht, dass er geheilt ist, verspürt er das Bedürfnis, Dank zu sagen: gegenüber dem, der ihn geheilt hatte, seine ganze Dankbarkeit zum Ausdruck zu bringen. Jesus sieht diesen Samariter voller Freude und alle anderen voller Traurigkeit an. Ja, auch der Herr hat ein Bedürfnis nach Dankbarkeit. Selig sind wir, wenn wir wie dieser Aussätzige fähig sind, zum Herrn zurückzueilen, uns ihm zu Füßen zu werfen und ihm für die vielen Gaben zu danken, mit denen er uns beschenkt hat. Der aussätzige Samariter ist nicht nur an seinem Leib, sondern auch in seinem Herzen geheilt worden. Die anderen neun sind zwar an ihrem Leib geheilt worden, doch ihr Herz ist nach wie vor krank und unfähig zur Dankbarkeit. Das Dankgebet darf auf den Lippen des Jüngers niemals verstummen.

Gebet mit den Heiligen

Donnerstag, 11. November

Gedenktag des heiligen Martin von Tours († 397), Bischof in Frankreich, der sich bekehrte, als er seinen Mantel mit einem Bettler teilte, und zum Vater von Mönchen und Armen wurde.

Lk 17,20–25. **Das Reich Gottes ist mitten unter euch**

Jesus sagt zu den Pharisäern: „Das Reich Gottes ist mitten unter euch." Die Pharisäer hatten nämlich nicht bemerkt, dass das Reich Gottes schon mitten unter ihnen, dass es in diesem jungen Propheten, den sie gerade befragten, gegenwärtig war. Auch die Jünger hatten nicht begriffen, dass das Reich mit Jesus seinen Anfang nahm. Bei ihm zu sein, das Evangelium der Liebe zu verkünden, Krankheiten zu heilen: All das war ja schon der Beginn des Reiches Gottes. Wenn sie nicht – genau wie wir – so viel mit sich selbst zu tun gehabt hätten, dann hätten sie das Böse zurückweichen und die Kraft des Guten zutage treten sehen, das heißt, sie hätten das Reich Gottes auf Erden anbrechen sehen. An diesem Punkt wendet sich Jesus an die Jünger und scheint auf ihren Wunsch einzugehen, die Tage des Gesandten Gottes, des Menschensohns, zu erleben. Natürlich spricht er nicht von jenen Tagen, sondern vom Ende der Zeiten, und er stellt das Kommen jenes Tages mit einem suggestiven Bild dar wie einen Blitz: hell, stark, sichtbar und plötzlich. Wir können dies als Mahnung an die Jünger lesen, immer, auch des Nachts, wachsam zu sein. Auch der Hinweis auf den Leidensweg fehlt nicht, der für Jesus unmittelbar bevorsteht und mit dem Aufbruch nach Getsemani gleich nach dem Abendmahl beginnt. Das „Vorher" der Passion erinnert uns daran, wie wesentlich die Liebe

Jesu, des Menschensohns, für unser Heil ist. Dies ist die Liebe, die im Reich herrscht: eine Liebe, die so weit geht, dass man für das Evangelium und für die anderen sein Leben hingibt.

Gebet für die Kirche

Freitag, 12. November

Lk 17,26–37. **Der Tag des Menschensohnes**

Jesus unterhält sich mit den Pharisäern, die ihn danach gefragt hatten, weiter über das Himmelreich. Jesus spricht davon wie von einem Ereignis, das plötzlich eintritt, das überraschend hereinbricht. Deshalb mahnt er alle, sich vorzubereiten und nicht zu zögern. Mit zwei Beispielen aus dem Ersten Testament, der Sintflut und der Zerstörung Sodoms, warnt Jesus davor, sich mit dem Werk des Bösen abzufinden und ein banales, sinnentleertes, aber vom eigenen Stolz erfülltes Leben zu führen. Wer um sich selbst kreist – ganz gleich, ob aus Faulheit oder aus Eigensinn –, dem wird es schwerlich gelingen, dem Herrn Raum zu geben, und er wird den „Tag", da der Menschensohn kommt, gewiss nicht erkennen. Jesus warnt die Jünger: Es wird entscheidend sein, „an jenem Tag" und „in dieser Nacht" wachzubleiben. Wachsamkeit erfordert, dass wir frei sind und uns nicht an Dinge oder an Traditionen klammern. Die Loslösung von der Welt, von den Dingen, vom Besitz ist eine unabdingbare Voraussetzung dafür, das Reich Gottes in unserem Herzen aufzunehmen. Dabei müssen wir uns auch von dem lösen, was wir für unser höchstes Gut halten: dem Leben, das wir in Wirklichkeit oft verschwenden oder wegwerfen. Jesus stellt den Weg des Heils oder, wenn man so will, die Vorstellung vom Sinn unseres Daseins deutlich genug dar: „Wer sein Leben zu bewahren sucht, wird es verlieren; wer es dagegen verliert, wird es erhalten." Was bedeutet das? Der Evangelist Lukas hat diese Worte schon einmal, dort allerdings mit dem Zusatz „um meinetwillen", überliefert (Lk 9,24). Was Jesus also vom Jünger fordert, ist, dass er sein Leben, sein ganzes Leben dafür einsetzt, dem Evangelium zu dienen und an der Verwirklichung seines Plans der Liebe mitzuwirken. So können wir seine Liebe bewahren, ja sogar vermehren. Wenn wir beim Herrn bleiben, werden wir mit ihm die Früchte des Himmelreiches sammeln. Wer dagegen nur für sich bleibt, wer sein Leben nur für sich selbst einsetzt, der zerstreut und wird die Früchte nicht ernten. Denn auch wenn zwei im selben Bett liegen oder zusammenarbeiten, wird der eine in den Himmel und der andere in die Hölle kommen. Alles hängt vom Herzen und davon ab, worauf wir es gerichtet haben.

Gebet des heiligen Kreuzes

Samstag, 13. November

Lk 18,1–8. **Der ungerechte Richter und die Witwe**

Das heutige Evangelium greift ein Thema auf, das Lukas sehr am Herzen liegt: das Gebet. Das erste Mal, dass der Evangelist wiedergibt, was Jesus über das Beten lehrt, ist, als er den Jüngern das Vaterunser schenkt (Lk 11,1–13). Nun betont er, „dass sie allezeit beten und darin nicht nachlassen sollten“. Dass man den Mut zu verlieren oder angesichts nicht erhörter Bitten zu verzagen droht, ist eine häufige und verbreitete Erfahrung. Jesus will nicht, dass die Jünger das Vertrauen auf Gott und seine bereitwillige Barmherzigkeit verlieren. Wie Gott ihn erhört, erhört der Vater auch die Jünger. Deshalb, scheint Jesus zu sagen, ist das Gebet immer wirksam. Daran darf kein Zweifel bestehen. Um diese Aussage zu bekräftigen, erzählt er das Gleichnis von einer armen Witwe, die bei einem Richter ihr Recht verlangt. Sie ist in einer Gesellschaft wie der zur Zeit Jesu der Inbegriff der Ohnmacht der Schwachen, und doch findet sie mit ihrer Beharrlichkeit letztlich Gehör bei dem unehrlichen und hartherzigen Richter und erhält ihr Recht. Der Realismus dieser Szene macht betroffen. Doch ihre Bedeutung ist außergewöhnlich, vor allem, wenn man sie auf unser Gebet zum Vater im Himmel bezieht. Das Evangelium will uns mit allen Mitteln von der Kraft und der Macht des Gebetes überzeugen. Wenn es inständig ist, dann verpflichtet es Gott geradezu zum Handeln. Das Gebet ist das erste Werk, zu dem der Jünger berufen ist. Es ist gleichsam die erste Arbeit, die er leisten muss, weil Gottes Eingreifen in das Leben und in die Geschichte sich durch das Gebet vollzieht. Wie jede Arbeit aber verlangt das Gebet Ausdauer und Beharrlichkeit. Ja, das Gebet ist keine Gelegenheitsarbeit, nichts, was man nur hin und wieder einmal praktizieren sollte. Es ist seine Beständigkeit, die das Eingreifen Gottes gewährleistet. Genau hier, im Gebet, liegt die größte Macht des Christen. Angesichts dieser Feststellung fragt sich Jesus ernst: „Wird jedoch der Menschensohn, wenn er kommt, den Glauben auf der Erde finden?“ Das ist eine schwerwiegende Frage, und sie richtet sich an die einzelnen Jünger und an die Gemeinden. Der Menschensohn kommt nach wie vor und auch heute auf die Erde. Wie steht es um unser Beten? Selig sind wir, wenn uns der Herr wachsam vorfindet, das heißt beharrlich im Gebet.

Gebet der Vigil

Sonntag, 14. November: 33. Sonntag im Jahreskreis

Welttag der Armen

Dan 12,1–3; Ps 16; Hebr 10,11–14.18; Mk 13,24–32

Wir nähern uns nunmehr dem Ende des Kirchenjahres. Das Evangelium erinnert daran, dass der Menschensohn nicht in der Müdigkeit unserer Gewohnheiten erscheinen und sich auch nicht in den natürlichen Ablauf der Dinge einfügen wird. Wenn er kommt, wird er im Leben der Menschen wie auch der ganzen Schöpfung eine radikale Veränderung herbeiführen. Um diese tiefgreifende Umgestaltung auszudrücken, greift Jesus auf die damals sehr verbreitete typische Sprache der apokalyptischen Tradition zurück und spricht von kosmischen Ereignissen, die die Ordnung der Natur auf den Kopf stellen. Jesus spricht zwar von den letzten Tagen, sagt aber auch, dass diese Umbrüche noch in „diese[r] Generation“ eintreten werden. Der

„Tag des Herrn", den Daniel und die anderen Propheten vorweggenommen haben, bricht in jeder Generation, ja an jedem Tag der Geschichte an. Die Jünger, so Jesus, sollen erkennen, „dass er nahe vor der Tür ist." Mit dieser Formulierung werden die Gläubigen an anderen Stellen der Schrift ermahnt, sich bereitzuhalten und den Herrn aufzunehmen, der vorübergeht. „Ich stehe vor der Tür und klopfe an. Wenn einer meine Stimme hört und die Tür öffnet, bei dem werde ich eintreten und Mahl mit ihm halten und er mit mir" (Offb 3,20). An jedem Tag unseres Lebens steht der Herr vor der Tür und klopft an, und am heutigen Sonntag, an dem die Kirche der Armen gedenkt, erinnern wir daran, dass es immer Jesus ist, der in der Gestalt des Hungernden, des Fremden, des Kranken oder des Häftlings vor unserer Tür steht. Er ist jener von Wunden übersäte Lazarus, der heute auf Aufnahme wartet und von dessen Aufnahme der Richtspruch abhängt, mit dem Gott schon diese Zeit, in der wir jetzt leben, verwandeln will.

Papst Franziskus wollte, dass der Sonntag vor dem Christkönigsfest dem Fest der Armen gewidmet wird. Alle Kirchen sind aufgerufen, ihre Tore für die Armen zu öffnen. Er selbst tut dies im Petersdom. Nach der Liturgiefeier wird er zum Mittagessen einladen. Dieses Fest der Armen hilft uns, besser zu begreifen, was im Evangelium an mehreren Stellen über das Reich gesagt wird, dessen König Christus ist. Man muss nur die erste der Seligpreisungen lesen: „Selig, die arm sind vor Gott; denn ihnen gehört das Himmelreich" (Mt 5,3). Oder: Das Himmelreich gleicht einem Festmahl, das der Herr bereitet hat und zu dem die Armen eingeladen werden. Das ist das Reich, in dem Jesus herrscht oder, besser, in dem er dient. Mir kommt das Weihnachtsessen in den Sinn, das jedes Jahr in der Basilika Santa Maria in Trastevere und an vielen anderen Orten auf der Welt veranstaltet wird. Es ist das Bild jener weltweiten Geschwisterlichkeit ohne Schranken und Grenzen, die durch das Evangelium wahrwerden soll.

Gebet am Tag des Herrn

Montag, 15. November

Weihetag der Basilika Santa Maria in Trastevere, in der die Gemeinschaft Sant'Egidio jeden Abend betet.

Joh 4,19–24. **Die wahre Anbetung des Vaters**

Heute gedenken wir der Weihe der Basilika Santa Maria in Trastevere am 15. November 1215. Tatsächlich versammelten sich die Christen damals schon seit 1000 Jahren, um an diesem Ort zu beten, der anfangs *Domus Callisti*, „Haus des Calixtus", genannt wurde: ein großes Gebäude, das Calixtus für die Treffen der zahlreich gewordenen christlichen Gemeinde gekauft hatte. Denn der Überlieferung nach soll der missionarische Eifer gerade in jenen Jahren so groß geworden sein, dass sogar das Griechische als Sprache der Liturgie dem Lateinischen weichen musste: Die meisten sprachen kein Griechisch mehr, und es war wichtig, dass die Gläubigen das Evangelium verstanden und die Feier nachvollziehen konnten. Schon als Diakon hatte Calixtus den Dienst an den Armen in seiner Gemeinde neu organisiert, und als Papst dehnte er sein Wirken in missionarischem Geist auf ganz Rom aus. Großmütig vergab er den *Lapsi*, also jenen, die während der Verfolgung schwach geworden waren und nun baten, in die Gemeinschaft zurückkehren zu dürfen, und er nahm auch die auf, deren eheliche oder familiäre Situationen problematisch waren. 1000 Jahre später kam Papst Innozenz III. gemeinsam mit den Bischöfen des IV. Laterankonzils nach Trastevere, um den neuen Altar der Basilika zu weihen: denselben, an dem bis auf den heutigen Tag dort die heilige Liturgie gefeiert wird. Es ist möglich, dass auch Franziskus von Assisi an jenem Tag dabei war, der zum Konzil nach Rom gekommen war und sich entschieden hatte, in Trastevere unweit des Leprakrankenhauses am Hafen zu wohnen. Es war ein Festtag für die gesamte römische Kirche. Diesen Tag begehen wir heute. Wir begehen ihn auch deshalb mit besonderer Freude, weil diese schöne Basilika für die Gemeinschaft Sant'Egidio, die hier ihr tägliches Gebet hält, gleichsam ein Zuhause geworden ist. Sie steht sinnbildlich für alle Orte auf der Welt, an denen Sant'Egidio zum Gebet zusammenkommt. In ihr werden wir gesammelt und verwandelt, bis wir Bürger des Himmels, das heißt, bis wir der wahre Tempel Gottes geworden sind: der Ort, an dem er Wohnung genommen hat. Niemand ist aus sich heraus heilig; nichts ist von sich aus sakral. Ein Ort wird sakral, wenn Gott ihn heiligt, wenn Gott darin wohnt. Wir sind Gottes Tempel. So können wir auch den Sinn der Worte verstehen, die Jesus zur Samariterin gesprochen hat und die wir heute erneut gehört haben: „Aber die Stunde kommt und sie ist schon da, zu der die wahren Beter den Vater anbeten werden im Geist und in der Wahrheit; denn so will der Vater angebetet werden". Den Vater im Geist und in der Wahrheit anbeten heißt, sich das Herz von der Gnade des Herrn anfüllen, sich von seinem Wort umfangen zu lassen, das uns zu einem Tempel des Geistes aufbaut. Die irdischen Sakralbauten sind wie ein Vorbild, von dem wir uns inspirieren lassen können. Deshalb müssen wir uns angesichts des Individualismus unserer Zeit die Frage stellen, wie unsere Gotteshäuser aussähen, wenn alle Steine beschließen würden, sich zu trennen. Sie würden einfach nicht mehr existieren. Danken wir dem Herrn für die heiligen Stätten, die wir haben, und vor allem für das Wort, das er uns darin verkündet.

Gebet für den Frieden

Dienstag, 16. November

Lk 19,1–10. **Die Bekehrung des Zachäus**

Jesus zieht in Jericho ein. Das ist eine entscheidende Etappe auf der Reise Jesu, die letzte Station vor Jerusalem. An der Grenze der Provinz Peräa gelegen, war es für die römische Verwaltung in Palästina ein strategisch bedeutsamer Ort. Daher konnte es leicht geschehen, dass man dort auf kaiserliche Beamte, Soldaten und Zöllner traf. Jesus zieht nicht zerstreut dort ein, wie wir es oft sind, wenn wir durch die Straßen und über die Plätze unserer Städte gehen. Er achtet immer auf die Menschen. Er weiß, dass alle Liebe und Heil brauchen. Keiner ist seinem Herzen fremd. Er fühlt sich als der Hirte aller. Der Evangelist Lukas erzählt von Zachäus, der ein Zöllner, ein bekannter Sünder war und Jesus dennoch sehen wollte. Zachäus jedoch war von kleiner Statur, ein wenig wie wir alle, die wir dem Erdboden zu nahe, zu sehr mit unseren materiellen Dingen beschäftigt und in den Niederungen unterwegs sind. Doch Zachäus empfindet eine spirituelle Unruhe, die ihn veranlasst, ein wenig höher zu steigen. Nur so kann er Jesus sehen. Denn es genügt nicht, kleine Korrekturen vorzunehmen, sich etwa auf die Zehenspitzen zu stellen, ansonsten aber zu bleiben, wo man ist. Um Jesus zu sehen, muss man ein wenig höher steigen, aus dem Gewirr der Menge heraustreten und über die eigenen Gewohnheiten hinausgehen. Zachäus steigt auf einen Baum. Das genügt. Denn Jesus sieht ihn. Eigentlich hatte Zachäus Jesus sehen wollen, doch nun geschieht das Gegenteil. Jesus ist es, der aufblickt und ihn sieht. Wer immer den Herrn sucht – ganz gleich wie oder mit wem –, ist von ihm bereits gefunden worden. Wir würden ihn nicht suchen, wenn wir ihn nicht schon gefunden hätten, das bestätigt uns die gesamte spirituelle Tradition der Kirche. Jesus ging unter dem Maulbeerfeigenbaum hindurch, blickte auf, sah Zachäus und rief ihn beim Namen. Er forderte ihn auf, herunterzusteigen und ihn in seinem Haus zu beherbergen. Dieses Mal ging der reiche Mann nicht traurig davon, im Gegenteil, er stieg rasch hinunter und nahm Jesus bei sich zu Hause auf. Nach der Begegnung mit Jesus war Zachäus nicht mehr derselbe wie vorher. Er war glücklich und hatte ein neues, großzügigeres Herz. Denn er beschloss, die Hälfte seines Vermögens den Armen zu geben. Er sagte nicht: „Ich gebe alles, was ich habe.“ Die Hälfte genügte. Jeder von uns muss sein Maß finden. Was zählt, ist, dass man dem Herrn nachfolgt. Die Geschichte von Zachäus lädt jeden von uns ein, den Herrn aufzunehmen und unser eigenes Maß der Nächstenliebe zu finden.

Gebet mit Maria, der Mutter des Herrn

Mittwoch, 17. November

Lk 19,11–28. **Das Gleichnis vom anvertrauten Geld**

Jesus erzählt ein Gleichnis darüber, wie man auf das Himmelreich warten soll. Er spricht also von einem vornehmen Mann, der in ein fernes Land aufbricht, um die Königswürde zu erlangen. Doch ehe er abreist, vertraut er zehn Dienern jeweils eine Goldmünze an, damit sie diese während seiner Abwesenheit gewinnbringend anlegen. Natürlich gehört ihnen das Geld nicht, sondern sie verwalten es nur. Als Verwalter müssen sie klug und tatkräftig handeln, um Gewinne zu erzielen. Die ersten beiden Diener weisen ihrem Herrn bei seiner Rückkehr die Früchte ihres Einsatzes vor. Der Erste hatte jene Münze verzehnfachen und der Zweite hatte sie verfünffachen können. Zum Ersten wird gesagt: „Sehr gut, du bist ein guter Diener. Weil du im Kleinsten zuverlässig warst, sollst du Herr über zehn Städte werden." Auch der Zweite erhält entsprechenden Lohn. Der dritte Diener jedoch hatte die Münze – aus Angst vor einer Verpflichtung, die ihn von der Sorge um seinen eigenen Besitz ablenken würde – in einem Tuch versteckt, damit sie nicht verlorenging. Auf diese Weise verhinderte er natürlich, dass sie Gewinn bringen konnte. Er hielt es für ausreichend, sie aufzubewahren, ohne sich für jene Goldmünze mitverantwortlich zu fühlen. Damit bewies er, dass er seinen Herrn nicht gut kannte, ja dass dessen Prioritäten ihm fremd waren. Wir können den König im Gleichnis mit Jesus selbst vergleichen, der seinen Jüngern die kostbare Goldmünze seines Evangeliums anvertraut. Es ist ein Geschenk von unschätzbarem Wert, das man nicht für sich behalten und auch nicht in seinem kleinen oder großen „Schweißtuch" aufbewahren darf. Das Evangelium ist uns Jüngern geschenkt worden, damit wir es unsererseits an die Menschen weitergeben, wo immer sie auch sind, und damit sich das Reich der Liebe und des Friedens auf diese Weise schneller verwirklicht und ausbreitet, das unter den Menschen zu errichten Jesus gekommen ist. Dass der Herr die Goldmünze, die keinen Gewinn gebracht hat, dem ersten Diener gibt, verweist auf den großen Wunsch des Vaters, dass das Evangelium allen und mit dem größtmöglichen Eifer verkündet wird. Deshalb sagt Jesus am Ende des Gleichnisses:

„Wer hat, dem wird gegeben werden; wer aber nicht hat, dem wird auch noch weggenommen, was er hat."

Gebet mit den Heiligen

Donnerstag, 18. November

Weihetag des Petersdoms und der Basilika St. Paul vor den Mauern in Rom.

Lk 19,41–44. **Jesus weint über Jerusalem**

Jesus hat Jerusalem vor sich. Beim Anblick der lang ersehnten Stadt bricht er in Tränen aus. Das griechische Wort *éklausen* drückt aus, wie heftig Jesus weint. Vor seinen Augen liegt die heilige Stadt, Sehnsuchtsziel eines jeden Israeliten und Symbol für die Einheit des Volkes. Doch Jerusalem ist dabei, seiner Berufung untreu zu werden, die ihm sogar in den Namen hineingeschrieben ist: „Stadt des Friedens". Auf seinen Straßen herrschen Ungerechtigkeit und Gewalt, die Armen werden alleingelassen und die Schwachen unterdrückt, und vor allem ist es im Begriff, den Friedensfürsten, der sie besuchen kommt, abzuweisen. Nicht einmal als Toten werden die Einwohner von Jerusalem ihn innerhalb der Stadtmauern dulden: „Er kam in sein Eigentum, aber die Seinen nahmen ihn nicht auf", heißt es im Prolog des Johannesevangeliums. Jesus weint über seine Stadt – genau wie über die unzähligen Städte von heute –, weil sie den Frieden und die Gerechtigkeit ablehnt, weil die Herzenshärte der Bewohner unserer Städte das Leben aller bitter macht, weil Gewalt und Streit stärker sind als Solidarität und Eintracht. Das Weinen Jesu setzt sich bis heute fort, während wir mitansehen, wie die Gewalt und die Ungerechtigkeit, die immer zuerst die Ärmsten treffen, überall in unseren Städten zunehmen. Zum ersten Mal in der Geschichte leben heute weltweit mehr Menschen in Städten als auf dem Land. Leider aber hat auch die Unmenschlichkeit unter den Menschen zugenommen, und das gerade in den Städten, die nicht zuletzt mit den Strukturen, die sie sich geben, offenbar eine Trennlinie zwischen Reichen und Armen, Gesunden und Schwachen ziehen wollen. Das heutige Evangelium soll den Gläubigen helfen, mehr Verantwortung für ihre Städte zu übernehmen, sich mehr um sie zu kümmern und sich dafür einzusetzen, dass sie für alle zu menschlicheren und gastfreundlicheren Orten werden. Wir Gläubigen sollten Jesus zur Seite stehen, der noch immer weint: nämlich über die Städte von heute, weil er sehr genau weiß, wie sie enden werden, wenn sie das Evangelium der Liebe nicht aufnehmen. Dann wird in ihnen kein Stein auf dem anderen bleiben. Die Liebe Jesu zu den Städten der Menschen ist groß, und obwohl er weiß, dass ihn der Tod erwartet, entscheidet er sich doch, hineinzugehen, ihre Mauern gleichsam zu durchbrechen, um sein Leben für das Heil der Menschen hinzugeben.

Gebet für die Kirche

Freitag, 19. November

Lk 19,45–48. **Jesus vertreibt die Händler aus dem Tempel**

Jesus wusste, was ihn in Jerusalem erwartete, aber er floh nicht. Er betrat die heilige Stadt und wandte sich dem Tempel zu. Hinter jenen Mauern befand sich das Herz Jerusalems, der Ort der Gegenwart Gottes. Leider hatte sich die Profitgier auch an diesem eigentlich Gott und dem Gebet geweihten Platz breitgemacht. Jenes Haus war buchstäblich in einen Markt, eine Anlaufstelle für Geschäftemacher, Käufer und Verkäufer verwandelt worden. Ganz sicher war das nicht mehr das Haus, wo sich auf unmissverständliche Weise die unentgeltliche Liebe Gottes zu seinem Volk offenbarte. Vielmehr schien die Mentalität des Marktes auch die Beziehung zu Gott beschmutzt zu haben. Der Tempel war gleichsam zum Sinnbild für die Lage der Welt geworden, zu einem Ort, der ebenfalls in die Knechtschaft des Materialismus, eines als Markt und Warenaustausch verstandenen Lebens geraten war. Kauf und Verkauf, Anschaffungen und Konsum sind auch heute für viele das, was im Leben zählt. Das Gesetz des Marktes ist zur neuen Religion geworden, und diese Religion hat ihre Tempel, ihre Riten und ihre

Altäre, auf denen alles geopfert wird. Erzürnt über dieses Schauspiel verjagt Jesus die Händler und ruft: „Mein Haus soll ein Haus des Gebetes sein." Die einzig wahre Beziehung, die einzige, die in unserem Leben das volle Bürgerrecht hat, ist die unentgeltliche Liebe zu Gott und zu den Schwestern und Brüdern. Diese Liebe wird zu einem Raum der realen Gegenwart Gottes in jeder Stadt. Der Raum für Gott muss im Herzen geschaffen werden, im eigenen Herzen, und ebendort gilt es auch, die Dimension der Unentgeltlichkeit aus- und die des Eigennutzes abzubauen. Wie Jesus die Händler aus dem Tempel treibt, verjagt er auch die materialistische Mentalität aus unseren Herzen und verkündet uns von Neuem das Evangelium. Der Evangelist schreibt, dass Jesus von da an im Tempel bleibt und täglich das Evangelium verkündet. Jener Ort – und dasselbe wünschen wir uns auch für unser Herz – wird wieder zu einem Heiligtum der Barmherzigkeit und der Liebe.

Gebet des heiligen Kreuzes

Samstag, 20. November

Lk 20,27–40. **Gott ist ein Gott der Lebenden, nicht der Toten**

Trotz der entschiedenen Feindseligkeit derer, die ihre Macht bedroht sehen, hält sich Jesus nach wie vor im Tempel auf, um das Evangelium zu verkünden. Der Herr vollbringt hier jedoch keine Wunder, als wollte er sagen, dass die einzig wahre Macht im Haus Gottes das Wort Gottes ist. Der Widerstand gegen das Evangelium aber hört nicht auf, und die Sadduzäer, die nicht an die Auferstehung der Toten glauben, legen Jesus einen Fall vor: Wenn eine Frau sieben Ehemänner gehabt hat, „wessen Frau wird sie nun bei der Auferstehung sein?" Dieses Vorgehen mahnt uns, unsere Denkweisen nicht zu verabsolutieren – als könnten wir die Wahrheit an uns und unsere Logik ketten und in unserem Verstand einschließen. Es gibt etwas, das über den Verstand hinausgeht und auf das wir alle sehr viel aufmerksamer achten sollten. Das macht Jesus in diesem Fall einleuchtend und eindrücklich klar. Seine Worte entwerfen eine völlig neue Weise, das gegenwärtige und zukünftige Leben zu betrachten, doch diese Betrachtungsweise erschließt sich nur dem, der sein Herz und seinen Geist für das Geheimnis Gottes öffnet. Jesus stellt uns die Welt des Himmels vor Augen, in der verwandtschaftliche Beziehungen eine andere Bedeutung haben als auf der Erde, weil sie vom Geist belebt werden: Sie bleiben bestehen, werden jedoch in eine viel reichere Beziehung umgewandelt. Es ist die Welt der Auferstandenen. In dieser Welt, sagt Jesus, nimmt man sich weder Frau noch Mann, weil alle ganz und gar Kinder sind. Es ist die Welt der Zukunft Gottes, in der die Bindungen, die wir eingegangen sind, zu ewigen und tiefen Bindungen aller Menschen untereinander gemacht werden. Der Vater, sagt Jesus, ist der Herr der Lebenden, nicht der Toten. Wer sich Jesus anschließt und schon jetzt sein Leben Gott anvertraut, ist ein Kind der Auferstehung. Er lebt nach Art des Himmels auf der Erde, das heißt, er lebt ein Leben nach dem Geist und nicht nach dem Fleisch.

Gebet der Vigil

Sonntag, 21. November: Hochfest Christkönig

Gedenktag Unserer Lieben Frau in Jerusalem. Das Gedenken an die Darstellung der Mutter des Herrn im Tempel entstand in Jerusalem und wird auch im Osten gefeiert. Es erinnert an den alten Tempel und gleichzeitig daran, dass Maria ihr Leben dem Herrn dargebracht hat.

Dan 7,2a.13b–14; Ps 93; Offb 1,5b–8; Joh 18,33b–37

Mit dem Hochfest unseres Herrn Jesus Christus, des Königs des Weltalls, endet das Kirchenjahr. Das eben gehörte Evangelium stellt uns Pilatus vor Augen, der sich an Jesus wendet und ihn fragt: „Also bist du doch ein König?“ „Du sagst es, ich bin ein König“, gibt Jesus ihm zur Antwort und fügt hinzu: „Ich bin dazu geboren und dazu in die Welt gekommen“. Die Aussage Jesu ist feierlich und dramatisch zugleich. Ebendiese Aussage über seine Königswürde wird Pilatus dazu veranlassen, ihn den Hohepriestern zur Kreuzigung auszuliefern. Und

nach dem Willen des Statthalters wird dies auch der Wortlaut der Urteilsbegründung sein, die er auf einer kleinen Tafel am Kreuz wird anbringen lassen: „Jesus von Nazaret, König der Juden".
In den Augen der Menschen erscheint Jesus allerdings als ein seltsamer König: Sein Thron ist ein Kreuz, seine Krone ist aus Dornen, und sein Hofstaat besteht aus zwei Verbrechern, die mit ihm gekreuzigt worden sind. Ansonsten sind da nur noch ein paar Frauen und ein junger Mann, die sich schmerzerfüllt unter dem Kreuz drängen. Genau das aber ist das Bild, das jede christliche Gemeinschaft von jeher prägt. Das Kreuz hängt gut sichtbar in jeder Kirche und tritt vor allem dann in den Vordergrund, wenn die Christen verfolgt, geschmäht oder sogar getötet werden. Angesichts der scheinbaren Übermacht des Bösen sind wir aufgerufen, auf das Kreuz Jesu zu blicken und seine königliche Macht zu betrachten.
Das Evangelium sagt uns, dass der Fürst des Bösen von jenem Kreuz aus niedergerungen wird. Vom Kreuz aus befreit Jesus die Menschen von der Herrschaft der Sünde und des Todes. Der Apostel Paulus hat diese Überzeugung an alle Kirchen weitergegeben, und ihm war bewusst, welchen Anstoß dies erregen würde: „Wir dagegen verkünden Christus als den Gekreuzigten: für Juden ein Ärgernis, für Heiden eine Torheit" (1 Kor 1,23). Als Gekreuzigter übt Jesus seine Königsmacht aus. Von dieser Liebe, die so weit geht, dass man sogar sein Leben für die anderen hingibt, wird das Böse besiegt. Mit einer solchen Liebe nimmt das neue Reich, die neue Welt des Friedens ihren Anfang. Das hat Jesus den Jüngern in den drei Jahren, die er mit ihnen verbracht hat, mehrfach gesagt. Noch kurz vor seinem Tod – nachdem er einen Streit zwischen dreien von ihnen mitangehört hatte, bei dem es darum gegangen war, wer unter ihnen der Größte sei – erteilte er ihnen diese Lektion der Demut und des Dienens: „Die Könige herrschen über ihre Völker und die Vollmacht über sie haben, lassen sich Wohltäter nennen. Bei euch aber soll es nicht so sein" (Lk 22,25–26). Er selbst lebte es ihnen vor und sagte ihnen, dass „der Menschensohn nicht gekommen ist, um sich dienen zu lassen, sondern um zu dienen und sein Leben hinzugeben als Lösegeld für viele" (Mt 20,28). Dieses Lösegeld wurde am Kreuz gezahlt. Noch vom Kreuz herab ließ Jesus das neue Leben beginnen: Ein Verbre-

cher fand das Heil, als er sich bittend an den neben ihn Gekreuzigten wandte; eine betagte Mutter und ein jugendlicher Jünger empfingen aus den Worten jenes Gekreuzigten eine neue Existenz; zwei gute, aber furchtsame und resignierte Männer, Josef von Arimathäa und Nikodemus, schöpften aus jenem Kreuz die Kraft, sich offen zu diesem Gerechten zu bekennen, der zu Unrecht getötet worden war. Die Liebe, die aus dem Kreuz Jesu hervorquillt, drängte jene Jünger dazu, sich einer des anderen anzunehmen und sich aus Betroffenheit über das Schicksal jenes Gekreuzigten für den Aufbau einer menschlicheren und gerechteren Welt einzusetzen.
Das heutige Christkönigsfest zeigt uns die königliche Liebe, die die Herzen der Menschen und das Leben der Welt verwandelt. Drängen wir uns um diesen schwachen und armen König. Von ihm, der am Kreuz hängt, fließt allen das Heil zu. Machen wir uns die Worte aus dem Buch der Offenbarung zu eigen und sagen wir zu ihm: „Dir, Herr, der du uns liebst und uns von unseren Sünden erlöst hast durch dein Blut, der du uns zu einem Königreich gemacht hast und zu Priestern vor Gott, deinem Vater: Dir sei die Herrlichkeit und die Macht in alle Ewigkeit. Amen."

Gebet am Tag des Herrn

Montag, 22. November:

Lk 21,1–4. **Das Opfer der Witwe**

Jesus ist noch im Tempel. Er hat die Zuhörer gerade vor dem Verhalten der Schriftgelehrten gewarnt, die ostentativ beten und gleichzeitig die Witwen unterdrücken. Während er spricht, beobachtet er einige Reiche, die mit ihrer ansehnlichen Spende Aufmerksamkeit erregen. Irgendwann kommt eine arme Witwe und wirft beinahe verstohlen zwei kleine Münzen in den Tempelschatz. Die Geste und die kleine Spende dieser armen Frau scheinen im Vergleich zu dem, was die Reichen gegeben haben, völlig irrelevant. Dennoch wird diese Tat, die die Mentalität der Welt für unbedeutend hält, vom Herrn als etwas Ewiges anerkannt. Denn die Geste der Frau erwächst nicht aus purer Berechnung, sondern nur aus der Liebe zu ihrem Gott. Diese Witwe liebt Gott wahrhaftig mit ganzer Seele, mit all ihren Kräften und mit ihrem ganzen Selbst – so sehr, dass sie alles gibt, was ihr zum Leben bleibt. Die Liebe hat ihre Geste unsterblich gemacht, so wie sie jedes gute Wort zu den Schwachen und Armen und jede gute Tat an ihnen unsterblich macht. Man muss wissen, dass die Almosen, die in die Opferkästen des Tempels geworfen wurden, für die Organisation des Gottesdienstes, für den Unterhalt der Priester und für die Armenhilfe bestimmt waren. Demnach fühlte sich auch diese arme Witwe dafür verantwortlich, den Tempelkult und die Armen zu unterstützen. Das muss betont werden, damit wir nicht irrtümlich annehmen, die Welt sei in Geber und Nehmer unterteilt. Die arme Witwe fühlt sich dafür verantwortlich, den anderen Armen zu helfen. Jedenfalls ist niemand so arm, dass er nicht einem anderen helfen könnte, der noch ärmer ist als er selbst. Es gibt also ein Ineinandergreifen der wechselseitigen Nähe, das dazu führt, dass man einander hilft: Wer mehr hat, kann dem helfen, der weniger hat. Die Liebe teilt uns nicht ein in Kategorien, im Gegenteil, sie eint uns in einer wechselseitigen Solidarität, in der man den Geber nicht mehr vom Nehmer unterscheiden kann.

Gebet für die Armen

Dienstag, 23. November

Lk 21,5–11. **Die Zeichen, die der Endzeit vorangehen**

Der richtige Zeitpunkt, um an das Evangelium zu glauben, ist schon gekommen, und er ist hier und jetzt. Die Entscheidung, Jesus nachzufolgen, darf nicht aufgeschoben werden. Entweder treffen wir sie jetzt, oder wir laufen Gefahr, sie für immer aufzuschieben. Nicht das großartige Bauwerk des Tempels, keine menschlichen – auch nicht sakrale – Bauten garantieren für unsere Zukunft und unser Heil, sondern nur das völlige Vertrauen auf ihn, die Entscheidung, ihm nachzufolgen: Das heißt glauben. Leider sitzen wir oft dem Missverständnis auf, glauben bestehe im Festhalten an abstrakten Wahrheiten. Dabei ist es viel einfacher und viel fordernder: glauben bedeutet, sich in Jesus zu verlieben. Ein solcher von Liebe und persönlicher Anteilnahme erfüllter Glaube ist der wahre Eckstein, auf dem wir die Gegenwart und die Zukunft unseres Lebens aufbauen können – und auch die der Gesellschaft, in der wir leben. Denn wir sind kein einzelner Stein, sondern Teil eines Gebäudes, das der Herr schon jetzt mit uns baut. Deshalb müssen wir uns vor den falschen Propheten hüten – denen, die von außen kommen wie die Moden und Gepflogenheiten dieser Welt, aber auch denen, die sich im Herzen eines jeden von uns verbergen wie unsere Gewohnheiten, unser Stolz und unsere Eigenliebe. Diese falschen Propheten bauen nicht auf, sondern reißen nieder. Die einzige Prophetie, die unseren Tagen Halt gibt, ist das Evangelium, und seine Kraft ist es auch, die uns daran hindert, uns mit dem Bösen, mit einer hoffnungslosen Gegenwart abzufinden. Leider erleben wir es auch heute noch, dass Völker einander bekriegen, dass Konflikte ganze Völker auseinanderreißen und unzählige unschuldige Opfer fordern oder dass schreckliche Ereignisse Angst und Schrecken bringen. Der Herr bittet uns angesichts einer Welt, die sich nicht selbst den Frieden geben kann, gemeinsam mit ihm Arbeiter des Friedens und Zeugen der Hoffnung auf eine Zukunft des Heils zu sein. Glauben heißt, dass man sich entscheidet, mit Jesus zu gehen, weil man weiß, dass die Kraft der Auferstehung den Fürsten dieser Welt bezwingen und dass die Macht des Bösen der Macht der Liebe des Herrn unterworfen werden wird.

Gebet mit Maria, der Mutter des Herrn

Mittwoch, 24. November

Lk 21,12–19. **Man wird euch festnehmen und euch verfolgen**

Bei der Lesung dieser Evangeliumsstelle kommen uns Dinge in den Sinn, die auch heute noch geschehen: Tragödien, Kriege, Völkermorde, unvorstellbare Gewalttaten, Hungersnöte, Pandemien. Nach wie vor werden die Zeugen des Evangeliums getötet. Die Zahl der Märtyrer aus allen christlichen Konfessionen, aber auch aus anderen Religionen, die im 20. Jahrhundert ihr Leben hingegeben haben, ist unfassbar groß. Noch immer werden auch zu Beginn dieses neuen Jahrtausends nicht wenige Christen getötet, die ihren Glauben mutig bezeugen. All diese Opfer der Gewalt stehen uns mit ihrem kostbaren Zeugnis vor Augen und vertrauen uns ein Erbe des Glaubens an, das es zu behüten und nachzuahmen gilt. Während wir wie betäubt und zermürbt sind von einer Kultur, die uns drängt, uns nur um des individuellen Wohlstands willen mehr und mehr von Materialismus und Konsum versklaven zu lassen, sagen diese Glaubenszeugen uns mit ihrem Leben, dass das Evangelium der Liebe der kostbarste Schatz ist, der uns geschenkt wurde, und das stärkste und wirksamste Zeugnis, das wir den Menschen von heute geben können. Das Böse mit seiner schrecklichen und grausamen Gewalt meinte sie zu besiegen, sie aber helfen uns mit ihrem Opfer, ihrem Blut und ihrem Widerstand gegen das Unrecht weiterhin, das Böse durch die Liebe und Treue zum Herrn zu besiegen. Das ist eine Botschaft, die nicht mit der Zeit verblasst. Tatsächlich geht nicht einmal der kleinste Teil ihrer Geschichte der Liebe verloren. Ihr Zeugnis drängt uns, gemeinsam mit ihnen in diese Bewegung der Liebe einzutauchen, die uns und die Welt rettet. Erzbischof Óscar Arnulfo Romero hat einmal in einer Predigt am Sarg eines von den Todesschwadronen ermordeten Priesters gesagt, dass der Herr alle Christen auffordert, Märtyrer zu sein, das heißt, ihr Leben zu geben. Uns wird das Leben nicht geschenkt, damit wir es behalten, sondern damit wir es für alle und besonders für die Ärmsten einsetzen. Der Herr begleitet uns, so wie er auch sie begleitet hat, und seine Kraft wird uns Halt geben, auch wenn es geschehen kann, dass wir um des Evangeliums willen vonseiten derer, die uns am nächsten stehen – Jesus spricht von Eltern, Geschwistern, Verwandten und Freunden – Verrat erleiden müssen. Die Beharrlichkeit in der Liebe wird unser Leben retten.

Gebet mit den Heiligen

Donnerstag, 25. November

Lk 21,20–28. **Belagerung Jerusalems und kosmische Zeichen**

Das Wort Gottes offenbart uns das Ziel unseres Lebens, das Ziel der Völker der Erde und der gesamten Schöpfung: das Jerusalem Gottes mit den neuen Himmeln und der neuen Erde, von dem im Buch der Offenbarung die Rede ist. Das Bild des himmlischen Jerusalem, wie es uns in der Offenbarung gezeigt wird, soll verdeutlichen, dass sich das christliche Heil nicht auf individueller, sondern auf gemeinschaftlicher Ebene, auf der Ebene nicht einer einzelnen, sondern der Realität aller Völker erfüllt. Der Herr rettet uns nicht einzeln, einen nach dem anderen, sondern als Gemeinschaft, als Volk, als Völker, die in der Stadt Gottes mit den vielen Wohnungen leben. Für die Christen führt das Heil über ihren Einsatz für die Gesellschaft, in der sie leben, für die Stadt, in der sie wohnen, für die Metropolen, in denen sie zu Hause sind. Mit dem Bild vom belagerten und zerstörten Jerusalem erinnert uns das Evangelium auch an die Lage im heutigen Jerusalem, der Stadt der drei Religionen Judentum, Christentum und Islam. Wir dürfen sie nicht vergessen, und die Worte des Psalms gelten auch für uns: „Die Zunge soll mir am Gaumen kleben, wenn ich deiner nicht mehr gedenke, ... Jerusalem" (Ps 137,6). Jerusalems Probleme sind unsere Probleme, und wir dürfen nicht aufhören, dafür zu beten, dass Jerusalem wieder, wie schon sein Name sagt, zur „Stadt des Friedens" wird. In ihm erahnen wir das himmlische Jerusalem, wo alle Völker sich um den einen Gott versammeln. Die apokalyptische Sprache des Evangelisten beschreibt nicht nur die derzeitige Unordnung in der Welt, sondern bringt auch die Gefühle der Menschen treffend zum Ausdruck, die „vor Angst vergehen". Diese Situation drängt uns Gläubige dazu, uns aufzurichten und unsere Häupter zu erheben, weil der Menschensohn nahe, ja weil er schon da ist. Er ist gekommen, um mitten unter den Menschen zu wohnen, damit das Böse und die Gewalt die Welt nicht länger unterjochen. Er ist gekommen, um alle auf den Weg des Friedens zu führen. Besonders uns Gläubigen hat der Herr die Aufgabe anvertraut, der Welt die

Schönheit und die Kraft des Evangeliums der Liebe und des Friedens zu zeigen.

Gebet für die Kirche

Freitag, 26. November

Lk 21,29–33. **Das Gleichnis vom Feigenbaum, der Blätter treibt**

Jesus ist gekommen, um uns aus jeder Art von Sklaverei zu erretten, auch aus jener Art, die wir als Resignation im Angesicht des Bösen beschreiben könnten. Mit dem Kommen Jesu in diese Welt ist die neue Zeit der Befreiung vom Bösen und der Errichtung des Heils angebrochen. Jesus ist die Morgenröte einer neuen Welt. Sein Leben, seine Liebe, seine Wunder und seine Auferstehung sind die Knospen, die den neuen Frühling in der Geschichte der Menschen ankündigen. Deshalb ermahnt Jesus die Jünger: „Seht euch den Feigenbaum und die anderen Bäume an: Sobald ihr merkt, dass sie Blätter treiben, erkennt ihr, dass der Sommer nahe ist. So erkennt auch ihr, wenn ihr das geschehen seht, dass das Reich Gottes nahe ist." Wenn wir das Evangelium lesen und das Wirken Jesu betrachten, dann wissen wir, dass eine neue Welt angebrochen ist, dass die Welt Jesu bereits begonnen hat. Und wenn wir die vielen Zeichen der Liebe betrachten, die vielleicht nicht größer sind als Knospen, dann erkennen wir in ihnen die Zukunft, die das Evangelium aufzeigt, die schon jetzt gegenwärtig und wirksam ist und die Jesus nach wie vor reifen und wachsen lässt. Jesus hat in gewisser Weise die Zukunft Gottes in die Welt gebracht. Wo die Liebe sprießt, wo die Vergebung greifbar wird, wo die Barmherzigkeit wächst, wo der Dialog praktiziert und wo Frieden gestiftet wird, dort sind die Knospen des Reiches Gottes aufgebrochen. Jeder, der ihrer gewahr wird, ist aufgerufen, auch in seinem Herzen und in seinem Leben die Zeichen der Liebe sprießen zu lassen. Auf diese Weise werden wir dazu beitragen, dass sein Reich bald und in Fülle kommt. Jesus garantiert uns, dass diese seine Worte von Dauer sind. Sie überdauern sogar den Himmel und die Erde. Denn das Evangelium der Liebe ist der wahre Fels, das wahre Fundament, auf dem man sein eigenes Leben und das Leben der ganzen Welt aufbauen kann.

Gebet des heiligen Kreuzes

Samstag, 27. November

Lk 21,34–36. **Wacht und betet allezeit**

Diese drei Verse aus dem Evangelium bilden den Abschluss der Endzeitrede nach Lukas, und auch das Kirchenjahr neigt sich seinem Ende zu. Seit Jesus in Jerusalem angekommen ist, hat er tagsüber im Tempel gelehrt und sich am Abend auf den Ölberg zurückgezogen, um zu beten. Nun ermahnt er die Jünger: „Wacht und betet allezeit". Das sagt er nicht nur mit Worten, sondern mit seinem ganzen Leben. In diesen letzten Tagen predigt er nicht nur mit Worten, sondern auch mit Taten, mit seinem ganzen Verhalten. Er weiß genau, dass man in den entscheidenden und auch in den schwierigen Momenten wachsam und bereit sein muss. Jeder Tag muss in der Gegenwart Gottes und in dem Bewusstsein gelebt werden, dass nur in ihm das Heil ist. Man sollte jeden Tag leben, als wäre er der letzte, und in gewisser Weise trifft das zu. Jeder Tag ist einmalig und kein Tag gleicht dem anderen. Ist er erst einmal vergangen, kehrt er nicht wieder. Deshalb dürfen wir unsere Tage nicht wegwerfen und mit Sinnlosigkeiten vergeuden. „Nehmt euch in Acht", verlangt Jesus von seinen Jüngern und: „Wacht … allezeit". Das Herz darf uns nicht schwer sein wie der Magen nach einem Gelage – diesen Vergleich legt der Evangelist durch die Verwendung des griechischen Verbs *bárō* nahe, das das Völlegefühl beschreibt, wenn man etwas Schwerverdauliches gegessen hat. Die Wachsamkeit aber bezieht sich auf das Gebet, das für den Evangelisten Lukas der Inbegriff der Haltung des Jüngers ist, der bereit ist, den Herrn aufzunehmen, der an die Tür unseres Herzens klopft. Das Gebet befreit uns von unserer Konzentration auf uns selbst, sodass wir aufblicken und dem Herrn, der da kommt, entgegensehen können. Deshalb mahnt Jesus, immer und unaufhörlich zu beten. Ohne Unterlass zu beten bedeutet für uns arme, begrenzte Menschen, täglich und treu zu beten. Im täglichen Gebet besteht jenes „allezeit“ und jenes Nicht-müde-Werden, das das Evangelium verlangt. Jeden Tag müssen wir „vor den Menschensohn hintreten“ und mit ihm den Vater im Himmel anrufen, um schon jetzt die endgültige Begegnung mit ihm zu kosten. Nachdem wir den langen Weg des Jahres in Begleitung des Evangeliums gegangen sind, das die heilige Liturgie uns jeden Tag vorgelegt hat, übergibt uns die Kirche von morgen an dem neuen Kirchenjahr. Wir haben dieses lange Jahr durchlebt und dabei mit den Augen unseres Herzens auf das Geheimnis der Liebe Gottes geblickt, die sich in Jesus offenbart hat. Wir haben in diesen letzten Tagen die Fülle des Heils betrachtet. Morgen beginnen wir eine neue Zeit, um Jesus noch besser kennen und lieben zu lernen. Er ist unsere Zeit, unser Leben, unsere Bestimmung.

Gebet der Vigil

GEBETE

Gebet der Gemeinschaft

Herr, unser Gott,
in der Verwirrung und Einsamkeit dieser Welt
hörst du nicht auf, durch dein Wort ein heiliges Volk zu sammeln
aus jedem Volk, jeder Stadt, jedem Land,
damit es dir in der Liebe einen wohlgefälligen Dienst erweist,
behüte die Herde, die du gesammelt hast,
bewahre sie in deiner Liebe,
jetzt und in Ewigkeit.
Amen.

Gebet für das Zeichen des Friedens

Herr, unser Gott,
mache uns würdig für deinen Frieden
trotz unserer Armseligkeit.
Mach, dass wir vereint sind ohne Verstellung,
Heuchelei und eitle Interessen.
Es vereine uns nur das Band
deines Friedens und deiner Liebe.
Stärke unsere Einheit
durch die Gegenwart deines Geistes,
damit wir der Welt jenen Frieden bezeugen können,
den nur du gibst.
Du, der du der Gott des Friedens bist,
der Liebe, der Verzeihung
und des Erbarmens,
jetzt und in Ewigkeit.
Amen.

Gebet der unnützen Diener

Herr, unser Gott,
erinnere dich an uns,
deine sündigen und unnützen Diener.
Stärke uns nach deinem Wort,
wenn wir deinen Namen anrufen,
und wir werden Leben haben.
Enttäusche uns nicht in der Hoffnung,
sichere deinen Dienern das Gute zu.
Mache uns würdig, dich zu lieben
mit unserem ganzen Herzen,
damit wir dich immer fürchten
und in allem deinen Willen tun.
Denn du bist ein guter und großer Gott,
ein Freund der Menschen.
Vater, Sohn und Heiliger Geist,
jetzt und in Ewigkeit. Amen.

Gebet der Umkehr und der Vergebung

Herr Jesus,
du hast zur Menge gesagt:
„Kehrt um, denn das Reich Gottes ist nahe".
In deinem Erbarmen hast du
die Sünder, die Dirnen und die Zöllner aufgenommen.
Du hast die Menschen
von jeder Krankheit geheilt.
Schau nicht auf unsere Sünde.
Empöre dich nicht über diese Stadt,
nimm uns alle auf in deiner Liebe,
mache uns rein mit deiner Vergebung,
wasche uns mit deinem Geist,
zeige uns dein Antlitz
und wir werden gerettet sein.

Denn du bist barmherzig,
voller Liebe für die Menschen,
jetzt und in Ewigkeit. Amen.

Gebet des Lichtes

Herr, unser Gott,
wir danken dir
für die Helle dieses Lichts,
wenn der Tag zu Ende geht.
Wir bitten dich,
erleuchte unsere Herzen,
führe unsere Schritte
mit dem Licht deines Geistes
für alle Tage, die kommen.
Amen.

Gebet zur Entlassung

Allmächtiger Herr,
Vater unseres Herrn Jesus Christus,
segne uns deine Diener,
beschütze uns und stärke uns,
mache uns froh durch deine Gegenwart.
Behüte uns und mache uns stark vor dir.
Lehre uns, dein Wort zu befolgen,
auf deinem Weg zu gehen,
dich zu erkennen, wenn wir dir begegnen
als Armen, Schwachen und Gefangenen.
Schenke uns deinen vertrauensvollen und heiteren Frieden
durch das Wirken deines Geistes,
jetzt und in Ewigkeit.
Amen.

Abendgebet

Herr, mein Gott,
meine einzige Hoffnung,
mach, dass die Müdigkeit mich nicht daran hindert,
dich vor dir und unter den Menschen zu suchen,
sondern dass ich immer in Liebe dein Angesicht suche.
Bewahre mich in deiner Beständigkeit,
heile meine Schwachheit.
Bewahre mich in deiner Weisheit,
befreie mich von meiner Unwissenheit.
Du, der du mir geöffnet hast, nimm mich auf,
öffne mir die Türe, wenn ich anklopfe,
jetzt und in Ewigkeit.
Amen.

Gebet des Kreuzes

Herr Jesus,
der du an deinem Kreuz die Welt gerettet hast,
wir bekennen dich als den Freund
und Befreier der Menschen.
Trotz unserer Armseligkeit und Sünde
werden wir dich nicht wie Judas verraten,
sondern wie der gute Verbrecher bitten wir dich:
Denk an uns, Herr, wenn du in dein Reich kommst!
Schau nicht auf unsere Unwürdigkeit:
Wir waren abwesend, fern,
vergesslich und voller Angst,
als du verlassen und ohne Trost
gekreuzigt wurdest.
Lehre uns, mit deiner beredsamen Liebe
dir immer auf deinem Weg zu folgen,
um mit dir das Kreuz deiner Erlösung zu tragen.
Du, der du Gott bist

und lebst und herrschst
mit dem allmächtigen Vater,
mit dem Heiligen Geist, der Liebe ist,
jetzt und in Ewigkeit.
Amen.

Gebet vom Heiligen Geist

Vater,
sende in deinem Namen den Heiligen Geist,
der uns alles lehren wird,
der uns an die Worte Jesu erinnern wird,
der immer bei uns bleiben wird.
Der Geist wird uns trösten,
der Geist wird uns stützen
auf den schwierigen Wegen der Welt.
Der Geist wird uns in die Wahrheit einführen,
um wahrhaft in der Liebe zu sein.
Der Geist wird uns für die Zukunft öffnen.
Der Geist wird uns das schenken,
was vom Vater und vom Sohn ist.
Vater,
dein Geist möge das Leben von uns allen erfüllen,
er möge unsere Herzen erfüllen,
unsere Gemeinschaft möge von Liebe überströmen,
Propheten mögen erstehen, Träume mögen wachsen,
Barmherzigkeit möge in Fülle hervorströmen
und die ganze Welt erfüllen.
Er möge wehen, wo er will,
besonders wo das Böse, Leid, Einsamkeit und Hass herrschen.
Er möge das Antlitz aller Menschen erneuern,
er möge die Herzen der Völker erneuern,
er möge die Erde verwandeln.
Gläubig und einträchtig, Vater,
bitten wir dich darum.
Amen.

Gebet mit der Mutter Gottes

Herr, unser Gott,
du hast im Schoß der Jungfrau Maria
den Sohn unserer Rettung gezeugt.
Jeden Tag entzündest du im Schoß deiner Kirche
das Licht des Lebens.
Schau nicht auf unsere Sünden,
befreie uns von der Bürde, die uns bedrückt,
und mach uns bereit,
mit der Mutter Gottes
die Größe deiner Barmherzigkeit zu besingen.
Amen.

Gebet zum Trishagion

Herr,
nimm am Ende des Tages
das Gebet dieses Abends an.
Angesichts der Finsternis der Sünde
und der Nacht dieser Welt,
bleibe bei uns,
denn es wird bald Abend
und der Tag hat sich schon geneigt,
der du heiliges, frohes und unendliches Licht bist.

Gebet der Vigil

Herr Jesus,
dein Wort ist in unser Herz gelegt,
wie du damals ins Grab gelegt wurdest.
Du bleibst nicht in der Erde und im Felsen,
sondern erscheinst im Leben deiner Jünger.
Du bist ein Gott, der nicht Legionen von Engeln vertrauen wollte,

sondern der Treue deiner Freunde.
Du bist ein Gott, der zum Tod geführt wurde,
aber zum Leben auferstanden ist.
Du bist ein Gott, der sich auf das Kreuz begeben hat,
weil du die Menschen liebst.
Dein Wort ist wie ein Same,
der in unser Leben gefallen ist.
Wir bitten dich,
dass der Same Frucht bringen möge,
Frucht in Fülle,
dass ein großer Baum wachsen möge,
der die Vögel des Himmels aufnehme.
Dein Wort wurde in unsere Erde gelegt,
während wir deines Leidens gedenken,
deines Todes am Kreuz
und deiner Auferstehung zum Leben.
Du wirst als Herr im Licht deines Tages kommen,
Christus gestorben und auferstanden.
Wir bitten dich,
zögere nicht, Herr,
nimm das Gebet deiner Diener an,
die dich wie Marta und Maria erwarten,
die dich wie die Witwe von Nain anrufen,
denn du bist der Herr des Lebens.
Am Ende dieses Tages,
an der Schwelle deines Tages,
schau nicht auf unsere Schuld,
löse uns von unserer Sünde
und führe uns in dein Reich des Friedens und der Gerechtigkeit
jetzt und in Ewigkeit.
Amen.

Litanei des Sonntags

Herr, behüte deine Jünger in deiner Liebe,
bewahre deine Familie, erleuchte unsere Schritte.
Kyrie eleison, Kyrie eleison, Kyrie eleison.
Herr, vergib dem, der heute seine Sünde bekannt hat,
der um Verzeihung gebeten hat,
der dein Erbarmen angerufen hat.
Kyrie eleison, Kyrie eleison, Kyrie eleison.
Herr, sprich mit Macht zu dem, der nicht auf dich gehört hat,
berühre das Herz, damit du erkannt wirst.
Kyrie eleison, Kyrie eleison, Kyrie eleison.
Herr, komm als Hirte, wo es Hass und Trennung gibt,
wo Finsternis, Tod und Gewalt herrschen.
Kyrie eleison, Kyrie eleison, Kyrie eleison.
Herr,
in deiner heiligen Liturgie haben wir dich
als den Auferstandenen bekannt.
Bleibe bei uns und bei allen, die im Glauben dein Lob gefeiert haben,
bewahre uns in deinem Licht,
denn der Tag hat sich schon geneigt,
bleib bei uns, auch wenn es Abend wird,
denn du bist auferstanden, o Freund der Menschen,
jetzt und in Ewigkeit.
Amen.

Gebet der Brotvermehrung

Herr Jesus,
am Ende des Tages hast du deinen Jüngern Gehör geschenkt,
zur Menge hast du vom Reich Gottes gesprochen
und alle Bedürftigen und Kranken geheilt.
Als der Tag sich neigte,
hast du an einem abgelegenen Ort den Auftrag gegeben,
den Leuten zu essen zu geben.

Wo sollen wir genügend Brot finden?
Wo sollen wir Kraft finden?
Gepriesen ist der Herr,
der das Brot vermehrt
und unter den Seinen gegenwärtig ist!
Nimm die Gabe deiner Jünger an,
die Sorgen und Erwartungen dieser Tage
und vermehre deine Liebe zu uns,
jetzt und in Ewigkeit.
Amen.

Gebet im Licht der Auferstehung

Dank sei dir, Herr,
denn du hast uns in der Auferstehung deines Sohnes erleuchtet.
Wir haben diesen Tag gelebt,
wir sind am Beginn der Nacht angekommen,
das von dir geschaffene Licht hat uns erleuchtet.
Vor deinem Licht weicht die Finsternis des Herzens.
Wir bitten dich,
erleuchte deine Diener durch das Licht deines Wortes,
befreie uns von den Schatten der Sünde
jetzt und in Ewigkeit.
Amen.

Gebet des Kreuzes für die Verstorbenen

Wir bitten den gekreuzigten Herrn
für das Leben aller Menschen.
Kyrie eleison, Kyrie eleison, Kyrie eleison.
Wir bitten den Herrn des Lebens,
der am Kreuz gestorben ist, für alle, die sterben,
für den armen Lazarus,
dass er nach so viel Leid seinen Lohn empfange,

für den Reichen, der herrlich und in Freuden lebte,
dass er in sich gehe.
Kyrie eleison, Kyrie eleison, Kyrie eleison.
Wir bitten den Herrn für jeden Menschen,
dass er in der Liebe lebe und wie Simeon in Frieden scheide,
nachdem er das Licht gesehen hat,
das die Heiden erleuchtet.
Kyrie eleison, Kyrie eleison, Kyrie eleison.
Wir bitten den Herrn,
dass das Leben der Menschen nicht mehr vernichtet werde
durch Gewalt anderer Menschen,
durch Ausbeutung und Hass.
Kyrie eleison, Kyrie eleison, Kyrie eleison.
Wir bitten den Herrn,
dass alle das Leben lieben,
es verteidigen und achten
in der Erwartung und Vorbereitung auf das Reich Gottes.
Kyrie eleison, Kyrie eleison, Kyrie eleison.
Wir bitten den Herrn,
der Marta und Maria durch die Auferstehung des Lazarus getröstet hat,
dass er durch seine Auferstehung alle tröste,
die von der Härte und Herrschaft des Todes
in ihrer Nähe betroffen werden.
Kyrie eleison, Kyrie eleison, Kyrie eleison.
Wir bitten den Herrn,
der neunundneunzig Schafe zurücklässt,
um das verlorene Schaf zu suchen,
dass er sich des Bruders (der Schwester) annehme,
der (die) uns verlassen hat,
nachdem wir nichts mehr für ihn (sie) tun können,
außer dass wir ihn (sie) seinem Erbarmen anvertrauen.
Kyrie eleison, Kyrie eleison, Kyrie eleison.
O Herr,
du hast am Grab deines Freundes Lazarus geweint,
du warst tief betroffen vom Schmerz der Menschen,
begleite in deiner Liebe

alle, die uns verlassen haben,
sprich nur ein Wort und der Tod wird besiegt sein.
Du bist ein Gott der Lebenden,
Geist des Lebens,
jetzt und in Ewigkeit.
Amen.

Gebet zum ohnmächtigen Christus

Herr Jesus,
du bist ohnmächtig gestorben,
ans Kreuz gefesselt,
du hast nicht dich selbst gerettet,
obwohl gerade du viele gerettet hast,
wende uns deine Augen zu,
hab Mitleid und verzeih
die Stunden des Geizes,
des Stolzes und der Arroganz,
befreie uns von der Versuchung,
unser Leben zu retten,
hilf uns, es zu verlieren
für dich und das Evangelium,
der du auferstanden bist
und zur Rechten des Vaters sitzt
jetzt und in Ewigkeit.
Amen.

Dankgebet

Gepriesen bist du, Herr, unser Fels,
du hast das Haus unseres Lebens aufgerichtet,
du hast unser Leben gerettet
vor Einsamkeit und Stolz,
vor der Sünde und vor dem Bösen.

Du hast uns ein gutes Leben geschenkt
und uns Anteil gegeben an deinem Haus
auf den Wegen deines Willens.
Segne die Tage unserer Vergangenheit durch deine Vergebung.
Segne unsere Zukunft bis in Ewigkeit.
Segne unsere Gemeinschaft,
erfülle sie mit reichen Früchten deiner Liebe,
jetzt und alle kommenden Tage.
Amen.

Adventsgebet

Herr,
du Fels unserer Gemeinschaft,
erhalte uns in deiner Liebe,
erneuere uns durch deinen Geist.
Öffne unsere Herzen, damit wir dich aufnehmen.
Hilf uns, unsere Gemeinschaft gastfreundlich zu machen,
um dich und unsere Geschwister aufzunehmen.
Mach uns fähig, dein Wort an alle weiterzugeben.
Herr,
dir sei Dank, dass du uns aufgenommen hast
und aus uns deine Familie gemacht hast,
Brüder und Schwestern, deine Freunde,
Zeugen deines Advents,
deines Kommens in unsere Mitte.
Amen.

Gebet der Entlassung

Herr, Gott unserer Väter,
Vater unseres Herrn Jesus Christus,
Geist der Liebe und Barmherzigkeit,
Hirt deines Volkes,

erfülle unseren Leib und unsere Seele
mit allem Segen,
schenke dem Werk unserer Hände reiche Frucht,
befreie uns, wenn wir flehend rufen,
mach das Zeugnis unseres Lebens gütig und kraftvoll.
Segne den, der bleibt, und den, der fortgeht.
Schenke uns die Gnade,
uns bald und treu in der Einheit des Geistes wiederzusehen.
Nach dem Leben führe uns alle wieder zusammen
in deinem Reich des Friedens und der Barmherzigkeit.
Wie du es uns verheißen hast,
so möge es geschehen.
Amen, Amen.

VERZEICHNIS DER BIBELSTELLEN

Markus

Lukas

Johannes

BÜCHER DER GEMEINSCHAFT SANT'EGIDIO

- Gemeinschaft Sant'Egidio: Jesus als Freund – mit geistig behinderten Menschen auf dem Weg des Evangeliums, 2004
- Roberto Morozzo della Rocca: Mosambik – Frieden schaffen in Afrika, 2003
- Gemeinschaft Sant'Egidio: Das Weihnachtsmahl – eine weltweite Familie ohne Grenzen, 2010
- Roberto Morozzo delle Rocca (Hrsg.): Wege zum Frieden – die internationale Friedensarbeit der Gemeinschaft Sant'Egidio, 2. Aufl. 2019
- Pacem Kawonga: Eine Zukunft für meine Kinder – Eine mutige Frau und ihr Kampf gegen Aids, 2015
- Gemeinschaft Sant'Egidio: In der Schule des Friedens – Kinder erziehen in einer globalen Welt, 2018
- Andrea Riccardi: Alles kann sich ändern – Gespräche mit Massimo Naro, 2018

DIE GEMEINSCHAFT SANT'EGIDIO

Die Gemeinschaft Sant'Egidio entstand im Jahr 1968 in Rom in den Jahren nach dem Zweiten Vatikanischen Konzil. Heute ist sie eine Laienbewegung, zu der mehr als 70.000 Personen gehören. Sie setzen sich in mehr als 70 Ländern der Welt für die Weitergabe des Evangeliums und im Dienst an den Armen ein. Sant'Egidio ist ein „Öffentlicher Verein von Gläubigen" in der Kirche. Die verschiedenen Gemeinschaften auf der ganzen Welt sind durch dieselbe Spiritualität und die Grundlagen miteinander verbunden, die den Weg von Sant'Egidio kennzeichnen:

- Das **Gebet** begleitet alle Gemeinschaften in Rom und auf der Welt.
- Es bildet ihr Fundament und den Mittelpunkt, auf den ihr Leben ausgerichtet ist.
- Die **Weitergabe des Evangeliums** ist grundlegend für die Gemeinschaft und ist an alle gerichtet, die auf der Suche sind und nach einem Sinn fragen.
- Die **Solidarität mit den Armen** wird als ehrenamtlicher Dienst im Geist des Evangeliums und im Geist einer Kirche verwirklicht, die „Kirche aller und besonders der Armen" ist (Johannes XXIII.).
- Die **Ökumene** lebt die Gemeinschaft in der Freundschaft, im Gebet und in der Suche nach der Einheit unter den Christen auf der ganzen Welt.
- Der **Dialog** im Sinne des II. Vatikanums als Weg des Friedens und der Zusammenarbeit unter den Religionen, als Lebensweise und als Methode für die Versöhnung in Konfliktfällen ist ein weiteres Anliegen von Sant'Egidio.

Das Zentrum der Gemeinschaft befindet sich in der römischen Kirche Sant'Egidio, die ihr auch den Namen gegeben hat. Seit ihren Anfängen ist sie im Stadtviertel Trastevere und in Rom durch das Abendgebet und die Gastfreundschaft gegenüber den Armen und den Pilgern präsent.

KONTAKTADRESSEN

DEUTSCHLAND

Hauptsitz München
Biedersteiner Straße 1
80802 München
Telefon: 089/38667680
E-Mail: info@santegidio-muenchen.de

Berlin
Wrangelstraße 51
10997 Berlin
Telefon: 030/61073700
E-mail: berlin@santegidio.de

Würzburg
Schönthalstraße 6
97070 Würzburg
Telefon: 0931/322940
E-Mail: info@santegidio.de

Mönchengladbach
Franziskanerstraße 30
41063 Mönchengladbach
Telefon: 02161/209496
E-mail: sant.egidio@t-online.de

ITALIEN
Comunitá di Sant'Egidio
Piazza Sant'Egidio 3a
00153 Roma
Italien
Telefon: 0039/06/585661
E–Mail: info@santegidio.org

Internet: www.santegidio.org